Bullinger/Hermann · Wettbewerbsfaktor Kreativität

Hans-Jörg Bullinger/Sibylle Hermann
(Hrsg.)

Wettbewerbsfaktor Kreativität

Strategien, Konzepte und Werkzeuge zur Steigerung der Dienstleistungsperformance

GABLER

Prof. Dr.-Ing. habil. e.h. Dr. h.c. Hans-Jörg Bullinger ist Leiter des Fraunhofer-Instituts für Arbeitswirtschaft und Organisation (IAO) in Stuttgart sowie Leiter des Instituts für Arbeitswissenschaft und Technologiemanagement (IAT) der Universität Stuttgart

Dipl.-Psych. Sibylle Hermann ist Mitarbeiterin des Fraunhofer-Instituts für Arbeitswirtschaft und Organisation.

Die Deutsche Bibliothek – CIP-Einheitsaufnahme
Ein Titeldatensatz für diese Publikation ist bei der Deutschen Bibliothek erhältlich.

1. Auflage Juni 2000
1. Auflage, Nachdruck August 2000

Lektorat: Barbara Roscher / Annegret Eckert

Der Gabler Verlag ist ein Unternehmen der Fachverlagsgruppe BertelsmannSpringer.

http://www.gabler.de

Höchste inhaltliche und technische Qualität unserer Produkte ist unser Ziel. Bei der Produktion und Verbreitung unserer Bücher wollen wir die Umwelt schonen: Dieses Buch ist auf säurefreiem und chlorfrei gebleichtem Papier gedruckt. Die Einschweißfolie besteht aus Polyäthylen und damit aus organischen Grundstoffen, die weder bei der Herstellung noch bei der Verbrennung Schadstoffe freisetzen.

Druck und Buchbinder: Lengericher Handelsdruckerei, Lengerich/Westf.
Printed in Germany

ISBN 3-409-11565-X

Vorwort

Die letzten Jahre waren durch tiefgreifende Veränderungen der wirtschaftlichen Rahmenbedingungen gekennzeichnet, die in Unternehmen aller Größen und Branchen ihre Spuren hinterlassen haben. Neben der Privatisierung ehemals öffentlicher Einrichtungen und der Änderungen von gesetzlichen Regelungen auf nationaler und europäischer Ebene sind es vor allem zwei Entwicklungen, welche die Unternehmen verstärkt unter einen Innovationsdruck setzen: Dies ist zum einen der Einzug der Internet-Technologie in viele Geschäftsbereiche und zum anderen die zunehmende Tertiarisierung und Wissensintensivierung der Wirtschaft.

Allenthalben ist zu beobachten, wie grundlegend vor allem die internet-basierten Informations- und Kommunikationstechnologien die Art und Weise verändern, wie Geschäfte getätigt werden. Sie revolutionieren den Wettbewerb nicht nur indem sie den Informationsaustausch innerhalb und zwischen Unternehmen enorm beschleunigen und den Kunden bislang ungeahnte Möglichkeiten geben, Preise und Leistungen zu vergleichen. Die neuen Technologien lassen zudem häufig auch die bisherigen Markteintrittsbarrieren verschwinden und geben damit vor allem kleinen, innovativen Firmen die Chance, sich gegen etablierte Unternehmen zu behaupten. Kreativität und Schnelligkeit in der Entwicklung einzigartiger Strategien, effizienterer Prozesse und innovativer Produkte entscheidet in dieser turbulenten Umwelt deshalb mehr den je über die Zukunftsfähigkeit der Unternehmen.

Daß Kreativität ein wichtiger Erfolgsfaktor ist, galt selbstverständlich auch schon zu früheren Zeiten. Eines hat sich jedoch in den letzten Jahren sehr deutlich geändert. Während in der Vergangenheit in der Diskussion um Wachstum und Beschäftigung die Sachgüterproduktion im Mittelpunkt stand, so richtet sich heute das Augenmerk der Wirtschaft zunehmend auf Leistungsfortschritte bei den Dienstleistungen. Dies gilt nicht nur für die klassischen Dienstleistungsanbieter – Banken und Versicherungen, Handel, Soziale Dienste, etc., auch immer mehr produzierende Unternehmen entdecken in der kreativen Kombination aus Sachgütern und Dienstleistungen für sich neue Chancen und Potentiale. Dabei spielen insbesondere die wissensintensiven Dienstleistungen eine immer größere Rolle.

Auch für produzierende Unternehmen gilt deshalb, daß das kreative Potential der Mitarbeiter, ihr Wissen und ihre Erfahrungen zu den entscheidenden Unternehmensressourcen werden, die es zu pflegen und auszubauen gilt. Der richtige Umgang mit der Ressource Wissen ist beileibe nicht nur eine Frage der optimalen technologischen Unterstützung. Zweifellos ist der Aufbau einer leistungsfähigen Wissensinfrastruktur überaus wichtig. Mindestens ebenso bedeutend ist jedoch der richtige Umgang mit den Menschen im Betrieb, welche die Träger und Nutzer des Wissens sind. In einem weltweit existierenden Wettbewerb um exzellente Mitarbeiter wird der „Employee Value" wichtiger, als der „Shareholder Value", davon bin ich überzeugt, denn mit Geld alleine, das zeigt sich schon heute, sind die „klügsten Köpfe" – und auf die kommt es an - weder zu gewinnen, noch im Unternehmen zu halten.

Das Bundesministerium für Bildung, Wissenschaft, Forschung und Technologie (BMBF) hat die Chance und Risiken erkannt, die mit dem sich aktuell vollziehenden Wandel zur Dienstleistungs- und Wissensgesellschaft verbunden sind und startete 1995 die Initiative „Dienstleistungen für das 21. Jahrhundert". Einen ersten Meilenstein dieser Initiative stellte die von Prof. Bullinger geleitete Studie „Dienstleistung 2000plus" dar, welche die Erkenntnisse, Erfahrungen und Visionen von etwa 300 Experten aus Wirtschaft, Wissenschaft und Politik aufnahm und zu ersten, konkreten Handlungs- und Gestaltungsempfehlungen bündelte.

Außerdem wurden in diesem Projekt Forschungsfelder definiert, in denen die Wissenschaft gemeinsam mit der Wirtschaft aktiv werden sollte, um die Stärkung der Dienstleistungskompetenz deutscher Unternehmen voranzutreiben. Gefolgt wurde die Studie „Dienstleistung 2000plus" von sogenannten Prioritären Erstmaßnahmen (PEM), welche die benannten Forschungsfelder in spezifischen Bereichen vertiefen und strukturieren sollten, um damit eine Phase breit angelegter öffentlicher Förderung vorzubereiten.

Mit diesem Band liegen nun die zentralen Ergebnisse des Verbundprojekts „Wettbewerbsfaktor Kreativität", einer der Prioritären Erstmaßnahmen vor. Das Verbundprojekt, an dem 18 betriebliche Partner und 8 Forschungsinstitute beteiligt waren, hatte die Aufgabe, das Themenfeld "Kreativität und Innovation im Dienstleistungsbereich" näher zu beleuchten, erste Gestaltungsoptionen zu entwickeln und in der betrieblichen Praxis zu erproben. Die Arbeit des Konsortiums wurde durch ein Steuerungskomitee unterstützt, dessen Vorsitz ich mit Freude übernommen habe.

Im Zentrum des Projektes stand die Frage, wie die Kreativität dienstleistungsorientierter Unternehmen bestimmt und gesteigert werden kann. Die Einzelbeiträge des vorliegenden Sammelbandes geben einen Überblick über die verschiedenen Facetten des Themas „Unternehmenskreativität" und stellen die Erkenntnisse und Produkte vor, die im Zuge der Zusammenarbeit entstanden sind. Es wird gezeigt, mit welch unterschiedlichen Strategien öffentliche und privatwirtschaftliche Organisationen mit den immer wichtiger werdenden Ressourcen "Wissen und Kreativität" umgehen und wie sie die kreativen Eigenschaften und Fähigkeiten ihres Betriebes (nicht nur die der Mitarbeiter) aktivieren und für eine bessere strategische Positionierung am Markt nutzen.

Das Buch richtet sich mit seinen Konzepten, Instrumenten und Empfehlungen an alle Akteuere, die an dienstleistungsbezogenen Fragestellungen interessiert sind - an Dienstleistungspraktiker aus der Wirtschaft, öffentlicher Verwaltungen und intermediären Organisationen, aber auch an Wissenschaftler unterschiedlicher Disziplinen.

Ich hoffe, daß die in diesem Band vorgestellten Ergebnisse zu einer breiten Diskussion führen und Sie als Leser in den Beiträgen der wissenschaftlichen und betrieblichen Autoren die eine oder andere Anregung für Ihre eigene Arbeit finden.

Lutz Doblaski
Vorstandsmitglied der Württembergischen Versicherung AG

Inhaltsverzeichnis

I. Aktionsfeld Unternehmenskreativität

Wettbewerbsfaktor Kreativität – Ein wichtiges Thema neu entdecken!

Hans-Jörg Bullinger, Sibylle Hermann, Walter Ganz

Das Thema dieses Bandes ist nicht neu. Erfindergeist und Innovationsfähigkeit galten schon immer als wichtige Voraussetzungen für den Erfolg von Unternehmen. Mit dem sich aktuell vollziehenden Umbruch von der Industrie- zur Dienstleistungs- und Wissensgesellschaft bekommt das „intellektuelle Unternehmenskapital" – Wissen und Kreativität – jedoch einen ganz neuen Stellenwert. Die Entwicklung innovativer Dienstleistungen und die flexible (Neu-)Positionierung der Unternehmen in einem sich wandelnden Markt erfordert in besonderem Maße Arbeitsstrukturen und –prozesse, in denen sich Kreativität, Wissen und Fähigkeiten der Mitarbeiter voll entfalten können. Die Voraussetzungen und Wirkungen der betrieblichen Kreativität werden deshalb wieder zu einem spannenden, wenngleich ambivalenten Thema. Das Verbundprojekt „Wettbewerbsfaktor Kreativität", dessen Ergebnisse in diesem Band vorgestellt werden sollen, untersucht, wie dienstleistungsorientierte Unternehmen mit dem Faktor Kreativität umgehen und gibt Handlungs- und Gestaltungsempfehlungen zur Stärkung der Unternehmenskreativität und Dienstleistungsperformanz.

Weltweit beschäftigen sich Wissenschaft, Wirtschaft und Politik mit der Frage, wie das kreative Potential von Unternehmen gesteigert und in einen Wettbewerbsvorteil verwandelt werden kann.

Auf politischer Ebene wird heute das Thema „Kreativität als Wettbewerbsfaktor" interessanterweise vor allem in asiatischen Staaten, wie Singapur oder Taiwan, diskutiert. Viele dieser Staaten, denen lange Zeit nachgesagt worden ist, sie würden nur imitieren und kopieren, sehen den Schlüssel für ihren zukünftigen Erfolg in der Stärkung ihrer kreativen Fähigkeiten. Im 1998 erschienenen Report: „Creative Singapore – A Renaissance Nation in the Knowledge Age" heißt es beispielsweise *„Creativity will move into the centre of our economic life because it is a critical component of a nation's ability to remain competitive. It determines how Singapore will migrate to higher value-added activities and compete in new value creation in the global economy"* (Committee to Upgrade LASALLE & NAFA, 1998, S. 6). Singapur versucht nicht nur durch die Förderung der Künste ein generelles gesellschaftliches Klima für Kreativität zu schaffen, der Staat investiert auch massiv in den Aufbau einer Innovationsinfrastruktur und den Umbau des Schulsystems. *„Wissensmanagement, Wissensbefähigung, Technologie und kreative Fähigkeiten werden zu einer schlagkräftigen Kombination nationaler Fertigkeiten zur Steigerung des Wohlstands verschmolzen"* (Kao, 1997, S. 322).

Im Gegensatz dazu hat die Beschäftigung mit dem Thema Kreativität in den USA eine viel längere Tradition. Der „Sputnik-Schock" hatte die Kreativitätsförderung in den 50er Jahren zu einem politischen Thema gemacht. Spätestens seit dieser Zeit widmet man sich intensiv der Untersuchung kreativer Prozesse und personeller Voraussetzungen für Kreativität. Für das große Interesse an diesem Forschungsgebiet zeugt beispielsweise die weltweit größte Literatursammlung zum Thema, die vom *Center for Studies in Creativity* am Buffalo State College (http://www.buffalostate.edu/~cbir/) unterhalten wird. In der Datenbank können nahezu 11.000 einschlägige Veröffentlichungen (Zeitschriftenbeiträge, Bücher und Dissertationen) online recherchiert werden.

In der amerikanischen Kreativitätsforschung standen zu Beginn vor allem Persönlichkeits- und Sozialpsychologische Ansätze im Vordergrund. Dies scheint sich in jüngerer Zeit zu ändern. Kreativität wird nicht mehr ausschließlich auf individueller Ebene diskutiert, sondern immer mehr als eine wettbewerbsrelevante Eigenschaft von Organisationen begriffen. In den beiden bedeutendsten Fachzeitschriften zum Thema Kreativität, dem *Journal of Creative Behavior* und dem *Creativity Research Journal*, vor allem aber in der aktuellen Managementliteratur, finden sich immer häufiger Beiträge, die Begriffe wie „corporate creativity", „organizational creativity", „business creativity", oder „entrepreneurial creativity" im Titel tragen.

Die aktuelle Diskussion um die „unsichtbaren Vermögenswerte" und das „intellektuelle Unternehmenskapital" (Edvinsson & Malone, 1997; Steward, 1997; Sveiby, 1997) verstärkt diesen Trend und macht das zeitlose Thema Kreativität für die betriebliche Praxis erneut spannend. Es verwundert deshalb nicht, daß es auch in Deutschland nicht schwer ist *„...allgemeine Zustimmung dafür zu finden, daß es für Unternehmen von entscheidender Bedeutung ist, in diesen turbulenten Zeiten über ein personelles und organisatorisches Potential zu verfügen, welches mit kreativen Maßnahmen* [auf neue Anforderungen] *reagieren kann"* (Bullinger & Doblaski, 1999, S. 501). Auch bei uns zeugen zahlreiche Publikationen, Kongresse, Workshops, Seminare und nicht zuletzt der florierende Trainer- und Beratermarkt von den Hoffnungen, die mit der Unternehmensressource Kreativität verknüpft sind (Reichwald & Wildemann, 1995; Zahn, 1995; Brodbeck, 1996; Hoffmann, 1996; Krause, 1996; Bullinger & von Mutius, 1997; Braczyk et al., 1998; Bundesvereinigung der Deutschen Arbeitgeberverbände & Deutscher Philologenverband, 1998; Kaltenbach, 1998).

In der Praxis wird jedoch schnell deutlich, daß man es mit einem schwierigen Thema zu tun hat. Spricht man Unternehmen auf konkrete Maßnahmen zur Förderung ihres kreativen Potentials an, stößt man auf höchst unterschiedliche Reaktionen: auf Begeisterung und große Erwartungen, auf Unverständnis und Gleichgültigkeit, auf Skepsis und offene Ablehnung. Häufig hört man von Unternehmensvertretern Sätze wie die folgenden:

- Kreativität ist sehr wichtig, aber sie muß unbedingt gepaart sein mit unternehmerischem Kalkül und Ratio.
- Wir sind auf kreative Menschen angewiesen, aber nicht in allen Positionen. Für Kreativität sind unsere Designer, Marketingfachleute, Forscher, Entwickler und unser Management zuständig.
- In unserer Branche sind Zeit, Kosten und Qualität entscheidend. Wir brauchen keine „kreativen Spinner", sondern Menschen, die die ihnen gestellten Aufgaben sorgfältig erledigen.
- Wir sind kreativ. Wären wir es nicht, würde es unser Unternehmen schon längst nicht mehr geben.

Unter die Hoffnung von den Vorteilen einer höheren kreativen Leistungsfähigkeit mischen sich Befürchtungen, damit die Produktivität und Steuerbarkeit des Unternehmens zu gefährden. Zur Faszination für das Neue gesellt sich der Wunsch, an Bewährtem festzuhalten und die feste Überzeugung, bereits alles Notwendige zu tun. Von vielen Beratern und unternehmensinternen Change Agents wird deshalb immer wieder beklagt, das Thema würde in deutschen Unternehmen immer noch nicht richtig gewürdigt. Es würde zwar viel über Kreativitätsförderung geredet, dem Reden folgten jedoch nur selten Taten.

"*Die Krise muß noch größer werden*" betitelte die ZEIT ein Interview mit dem schweizer Kreativitätsforscher Gottlieb Guntern, der danach gefragt wurde, ob sich "die Kreativitätslücke" der europäischen Wirtschaft und Gesellschaft denn kurzfristig beheben ließe (ZEIT,

21.Februar 1997, S.17). Wie viele seiner Kollegen, sieht Guntern die Krise als (einzige?) strategische Chance für ein grundlegendes Umdenken in den Führungsetagen. Und Hans-Hinrich Dölle, der ehemalige Leiter des Bereiches Kommunikation und Marketing-Kommunikation der AEG AG und heutige Kommunikationsberater, schreibt in seinem Beitrag zur Konferenz „Kreativität als Chance für den Standort Deutschland: *„... nirgendwo wird so destruktiv über Kreativität diskutiert, wie in Workshops und Vorträgen über Kreativität, über den Wandel, über Reorganisation und Restrukturierung: Jeder applaudiert. Jeder weiß, was Kreativität ist, daß der Wandel notwendig ist, daß Betriebe und Abläufe zu restrukturieren und zu reorganisieren sind. Jeder ist dabei - Hauptsache ist, das hat nichts mit den Veränderungen der eigenen Ansichten und Positionen zu tun." (Dölle, 1998, S. 163).*

Es stellt sich die Frage, wie dieses ambivalente Verhältnis zur Kreativität erklärt werden kann. Weshalb zögern Unternehmen trotz ihres Bekenntnis zur Kreativität, sich konsequent an den Ausbau ihrer kreativen Leistungsfähigkeit zu machen? Was macht das Konzept Kreativität für Unternehmen so schwierig?

Klärungsversuch für einen schillernden Begriff

Die Ressentiments, mit denen dem Thema Kreativität in der betrieblichen Praxis vielfach begegnet wird, liegen nach unserer Einschätzung vor allem im Kreativitätsbegriff selbst begründet. Der Begriff ist schillernd, abstrakt und ruft Assoziationen wach, die nur schwer mit den Vorstellungen eines gut organisierten, effizient arbeitenden Betriebs in Einklang gebracht werden können. Vor den Augen vieler tauchen Bilder von einsamen Tüftlern, realitätsfremden Genies und chaotischen Freaks auf, die den Unternehmensablauf mehr stören, als daß sie zur Wertschöpfung beitragen.

Das Alltagsverständnis von Kreativität legt Einschätzungen nahe, die sich bei näherem Hinsehen nicht selten als Mythen und Vorurteile entpuppen (Bullinger & Doblaski, 1999), etwa:

- Kreativität sei nur für junge Unternehmen in "kreativen" Branchen wichtig
- Unternehmen stünden prinzipiell permanent vor der Herausforderung kreativ zu sein
- Die Hauptschwierigkeit bestünde darin, den Mitarbeitern Ideen zu entlocken (Mölder, 1998)

Solche Einschätzungen führen dazu, daß die strategische Bedeutung des Themas unterschätzt wird und daß man sich mit halbherzigen Lösungen (Kreativitätsseminare als Incentive für verdiente Mitarbeiter, sporadische Brainstorming-Sitzungen, etc.) zufrieden gibt. Es ist von daher notwendig, eine konkretere Vorstellung davon zu entwickeln, was gemeint ist, wenn von betrieblicher Kreativität die Rede ist. Erst dann wird ersichtlich, welche Bedeutung der Faktor Kreativität wirklich für die Zukunftsfähigkeit von Unternehmen hat und wo gegebenenfalls angesetzt werden muß, um die kreative Leistungsfähigkeit eines Unternehmens zu steigern.

Bevor die Ziele und Vorgehensweise des Verbundprojekts „Wettbewerbsfaktor Kreativität" vorgestellt werden, soll deshalb an dieser Stelle zunächst ein Versuch unternommen werden, das Konzept „Unternehmenskreativität" etwas präziser zu fassen. Die erste Schwierigkeit, auf die man bei diesem Unterfangen trifft, ist die Tatsache, daß es keine Möglichkeit gibt, Kreativität direkt und objektiv, d.h. unabhängig vom Kontext festzustellen (Amabile, 1996a). Ob eine Person (oder einer Organisation) über kreative Fähigkeiten verfügt, zeigt sich erst dann, wenn sie eine kreative Leistung erbringt. Ob es sich bei dem Prozeß der Leistungserbringung um einen kreativen Prozeß handelt, kann erst entschieden werden, wenn das Ergebnis dieses Prozesses vorliegt. Ob dann ein Erzeugnis als kreativ bezeichnet werden kann, hängt davon ab, welche anderen Produkte in diesem Bereich bereits entwickelt worden sind. Die Antwort auf diese Frage liegt letztendlich im Ermessen des Betrachters.

Auch wenn es nicht das absolute Kriterium für Kreativität gibt, läßt sich dennoch Konsens darüber herstellen, was im betrieblichen Kontext unter der Überschrift Kreativität vorrangig betrachtet werden sollte, und was nicht. Hierfür ist es erforderlich Aussagen zu drei Aspekten zu machen: zu den kreativen Produkten, den kreativen Prozessen und zu den Akteuren einer kreativen Handlung (Sommer & Grosser, 1996). Für alle drei Aspekte werden auf den folgenden Seiten Anregungen für eine Betrachtungsweise gegeben, die vom Alltagsverständnis etwas abweicht.

Kreative Produkte

Im eigentlichen Sinn des Wortes bedeutet Kreativität Schöpferkraft, d.h. die Fähigkeit, etwas zu erschaffen, das zuvor nicht existierte. Aus dieser weiten Definition eröffnet sich ein breites Spektrum an Ergebnissen, die ein kreativer Akt hervorbringen kann. Prinzipiell kann es sich um alles handeln, von einer verrückten Idee, bis hin zum Ergebnis jedes Produktionsprozesses (Abb. 1). In all diesen Fällen kann man von einem kreativen Produkt sprechen, da etwas geschaffen wird, das zuvor (so) nicht existierte.

Im Kontext der betrieblichen Kreativität ist es sinnvoll eine Einschränkung zu treffen und sich nur auf solche Produkte zu konzentrieren, die zwei Kriterien genügen: sie sollten neu und sie sollten nützlich sein. Einige Autoren verlangen darüber hinaus, daß die gefundene neue Lösung nicht direkt aus einer bestehenden abgeleitet sein darf (Huber 1998). Hierzu Amabile: *„A product or response will be judged as creative to the extent that (a) it is both a novel and appropriate, useful, correct or valuable response to the task at hand, and (b) the task is heuristic rather than algorithmic."* (Amabile, 1996a, S. 35).

Die Frage bleibt, wie neu, wie nützlich und wie wenig offensichtlich muß die gefundene Lösung sein, damit das Produkt als kreativ bezeichnet werden kann? Bei der Beantwortung dieser Frage empfiehlt es sich pragmatisch vorzugehen und eine Auswahl zu treffen, welche die Vorteile eines hohen kreativen Potentials offensichtlich werden läßt. Die Definition sollte weder zu eng, noch zu weit gefaßt werden.

Kreative Produkte alleine auf patentierbare Erfindungen zu reduzieren – was häufig getan wird - würde unserer Auffassung nach das Blickfeld zu sehr einengen. Viele kreativen Leistungen, die für Unternehmen durchaus interessant sind, würden bei einer derart eingeschränkten Sicht aus dem Blickfeld verschwinden. Dies gilt beispielsweise für das gesamte Feld der Dienstleistungsinnovationen, die bekanntlich schwer patentierbar sind. Andererseits macht es wenig Sinn, jede handwerkliche Leistung bei der es vorrangig darum geht, vorhandenes Wissen zur Herstellung eines Artefaktes zu nutzen, als kreativ zu bezeichnen. Der Kreativitätsbegriff würde nichts mehr zur Differenzierung von Produkten beitragen und wäre damit überflüssig. Spontane Einfälle aller Art, Kunst und Humor wiederum erfordern zweifellos Kreativität. Für Unternehmen spielen diese Manifestationen kreativen Handelns jedoch eine eher sekundäre Rolle. Dies bedeutet nicht, daß es nicht gestattet oder nicht erwünscht sei, spielerisch und humorvoll mit seiner Arbeit umzugehen. Humor und Kunst können wichtige Anregungen und Impulse für wirtschaftlich verwertbare Neuerungen liefern. Es sollte nur nicht dabei bleiben. Die Anforderung besteht, Spaß und Spiel mit einem Output zu verbinden, der für das Unternehmen verwertbar ist. Investitionen in mehr Kreativität müssen sich für das Unternehmen zumindest mittel- oder langfristig auszahlen.

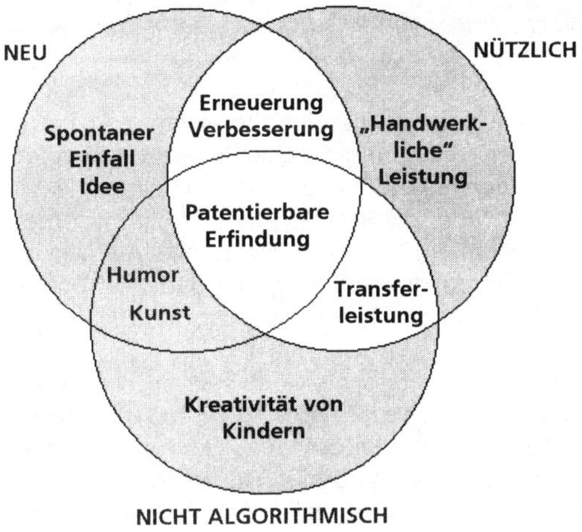

Abb. 1 Kreative Produkte (nach Huber, 1998)

Es wird deshalb vorgeschlagen, sich auf folgende Endprodukte kreativer Prozesse zu konzentrieren:

- Erfindungen (also absolut neuartige Produkte),
- Transferleistungen und Lösungen, die in anderen Bereichen /Unternehmen zwar schon existieren, für den eigenen Bereich jedoch neu sind, sowie
- Erneuerungen / Verbesserungen bestehender Lösungen und Leistungen (Innovationen)

Mit dieser Festlegung unterscheidet sich unsere Vorstellung eines kreativen Produktes deutlich vom Alltagsverständnis. Üblicherweise wird die Meßlatte für Neuartigkeit höher angelegt. Es besteht die Tendenz, nur solche Produkte als kreativ anzuerkennen, die absolut neuartig sind. Die Beschränkung auf einzigartige Erfindungen verschließt aber den Blick vor vielen kreativen Leistungen, die für ein Unternehmen wertvoll und wichtig sind. Auch im Hinblick auf das Kriterium Nützlichkeit unterscheidet sich unser Fokus deutlich vom üblichen Verständnis, denn häufig wird gerade das für besonders kreativ gehalten, was von eher geringem praktischen Nutzen ist oder sich, wie im Falle so mancher künstlerischen Produkte, bewußt der Kommerzialisierung verweigert.

Ein Teil des Unbehagens, welches in Unternehmen dem Thema Kreativität entgegengebracht wird, erklärt sich nach Einschätzung der Autoren also aus einem zu engen Fokus auf sehr seltene Ereignisse (Erfindungen) und Produkte mit zumindest fraglicher wirtschaftlicher Verwertbarkeit. Mit dem oben vorgeschlagenen breiteren Spektrum an kreativen Produkten dürfte das Konzept Kreativität für die betriebliche Praxis besser handhabbar werden.

Kreative Prozesse

Wie bei den kreativen Produkten trifft man auch im Hinblick auf das, was als kreativer Prozeß betrachtet werden soll, überwiegend auf eine recht enge Betrachtungsweise. Im Allgemeinen richtet sich die Aufmerksamkeit überwiegend auf die Produktentwicklung und selbst dann werden nur Teilschritte davon als kreative Tätigkeiten angesehen. Eine solche Auffassung führt dazu, daß Kreativitätsinitiativen der Unternehmen meist auf die Produktentwicklung beschränkt bleiben und daß die Bedeutung des Faktors Kreativität für den Erfolg des Unternehmens insgesamt unterschätzt wird. Es lohnt sich aber, den Blick zu weiten und nach einer Abgrenzung des kreativen Prozesses zu suchen, die sämtliche kreative Leistungen eines Unternehmens deutlicher hervortreten läßt.

Der Vorgang in dem etwas Neues kreiert wird, wird in der Literatur häufig in zwei Phasen unterteilt: die Entwicklung von Ideen und deren anschließende Umsetzung. Der Prozeß der Ideengenerierung wird dann als Kreativität (bzw. kreativer Prozeß) bezeichnet und für die Realisierung der Ideen wird der Begriff Innovation verwendet. *„Creativity is the production of novel and useful ideas in any domain.... Innovation is the successful implementation of crea-*

tive ideas within an organization. In this view, creativity by individuals and teams is a starting point for innovation..." (Amabile, 1996b, S. 1).

Autoren, die Kreativität und Innovation auf diese Weise voneinander abgrenzen, konzentrieren sich auf einen eng begrenzten Zeitpunkt in der Entstehungsgeschichte eines neuen Produktes, nämlich auf den, in dem die erste grundlegende Produktidee generiert wird. Kreativität wird dann als Problemlöseprozeß begriffen, der über mehrere Phasen (Problemwahrnehmung, -analyse, Inkubation, Illumination und Verifikation) zu einem immateriellen Ergebnis - einer Idee führt. Die Fokussierung auf die Phase der Ideengenerierung zielt darauf ab, genau diesen Vorgang besser zu verstehen und ihn unterstützen zu lernen.

Während eine solche Schwerpunktsetzung für die psychologische Kreativitätsforschung richtig und notwendig ist, führt sie übertragen auf die betriebliche Praxis zu Mißverständnissen. Ohne daß dies beabsichtigt wäre wird impliziert, daß die Produktentwicklung als linearer Ablauf zu betrachten sei der, wenn einmal die Grundidee gefunden ist, weitgehend routinemäßig abgearbeitet werden kann. Begrenzt man den Blick zusätzlich auf absolut neuartige Lösungen, kann man zu der Auffassung kommen, daß mit dem *Eureka!* eines Forschers oder Erfinders der größte Teil der kreativen Arbeit erledigt sei.

Schaut man beispielsweise in die Lehrbücher der Konstruktionslehre (Ehrlenspiel 1995; Pahl & Beitz, 1993), findet man dort genau diese Auffassung wieder. Es wird zwar betont, daß kreative Tätigkeiten bei der Produktentwicklung sehr wichtig seien, daß sie aber vor allem in den frühen Phasen des Konstruktionsprozeßes (beim Konzipieren) und eigentlich nur bei Neukonstruktionen (ca. 10 bzw. 33% aller Fälle) eine größere Rolle spielten (Abb. 2).

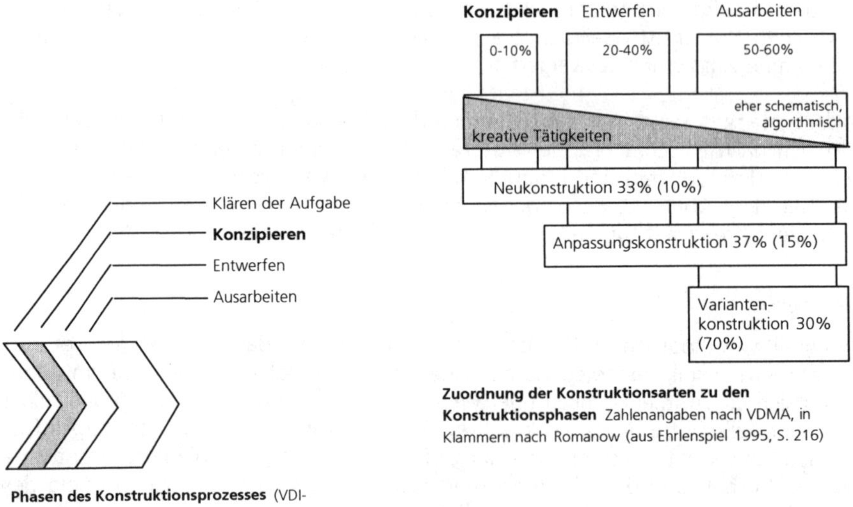

Phasen des Konstruktionsprozesses (VDI-Richtlinie 2222)

Zuordnung der Konstruktionsarten zu den Konstruktionsphasen Zahlenangaben nach VDMA, in Klammern nach Romanow (aus Ehrlenspiel 1995, S. 216)

Abb. 2 Kreativität im Konstruktionsprozeß (aus: Ehrlenspiel, 1995)

Nach Auffassung dieser Autoren halten sich schon bei den Anpassungskonstruktionen kreative und eher schematisch algorithmische Tätigkeiten die Waage. Bei den Variantenkonstruktionen (das sind je nach Schätzung bis zu 70% der Tätigkeiten eines Konstrukteurs) wird der Anteil kreativer Tätigkeiten als nur noch gering eingeschätzt.

Wir gehen davon aus, daß die höchsten kreativen Leistungen in den frühen Phasen der Produktentwicklung auftreten. Dies bedeutet aber nicht zwangsläufig, daß es sich bei den nachfolgenden Schritten um „Routinetätigkeiten" handelt. Nicht umsonst verläuft die Produktentwicklung nicht linear, sondern in iterativen Schritten. D.h. Lösungsideen werden erprobt, verworfen, neu entwickelt, modifiziert und erneut getestet, bis schließlich der gewünschte Effekt erzielt ist und alle Komponenten reibungslos zusammenarbeiten.

Die scharfe Trennung zwischen Ideengenerierung und –umsetzung führt noch auf eine zweite falsche Spur. Sie vermittelt nicht nur den Eindruck eines relativ einfachen, linearen Weges von der Idee zum Produkt, sondern legt auch nahe, Kreativität sei ein rein kognitiver Prozeß, der sich ausschließlich im Kopf kreativer Individuen abspiele.
Dieser verbreiteten Annahme widersprechen eindeutig Untersuchungen, die beispielsweise von Hacker (Hacker 1996, Sachse & Hacker 1995) zur Arbeit von Konstrukteuren durchgeführt wurden. Ideen formieren sich meist erst dann, wenn sie in irgendeiner Form expliziert oder realisiert werden können. Konstrukteure greifen aus diesem Grund auf eine Vielzahl von Hilfsmitteln (Skizzen, Modelle, Prototypen) zurück, um ihre ersten Gedanken zu strukturieren. Denken und Handeln, „internes" Vorstellen und die zumindest probeweise Umsetzung stehen in eindeutiger Wechselbeziehung zueinander.

Die Bedeutung des ausführenden Anteils kreativer Tätigkeiten ist nicht zu unterschätzen. Gerade die Dienstleistungsentwicklung steht hier vor einem schwierigen Problem. Ihre Möglichkeiten zur Modellierung und Visualisierung sind eingeschränkt. Die mangelnde Anschaulichkeit der meist immateriellen Produkte macht die Entwicklung neuer Dienstleistungen insbesondere für Produktionsunternehmen mit wenig Erfahrung im Dienstleistugsbereich, unerwartet schwer. Als reines Gedankenspiel ist sie kaum zu bewältigen. Den kreativen Prozeß alleine auf die Produktion von Ideen zu beschränken, greift aus diesem Grunde zu kurz.

Einige Autoren, wie z.B. Kao und Couger, teilen diese Meinung und definieren Kreativität deshalb als den gesamten Prozeß, in dem Ideen erzeugt, entwickelt und in Werte transformiert werden (Kao, 1996). Couger wehrt sich außerdem dagegen Kreativität mit Innovation gleichzusetzen. Er betont, Kreativität sei das umfassendere Konzept, das den Innovationsprozeß mit beinhaltet. *„Although the terms creativity and innovation are often used interchangeably, they should not. Creativity is a much broader concept. Innovation is the more restricted process of turning an idea into a product or service."* Couger (1995, S. 18).

Im Vergleich zur vorherigen Sichtweise wird hier also ein größerer Ausschnitt des „schöpferischen Aktes" betrachtet. Kreativität ist kein singuläres Ereignis zu Beginn der Produktentwicklung, sondern ist prinzipiell in allen Phasen der Entstehung eines Produktes erforderlich. Egal ob es darum geht Ideen zu generieren (discovery), Ideen zu entwickeln (invention) oder Ideen in ein Produkt oder eine Dienstleistung zu verwandeln (innovation). Kreativität spielt nach Couger dabei immer eine Rolle.

Dies entspricht der allgemeinen Erfahrung, wonach die kreative Arbeit mit einer neuen Idee nicht endet, sondern erst beginnt. Bis aus einer Grundidee ein marktfähiges Produkt (Sachgut oder Dienstleistung) wird, sind erfahrungsgemäß immer wieder neue, kreative Leistungen gefragt und zwar von allen Personen, die in diesen Prozeß aktiv involviert sind: Der Dienstleistungsprozeß insgesamt muß neu gestaltet werden. Es müssen neue Wege der Interaktion zwischen Dienstleister und Kunde gefunden werden, die Umwandlung kundenspezifischer Lösungen in Standardprodukte erfordert Kreativität, etc. Um zu einer realistischen Beurteilung des Faktors Kreativität zu kommen, ist es deshalb sinnvoll, nicht nur in die Forschungs- und Entwicklungsabteilungen und „Think Tanks" der Unternehmen zu schauen, sondern den gesamten Dienstleistungsprozeß (Service Creation, Service Engineering, Service

Management) ins Visier zu nehmen (Abb. 3). Alle Stationen dieses Prozesses leben von den kreativen Leistungen der betreffenden Mitarbeiter.

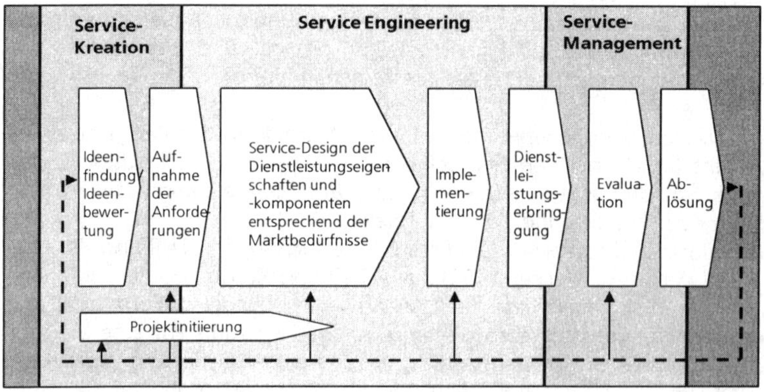

Abb. 3 Vorgehensmodell zum Dienstleistungsprozeß (DIN-Fachbericht 75, 1998, S. 65)

Mehr noch, alle Geschäftsprozesse eines Unternehmens sollten im Hinblick auf die dort erforderlichen und möglichen kreativen Leistungen untersucht werden. Zieht man ausschließlich die Produktentwicklung in Betracht, wird die Bedeutung der Unternehmensressource Kreativität systematisch unterschätzt. Zu leicht wird aus dem Auge verloren, daß für das Wohl eines Unternehmens nicht nur Produktideen wertvoll sind, sondern auch Ideen, die sich auf Vorgehensweisen zum Aufbau neuer Geschäftsfelder, die Identifizierung neuer Märkte, auf Produktions- und Distributionsprozesse, das Marketing oder die Akquisition von Ressourcen beziehen (Amabile, 1996b).

Betrachtet man beispielsweise die Geschäftsprozesse eines Versicherungsunternehmens (Abb. 4), so leuchtet es nicht ein, daß nur an einer Stelle (in den frühen Phasen der Produktentwicklung) kreative Leistungen erforderlich sind.

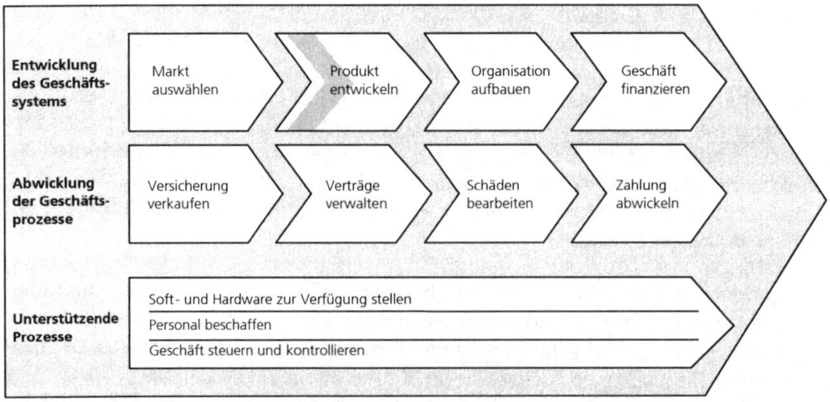

Abb. 4 Geschäftsprozesse eines Versicherungsunternehmens (Doblaski, Württembergische Versicherung)

Das Entwickeln neuer Marktstrategien, die Gestaltung der Aufbau- und Ablauforganisation für einen neuen Geschäftsbereich, das Finden von Lösungen zur Finanzierung eines neuen Geschäftes, etc. erfordert ebenso Kreativität wie die Entwicklung des eigentlichen Produktes.

Auch die Abwicklung der unterstützenden Prozesse ist keine stupide Angelegenheit, die ohne Phantasie und Improvisationstalent auskommen würde.

Für viele Betriebe ist der Gedanke, daß in allen Unternehmensbereichen Keativität erforderlich sein soll, erstaunlich ungewohnt. Dies zeigen die Untersuchungen von Amabile (1996b). Achtzig Prozent der von Amabile befragten Unternehmen verbinden Kreativität nur mit den Bereichen Forschung und Entwicklung sowie Marketing. Überall sonst wird offenbar nur wenig Notwendigkeit für Kreativität gesehen. In einigen Bereichen, wie beispielsweise der Buchhaltung, wird Kreativität sogar als schädlich empfunden und das obwohl auch im kaufmännischen Bereich durchaus Neuerungen möglich sind, wie beispielsweise die Entwicklung des Target-Costing-Ansatzes beweist.

Erbringer kreativer Leistungen

Die Eigenschaften und Fähigkeiten des Erbringers einer kreativen Leistung ist der dritte Aspekt, der zur Klärung des Konzeptes „Kreativität" betrachtet werden muß. Auch hier ist es notwendig zu einer neuen Einsicht zu gelangen, die vom Alltagsverständnis abweicht und Kreativität nicht mehr primär als Eigenschaft (besonders) begabter Indiviuduen ansieht.

Die übliche, rein individuumsbezogene Betrachtung von Kreativität hat ihren Ursprung in der psychologischen Kreativitätsforschung. Auf der Suche nach den Ursachen der Kreativität begann sie in den 50er Jahren zunächst damit, die kognitiven Fähigkeiten von Personen zu analysieren, die erwiesenermaßen herausragende kreative Leistungen erbracht hatten. Untersucht wurden dabei Künstler, Wissenschaftler und Erfinder.
Es zeigte sich, daß dieser Personenkreis in besonderem Maße über folgende kognitive Fähigkeiten verfügt: divergentes und unkonventionelles Denken, Gedankenflüssigkeit, Originalität, die Fähigkeit zum Aufspüren von Problemen, Ausarbeitung von Wissen, einen reichen Wortschatz, Konzentrationsfähigkeit, Abstraktionsfähigkeit, Realitätskontrolle und Organisationsfähigkeit (Guilford, 1956). Auch eine Reihe von Persönlichkeitseigenschaften wurden gefunden, die besonders kreative Menschen auszeichnen: Kreative sind offen gegenüber ihrer Umwelt, kritisch, fähig Konflikte zu ertragen, autonom, nonkonform, erfolgsmotiviert und frustrationstolerant (Ulmann, 1968).

Der Gedanke liegt nahe, diese Fähigkeiten und Eigenschaften zur Personalselektion zu verwenden. Auf der Basis der wissenschaftlichen Erkenntnisse wurde eine Reihe von Instrumenten entwickelt, die es erlauben, Personen mit besonderen kreativen Fähigkeiten zu identifizieren. Die Creative Personality Scale von Gough (1979), das Kirton Adaption-Innovation Inventory (Kirton, 1976), oder die Torrance Tests of Creative Thinking (Torrance, 1984) sind Beispiele hierfür. Grundsätzlich ist es also möglich mit Hilfe von Tests, Personen mit einem hohen kreativen Potential zu erkennen und bei der Einstellung in ein Unternehmen bevorzugt zu berücksichtigen. Dies geschieht zumindest in Deutschland jedoch kaum. Die meisten Firmen schrecken nicht nur vor den Tests zurück, sondern vielmehr vor dem Gedanken Kreativitätsmerkmale zu einem Einstellungkriterium zu machen (Cummings & Oldham, 1998).

Betrachtet man die Persönlichkeitseigenschaften näher, die kreativen Personen zugeschrieben werden, verwundert das nicht: Kreative Menschen werden allgemein als intelligent, humorvoll, ungezwungen, scharfblickend, erfinderisch, originell, nachdenklich und einfallsreich beschrieben. Aber auch als selbstbewußt, unkonventionell, sexy und snobistisch (Cummings & Oldham, 1998). Diese Charakterisierung entspricht durchaus auch dem Selbstbild der betreffenden Personen.

In den Ohren so manchen Unternehmensvertreters klingt das nach unberechenbaren, undisziplinierten, exzentrischen Menschen, die schwer in die Abläufe und Strukturen eines Wirtschaftsbetriebes einzugliedern sind. Wer setzt sich schon freiwillig einen solchen Floh in den Pelz, wenn es nicht sicher ist, daß das Potential dieser kreativer Persönlichkeiten auch tatsächlich adäquat genutzt und in einen Wettbewerbsvorsprung verwandelt werden kann.

Untersuchungen belegen, daß wenn durchschnittliche kognitive Fähigkeiten vorausgesetzt werden können, Kreativität vor allem eine Frage des Wissens, der Motivation und der Rahmenbedingungen ist, unter denen gearbeitet wird (Amabile 1996a, 1998). Es genügt deshalb nicht, Mitarbeiter mit einem hohen IQ oder einem hohen Kreativitätspotential zu rekrutieren, es muß auch ein geeignetes Arbeitsumfeld geschaffen werden, das kreative Leistungen ermöglicht und honoriert (Cummings & Oldham, 1998).

Die Förderung der individuellen Kreativität ist jedoch nur die eine Seite der Medaille. Neue Güter und Dienstleistungen werden so gut wie nie von einer einzelnen Person entwickelt. Sie sind das Resultat einer gemeinsamen kreativen Leistung von vielen. Die Frage lautet deshalb nicht nur, wie für einzelne Mitarbeiter ein optimales Umfeld geschaffen werden kann, sondern auch wie gemeinschaftliche kreative Prozesse (joint creativity) zu unterstützen sind. Dieser Aspekt wurde bislang sowohl von der Wissenschaft, als auch von der Praxis zu wenig beachtet.

Es wird zudem übersehen, daß Unternehmen selbst Erbringer kreativer Leistungen sind, die ebenso wie Personen äußeren Einflüssen unterliegen, welche sich positiv oder negativ auf die kreativen Leistungen auswirken können.
Das Unternehmen selbst muß als Akteur betrachtet werden, der wie die Mitarbeiter über ein eigenes Profil an Fähigkeiten und Eigenschaften verfügt, welches ihn zu kreativen Leistungen befähigt. *„Kreativität ist im Kontext von biologischen und technischen Systemen zu sehen, dazu gehören auch sogenannte Superorganismen, wie z.B. einzelne Unternehmen, Universitäten, Staaten, die Menschheit. Alle diese Systeme sind als eigenständige Träger von Kreativitätsprozessen anzusehen."* (Radermacher, 1998).

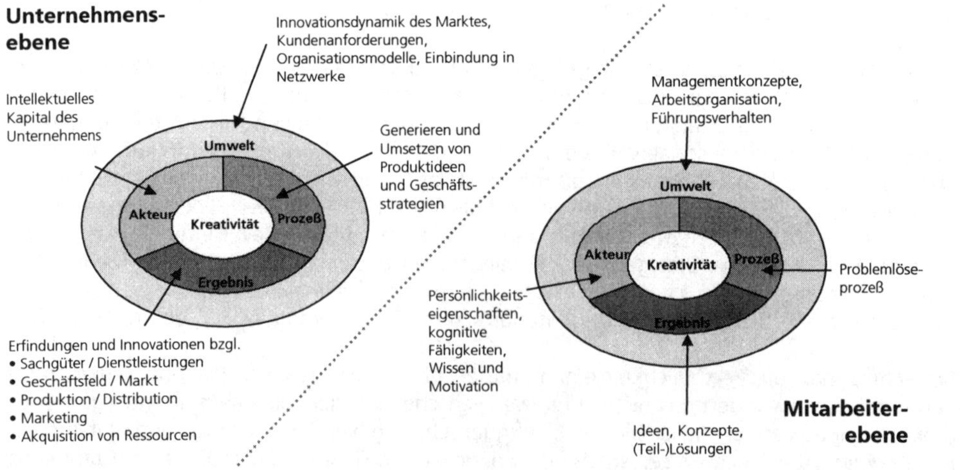

Abb. 5 Kreativität auf Ebene der Mitarbeiter und des Unternehmens

Individuelle und betriebliche Kreativität bedingen einander (Abb. 5). Die kreativen Fähigkeiten der Mitarbeiter bilden eine Grundlage für das „intellektuellen Kapital" des Unternehmens und die kreativen Prozesse der Beschäftigten sind eingebunden in die Prozesse, mit denen ein Unternehmen Produktideen und Geschäftsstrategien entwickelt und umsetzt. Ebenso wie für Individuen muß auch für die gesamte Organisation gefragt werden, wie geeignete Rahmenbedingungen geschaffen werden können, die eine Steigerung und schnellere Nutzbarmachung von Kreativität erlauben.

Zusammenfassend schlagen wir also vor,

1. sich bei der Betrachtung der kreativen Produkte nicht ausschließlich auf Erfindungen zu konzentrieren, sondern ein breiteres Spektrum an neuartigen und nützlichen Lösungen als Ausdruck der betrieblichen Kreativität anzuerkennen
2. nicht nur die Ideengenerierung, sondern den gesamten Prozeß in dem eine Idee generiert, ausgearbeitet und in Werte verwandelt wird, als kreativen Prozeß zu betrachten und die gesamte Wertschöpfungskette dahingehend zu untersuchen, welche kreativen Leistungen dort möglich und erforderlich sind.
3. Nicht nur die kreativen Eigenschaften und Fähigkeiten von Personen, sondern auch die von Gruppen bzw. des gesamten Unternehmens ins Kalkül zu ziehen.

Dieses Grundverständnis von Kreativität liegt dem Verbundprojekt „Wettbewerbsfaktor Kreativität" zugrunde, dessen Ergebnisse in diesem Band vorgestellt werden sollen. *Kreative Unternehmen,* so lautete die Arbeitshypothese des Projektes, *sind bereit und fähig, in Bezug auf ihre Produkte, interne Ressourcen und externen Partner, in neuen Beziehungsmustern zu denken und zu handeln* (Bullinger et al. 1997). Sie können es sich vorstellen und sind in der Lage, beispielsweise

- aus der kreativen Kombination existierender Dienstleistungskomponenten oder der Verbindung von Dienstleistung und materiellen Gütern völlig neue Leistungsangebote zu generieren,
- Kompetenzen zu bündeln, heterogene Wissensbereiche zu verknüpfen und Geschäftsprozesse auf neue Art zu verbinden,
- in unterschiedlichsten Konstellationen erfolgreich mit Partnern (Kunden, Lieferanten, Wettbewerbern) zusammenzuarbeiten und neue Funktionen in Wertschöpfungsnetzen zu übernehmen.

Durch die unorthodoxe Neukombination bestehender Elemente, schaffen sie sich Alleinstellungsmerkmale, die sie aus der Masse der Mitbewerber abheben und die Kundenbindung erhöhen: innovative Produkte, effiziente Prozesse und attraktive Dienstleistungskonzepte.

Strategien, Konzepte und Praxisbeispiele zum Umgang mit der Unternehmenskreativität

Das Verbundprojekt „Wettbewerbsfaktor Kreativität" ist eine der sogenannten Prioritären Erstmaßnahmen (PEM), die im Rahmen der BMBF-Forschungsinititive „Dienstleistungen für das 21. Jahrhundert" durchgeführt wurden. Ziel des Vorhabens war es, das Themenfeld „Kreativität und Innovation im Dienstleistungsbereich" näher zu beleuchten, welches in der Studie „Dienstleistung 2000plus" als eines der dringenden Forschungs- und Entwicklungsfelder identifiziert worden war (vgl. Bullinger, 1998). Innerhalb einer Projektlaufzeit von 15 Monaten sollten für dieses Themenfeld erste Gestaltungsoptionen entwickelt und in der betrieblichen Praxis erprobt werden. Zudem galt es, Handlungs- und Forschungsempfehlungen zur Stärkung der Innovationskraft des Dienstleistungsbereiches zu erarbeiten, auf denen die weiteren Dienstleistungsaktivitäten des Bundesministeriums für Bildung und Forschung aufbauen können. Hierfür arbeiteten in der als Studie und Erprobungsprojekt angelegten PEM insgesamt 18 Unternehmen und öffentliche Organisationen sowie 8 Forschungsinstitute eng zusammen. Mit diesem Buch sollen die zentralen Ergebnisse des Vorhabens der Öffentlichkeit vorgestellt werden.

Das Buch ist in 7 Abschnitte gegliedert. Der erste Abschnitt trägt den Titel *„Aktionsfeld Unternehmenskreativität"*. Er beinhaltet neben dieser Einführung das Positionspapier *„Förderung der Unternehmenskreativität"*, das die wichtigsten Beobachtungen, Schlußfolgerungen und Empfehlungen des Projektes zusammenfaßt. Eine zentrale Aussage dieses Beitrags ist, daß in den Unternehmen ein neuer Zugang zum Thema Kreativität gefunden werden muß. Solange die konzeptionelle Lücke zwischen den Maßnahmen auf der operativen und der strategischen Ebene nicht geschlossen werden kann, so wird argumentiert, bleibt das Engagement vieler Unternehmen in Sachen Kreativität bestenfalls halbherzig. Ausgehend von dieser These, werden für Entscheidungsträger der Politik, der intermediären Institutionen und der Wirtschaft, Handlungsempfehlungen zur Stärkung der Unternehmenskreativität gegeben. Die Empfehlungen zielen darauf ab, die Diskussion um das Thema Kreativität zu versachlichen, das Kreativitätsmanagement der Unternehmen zu professionalisieren, die Service Creation Kompetenz auszubauen, sowie die Organisation und Gestaltung der kreativen Dienstleistungsarbeit zu optimieren. Ergänzend wird auf eine Reihe von Forschungsfragen aufmerksam gemacht, die im Laufe des Projektes aufgetaucht sind und deren Bearbeitung dringend notwendig erscheint, um den Erkenntnisfortschritt im Bereich Kreativität der Dienstleistungen voranzutreiben.

Die nachfolgenden sechs Abschnitte des Bandes vertiefen das Thema Kreativität in unterschiedlichen Aspekten. Die einzelnen Themenblöcke werden jeweils durch einen Beitrag aus der (angewandten) Forschung eingeleitet. Fallstudien zeigen dann anschließend die Vorgehensweisen und praktischen Erfahrungen, der am Projekt beteiligten Betriebe. Die einzelnen Artikel beziehen sich aufeinander, sind jedoch so geschrieben, daß sie auch unabhängig voneinander gelesen werden können.

Die Beiträge des Abschnitts *„Kreativitätsstrategien"* setzen sich mit der Frage auseinander, woran man die Kreativität eines Unternehmens (nicht nur die einer Person) erkennt und wie die Maßnahmen zu bewerten sind, die von unterschiedlichen Unternehmen zur Steigerung ihres kreativen Potentials unternommen werden.

- Im ersten Kapitel dieses Abschnitts wird ein konzeptioneller Rahmen vorgestellt, der es erlaubt, die kreativitätsbezogenen Aktivitäten eines Betriebes genauer zu untersuchen. Der *„Steckbrief eines kreativen Unternehmens"* beschreibt vier Eigenschaften bzw. Fähigkeiten, die eine kreative Organisation charakterisieren: „Offenheit & Orientierungskomptenz", „Originalität & Kreationskompetenz", „Flexibilität & Veränderungskompetenz", sowie „Präsenz & Durchsetzungskompetenz / Dienstleistungsperformanz". Am Beispiel der Hotelkette Accor und des Sportartikelherstellers adidas-Salomon wird anschließend gezeigt, wie sehr sich erfolgreiche Kreativitätsstrategien hinsichtlich ihrer Zielsetzung, Reichweite und Nachhaltigkeit unterscheiden können. Je nach Wettbewerbsumfeld und strategischer Positionierung eines Unternehmens kann es sinnvoll sein, sich auf die Stärkung einer oder mehrerer der vier oben genannten Kompetenzen zu konzentrieren.
- Es gibt mehr als nur einen richtigen Weg des Umgangs mit dem Faktor Kreativität. Dies machen auch die beiden nachfolgenden Kapitel: *„Praxisbeispiel Schweizer-National Ver-*

sicherung" und *„Praxisbeispiel Bildungszentrum Turmgasse"* deutlich. Die Schweizer-National-Versicherungs AG in Deutschland, wählte im Rahmen des Projektes einen engen Fokus und setzte darauf, die Präsenz des Unternehmens auszubauen. Mit Hilfe eines neuen, versicherungsfremden Dienstleistungsangebotes wurde versucht, die Kunden, Mitarbeiter und freien Makler enger miteinander zu vernetzen. Ziel des Projektes war es, durch den Aufbau einer Schweizer-National-„Familie", die Bekanntheit und Attraktivität des Unternehmens zu steigern und die Kundenbindung zu erhöhen. Dem Bildungszentrum Turmgasse hingegen ging es darum, Experimentierfelder für die Entwicklung neuer Dienstleistungsprodukte aufzubauen und den Vorstoß in neue Märkte zu erproben. Es wurde eine Vielzahl von Schritten unternommen, um die Kreativität des gesamten Unternehmens zu steigern.

- Die Strategien beider Unternehmen stellten also jeweils spezifische Anforderungen an das (Kreativitäts-) Management. Die Vorgehensweisen und Resümees der Betriebe, die im Rahmen des Verbundprojektes Kooperationspartner waren, werden in den jeweiligen Praxisberichten beschrieben.

Unter der Überschrift *„Management kreativer Organisationen"* geht es im nächsten Abschnitt um die praktische Übersetzung der konzeptionellen Überlegungen zur betrieblichen Kreativität. Hier ist zu allererst die Unternehmensführung gefordert.

- Das Kapitel *„Kreativitätsmanagement als Improvement Infrastructure"*, greift eine Reihe von wiederkehrenden Erfahrungen und Fragestellungen aus den Betriebsprojekten auf, und skizziert darauf aufbauend, Elemente eines kreativitätsförderlichen Managements. Zu den beschriebenen Managementelementen gehört beispielsweise, die Offenheit und Orientierung durch eine Erhöhung der Connectivity und Coopetition zu verbessern, Visionen zu formulieren und deren teamorientierte Umsetzung in Blaupausen und Dienstleistungspakete zu unterstützen (Verbesserung der Originalität und Kreationskompetenz), faire Prozesse und Wisses- infrastrukturen aufzubauen (Steigerung der Veränderungskompetenz) und durch Corporate Values und Leadership die Präsenz und Durchsetzungskompetenz zu erhöhen. Das Kapitel möchte einen Eindruck davon vermitteln, welche Aufgaben an die Entscheidungsträger eines kreativen Unternehmens herangetragen werden und welche Dienstleistungen die Mitarbeiterinnen und Mitarbeiter eines solchen Unternehmens von „ihrem" Management erwarten können.
- Anschließend wird im Kapitel *„Praxisbeispiel der ISD Software und Systeme GmbH"* gezeigt, daß die Aktivierung der betrieblichen Kreativität kein Selbstzweck, sondern eine Notwendigkeit ist, wenn es beispielsweise darum geht, eine neue Rolle in Wertschöpfungsnetzen zu übernehmen. Projektziel des CAD/CAM-Software-Hauses ISD war es, zusätzlich zur Software-Entwicklung, Beratung und Schulung, neue Dienstleistungen im Bereich Simultaneous Engineering und Workflow Management anzubieten. Eine Analyse der aktuellen Praxis im Umgang mit kreativitätsrelevanten Fragen läßt deutlich werden, wie gut das Unternehmen auf diese Aufgabe vorbereitet ist und an welchen Stellen angesetzt werden muß, um die kreative Leistungsfähigkeit des Unternehmens auszubauen.
- Im dritten Kapitel des Abschnitts wird schließlich mit den *„CreativityCards"* der Prototyp eines Instrumentes vorgestellt, mit dem die kreativitätsbezogenen Aktivitäten eines Unternehmens systematisiert, besser aufeinander abgestimmt und in das Controlling einbezogen werden können. Das Instrument unterstützt das Management darin, Unternehmensziele mit aussagekräftigen „weichen" Kennzahlen und mit konkreten Gestaltungsmaßnahmen zu verknüpfen. Für die CreativityCards werden mehrere Einsatzmöglichkeiten vorgeschlagen. Sie lassen sich als Diagnose- und Planungsinstrument für kreativitätsförderliche Maßnahmen verwenden, als Benchmarking-Tool für die Unternehmenskreativität oder als ein Hilfsmittel für den Aufbau einer Balanced Scorecard.

Der Themenblock *„Wissen und Kreativität – zwei Seiten einer Medaille"* befaßt sich mit den Herausforderungen des Wissensmanagements in kreativen Organisationen.

- Das Kapitel *„Vom Umgang mit der Zukunftsressource Wissen"* thematisiert drei Fragen mit denen sich die Unternehmen zukünftig verstärkt auseinandersetzten müssen. Diese lauten: Wie gewinnt, führt, qualifiziert und motiviert man Wissensarbeiter? Wie kann die Produktivität der Wissensarbeit gesteigert werden? Wie wird die Ressource „Wissen" optimal gemanagt? Insbesondere mit Blick auf die letzte Frage machen die Autoren auf ein grundlegendes Dilemma des wissensbasierten Wettbewerbs aufmerksam: den Widerspruch zwischen Spezialisierung und Wissensintegrationsbedarf. Dieser Widerspruch bringt mit sich, so wird argumentiert, daß die Beherrschung wissensintegrativer und koordinativer Prozesse zu einer Schlüsselkompetenz in einem auf Wissen basierenden Wettbewerb werden.
- Im zweiten Kapitel dieses Abschnitts werden die „Praxisbeispiele der Multimedia Software GmbH und der Württembergischen Versicherung AG" vorgestellt. In beiden Unternehmen wurden im Rahmen des Verbundprojekts erste Lösungen für das Wissensmanagement entwickelt und erprobt. Bei der Multimedia Software GmbH (MMS) entstand der Prototyp einer elektronischen Ideenbörse. Als junges und schnell wachsendes High-tech Unternehmen sah sich die MMS mit der Aufgabe konfrontiert, nach neuen Wegen zu suchen, um die Kreativität, das Wissen und die Fähigkeit der unterschiedlichen Akteure im Unternehmen in die Unternehmensentwicklung einzubringen. Ihr vorrangiges Interesse galt deshalb der Entwicklung eines Informationssystems, das die Kreationsprozesse des Unternehmens unterstützen konnte. Im Fall der Württembergischen Versicherung AG hingegen stand die Strukturierung und Aktivierung des bereits im Unternehmen vorhandenen und in Handbüchern und Leifäden kodifizierten Wissens im Vordergrund. Als ein Bestandteil eines multimedialen „Unternehmensgedächtnisses", wurde hier u.a. ein „Lernendes Versicherungshandbuch" erstellt. Die Autoren des Kapitels beschreiben, welche Überlegungen der Entwicklung dieser doch sehr unterschiedlichen Wissenstools vorausgegangen sind und was bei ihrer Einführung im Unternehmen beachtet werden muß.

Der Abschnitt *„Wettbewerbsdifferenzierung durch hybride Produkte"* widmet sich der speziellen Problematik von produzierenden Unternehmen, die ihre Chance in einer Bündelung ihrer Güter mit innovativen Dienstleistungen sehen und deshalb Kreativität in einem für sie völlig neuen Feld entwickeln müssen. Wie können die Dienstleistungsbedürfnisse der Kunden erfaßt und in Dienstleistungen umgesetzt werden, die von den Kunden honoriert werden? Diese Frage zieht sich durch alle vier Beiträge dieses Themenblocks.

- Das Kapitel *„Design hybrider Produkte"* stellt ein Modell vor, das die grundlegenden Vorgehensweisen der Generierung hybrider Produkte (Leistungsbündel aus Gütern und Dienstleistungen) beschreibt. Die drei Bausteine des sogenannten Bedürfnis-Leistungs-Realisierungsmodells (BLR-Modell) werden in den nachfolgenden Fallstudien vertieft.
- Die erste Fallstudie wird im Kapitel *„Praxisbeispiel Mettler Toledo"* beschrieben. Die Mettler-Toledo GmbH, welche Waagen, analytische Instrumente und Meßgeräte herstellt, hat für sich den Leitsatz gewählt: Durch Kundenkommunikation Marktführerschaft erreichen! Dienstleistungen spielen hierbei eine wichtige Rolle. Sie ermöglichen es dem Produktionsunternehmen einen direkten, persönlichen Kontakt zu den Kunden aufzubauen und dienen auch dazu etablierte Kundenbindungen zu erhalten. Für das Unternehmen war es deshalb wichtig, die Bedürfnisse der Kunden genauer erfassen zu können, als bisher. Die Fallstudie zeigt, wie die Bedürfniskomponente des BLR-Modells operationalisiert und im Unternehmen pilothaft getestet wurde.
- Im Kapitel *„Praxisbeispiel Siemens Medizintechnik"* liegt die Betonung auf dem zweiten Schritt des BLR-Modells – der Leistungsgenerierung und –einführung. Eine der größten Herausforderungen, mit denen der Geschäftsbereich Medizinische Technik der Siemens

AG zu kämpfen hat, ist die Komplexität des Marktes. Die technologischen Fortschritte bei der bildgebenden Diagnostik verläuft rassant. Für die hochpreisigen Produkte existiert gleichzeitig nur ein sehr begrenzter Markt, der von allen Anbietern hart umkämpft ist. Von der Entwicklung hybrider Produkte verspach man sich deshalb eine kostengünstige und effiziente Möglichkeit, sich vom Wettbewerb abzugrenzen. Der Beitrag der Siemens AG beschreibt die positiven Erfahrungen des Unternehmens mit einem Rapid Prototyping–Prozeß der Dienstleistungsentwicklung.

- Im letzten Kapitel „*Praxisbeispiel Universal Maschinenfabrik*" liegt der Schwerpunkt der Ausführungen auf der dritten Komponente des BLR-Modells – der Realisierung des Kunden- und Dienstleistungsmanagements. Der international operierende Hersteller von Flachstrickmaschinen suchte im Rahmen des Projektes nach Möglichkeiten, die Endkunden seiner Kunden mit innovativen Dienstleistungsangeboten zu unterstützen. Das Kapitel präsentiert u.a. eine Systematik wichtiger Gestaltungsfelder für das Dienstleistungsmanagement, die im Projekt erarbeitet wurde.

Kreative Unternehmen zeichnen sich u.a. dadurch aus, daß sie bereit und in der Lage sind, neue Wertschöpfungspartnerschaften einzugehen. Der Abschnitt „*Public Private Partnership*" behandelt eine ganz spezielle Form solcher Partnerschaften – die Kooperation zwischen öffentlichen und privatwirtschaftlichen Unternehmen.

- Eingeleitet wird dieser sechste Themenblock durch das Kapitel „*Erfüllung öffentlicher Aufgaben durch Public Private Partnership (PPP)*". Darin werden die Handlungsfelder und Kooperationsziele, sowie die Ursachen der wachsenden Bedeutung von Public Private Partnership diskutiert. Eine Darstellung von Gestaltungsproblemen und Handlungsempfehlungen für den Aufbau funktionsfähiger PPP runden diesen wissenschaftlichen Beitrag ab.
- Nicht nur in den USA, sondern auch in Deutschland liegen bereits eine Reihe von positiven Erfahrungen mit Public Private Partnerships vor. Zu den erfolgreichen Projekten gehören u.a. die Gewerbeansiedlungsvorhaben „Existenzgründerzentrum Triple Z AG" und „Gewerbepark M1". An beiden Projekten ist die Essener Wirtschaftsförderungsgesellschaft (EWG) beteiligt. Eine Darstellung der Vorgehensweisen und Erfahrungen dieser Projekte bilden den Inhalt des Kapitels „*Praxisbericht der EWG*".
- Das dritte Kapitel dieses Themenblocks „*Kreative Kooperationsmodelle zwischen Verwaltung, Wirtschaftsunternehmen und Priathaushalten*" bietet ein Referenzmodell zur systematischen Beschreibung von Lösungen der kooperativen Leistungserstellung an. Das vorgestellte Modell verknüpft die Elemente „Kooperationsziele", „Kooperationsprodukte" und „Kooperationsformen" und leitet hieraus drei Kriterien ab, an denen der Erfolg einer Public Private Partnership gemessen werden kann: Effektivität, Effizienz und Kosteneffizienz. Ergänzt werden diese Kriterien durch die Forderung nach Qualität und Rechtmäßigkeit.

Der letzte Abschnitt „*Erfolg in neuen Feldern*" berichtet von den Früchten der Unternehmenskreativität - insbesondere von den Chancen, die mit einer innovativen Ausweitung des Dienstleistungsangebots verbunden sein können. Er zeigt aber auch die Hürden, die auf diesem Weg zu überwinden sind.

- Das erste Kapitel „*Mit kreativen Konzepten zu neuen Geschäftsfeldern*" demonstriert an ausgewählten Beispielen die erfolgsversprechenden Ansätze kleiner Dienstleistungsunternehmen in den neuen Bundesländern. Ihre Fähigkeit und Bereitschaft, auf Kundenwünsche mit individuellen Zusatz- oder Komplettangeboten zu reagieren, zeigt sich heute in Umsatzsteigerungen und einer Positionsstärkung gegenüber größeren Dienstleistungsunternehmen. Kreativität bei der Entwicklung neuer Dienstleistungskonzepte kann, dies belegen die vorgestellten Beispiele, zu einer Erfolgsstrategie für KMU werden.

- Soll das Dienstleistungsangebot nicht nur weiterentwickelt, sondern tatsächlich qualitativ ergänzt werden, ist das gesamte Unternehmen gefordert. Dies läßt sich am *„Praxisbeispiel Spodeck Verhaltungsholding"* ablesen. Die Unternehmensgruppe suchte nach Möglichkeiten, das bisherige Angebot (Leistungen des Gebäudemanagements, z.B. Gebäudereinigung, Restaurierung, Objektbewachung, Wäscherei) zu ergänzen und erprobte im Rahmen des Projektes die Entwicklung personenbezogener Dienstleistungen (Pflegedienste). Das Kapitel berichtet von den grundlegenden Fragestellungen mit denen sich das Unternehmen bei der Umsetzung dieser neuen unternehmenspolitischen Schwerpunktsetzung konfrontiert war. Ein Unternehmen, das in neuen Geschäftsfeldern erfolgreich sein möchte, so lautet eine der zentralen Erkenntnisse des Projektes, muß nicht nur die eigene Organisation, sondern auch die potentiellen Kunden entwickeln.
- In der Übernahme von neuen Koordinationsfunktionen für Kunden der Bau- und Stahlbranche bot sich für die Gebr. Steffens GmbH & Co. KG ein neuer Geschäftsbereich mit erfolgsversprechenden Entwicklungschancen. Das Kapitel *„Praxisbeispiel Gebr. Steffens"* vermittelt dem Leser, wie es dem Unternehmen gelungen ist, einen synergetischen Ansatz der Dienstleistungserzeugung in das Unternehmensprofil zu integrieren und eine neue Rolle innerhalb der Wertschöpfungskette zu übernehmen.
- Wie kann aus eigenen Erfahrungen ein Produkt entwickelt werden? Eine Antwort auf diese Frage bietet das Kapitel *„Praxisbeispiel IDB"*. Die Umwandlung der Informations- und Datenverarbeitung Bremen von einer öffentlichen Organisation zu einem privatwirtschaftlichen Unternehmen brachte Erfahrungen mit sich, die für andere Organisationen, die einen ähnlichen Weg vor sich haben, wertvoll sind. Im Rahmen des Projektes wurden die eigenen Konversionserfahrungen reflektiert und damit begonnen sie nicht nur unternehmensintern zu kommunizieren, sondern sie in ein eigenständiges Dienstleistungsprodukt zu transformieren, das externen Kunden angeboten werden kann.
- Es wäre zu kurzsichtig, den Erfolg der Kreativität im Bereich der Dienstleistungen alleine am wirtschaftlichen Erfolg einzelner Unternehmen messen zu wollen. Das letzte Kapitel dieses Bandes *„Arbeitserzeugung – Entwicklungstendenzen und Anstöße"* widmet sich aus diesem Grunde den Beschäftigungseffekten der Tertiarisierung. Der Beitrag läßt keinen Zweifel daran, daß es im Dienstleistungsbereich ebenso wie im Industriebereich Gewinner und Verlierer gibt. In beiden Wirtschaftsbereichen (wenn sie sich überhaupt trennen lassen) findet man zur gleichen Zeit einen Überschuß und einen Mangel an Arbeitsplätzen. Es ist deshalb sinnvoll und notwendig, über neue und zusätzliche Tätigkeiten nachzudenken. Lösungswege zur Arbeitserzeugung können nach Einschätzung der Autoren sein: die Erprobung neuer Variationen von Arbeitsteilung und Kooperation, eine Ausweitung der proaktiven und präventiven Dienstleistungen, eine Politik, die dem einzelnen Mut macht, unternehmerisch tätig zu sein, sowie die Entwicklung einer Dienstleistungs-Nutzen-Diskussion als Impulsgeber für Innovationen.

Wir hoffen, mit diesem Buch Interesse geweckt zu haben, sich auf eine neue Art und Weise mit dem Thema Kreativität auseinanderzusetzen.

Ohne das Engagement aller Projektbeteiligten wäre dieser Band nicht möglich gewesen. Unser herzlicher Dank gilt deshalb allen Partnern des Verbundvorhabens. Herrn Christoph Kasten vom DLR Projektträger des Bundesministeriums für Bildung und Forschung danken wir für seine konstruktive Kritik und geduldige Begleitung des Vorhabens. Wertvolle Unterstützung in dem Bestreben, die Erfahrungen und Erkenntnisse aus den verschiedenen Teilprojekten zu einem neuen Ganzen zu integrieren erhielten wir von den Mitgliedern des Steuerungskomitees. Hierfür danken wir Herrn Prof. Dietrich Budäus (Hochschule für Wirtschaft und Politik Hamburg), Herrn Wolfgang Golasowski (Informations- und Datenverarbeitung Bremen), Herr Siegfried Reith (Winkler Ausbildungs GmbH), Herrn Georg Schröter und Herrn Jochen Wienbeck (beide Mettler Toledo GmbH) und ganz besonders Herrn Lutz Doblaski (Württembergische Versicherung), der so freundlich war, den Vorsitz des Steuerungskomitees zu übernehmen. Den beteiligten Unternehmen danken wir für ihre Bereitschaft, uns Einblicke in ihre ganz spezifischen Problemstellungen und Lösungsansätze gegeben zu haben. Den wissenschaftlichen Partnern gilt unser Dank für ihr Bemühen, die Grenzen der eigenen Fachdisziplin zu überschreiten und eine Brücke zwischen Theorie und Praxis zu bauen. Desweitern danken wir Frau Simone Martinetz, Frau Imke ter Haseborg und Frau Sibylle Langer für ihre Hilfe bei der Erstellung des Manuskripts. Unseren besonderen Dank möchten wir an alle Autoren richten, deren Beiträge dieses Buch erst möglich gemacht haben.

Wir wünschen Ihnen viel Freude beim Lesen! Und für alle, die gespannt sind, wie es mit den Themen und Empfehlungen des Projektes weiter geht, hier noch ein Hinweis: Aktuelle Informationen zur Initiative „Dienstleistungen für das 21. Jahrhundert" können über das Dienstleistungsportal des Bundesministeriums für Bildung und Forschung im Internet (http://www.dl2000.de) abgerufen werden. Weitere Informationen zum Verbundprojekt „Wettbewerbfaktor Kreativität" finden sich außerdem auf den Internetseiten des Fraunhofer Instituts Arbeitwirtschaft und Organisation (http://www.pm.iao.fhg.de/pem.html).

Literatur

Amabile, Theresa M.: Creativity in Context. Oxford: Westview Press, 1996a.

Amabile, Theresa M.: Creativity and Innovation in Organizations. Note, prepared for the second-year elective MBA course „Entrepreneurship, Creativity and Organization", Harvard Business School, January 5, 1996b.

Braczyk, Hans-Joachim; Kerst, Christian; Setz, Rüdiger: Keratività als Chance für den Standort Deutschland. Berlin: Springer, 1998.

Brodbeck, Karl-Heinz: Erfolgsfaktor Kreativität. Die Zukunft unserer Marktwirtschaft. Darmstadt: Wiss. Buchges., 1996.

Bullinger, Hans-Jörg: Dienstleistung 2000plus – Zukunftsreport Dienstleistungen in Deutschland. Stuttgart: Fraunhofer IRB Verlag, 1998.

Bullinger, Hans-Jörg; Doblaski, Lutz: Erfolgsstrategie Kreativität. In: Dienstleistungen – Innovation für Wachstum und Beschäftigung Herausforderungen des internationalen Wettbewerbs. / Hans-Jörg Bullinger (Hrsg.). Wiesbaden, Gabler: 1999.

Bullinger, Hans-Jörg; Hermann, Sibylle; Ganz, Walter: Kreativität als Leitbild für Unternehmen der Zukunft : Veränderungen im Management. In: Office Management 45 (1997) 10, S. 12-16.

Bullinger, Hans-Jörg; von Mutius, Bernhard: Kreativitätsoffensive zur Revitalisierung der Unternehmen. Ein Erfahrungsaustausch für Führungskräfte. Tagungsband zum Management Symposium '97, 17. April 1997, Stuttgart. Stuttgart: IRB-Verlag, 1997.

Bundesvereinigung der Deutschen Arbeitgeberverbände (BDA), Deutscher Philologenverband: Innovation und Kreativität durch Bildung, Wissenschaft und Forschung. Köln, 1998.

Couger, J. Daniel: Creative Problem Solving and Opportunity Finding. Danvers: boyd & fraser publishing company. 1995.

Committee to Upgrade LASALLE & NAFA: Creative Singapore – A Renaissance Nation in the Knowledge Age. Report to the Ministry of Education and the Ministry of Information and the Arts. Singapore: 1998.

Cunnings, Anne; Oldham, Greg R.: Wo Kreativität am besten gedeiht. In: Harvard Businessmanager, 4 (1998), S. 32-43.

DIN-Fachbericht 75, Service Engineering. Entwickungsbegleitende Normung (EBN) für Dienstleistungen. Berlin u.a.: Beuth Verlag, 1998.

Dölle, Hans-Hinrich: Von der Kreativität in Restrukturierungsprozessen. In: Kreativität als Chance für den Standort Deutschland / Hans-Joachim Braczyk, Christian Kerst, Rüdiger Seltz (Hrsg.). Berlin u.a.: Springer, 1998, S. 163-168.

Edvinsson, Leif; Malone, Michael. S.: Intellectual Capital: Realising Your Company's True Value by finding it's Hidden Brainpower. London: Piatkus Books, 1997.

Ehrlenspiel, Klaus: Integrierte Produktentwicklung. Methoden für Prozeßorganistion, Produkterstellung und Konstruktion. München; Wien: Hanser Verlag, 1995.

Gough, H. G. : A Creative Personality Scale for the Adjective Check List, In: Journal of Personality and Social Psychology 8/37, (1979), p. 1398-1405.

Guilford, J. P.: The structure of intellect. In: Psychological Bulletin 54 (1956), 4, p. 267-293.

Hacker, W.: Entwickeln und Konstruieren als Denktätigkeit – zu einer Arbeitswissenschaft geistiger Erwerbstätigkeit. In: Zeitschrift für Arbeitswissenschaft, 2 (1996), S. 111-116.

Hoffmann, Heinz: Kreativität. Die Herausforderung an Geist und Kompetenz. Damit Sie auch in Zukunft Spitze bleiben. München: printul, 1996.

Huber, John C. : Invention and Inventivity as a Special Kind of Creativity, with Implications for General Creativity. In: Journal of Creative Behavior 32 (1998) 1, p. 58-72.

Kaltenbach, Horst G.: Das kreative Unternehmen: vom Elefanten zum Kolibri. Gute Ideen. Begeisterte Mitarbeiter. Erfolgreiche Produkte. Landsberg: mi-Verlag, 1998.

Kao, John: Die Vorzüge der betrieblichen „Unordnung", In: Wie kommt das Neue in die Welt / H. v. Pierer; B. V. Oetinger (Hrsg.). München: Hanser Verlag, 1997.

Kao, John: Jamming: the art and discipline of business creativity. London: HarperCollinsBusiness, 1996.

Kirton, Michael J.: Adaptors and Innovators: A Description and measure, in: Journal of Applied Psychology 5/61 (1976), p. 622-629.

Krause, Reinhard: Unternehmensressource Kreativität. Trends im Vorschlagwesen, Erfolgreiche Modelle, Kreativitätstechniken und Kreativitäts-Software. Köln: Wissenschaftsverlag Bachem, 1996.

Mölder, Heinz; Hirsch, Jochem; Freisberg, Werner; Kuhnert, Detlef: Wie Mitarbeitern Ideen entlockt werden. Harvard Business Manager (1998), 1, 22-26.

Pahl, Gerhard; Beitz, Wolfgang: Konstruktionslehre. Methoden und Anwendungen. 3., neubearbeitete und erweiterte Auflage. Berlin u.a.: Springer, 1993.

Radermacher, Franz-Josef: Kreativität als Chance für den Standort Deutschland. In: Kreativität als Chance für den Standort Deutschland / Hans-Joachim Braczyk, Christian Kerst, Rüdiger Seltz (Hrsg.). Berlin u.a.: Springer, 1998, S. 13-16.

Reichwald, Ralf; Wildemann, Horst: Kreative Unternehmen. Spitzenleistungen durch Produkt- und Prozeßinnovationen. Stuttgart: Schäffer, 1995.

Sachse, Pierre; Hacker, Winfried: Early Low-cost Prototyping. In: Bild und Begriff III. Zur Anschauung und Abstraktion im konstruktiven Entwurfsprozeß. Bericht über das Werkstattgespräch in Diesbar-Seußlitz vom 20.-22.10.1995 / W. Hacker, P. Sachse (Hrsg.). Dresden, 1995.

Sommer, Karl-Heinz, Grosser, Hubert: Erschließung von Kreativitätspotentialen. In: Neue Organisationsformen im Unternehmen / Hans-Jörg Bullinger, Hans Jürgen Warnecke (Hrsg.). Berlin u.a.: Springer, 1996.

Stewart Thomas: Intellectual Capital: The new wealth of organizations. London: Nicholas Brealey Publishing, 1997.

Sveiby, Karl Erik : The new organizational wealth: Managing & Measuring knowledge-based assests. San Francisco: Berrett-Koehler Publishers, Inc., 1997.

Torrance, E. P.: Torrance Tests of Creative Thinking. Chicago: University of Chicago Press, 1984.

Ulmann, Gisela: Kreativität – Neue amerikanische Ansätze zur Erweiterung des Intelligenzkonzeptes, Weinheim: Beltz, 1968.

Zahn, Erich (Hrsg.): Mit Kreativität die Zukunft meistern. Stuttgart: Schäffer-Poeschel, 1995.

Förderung der Unternehmenskreativität

Hans-Jörg Bullinger*

Es ist an der Zeit, das Thema Unternehmenskreativität mit der gleichen Sachlichkeit zu diskutieren und mit ebenso großer Ernsthaftigkeit zu behandeln, wie dies für die traditionellen Produktionsfaktoren selbstverständlich ist.

Das vorliegende Positionspapier soll Anstöße und Anregungen für einen neuen Umgang mit der Unternehmensressource Kreativität geben. Es enthält Empfehlungen für Entscheidungsträger der Wirtschaft, Wissenschaft und Politik. Wichtigste Grundlage des Positionspapiers sind die Erkenntnisse und Erfahrungen der am Verbundprojekt „Wettbewerbsfaktor Kreativität" beteiligten betrieblichen und wissenschaftlichen Partner.

Die heutige Situation ist paradox

An der wachsenden wirtschaftlichen und gesellschaftlichen Bedeutung des Faktors Kreativität besteht kein Zweifel

Kreativität gilt schon seit je her als eine wichtige Voraussetzung für den unternehmerischen Erfolg und damit mittelbar auch als ein Garant für den Wohlstand unseres Landes. In der heutigen Zeit jedoch, die, u.a. ausgelöst durch technologische Entwicklungen wie das Internet, Deregulierungsmaßnahmen des Staates, die fortschreitende Tertiarisierung der Wirtschaft, sowie die Internationalisierung des Welthandels durch nicht unerhebliche Friktionen gekennzeichnet ist, wächst das Bewußtsein darüber, daß die Kreativität ein mächtiger Wettbewerbsfaktor ist. Denn die Schnelligkeit und Raffinesse, mit der sich Unternehmen auf veränderte Umweltanforderungen einstellen können, sagt inzwischen fast mehr über deren Zukunftsfähigkeit aus, als die Unternehmensgröße oder der derzeitige Marktanteil. Selbst Unternehmen aus Bereichen die Innovationen bislang eher zurückhaltend gegenübergestanden haben (z.B. die Finanzdienstleistungen), kommen deshalb nicht mehr umhin, sich den veränderten Anforderungen ihrer Umwelt zu stellen und das Kreieren einzigartiger Leistungsangebote, das Gestalten effizienterer Prozesse und das Bilden von neuen Wertschöpfungspartnerschaften zu forcieren. Kreativität ist unbestreitbar zu einem zentralen Werkzeug geworden, um die Dynamik des wirtschaftlichen Wandels nicht nur zu bewältigen, sondern als Chance zu erkennen und zum Wohle der Unternehmen und der Gesellschaft zu nutzen.

Die meisten Unternehmen sind sich der erfolgsbestimmenden Bedeutung ihres kreativen Potentials auch durchaus bewußt

Es ist keineswegs so, daß nur bestimmte Gruppen von Unternehmen die Notwendigkeit sehen, sich um die Pflege und den Ausbau ihres kreativen Potentials zu kümmern. Die weitverbreitete Meinung, Kreativität sei lediglich etwas für die „jungen Kreativen", wird schon alleine durch die Zusammensetzung des Projektverbunds „Wettbewerbsfaktor Kreativität" Lügen gestraft. Bei den betrieblichen Partnern des Vorhabens handelt es sich um etablierte privat-

---

* für das Konsortium der Prioritären Erstmaßnahme „Wettbewerbsfaktor Kreativität"

wirtschaftliche und öffentliche Organisationen mit einer Beschäftigtenzahl von unter 10 bis über 3500 Mitarbeiter. Zum Konsortium gehören u.a. Softwareentwickler und Multimedia-Firmen, Finanzdienstleister, ein Logistikunternehmen, ein Anbieter von Gebäudedienstleistungen, ein Bildungsdienstleister, aber auch klassische Produktionsunternehmen und öffentliche Einrichtungen - also ein breites Spektrum sehr unterschiedlicher Organisationen. Ihre Bereitschaft, an einem Forschungsprojekt mitzuwirken, das die Förderung der Unternehmenskreativität zum Ziel hat, läßt sich nicht dadurch erklären, daß sie aus Branchen kommen, für die Kreativität per se notwendig erscheint. Es sind keine Designer, Modeschöpfer oder PR-Unternehmen. Dennoch betonen die Partner fast einstimmig, Kreativität sei für die Bewältigung selbst der alltäglichen Arbeitsaufgaben wichtig wenn nicht gar unverzichtbar. Mit dieser Einschätzung stehen sie nicht alleine. Mit dem wachsenden Anteil der wissensintensiven Dienstleistungen an der Wertschöpfung steigt auch in traditionellen Branchen die Abhängigkeit von den kreativen Leistungen aller Mitarbeiter. Die Förderung der Kreativität wird deshalb in so manchem Unternehmen als wichtige Managementaufgabe erkannt und nicht selten sogar in Leitbildern und Mission Statements festgeschrieben.

Dennoch sind in der betrieblichen Praxis die Unsicherheiten und Berührungsängste mit dem Thema groß

Untersucht man genauer, wie in der Praxis tatsächlich mit dem Thema Kreativität umgegangen wird, fallen zwei Dinge auf: Erstens, ganz gleich wie offen sich ein Unternehmen zur Kreativität bekennt, die Förderung des kreativen Potentials wird selten offensiv vorangetrieben. Zweitens, unabhängig davon, von welcher Hierarchieebene eine Kreativitätsmaßnahme ausgeht, die Initiatoren haben es nicht leicht, Promotoren und potentielle Mitstreiter zu überzeugen. Ein Selbstläufer ist das Thema Kreativität nicht. Viel eher stößt man, sobald es „ernst" wird, auf Unverständnis („Weshalb muß überhaupt etwas unternommen werden - wir sind doch kreativ?"), Unsicherheit über die adäquaten Schritte („Taugen Kreativitätstechniken wirklich etwas?") und Ablehnung („Das sind doch alles Spielereien, die nur Zeit und Geld kosten."). Dem Begriff Kreativität haftet etwas Esoterisches an, das es schwer macht, ihn in einem betrieblichen Kontext zu verwenden. Aussagen von Führungskräften wie „Kreativität ist wichtig, aber sie muß unbedingt gepaart sein mit Kalkül und Ratio" lassen etwas von den Befürchtungen erahnen, die der ansonsten sehr positiv konnotierte Begriff Kreativität auslöst. Um Akzeptanzprobleme zu umgehen, wird deshalb so mancher Kreativitätsworkshop unter einem anderen Namen „verkauft". Lieber spricht man von Stärkung der Kundenorientierung und der Steigerung der Qualität, von kontinuierlichen Verbesserungsprozessen und Business Excellence, als von Kreativität und kreativitätsförderlichen Maßnahmen. Auch bei den Partnerbetrieben des Verbundprojekts „Wettbewerbsfaktor Kreativität" war diese Zurückhaltung zu spüren. Die Erkenntnis, daß Kreativität mit zu den wichtigsten Ressourcen eines Unternehmens gehört und die Umsetzung dieser Erkenntnis in gezielte Maßnahmen, sind offensichtlich zwei völlig verschiedene Dinge.

Eine konzeptionelle Lücke ist zu schließen

Zum Thema Kreativität muß ein neuer Zugang gefunden werden

In Unternehmen, die für Fragen der Kreativität aufgeschlossen sind, finden sich in der Regel sowohl auf der strategischen, als auch auf der operativen Ebene positive Gestaltungsansätze. In den Führungsetagen werden, im Rahmen von Wertedebatten oder Strategiediskussionen, Leitbilder entwickelt, die u.a. beschreiben, wie das Unternehmen mit dem Faktor Kreativität umgehen möchte. Oft sind solche Leitbilder vor allem als ein Marketinginstrument zu verstehen, mit dem aktuellen und potentiellen Kunden Modernität und Leistungsbereitschaft signalisiert werden soll. Nicht selten richten sie sich aber auch an die Mitarbeiter und werden mit entsprechendem Aufwand im Unternehmen kommuniziert. Einen zweiten, meist völlig unabhängigen Zugang zum Thema Kreativität findet man auf der operativen Ebene. Dort stehen die Fragen im Vordergrund: Wie befähigt man die Mitarbeiter, mehr und vor allem bessere Ideen zu generieren? und wie geht man vor, um spontane Ideen der Mitarbeiter für das Unternehmen nutzbar zu machen? Zum Einsatz kommt dabei das bekannte Repertoire an Instrumenten: Mitarbeiter werden auf Kreativitätsseminare geschickt; für spezifische Problemstellungen (z.B. Verbesserung des Kundenservice) werden Brainstorming-Sitzungen und Ideenworkshops durchgeführt; oder aber es wird ein Ideenmanagementsystem (früher: Betriebliches Vorschlagswesen) eingeführt. Diese Zweiteilung der Zugänge findet ihre Widerspiegelung in der Fachliteratur. Eine Gruppe von Publikationen thematisiert die psychologischen Voraussetzungen der Kreativität, Personalauswahl- und –entwicklungsmaßnahmen, Kreativitätstechniken und Softwaretools. Die andere Gruppe von Veröffentlichungen läßt sich am besten unter die Überschrift „Plädoyers für mehr Kreativität" subsumieren. Hier wird die wettbewerbsrelevante Bedeutung des Faktors Kreativität betont und versucht, den Unternehmen Mut zu machen, sich neuen Gedanken und ungewöhnlichen Vorgehensweisen zu öffnen. Ebenso wie in den Unternehmen findet auch in der Literatur selten eine Verknüpfung beider Perspektiven statt.

Zwischen dem strategischen und dem operativen Zugang klafft eine konzeptionelle Lücke, die ein Weiterkommen verhindert

Woran liegt es, daß die strategische und die operative Ebene nicht zueinander finden? Eine wesentliche Ursache für dieses Problem ist wohl darin zu suchen, daß sowohl das Management, als auch die Verantwortlichen auf der operativen Ebene von einem individuumsbezogenen Kreativitätsbegriff ausgehen. Dieses Begriffsverständnis legt nur eine Lösung nahe: sich auf die Förderung der kreativen Fähigkeiten des Einzelnen zu konzentrieren. Dabei ist allen Beteiligten klar, daß viele kreative Mitarbeiter noch lange kein erfolgreiches Unternehmen ausmachen. Das Management ist aus diesem Grund auch erst dann wirklich bereit, in kreativitätsförderliche Maßnahmen zu investieren, wenn nachgewiesen werden kann, daß sich diese Investitionen lohnen, das heißt, daß diese Maßnahmen die Wettbewerbsposition des Unternehmens spürbar stärken. Auf der operativen Ebene läßt sich ein solcher Nachweis schwerlich führen. Dort kann bestenfalls belegt werden, daß die eingesetzten Instrumente und Maßnahmen ihren Zweck erfüllen. Die Vertreter der operativen Ebene spielen den Ball an das Management zurück, indem sie darauf drängen, zunächst ein Unternehmensklima zu schaffen, welches das kreative Potential der Mitarbeiter zur vollen Entfaltung bringen läßt. Dann würden sich auch die erhofften wirtschaftlichen Effekte einstellen. So entsteht eine Deadlock-Situation, in der jeder auf den entscheidenden Zug des anderen wartet. Auf der Seite der Unternehmensführung bleibt es bei Kreativitätskampagnen, die in den betrieblichen Abläufen wenig Niederschlag finden und auf der operativen Ebene bei punktuellen Einzelmaßnahmen, die immer wieder gegen den Vorwurf verteidigt werden müssen, reine Kostenfresser zu sein.

Der „Steckbrief eines kreativen Unternehmens" ermöglicht einen neuen Umgang mit dem Thema Kreativität

Die Kluft zwischen der operativen und strategischen Ebene läßt sich auf der Basis eines individuumsorientierten Kreativitätsbegriffs nicht überwinden. Das Verbundprojekt „Wettbewerbsfaktor Kreativität" stellt deshalb neben den kreativen Leistungen des Einzelnen, die kreativen Leistungen des Unternehmens in den Mittelpunkt der Handlungsperspektive. Mit dem „Steckbrief eines kreativen Unternehmens" wird ein normatives Referenzmodell vorgestellt, das es erlaubt, das kreative Potential eines Unternehmens zu beschreiben und über diesen Umweg Zusammenhänge zwischen der Wettbewerbsstrategie einerseits und den betrieblichen Abläufen andererseits herzustellen. Die Mitarbeiterkreativität wird dabei als ein zentraler, aber eben nur einer von mehreren konstituierenden Faktoren der Unternehmenskreativität betrachtet. Eine Bestandsaufnahme anhand der vier Kategorien des Steckbriefs (Offenheit, Originalität, Flexibilität und Präsenz) läßt erkennen, wie gut ein Unternehmen darauf vorbereitet ist, hinsichtlich seiner Produkte, Prozesse und externen Partner, neue Wege zu gehen. Die ebenfalls im Verbundprojekt entwickelten „CreativityCards" gehen noch einen Schritt weiter. Sie unterstützen die Entwicklung von kreativitätsbezogenen Kennzahlen, die in ein Performance Management System (z.B. in die Balanced Scorecards) eingespeist und zur Unternehmenssteuerung verwendet werden können. Damit wird eine Brücke geschaffen, welche die operativen kreativitätsbezogenen Maßnahmen mit den finanziellen Zielen und strategischen Vorgaben des Unternehmens verbindet. Die Erfahrungen im Projekt belegen, daß Instrumente wie der Steckbrief und die CreativityCards geeignet und notwendig sind, um Fragen der Kreativität innerhalb der Unternehmen leichter kommunizierbar und operationalisierbar zu machen. Der prototypische Einsatz der beiden Instrumente im Rahmen des Projektes förderte außerdem zutage, wo auf dem Gebiet der Unternehmenskreativität derzeit noch die größten Handlungs- und Forschungsdefizite bestehen.

Was ist zu tun?

Vier zentrale Aufgabenfelder wurden im Zuge des Verbundprojektes identifiziert

Ausgehend von der aktuellen Forschungsliteratur, den praktischen Erfahrungen des Verbundvorhabens, vor allem aber aufbauend auf den Ergebnissen von leitfadengestützten Interviews mit den beteiligten Betrieben wird empfohlen, in vier Feldern aktiv zu werden, um die Kreativität und Innovationskraft im Dienstleistungsbereich zu stärken. Dringend notwendig erscheint aus der Sicht des Projektes:

1. eine Versachlichung der Diskussion um das Thema Kreativität,
2. die „Professionalisierung" des Kreativitätsmanagements,
3. ein Ausbau der Service Creation Kompetenz, sowie
4. die Optimierung der Organisation und Gestaltung der kreativen Dienstleistungsarbeit.

In diesen vier Feldern sehen wir jeweils hinsichtlich der Bewußtseinsbildung (Einstellungen und Meinungen zu Fragen der Kreativität), der strategischen Einbindung des Themas im Unternehmen, der konzeptuellen Überlegungen zur Unternehmenskreativität und / oder der kreativitätsbezogenen Vorgehensweisen, Methoden und Instrumente, Ansatzpunkte für das zukünftige Handeln und Forschen.

Aufgabenfeld 1: Versachlichung der Diskussion um das Thema Kreativität

Angesichts der wachsenden wirtschaftlichen und gesellschaftlichen Bedeutung des Faktors Kreativität ist es an der Zeit, die Frage der Unternehmenskreativität mit der gleichen Sachlichkeit zu behandeln, wie dies für die traditionellen Produktionsfaktoren selbstverständlich ist. Dafür ist es erforderlich, das Thema Kreativität von seinem esoterischen Image zu befreien, Unternehmen für die Bedeutung der Kreativität als Wettbewerbsfaktor zu sensibilisieren und das Thema für die betriebliche Praxis leichter handhabbar zu machen.

Innerhalb des Projektverbundes ist es mit Hilfe des Steckbriefs und der CreativityCard gelungen, ein neues Verständnis von den Mechanismen und Wirkungsweisen der Kreativität aufzubauen. Die Reichweite unseres Vorhabens bleibt jedoch begrenzt. Daran vermögen weder die Öffentlichkeitsarbeit des Verbundes, noch die auf den Projektergebnissen aufbauenden Beratungsleistungen der Forschungspartner wesentliches zu ändern. Schon die Tatsache, daß jede zweite Publikation, die Kreativität in einem betrieblichen Kontext behandelt, mit einem Kapitel über Mythen und Vorurteile beginnt, zeigt, daß die Kraft eines einzelnen Projektes nicht ausreicht, um eine *Versachlichung der Diskussion* zu erreichen. Die stereotypen Einschätzungen zu diesem Thema erweisen sich hierfür als zu weit verbreitet und zu resistent. Es sind öffentlichkeitswirksame Maßnahmen erforderlich, um diese Situation zu ändern.

Will Europa nicht ins Hintertreffen geraten, sondern das von Experten immer wieder beklagte Kreativitätsdefizit abbauen, muß, wie in den 50er Jahren in den USA, oder wie heute in einigen asiatischen Ländern, auch bei uns eine *Kreativitätsoffensive* gestartet werden, die alle Bereiche des Lebens durchdringt und die von Entscheidungsträgern der Wirtschaft, Wissenschaft und Politik gemeinsam getragen und vorangetrieben wird. Der Handlungsbedarf besteht dabei vor allem darin, die Akteure in diesem Feld zu aktivieren, zu vernetzen und eine *Plattform für den gemeinsamen Wissensaustausch* zu schaffen.

Aufgabenfeld 2: Professionalisierung des Kreativitätsmanagements

Die Fallstudien des Verbundprojekts offenbaren, daß es in vielen Organisationen an einem professionellen Kreativitätsmanagement mangelt. Die vielfältigen Aktivitäten, die ein Unternehmen zur Förderung der kreativen Leistungsfähigkeit unternimmt, sollten vorausschauender geplant, besser aufeinander abgestimmt und in ihrer Wirkung besser überprüft werden. Hier sind die zentralen Entscheidungsträger in den Unternehmen angesprochen.

Die Unternehmensressource Kreativität ist zu wichtig, als daß man ihre Förderung und Nutzung dem Zufall überlassen könnte. Genau dies geschieht jedoch in vielen Fällen. Die Partner des Verbundprojektes „Wettbewerbsfaktor Kreativität" sind nur ein Beispiel hierfür. Sie alle betonen die Bedeutung der Mitarbeiterkreativität für ihren Erfolg im Wettbewerb. In der Hälfte der Betriebe werden (nach eigenen Angaben) sogar von allen Mitarbeiter nicht nur bezogen auf ihr eigenes Arbeitsfeld, sondern auch auf strategischem Gebiet kreative Leistungen erwartet. Dennoch ist nur in einem Unternehmen die Förderung von Kreativität als Managementaufgabe schriftlich festgelegt. Nur in der Hälfte der beteiligten Betriebe gibt es einen festen Ansprechpartner für kreativitätsrelevante Fragen bzw. werden gezielte Anstrengungen unternommen, um die kreativen Fähigkeiten der Mitarbeiter zu fördern. Die Aufgaben des Kreativitätsmanagements werden also, wenn überhaupt, nur nebenbei betrieben. Sie zu einem *integrierten Bestandteil der Unternehmensstrategie* zu machen, halten wir für dringend erforderlich.

Eine zweite wichtige Aufgabe im Zuge einer Professionalisierung sehen wir in der *Integration der Wissens- und Kreativitätsmanagementaktivitäten* der Unternehmen. Die Aktualität des Themas „Wissensmanagement" zeigt, daß viele Unternehmen inzwischen gelernt haben, Wissen als Produktionsfaktor ernst zu nehmen. Vorrangiges Ziel der meisten Wissensmanagementansätze ist jedoch, das bereits vorhandene Wissen zu konservieren und für das Unternehmen leichter zugänglich und nutzbar zu machen. Die Generierung neuen Wissens wird sehr viel seltener thematisiert. Durch eine Verbindung von Kreativitätsmanagement und Wissensmanagement ließen sich die Effekte in beiden Gebieten potenzieren. Denn, Wissen ist eine unverzichtbare Grundlage für kreative Leistungen. Kreativität wiederum fördert den Aufbau neuen Wissens. Derzeit besteht in der Praxis jedoch sowohl was die Entwicklung geeigneter Vorgehensweisen und Werkzeuge für ein kreativitätsförderliches Wissensmanagement betrifft, als auch im Hinblick auf die Einbindung dieser Aktivitäten in die Unternehmensstrategie noch erheblicher Handlungs- und Forschungsbedarf. Letzteres gilt übrigens auch für die „klassischen" Wissensmanagementansätze. Auch dort besteht die Gefahr, daß es ohne strategische Verankerung bei interessanten aber wenig nachhaltigen Experimenten bleibt.

Ein speziellen Bereich des Kreativitätsmanagements betrifft die Produktentwicklung. Neue Güter und Dienstleistungen werden so gut wie nie von einer einzelnen Person entwickelt. Sie sind das Resultat einer gemeinsamen kreativen Leistung vieler. Die Frage eines professionellen Kreativitätsmanagements lautet deshalb nicht nur, wie für einzelne Mitarbeiter ein optimales Umfeld geschaffen werden kann, sondern auch wie *gemeinschaftliche kreative Prozesse (joint creativity) optimal zu unterstützen* sind. Dieser Aspekt wurde, da meist von einem individuumsbezogenen Kreativitätsbegriff ausgegangen wird, bislang sowohl in der Wissenschaft, als auch in der Praxis zu wenig beachtet. Vor allem für dezentral organisierte Unternehmen fehlen derzeit überzeugende Konzepte und Instrumente, um die Kreativität von verteilt arbeitenden Mitarbeitern zu unterstützen, zu bündeln und effizienter und zuverlässiger auf ein gemeinsames Ziel auszurichten.

Aufgabenfeld 3: Ausbau der Service Creation Kompetenz

Für viele Dienstleistungsbranchen ist typisch, daß Produktinnovationen durch eine schrittweise Weiterentwicklung und Ergänzung des bestehenden Leistungsangebots erfolgen. Innovationssprünge, d.h. die „Erfindung" neuer Dienstleistungen sind eher selten. Bei einer Neuausrichtung der Wettbewerbsstrategie greift eine solche evolutionäre Vorgehensweise, die fast ausschließlich die Kunden als Quelle für Ideen heranzieht, nicht mehr. Dies zeigt das Beispiel der betrieblichen Partner unseres Vorhabens. Damit die Chancen der Tertiarisierung genutzt werden können sind deshalb nicht nur im produzierenden Sektor, sondern auch im Dienstleistungsbereich, verstärkt Anstrengungen notwendig, um die Service Creation Kompetenz (d.h. die Fähigkeit eines Unternehmens, Dienstleistungen zu kreieren) auszubauen.

Die meisten der an unserem Vorhaben beteiligten Unternehmen verfolgten im Projekt das Ziel, mit Hilfe innovativer Dienstleistungen neue Märkte zu erschließen, die Kundenbindung zu erhöhen, oder aber erworbene Kompetenzen als Produkte zu vermarkten. Dies stellte die Unternehmen vor eine neue Situation, denn es mußten von Grund auf neue Dienstleistungsideen entwickelt und erprobt werden. Gemeinsam mit den bisherigen Kunden war das nur in wenigen Fällen möglich. Die Mehrzahl der Partnerbetriebe beschrieben ihre Stammkunden als konservativ und fast ausschließlich an bewährten Standardlösungen interessiert. Gerade für Dienstleistungsunternehmen, deren Kunden sich nur schwer für Neues begeistern lassen, empfiehlt sich deshalb ein stärkeres Engagement in *Innovationspartnerschaften*. Zumindest aber sollte der Kontakt mit externen Impulsgebern (Unternehmen anderer Fachbereiche, Mitbewerber, Forschungseinrichtungen, etc.) intensiviert werden, um die Ideenfindung zu unterstützen. Dies geschieht nach den Erfahrungen des Projektes viel zu selten.

Zum Aufbau von Service Creation Kompetenzen gehört zweitens, die Dienstleistungsunternehmen zu *befähigen, in neuen Wertschöpfungspartnerschaften zu agieren.* Zur Zeit entstehen viele interessante Kooperationsnetzwerke - zwischen Dienstleistungsunternehmen unterschiedlicher Branchen, privaten und öffentlichen Organisationen (Public Private Partnerships) und zwischen Dienstleistern und produzierenden Unternehmen. Diese innovativen Organisationsmodelle eröffnen auch für KMU neue Chancen, kundenorientierte Leistungspakete zu schnüren. Viele der kleinen und mittelständischen Dienstleistungsunternehmen sind auf solche kooperative Arbeitsformen jedoch nicht ausreichend vorbereitet. So engagierten sich bislang beispielsweise nur die Hälfte der an unserem Vorhaben beteiligten Betriebe überhaupt in überbetrieblichen Netzwerken. Nur wenige verfügen nach eigenen Angaben über Erfahrung in der Initiierung und Steuerung von Kooperationen und nur drei der Betriebe bewerten ihre Kooperationserfahrungen als positiv. Neben Kooperationsmanagementkompetenzen fehlt es den KMU vor allem auch an juristischem Know-how, das für die Wahl des richtigen Kooperationsmodells unentbehrlich ist. Hier besteht dringender Handlungsbedarf.

Ein dritter Ansatzpunkt zur Förderung der Kreationskompetenz ist, die aktuellen und potentiellen *Kunden durch den Aufbau von „learning relationships" enger als bisher in den Dienstleistungsentwicklungs- und -erstellungsprozeß einzubeziehen*. Dienstleistungen sind aufgrund ihres immateriellen Charakters oft nur schwer beschreibbar. Viele Anbieter haben deshalb Schwierigkeiten, ein neues Leistungsangebot adäquat darzustellen und den Kunden deutlich zu machen, was diese für ihr Geld erwarten können. Andererseits fällt es auch den Kunden nicht immer leicht, ihren Dienstleistungsbedarf und Qualitätserwartungen von Anfang an präzise zu artikulieren. Nur durch eine intensive Zusammenarbeit beider Seiten kann sichergestellt werden, daß tatsächlich Dienstleistungen entstehen, die einerseits den Kunden einen spürbaren Zusatznutzen bieten, für welche die Kunden andererseits aber auch bereit sind, einen angemessenen Preis zu bezahlen. Handlungs- und Forschungsbedarf besteht hier vor allem auf der operativen Ebene. Die bisherigen Ansätze der Kundenintegration sind, wie die Erfahrungen des Projektes zeigen, noch nicht ausgereift.

Aufgabenfeld 4: Organisation und Gestaltung der kreativen Dienstleistungsarbeit

Die kreative Dienstleistungsarbeit, dies belegen die Erfahrungen des Projektes, stellt besondere Anforderungen an die Qualifikation und Qualifizierung der Mitarbeiter und sie wirft Fragen der Arbeitsgestaltung auf, die in der arbeitswissenschaftlichen Forschung bislang noch kaum thematisiert worden sind. Auch in diesem Themenfeld besteht deshalb dringender Handlungs- und Forschungsbedarf.

Anders als in Produktionsunternehmen findet man in einer ganzen Reihe von Dienstleistungsbranchen keine strikte Arbeitsteilung zwischen (Forschung und) Entwicklung, Produktion und Verkauf. Vor allem wenn es um wissensintensive Dienstleistungen geht, fallen Ideengenerierungs-, Kundenakquisitions- und –verkaufsprozesse meist personell zusammen. Die Mehrzahl der Mitarbeiter dieser Unternehmen haben direkten Kundenkontakt und müssen in der Lage sein, die akuten und potentiellen Bedürfnisse der Kunden zu erkennen, selbst zumindest ansatzweise Problemlösungen zu entwickeln und ein erstes Angebot zu machen. Dabei sind die frühen Dienstleistungsprozesse (Ideenfindung und -bewertung, Aufnahme der Kundenanforderungen, Service-Design) aufgrund der Unsicherheit beider Partner von besonderer Brisanz. Sie stellen hohe Anforderungen an das Niveau und die Aktualität des Wissens der Mitarbeiter, an ihre Motivation, Selbständigkeit und Improvisationsfähigkeit. Besonders für Produktionsunternehmen, die neu in die Entwicklung von Dienstleistungsangeboten einsteigen, bedeutet dies eine deutliche Umstellung. Gesucht sind neue Qualifizierungskonzepte, um bei den Mitarbeitern die erforderliche *Dienstleistungskompetenz aufzubauen*, sowie Arbeitsgestaltungskonzepte, um die Produktivität der wissensintensiven Arbeit zu steigern, gleichzeitig aber eine Überforderung der Mitarbeiter zu vermeiden.

Die zunehmende Wissensintensität des Wettbewerbs, die auch die betrieblichen Partner des Verbundprojektes spüren, bringt ein Dilemma mit sich. Einerseits sehen sich die Betriebe gezwungen, sich auf begrenzte Wissensgebiete zu konzentrieren. Schon aus ökonomischen Gründen läßt sich ein Wissensvorsprung nicht flächendeckend realisieren. Andererseits erfordern Produktinnovationen und die Nachfrage nach umfassenden Leistungsangeboten das Zusammenwirken unterschiedlichster Fachgebiete. Die eigene Spezialisierung muß durch Kooperation wieder kompensiert werden. Für die Unternehmen wird es aus diesem Grund immer wichtiger, über Personen zu verfügen, die an der Nahtstelle zwischen unterschiedlichen Wissensbereichen arbeiten können, entweder weil sie die Fähigkeit besitzen, heterogenes Wissen zu integrieren, oder aber weil sie über die Kompetenz verfügen, Personen mit unterschiedlichem Wissens- und Erfahrungshintergrund erfolgreich zu koordinieren. Da die *Beherrschung wissensintegrativer und koordinativer Dienstleistungstätigkeiten* immer mehr zu einem strategischen Faktor wird, sollten vermehrt Anstrengungen unternommen werden, die Voraussetzungen dieser Tätigkeiten zu erforschen und nach effektiven und effizienten Wegen zu suchen, koordinative und wissensintegrative Prozesse zu unterstützen.

Hieran schließt sich direkt eine weiteres Aufgabengebiet an. Es betrifft das Thema *Führung in virtuellen Unternehmen* (Unterstützung von Ideenfindungsprozessen, Organisation des Erfahrungsaustauschs, Steuerung von Veränderungsprozessen, etc.). Im Software- bzw. Multimediabereich sind virtuelle Strukturen längst keine Zukunftsvision mehr. Es gibt gute Beispiele von äußerst erfolgreichen Unternehmen, die nur aus einem kleinen Kern an festen Mitarbeitern bestehen und um sich herum ein (internationales) Netzwerk an selbständigen Experten aufgebaut haben, die sich in unterschiedlichen Konstellationen für zeitlich begrenzte Projekte zusammenfinden und nach Abschluß der Arbeiten wieder getrennte Wege gehen. Die langfristigen Konsequenzen eines solchen Organisationsmodells, das immer mehr zu einem Vorbild für den Dienstleistungsbereich zu werden scheint, sind derzeit noch wenig untersucht. Die Erfahrungen des Verbundprojekts „Wettbewerbsfaktor Kreativität" lassen vermuten, daß dezentrale Strukturen nicht nur positive Effekte auf die Kreativität und Innovationsfähigkeit von Unternehmen haben. Es gibt Anzeichen dafür, daß dezentrale Strukturen zwar sehr effektiv sein können, solange sich ein Unternehmen auf Erfolgskurs befindet, daß es dafür aber um so schwieriger wird, Krisenzeiten zu bewältigen. In turbulenten Zeiten, in denen die finanziellen Mittel knapp sind, hat die Führung eines virtuellen Unternehmens nicht mehr viel in der Hand, um steuernd einzugreifen. Innovationen lassen sich in einer solchen Situation deshalb vermutlich deutlich schlechter durchsetzen, als in eher traditionell organisierten Unternehmen. Je dezentraler ein Unternehmen strukturiert ist, dies zeigen die Projekterfahrungen, desto wichtiger ist es neue Bindungsstrategien zu entwickeln und die klassische Steuerung und Planung um neue Instrumente zu ergänzen.

Aktionsmatrix

Auf der Grundlage der oben dargestellten Ergebnisse und Überlegungen, spricht das Verbundprojekt die folgenden Handlungs- und Gestaltungsempfehlungen zur Förderung der Unternehmenskreativität aus:

	Empfehlungen an die Politik und die intermediären Institutionen	**Empfehlungen an die Unternehmen**
Versachlichung der Diskussion	• Thematisierung der Unternehmenskreativität in den Managementzirkeln des BDI, DIHT, etc. • Sensibilisierung der wirtschaftspolitischen Redaktionen für das Thema Unternehmenskreativität. • Betrieb eines themenspezifischen Internetportals, das zu der zentralen Kommunikationsplattform in Deutschland werden kann und die Akteure aus Wissenschaft und Praxis verbindet	• Strategische Verankerung des Themas Unternehmenskreativität (Leitbilder, Mission Statements, etc.) • Prüfung und Bewertung von Kreativitätsinitiativen auf ihre konzeptionelle Performanz sowie auf den Grad der Verzahnung von dezentralen Kreativitätsmaßnahmen • Einrichtung von innerbetrieblichen, abteilungsübergreifenden „Innovationsboards" auf Führungsebene

	Empfehlungen an die Politik und die intermediären Institutionen	Empfehlungen an die Unternehmen
Versachlichung der Diskussion	• Veranstaltung von internationalen Fachkongressen • Etablierung einer interdisziplinären, anwendungsorientierten Kreativitätsforschung • Abbau von Resentiments gegen das Thema Kreativität durch die Veröffentlichung von positiven Praxisbeispielen	• Strategische Verankerung des Themas Unternehmenskreativität (Leitbilder, Mission Statements, etc.) • Prüfung und Bewertung von Kreativitätsinitiativen auf ihre konzeptionelle Performanz sowie auf den Grad der Verzahnung von dezentralen Kreativitätsmaßnahmen • Einrichtung von innerbetrieblichen, abteilungsübergreifenden „Innovationsboards" auf Führungsebene
Professionalisierung des Kreativitätsmanagements	• Einrichtung regionaler Unternehmensforen für einen kurzzyklischen und unkomplizierten Erfahrungsaustausch hinsichtlich praxisgerechter Verfahren des Wissens- und Kreativitäsmanagements • Initiierung einer deutschsprachigen, anwendungsorientierten Fachzeitschrift zum Themenfeld „Kreativitäts- und Innovationsmanagement"	• Aufbau eines Performance Mangement Systems (z.B. Balanced Scorecard), das auch kreativitätsbezogene Kennzahlen beinhaltet. • Organisatorische, personelle und technologische Integration von Wissensmanagement und Kreativitätsmanagement • Bündelung von unterschiedlichen Wissenstools unter dem Aspekt neuer Wissensinfrastrukturen und verteilter Kompetenzen als Dienstleistung und Betreibermodell
Ausbau der Service Creation Kompetenz der Unternehmen	• Einrichtung eines Kompetenzzentrums „Service Creation" • Aufbau von Qualifizierungsangeboten für KMU, die dem Aufbau von Dienstleistungs-Marketing Know how dienen • Organisation des Erfahrungsaustauschs zwischen existierenden Public Private Partnerships und Interessenten für diese Organisationsform • Entwicklung und Realisierung einer „Innovationspädagogik" für Schulen, Universitäten und Einrichtungen der beruflichen Aus- und Weiterbildung	• Intensivierung der Zusammenarbeit mit Kunden (Aufbau von Innovationspartnerschaften, „learning relationships" mit Kunden) • Aufbau eines Kooperationsnetzes zur Entwicklung und Vermarktung neuer Dienstleistungen • Initiierung von Lern- und Qualifizierungsprozessen für Netzwerkakteure
Organisation und Gestaltung der kreativen Dienstleistungsarbeit		• Bilanzierung des Bedarfs und der Verfügbarkeit von „Kreativen" und „guten Wissensintegratoren" im Unternehmen • Sensibilisierung der Personalabteilungen und Weiterbildungseinrichtungen für kreativitätsbezogene Fragestellungen • Entwicklung spezieller Anreizsysteme und Karrieremodelle für Wissensarbeiter • Identifikation und Beseitigung von bekannten „Kreativitätskillern" (fehlende Herausforderungen bzw. Überforderung, zu geringer Handlungs- und Entscheidungsspielräume, fehlende Ressourcen, ungünstige Teamzusammensetzung, ungenügende Unterstützung durch das Management, Informationszurückhaltung, Duldung von mikropolitische „Spielchen", etc.)

Als drängende Forschungsfragen haben sich im Verlauf des Projektes ergeben:

	Forschungsfragen zum Themenfeld „Kreativität und Innovation im Dienstleistungsbereich"
Strategie	• Wie baut man etablierte KMU zu kreativen Unternehmen aus? • Was sind geeignete Innovationsstrategien für Dienstleistungsbereiche, die mit geringem Innovationsdruck konfrontiert sind? Wie läßt sich ein kreativitätsförderliches Umfeld schaffen? • Wie sehen geeignete Vorgehensmodelle und Instrumente für Unternehmen aus, die sich mit einer Umstrukturierung ihres Marktes konfrontiert sehen?
Organisationsmodelle	• Welche Faktoren bestimmen die Entstehung, Auflösung bzw. den langfristigen Erfolg von Public Private Partnerships? Wie ist es um die Steuerungskompetenz hat die öffentliche Hand in solchen Partnerschaften bestellt? • In wieweit fördern bzw. hemmen neue Rechtsformen (Outsourcing, Betriebsübergang, Fusionen, Allianzen) den organisatorischen Wandel? • Wie lassen sich die Kunden besser in die Dienstleistungsentwicklung integrieren?
Führungskonzepte	• Welche Vorgehensweisen und Lösungen empfehlen sich für den Aufbau eines integrierten Wissens- und Kreativitätsmanagements in Unternehmen? • Wie sehen neue Führungs-, Qualifizierungs- und Arbeitsgestaltungskonzepte aus, die Aspekte strategischer und operativer Kreativität vereinen? • Wie läßt sich Intrapreneurship und der Aufbau „echten" Expertenwissens (care-why) optimal unterstützen? • Welche Führungsinstrumente eignen sich zur Förderung der Kreativität und Innovationsfähigkeit von bislang stark über monetäre Anreize gesteuerte Bereiche (z.B. Vertrieb) • Wie fördert man die Kreativität in stark dezentral organisierten Unternehmen? • Mit welchen Gestaltungsansätze lassen sich kooperative kreative Prozesse (joint creativity) unterstützen? • Was passiert mit dem in einem langen und intensiven Prozeß erworbenen Reorganisationswissen in „Kriegszeiten" (Fusionen/übernahmen)? Wird das Wissen diskreditiert oder kreditiert? Welche Langzeiteffekte hat dies für die Lernende Organisation?
Arbeitsgestaltung	• Wie sehen geeignete arbeitsorganisatorische Lösungen zur Steigerung der Produktivität und Senkung der Belastung von Wissensarbeitern aus? • Wie läßt sich ein optimaler Wechsel von Routinearbeiten und kreativen Tätigkeiten realisieren?
Instrumente	• Mit welchen Vorgehensweisen und Werkzeugen läßt sich das „selbstorganisierte Wissensmanagements" in dezentral organisierten Unternehmen institutionalisieren und unterstützen? • Welche technologischen Lösungen sind geeignet, Wissensgenerierungsprozesses zu initiieren und zu unterstützen? • Wie sieht ein universell einsetzbares Instrument für das Kreativitäts-Benchmarking im Dienstleistungsbereich aus? In welchen Punkten müssen sich u.U. die Versionen für spezifische Branchen unterscheiden? • Wie kann der Return on Investment von kreativitätsförderlichen Maßnahmen unkompliziert und zuverlässig ermittelt werden?

II. Kreativitätsstrategien

Steckbrief eines kreativen Unternehmens

Sibylle Hermann, Walter Ganz

Eine der ersten Erkenntnisse des Verbundprojekts "Wettbewerbsfaktor Kreativität" war, daß zwar relativ klare Vorstellungen darüber existieren, was eine kreative Persönlichkeit ausmacht, nicht jedoch darüber, an welchen Merkmalen sich die Kreativität eines Dienstleistungsunternehmens konkret festmachen läßt. Viele der in der Literatur vorgeschlagenen Kenngrößen (Anzahl der Patente, Verhältnis Buchwert zu Aktienwert, etc.) erwiesen sich insbesondere für die kleinen und mittelständischen Partnerbetriebe unseres Vorhabens als wenig geeignet. Bevor es möglich war, Aussagen über das kreative Potential der Unternehmen zu machen, mußte ein Referenzmodell entwickelt werden, das auch für diese Gruppe von Betrieben Gültigkeit hatte. In einer Kombination aus induktiven und deduktiven Schritten entstand so der „Steckbrief eines kreativen Unternehmens", der sich als konzeptueller Rahmen für das Projekt bewährt hat. Am Beispiel der Hotelkette Accor und des Sportartikelherstellers adidas-Salomon wird gezeigt, daß sich der Steckbrief auch eignet, um die Kreativitätsstrategien von Großunternehmen besser einschätzen zu können.

In den gesättigten Märkten von heute reicht es längst nicht mehr aus innovative Produkte zu entwickeln, oder durch eine Optimierung der betriebsinternen Abläufe Kosten zu senken. Wer heute auf Dauer Erfolg haben will, muß sich durch ein einzigartiges, kundenorientiertes Leistungsangebot von der Konkurrenz abheben. Da sich die Bedürfnisse der Kunden ebenso rasch ändern können, wie die Strategien der Mitbewerber, sind hierfür immer wieder neue kreative Leistungen erforderlich, in allen Bereichen und auf allen Ebenen eines Unternehmens. Die Frage, wie es um die kreative Leistungsfähigkeit eines Unternehmens bestellt ist, ist deshalb aktueller denn je.

Das Projekt „Wettbewerbsfaktor Kreativität" hat sich zum Ziel gesetzt, das kreative Potential sehr unterschiedlicher (Dienstleistungs-) Unternehmen zu bestimmen und ihre Vorgehensweisen im Umgang mit dem Faktor Kreativität zu vergleichen. Auf der Basis dieser Erkenntnisse sollten dann Handlungs- und Gestaltungsempfehlungen zur Steigerung der betrieblichen Kreativität entwickelt werden.

Diese Aufgabe war nicht leicht zu lösen. Zu vage war die Vorstellung davon, was ein kreatives Unternehmen auszeichnet. In den gemeinsamen Gesprächen und Projektworkshops konnten zwar mühelos zahlreiche Faktoren identifiziert werden, denen fördernde oder hemmende Auswirkungen auf die Kreativität der Mitarbeiter zugesprochen werden (hierzu existiert auch eine Fülle wissenschaftlicher Erkenntnisse, vgl. z.B. Amabile, 1996, West & Farr, 1990), Kriterien zu finden, anhand derer sich kreative von weniger kreativen Dienstleistungsbetrieben abgrenzen ließen, fiel den wissenschaftlichen wie betrieblichen Partnern jedoch gleichermaßen schwer.

Ein Grund hierfür ist sicherlich, daß das Thema Kreativität meist individuumsbezogen diskutiert wird (vgl. dazu Bullinger et al., in diesem Band). Kreativität ist eine Eigenschaft bzw. Fähigkeit, die Personen zugesprochen wird und es ist ungewöhnlich, die kreativen Leistungen einer gesamten Organisation zu beurteilen. Zum anderen stehen, wenn es denn tatsächlich um die Kreativität eines Unternehmens geht, oft Erfindungen und technische Entwicklungen im Vordergrund. Intelligente Organisationskonzepte, neue Strategien der Kundenbindung oder eine erfolgreiche Preispolitik sind für den Wettbewerbserfolg zwar ebenso entscheidend wie die eigentlichen Produkte, als Ausdruck von Kreativität wird ihnen jedoch weniger Aufmerksamkeit geschenkt.

Diese produkt- und technologiezentrierte Sichtweise macht das Konzept „Kreativität" für dienstleistungsorientierte Betriebe schwer handhabbar. Wenn lediglich Kennzahlen wie beispielsweise die FuE-Aufwendungen, die Anzahl der Patente, oder der Gewinn aus Neuentwicklungen zur Bestimmung der Unternehmenskreativität herangezogen werden, schneiden die Dienstleister schlecht ab. Sie verfügen in der Regel nicht über eine eigene Forschung und Entwicklung, halten seltener Patente und viele ihrer Angebote unterliegen einem ständigen Wandel, d.h. sie lassen sich schlecht in „neue" und „alte" Produkte kategorisieren. Dennoch sind zweifellos gerade viele Dienstleistungsunternehmen außerordentlich kreativ. Alleine für sich genommen vermitteln solche Kennzahlen also kein realistisches Bild von der kreativen Kraft der Unternehmen.

Zur Bestimmung des kreativen Potentials der an unserem Projekt beteiligten Betriebe stellten sich auch viele der im Zusammenhang mit dem Thema „Intellectual Capital" (Edvinsson & Malone, 1997; Steward, 1997; Sveiby, 1997) diskutierten Kenngrößen, als nur begrenzt geeignet heraus. Bei der Mehrzahl der Partnerbetriebe handelt es sich um kleine und mittelständische Unternehmen, die weder an der Börse notiert sind, noch über das professionelle Controlling eines Großunternehmens verfügen. Ganz abgesehen von der Frage, was beispielsweise mit einer Kennzahl wie dem Verhältnis Buchwert zu Aktienwert genau gemessen wird, fallen solche Kennzahlen für KMU schon aus dem Grund aus, daß sie nicht ermittelt werden können.

Bevor also die Frage beantwortet werden konnte, wie sich die kreativen Fähigkeiten verschiedene Betriebe voneinander unterscheiden, mußte ein Referenzmodell entwickelt werden, das auch für kleine und mittelständische Dienstleistungsunternehmen Gültigkeit hatte. In einer Abfolge aus induktiven und deduktiven Schritten entstand so der „Steckbrief eines kreativen Unternehmens":

Explorative Interviews im Kollegenkreis erbrachten erste Erkenntnisse darüber, an welchen Eigenschaften üblicherweise die Kreativität eines Unternehmens festgemacht wird. Eine sich daran anschließende Analyse publizierter Fallstudien gab Aufschluß über die Vorgehensweisen und Besonderheiten von Unternehmen, die dem Idealbild von einer kreativen Organisation sehr nahe kommen. Auf dieser Grundlage war es dann möglich, vier zentrale Handlungsfelder der betrieblichen Kreativität zu identifizieren: Offenheit, Originalität, Flexibilität und Präsenz. Diese bilden das Grundgerüst des „Steckbriefs". Die vier Handlungsfelder wurden vor dem Hintergrund der publizierten wissenschaftlichen Erkenntnisse und der praktischen Erfahrungen der Projektpartner differenzierter beschrieben. Abschließend wurde der Steckbrief herangezogen, um die kreativen Strategien von Unternehmen abzubilden, die nicht dem Projektkonsortium angehörten. Auf diese Weise war es möglich, die Aussagekraft des von uns entwickelten konzeptuellen Rahmens einer ersten Evaluation zu unterziehen.

Sondierung: Welche Unternehmen werden als kreativ angesehen?

Zunächst war also zu klären, welche Eigenschaften und Fähigkeiten ein kreatives (Dienstleistungs-) Unternehmen auszeichnen. Da sich eine einfache Auflistung kreativitätsbestimmender Faktoren und Kennzahlen als wenig erfolgreich herausstellte, mußte ein anderer Zugang zur Beantwortung dieser Frage gewählt werden. Die Idee war, sich zunächst über das Alltagsverständnis dem Idealprofil eines kreativen Unternehmens zu nähern, um dann anschließend die charakteristischen Eigenschaften eines derartigen Unternehmens genauer zu betrachten.

In einem ersten Schritt wurde eine kleine, informelle Umfrage im Kollegenkreis durchgeführt. Wir stellten die Frage, welche(s) Unternehmen die Kollegen auf der Grundlage ihres Wissens- und Erfahrungshintergrunds mit dem Attribut „kreativ" versehen würden und baten sie, ihre Einschätzung zu begründen.

Bei dieser Befragung kristallisierten sich drei Gruppen von Unternehmen heraus, denen gewöhnlich Kreativität zugesprochen wird:

- Als erstes wurden Unternehmen aus den Bereichen Mode, Architektur, Produktdesign, Werbung, etc., wie beispielsweise die Werbeagentur Jung von Matt oder die Firma frogdesign genannt.
  Charakteristisch für diese Unternehmen ist, daß sie in einem Umfeld agieren, das sich durch eine hohe Innovationsdynamik auszeichnet. Es müssen permanent neue, originelle Produkte entwickelt werden, die den aktuellen Trends entsprechen und sich gleichzeitig aus der Masse der Angebote abheben.
- Die zweite Gruppe von Nennungen betraf Unternehmen, die zu Zeitpunkt der Befragung durch eine besonders originelle Werbung die Aufmerksamkeit auf sich gezogen hatten. Das waren u.a. die Firmen Coca Cola, Nike und Chanel.
  Ein ungewöhnlicher Auftritt in den Medien führt offenbar dazu, daß nicht nur die Werbung, sondern auch das werbende Unternehmen mit Kreativität in Verbindung gebracht wird.
- Als dritte Gruppe kamen Unternehmen hinzu, denen es gelungen ist, mit einem recht unspektakulären Produkt langfristig eine herausragende Marktposition zu erringen, wie zum Beispiel der Schraubenlieferant Würth.
  Bei diesen „Hidden Champions" (Simon, 1996) wurde vermutet, daß sich ihre Kreativität nicht in den Produkten (Güter und/oder Dienstleistungen) ausdrückt, sie aber in anderen Bereichen (Vertrieb, Marketing, etc.) um so kreativer sein müßten, um sich dauerhaft im Wettbewerb behaupten zu können.

Interessanterweise versuchten die meisten der Befragten spontan zwischen kreativen und innovativen Unternehmen zu unterscheiden. Hier hakten wir mit der Frage nach, ob Firmen wie beispielsweise Alcatel und Nokia, SUN und Microsoft, adidas und Nike, innovativ oder kreativ seien und was ggf. darüberhinaus der Unterschied zwischen einem innovativen und einem kreativen Unternehmen ist?

Das Resultat läßt sich wie folgt zusammenfassen: Die meisten Kollegen stellten sich unter einem innovativen Unternehmen eine Firma vor, die auf der „Höhe der Zeit" ist, deren Produkte und Dienstleistungen dem Stand der Technik entsprechen und/oder die nach modernen Managementkonzepten arbeitet. Damit ein Unternehmen als kreativ bezeichnet werden kann, muß nach Auffassung der Befragten aber noch das gewisse „Etwas" hinzukommen – eine hohe Innovationsdynamik, eine besonders originelle Art der Außendarstellung, eine ungewöhnliche Serviceorientierung, etc. Es ist der Einfallsreichtum, mit dem es dem Unternehmen gelingt, sich in einem sich ändernden Wettbewerbsumfeld immer wieder neu zu positionieren (Porter, 1998), die es einzigartig und kreativ erscheinen läßt.

Best Practice – I.L.M. als Modell eines kreativen Unternehmens

Nach dieser ersten Annäherung suchten wir nach Unternehmen, die in prototypischer Weise dem Bild entsprechen, das unsere Kollegen von einer kreativen Organisation gezeichnet hatten. In der Literatur stießen wir dabei u.a. auf eine Fallstudie von Fisher (1996) über das Kreativitätsmanagement der amerikanischen Firma Industrial Light and Magic (I.L.M.).

Die Firma des Regisseurs George Lucas, welche Spezialeffekte für die Filmindustrie entwickelt, arbeitet äußerst erfolgreich in einem Feld, das einem hohen Innovationsdruck unterliegt. Das Unternehmen ist dafür bekannt, sehr flexibel mit neuen Lösungen auch auf ungewöhnliche Kundenanforderungen reagieren zu können. Es ist diese Fähigkeit, permanent kreative Leistungen zu erbringen, die von den Kunden geschätzt und honoriert wird. Dies machte I.L.M für uns zu einem idealen Modell eines kreativen Unternehmens. Unsere nächste Frage lautete: Was ist das Geheimnis des Erfolgs von Industrial Light and Magic? Wie kann das Unternehmen ein so hohes Niveau an Kreativität erzeugen und aufrechterhalten?

Fisher gibt in seiner Fallstudie einige Hinweise zur Beantwortung dieser Fragen. Für I.L.M ist offenbar charakteristisch,

1. *daß das Unternehmen bestrebt ist, sich als kreativen Dienstleister zu präsentieren*
   I.L.M. denkt für die Kunden mit und zeigt ihnen neue Möglichkeiten auf. Häufig wird noch bevor es zu einer Auftragserteilung kommt, ein komplettes Konzept für die Spezialeffekte eines neuen Films entwickelt. Regisseure lernen so nicht nur die neuesten technischen Möglichkeiten kennen, ihnen wird auch ein Teil der kreativen Arbeit abgenommen. Es entsteht ein Wechselspiel, in dem sich die Kunden und das Unternehmen gegenseitig zu kreativen Leistungen herausfordern. Das Image eines kreativen Dienstleistungsunternehmens erzeugt die Nachfrage nach kreativen Leistungen - und umgekehrt.
2. *daß sich das Unternehmen auf neue Dinge einläßt und aus diesen Erfahrungen lernt*
   Das Unternehmen sah sich beispielsweise gezwungen, mit Werbefilmen die schwankende Auftragslage des Filmgeschäfts auszugleichen. Im Laufe der Zeit wurde aus der Not eine Tugend gemacht. Es wurde erkannt, daß die ansonsten verpönten Werbefilme ein wichtiges Lern- und Experimentierfeld für das eigentliche Geschäft sein könnten. Erfahrungen in diesem Bereich werden seither aktiv gesucht, ausgewertet und genutzt.
3. *daß das Unternehmen für einen ständigen Nachschub an kreativen Ideen sorgt*
   Die kreative Leistungsfähigkeit des Unternehmens wird systematisch ausgebaut, indem das Unternehmen Talente anzieht, fordert und ihnen ein kreativitätsförderliches Umfeld schafft. I.L.M. ist in besonderem Maße darauf angewiesen, ein attraktiver Arbeitgeber für kreative Menschen zu sein. Talentierte Mitarbeiter werden zum einen durch das kreative Image des Unternehmens angezogen. Zum anderen aber auch dadurch, daß sie schneller als in anderen Firmen die Chance erhalten, große Projekte verantwortlich zu leiten. Sie können sehr früh ihre eigenen Ideen umsetzen und werden dabei durch erfahrene Mitarbeiter unterstützt, die ihnen als Coach und Partner zur Seite stehen. Bei I.L.M. wird ständig daran gearbeitet, die Grenzen des Machbaren zu verschieben. I.L.M entwickelt beispielsweise selbst die Software für die Spezialeffekte und schafft sich damit die Voraussetzungen dafür, immer spektakulärere Effekte kreieren zu können. Das Unternehmen kann ca. 2-3 Jahre früher Effekte realisieren, als dies mit der am Markt verfügbaren Software möglich wäre. Dies stellt die Mitarbeiter vor hohe Anforderungen und gibt ihnen zugleich die Gelegenheit, kreative Spitzenleistungen zu erbringen.

4. *daß sich das Unternehmen die erforderlichen Ressourcen verschafft, um Ideen realisieren zu können*
   Die Softwareentwicklung und die unentgeltlichen Vorleistungen für Kunden sind mit erheblichen finanziellen Aufwendungen und Risiken verbunden. Routinemäßig werden deshalb kundenspezifische Lösungen zu Standardprodukten umgebaut, die sich (mit zeitlicher Verzögerung) mehrfach verkaufen lassen und so den ROI gewährleisten. Dieser Rückfluß der Mittel ermöglicht es immer wieder neue Ideen zu realisieren.

Das Erfolgsrezept von I.L.M läßt sich verkürzt auf folgende Formel bringen: bereit sein, neue Ideen aufzugreifen und ungewöhnliche Vorgehensweisen zu erproben – sicherstellen, daß der Strom kreativer Ideen nie abreißt – dafür sorgen, daß die Ressourcen vorhanden sind, um neue Ideen nicht nur generieren, sondern auch realisieren zu können und sich im Außenraum das Image eines kreativen Dienstleisters schaffen. Der Kreativitätsexperte John Kao schreibt: *„Wettbewerbsfähigkeit ... ist in der neuen Wirtschaft unauflöslich mit der Beherrschung der Kunst und Disziplin der betrieblichen Kreativität verknüpft... Drei Aspekte sind in dieser Wirtschaft von zentraler Bedeutung: Ideen; die Begabung, die sie hervorbringt; und Systeme in denen sie sich entfalten können."* (Kao, 1997, 320). I.L.M hat offenbar einen Weg gefunden, alle drei Aspekte auf sich zu vereinigen. Das gesamte Unternehmen ist darauf ausgerichtet, sein kreatives Potential zu nutzen, weiterzuentwickeln und nach außen darzustellen.

Der Steckbrief eines kreativen Unternehmens

Faßt man die Ergebnisse unserer Literaturrecheren, explorativen Interviews und Fallstudienanalysen zusammen, sind es im wesentlichen vier Eigenschaften bzw. Fähigkeiten, die die Kreativität eines Unternehmens bestimmen (Abb. 1): Offenheit und Orientierungskompetenz, Originalität und Kreationskompetenz, Flexiblität und Veränderungskompetenz, sowie Präsenz und Dienstleistungsperformanz bzw. Durchsetzungskompetenz.

Abb. 1 Steckbrief eines kreativen Unternehmens

Diese vier Faktoren bilden das Grundgerüst des „Steckbriefs kreativer Unternehmen" (vgl. auch Ganz & Hermann, 1998) und werden nachfolgend ausführlicher beschrieben.

Offenheit und Orientierungskompetenz

Mit *Offenheit* bezeichnen wir die Bereitschaft eines Unternehmens, Impulse von innen und außen aufzugreifen und Neues zu erproben. Unter *Orientierungskompetenz* verstehen wir die Fähigkeit, Veränderungen der Umwelt als Chancen und Risiken wahrzunehmen.

Die Bereitschaft eines Unternehmens sich für Ideen zu öffnen, d.h. die gewohnten Denkmuster und Vorgehensweisen zu hinterfragen und neue Gedanken aufzugreifen, hängt auch wesentlich von den Umweltbedingungen ab, denen es ausgesetzt ist. Nicht überall ist der Innovationsdruck gleich hoch und gleich beständig. Die Bedeutung des Faktors Kreativität ist deshalb auch nicht in allen Branchen gleichermaßen offensichtlich.

Bei Hightech-Dienstleistungen, im Medienbereich oder in der Werbewirtschaft fordert der Markt permanent neue Produktideen und Lösungsansätze. Kreativität gehört in solchen Branchen zum Selbstverständnis und wird von den Kunden, wie im Fall Industrial Light and Magic, honoriert. In vielen Dienstleistungsbereichen (Finanzdienstleistungen, personenbezogene Dienste, etc.) kann dies durchaus anders aussehen. Die typischen Kunden erwarten hier vor allem garantierte Qualität zu einem günstigen Preis und oft erst in zweiter Linie innovative Produkte. Gefragt ist eher die Verfeinerung und Optimierung des Bestehenden, als eine tatsächliche Erneuerung. Verständlicherweise fällt es den Unternehmen solcher Branchen sehr viel schwerer, neue Wege zu gehen. Dennoch ist es auch hier wichtig, dem Neuen mit Aufgeschlossenheit zu begegnen (Deis, 1999).

Auch in eher konservativen Branchen kommt dem Faktor Kreativität eine wichtige strategische Bedeutung zu. Schließlich wird ein Unternehmen, das ständig bestrebt ist, das eigene kreative Potential zu entfalten und damit seine (Kern-) Kompetenzen (Prahalat & Hamel 1990) weiterzuentwickeln, letztendlich besser mit unerwarteten Änderungen der Wettbewerbsumwelt zurecht kommen, als ein Unternehmen das alleine darauf setzt, sich den gegebenen Anforderungen optimal anzupassen und einen reibungslosen Ablauf der bestehenden Prozesse zu gewährleisten.

Betriebliche Kreativität ist nicht selbstverständlich, sondern will wie alle Fähigkeiten trainiert werden. Je geringer der Innovationsdruck ist dem eine Unternehmen ausgesetzt ist, desto wichtiger ist es, das Thema Kreativität im Unternehmen zu verankern und Offenheit für Neues explizit in die Unternehmensphilosopie zu integrieren.

Originalität und Kreationskompetenz

Unter *Originalität* und *Kreationskompetenz* verstehen wir die Fähigkeit eines Unternehmens einen permanenten Strom von Ideen zu erzeugen, die gleichermaßen einzigartig (originell) wie praktikabel und nützlich sind.

Von einer einzelnen Idee und sei sie noch so revolutionär und erfolgreich, kann ein Unternehmen auf lange Sicht nicht leben. Die Bedürfnisse der Kunden ändern sich, der Wettbewerb holt auf und das einstige Alleinstellungsmerkmal geht mit der Zeit verloren. Um auf Dauer erfolgreich zu sein, müssen innerhalb des Unternehmens geeignete Voraussetzungen dafür geschaffen werden, daß der Ideenstrom nicht abreißt. Es gilt, eine kontinuierliche Kreativität („Constant Creativity", Carr 1994) zu erzeugen und auch dem „glücklichen Zufall" (Serendipity) eine Chance zu geben, der bei vielen Erfindungen nachweislich eine nicht unerhebliche Rolle spielt (Robinson & Stern, 1997).

Die kreative Leistungsfähigkeit eines Unternehmens basiert auf der Kreativität seiner Mitarbeiter. Diese wiederum ist nach Amabile (1996a, 1996b, 1998) eine Funktion des Fach- und Erfahrungswissens der jeweiligen Person, ihrer Motivation sich mit einer komplexen Fragestellungen auseinanderzusetzen, sowie ihrer Fähigkeit zu kreativem Denken. Zur Steigerung der betrieblichen Kreativität sollte ein Unternehmen deshalb drei Dinge tun:

- *geeignete Rekrutierungsstrategien und Karrieremodelle für kreative Talente entwickeln.* Auch wenn grundsätzlich alle Menschen über kreative Fähigkeiten verfügen, gibt es doch Personen, die mehr Kreationsfreude und –kompetenz besitzen, als andere.
- *die Kreativität aller Mitarbeiter fördern und fordern.* Dies ist eine Frage der Führungskonzepte und Anreizsysteme, vor allem aber der Arbeitsorganisation. Nach Amabile (1998) genügen oft schon subtile organisatorische Veränderungen, um große Effekte zu erzielen. Die wesentlichen Gestaltungsprinzipien sind: Herausforderung aber keine Überforderung, Freiräume in der Gestaltung der Arbeitsabläufe, genügend Zeit und Ressourcen, Ermutigung durch Führungskräfte, Unterstützung durch die Organisation (Leitbilder, Politik des Information Sharings, etc.).
- *sicherstellen, daß der wichtigsten Rohstoff für Ideen – Daten, Informationen und Expertenwissen – verfügbar und zugänglich ist.* Neue Ideen entstehen bei der Kombination heterogenen Wissens. Eine Voraussetzung für die betriebliche Kreativität ist deshalb, daß innerhalb eines Unternehmens tatsächlich ein breites Wissensspektrum vorhanden ist. Je ähnlicher der Wissens- und Erfahrungshintergrund der Beschäftigten, desto unwahrscheinlicher ist es, daß in der Zusammenarbeit wirklich ungewöhnliche Ideen entstehen. In diesem Fall muß dafür gesorgt werden, daß über Außenkontakte neues Wissen ins Unternehmen fließt. Andererseits gilt aber auch: je heterogener und spezialisierter das Wissen des Einzelnen, desto schwieriger und mühsamer wird die Verständigung und Kooperation. Aus diesem Grund sollten auch wissensintegrative Prozesse (vgl. Ganz & Hermann, 1999) ausreichend unterstützt werden.

Flexibilität und Veränderungskompetenz

Mit *Flexibilität* bezeichnen wir die Fähigkeit eines Unternehmens, sich finanzielle und personelle Spielräume für die Umsetzung von Ideen zu schaffen. *Veränderungskompetenz* meint die Fähigkeit, Strukturen und Prozesse neuen Anforderungen anpassen zu können.

Das zentrale Problem vieler Unternehmen besteht nicht etwa darin, daß zu wenig Ideen produziert würden, sondern daß vorhandene Ideen nicht mit den notwendigen finanziellen und personellen Ressourcen verknüpft werden können.

Während die Ausgangsidee meist noch von einzelnen Personen und (was häufig geschieht) auch außerhalb der normalen Arbeitszeit entwickelt werden kann, erfordert deren Umsetzung in ein marktfähiges Produkt in der Regel eine ganze Reihe qualifizierter „Mitstreiter". Nicht nur kleinen und mittelständischen Unternehmen fällt es schwer die geeigneten Personen für ein solches Projekt bereitzustellen. Die besten Leute sind fest an laufende Arbeitsaufträge gebunden und können dort nicht ohne weiteres ersetzt werden. Oder die erforderlichen Kompetenzen sind nicht im Unternehmen verfügbar und können auch nicht kurzfristig aufgebaut werden. Ein Ausweg aus diesem Dilemma bietet die Kooperation mit externen Partnern, aber auch die erfordert spezielle Kompetenzen über die nicht alle verfügen.

Zu den personellen Restriktionen kommen die finanziellen. Die permanente Erzeugung und Umsetzung kreativer Ideen bedeutet immer auch ein Risiko und hohe finanzielle Aufwände. Kreativität läßt sich deshalb auf Dauer nur dann durchhalten, wenn es gelingt die richtige Balance zwischen Neuem und Bewährtem zu finden. Es kommt nicht nur darauf an, die „richtigen" Ideen auszuwählen, sondern auch einen raschen Return on Invest sicherzustellen. Hierzu bedarf es u.a. effizienten Prozessen, um aus kostspieligen Einzellösungen Standardprodukte für einen breiteren Kundenstamm zu entwickeln.

Die Fähigkeit sich finanzielle und personelle Spielräume zu schaffen, ist für die kreative Leistungsfähigkeit eines Unternehmen entscheidend. Da die Umsetzung neuer Geschäftsstrategien und Produktideen nicht unerhebliche Veränderung der Strukturen und Prozesse des Unternehmens erforderlich machen kann, müssen kreative Unternehmen zudem auch lernende Organisationen sein, die Veränderungsprozesse erfolgreich bewältigen.

Präsenz und Dienstleistungsperformanz

Unter *Präsenz* verstehen wir die Reputation, die ein Unternehmen hinsichtlich seiner kreativen Leistungsfähigkeit im Außenraum genießt. *Dienstleistungsperformanz* meint die Fähigkeit eines Unternehmens, die Kunden mit kreativen Dienstleistungen zu überzeugen. Dies beinhaltet, sich mit dem eigenen Angebot am Markt durchzusetzen und „vor Ort" die Dienstleistungskompetenz des Unternehmens unter Beweis zu stellen.

Je vergleichbarer die hergestellten Güter und je härter der Preiswettbewerb, um so wichtiger werden intelligente Dienstleistungskonzepte zur Erhöhung der Kundenbindung. Es ist häufig dieses Quentchen mehr an (spürbarem!) Service, das eine Kaufentscheidung letztendlich ausmacht. Kreative Unternehmen zeichnen sich durch eine hohe Dienstleistungsperformanz aus, d.h. sie werden zu einer Partner ihrer Kunden, der nicht nur Problemlösungen anbietet, sondern zur Wertschöpfung der Kunden beträgt und die Kunden in ihrer Entwicklung unterstützt. Dies erfordert kreative Unternehmen *und* experimentierfreudige Kunden.

Eingangs wurde bereits gesagt, daß die Kreativität eines Unternehmens wesentlich von der Innovationsfreude seiner Kunden abhängt. Die Nachfrage nach kreativen Leistungen fördert zum einen im Unternehmen das Bewußtsein, daß Kreativität für den Unternehmenserfolg von zentraler Bedeutung ist. Damit steigt die Bereitschaft, das eigene kreative Potential zu pflegen. Die Nachfrage gibt den Firmen zum anderen die Möglichkeit, Kreativität zu entfalten und damit die kreativen Fähigkeiten weiterzuentwickeln. Je innovationsfreundlicher die Kunden sind, desto mehr wird die Kreativität des Unternehmens gefordert.

Der selbe Kreislauf funktioniert auch anders herum: Wenn es sich im Außenraum herumspricht, daß ein Unternehmen besonders kreativ ist, steigt die Wahrscheinlichkeit, daß sich Kunden mit ungewöhnlichen Problemstellungen an das Unternehmen wenden. Dies wiederum gibt dem Unternehmen die Möglichkeit, Kreativität zu entfalten. Möchte man die betriebliche Kreativität steigern, darf sich der Blick deshalb nicht nur nach innen richten. Auch das Image eines Unternehmens ist wichtig.

Für Unternehmen, die dafür bekannt sind, ein qualitativ hochwertiges, jedoch eng umgrenztes Leistungsangebot zu bieten, ist es nicht leicht die Reputation eines kreativen Dienstleisters aufzubauen. Selbst wenn inzwischen intern die Voraussetzungen dafür geschaffen wurden Kreativität zu entfalten, gelingt es ihnen oft nicht, ihre Leistungsfähigkeit zu kommunizieren und in der Praxis unter Beweis zu stellen. Auf dem Weg zu einem kreative(re)n Unternehmen, müssen die Kundenbeziehungen deshalb oft völlig neu gestaltet werden. Die alten Vorstellungsbilder sitzen nicht nur in den Köpfen der Mitarbeiter, sondern eben auch in denen der (potentiellen) Kunden.

Kreativitätsstrategien im Vergleich

Unternehmen wie Industrial Light and Magic sind zweifellos gute Beispiele, um die Voraussetzungen und Mechanismen der betrieblichen Kreativität zu untersuchen. Für den gesamten Dienstleistungssektor sind sie jedoch nicht unbedingt repräsentativ. Der nächste Arbeitsschritt bestand deshalb darin, zu überprüfen, welche Aussagekraft der Steckbrief für Unternehmen hat, die nicht per se zu den "kreativen Branchen" (Medien, Design, Mode,...) gezählt werden können.

Diese Evaluation geschah auf zweifache Weise. Zum einen wurden die Faktoren Offenheit, Originalität, Flexibilität und Präsenz mit den betrieblichen Projektpartnern diskutiert. Dabei wurde deutlich, daß sich der Steckbrief gut als konzeptueller Rahmen eignet, um die vielfältigen Aktivitäten der Partnerbetriebe einzuordnen. Leitfadengestützte Interviews in den Betrieben zeigten, bei welchen der vier Fähigkeiten / Eigenschaften die jeweiligen Stärken und Schwächen liegen und wie verschieden Unternehmen das Thema Kreativität behandeln.

Zum anderen wurde der Steckbrief herangezogen, um die Kreativitätsstrategien von Unternehmen abzubilden, die nicht dem Projektkonsortium angehörten. Hierzu zwei Fallbeispiele:

- Accor, die größte europäische Hotelkette, die das IBIS Service Excellence Programm initiiert haben, um zu neuen Ideen für einen verbesserten Kundenservice zu kommen und
- der Sportartikelhersteller adidas-Salomon, der auf ein integriertes Human Resource Management setzt, um kreative Mitarbeiter zu gewinnen und zu fördern.

In beiden Firmen nehmen Begriffe wie Kreativität, Innovationsfähigkeit und Einfallsreichtum einen zentralen Platz in den jeweiligen Leitbildern und „Mission Statements" ein. Die Wege, mit denen sie die Leitbilder zum Leben erwecken, unterscheiden sich jedoch sehr.

Beispiel 1: Accors Weg zu neuen Ideen – Das IBIS Service Excellence Programm

Der Hotelleriekonzern Accor wurde 1967 in Frankreich gegründet und gehört mit mehr als 130000 Beschäftigten und über 1 Mio. Gästen pro Tag zu den weltgrößten Hotelgruppen. Zu ihr gehören Business & Leisure-Hotels wie die Ketten Novotel, Mercure und Sofitel und im Economy-Bereich die Ketten IBIS, Formule 1 und Etap. Accor ist außerdem Reiseveranstalter, Autovermieter (Europcar) und Anbieter von Catering-Services.

Anders als Industrial Light and Magic ist Accor in einer klassischen Dienstleistungsbranche tätig, die für den Außenstehenden wenig turbulent erscheint und in der Innovationen in der Regel nicht durch technologische Neuerungen induziert werden. Accor gilt dennoch als äußerst innovativ. Mit standardisierten Produkten hat Accor die Hotellerie in Europa revolutioniert.

Verankerung des Themas Kreativität im Unternehmen

Accor hat früh erkannt, daß die Kreativität eine wichtige Rolle spielt, wenn es darum geht, die strategischen Ziele des Unternehmens zu erreichen. Kreativität wird deshalb neben Servicementalität, Einfachheit, "Geben und Nehmen", Freude und Respekt für Menschen als zentraler Wert im Leitbild des Unternehmens aufgeführt (vgl. Abb. 2).

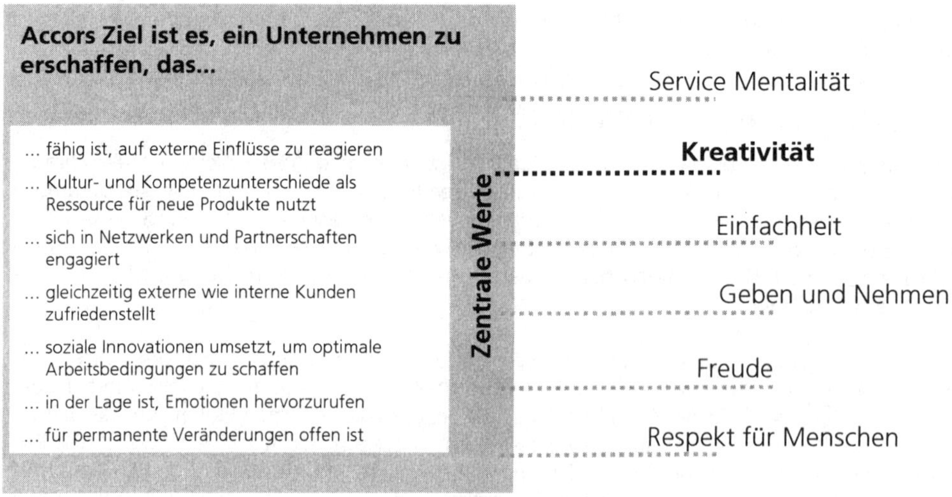

Abb. 2 Ziele und Grundwerte der Hotelkette Ibis (Quelle: „Ibis 2003")

Die 6 Grundwerte werden als Bestandteil eines gemeinsamen Persönlichkeitsprofils der Accor-Mitarbeiter betrachtet und sollen für alle Entscheidungen und Verhaltensweisen maßgebend sein. Sie stehen auf kleinen Kärtchen, die an alle Mitarbeiter verteilt werden, um das Leitbild im Unternehmen zu kommunizieren. Auf diesen Kärtchen werden die Grundwerte jeweils durch Positiv- und Negativbeispiele illustriert.

Kreativität wird wie folgt beschrieben (Informationsbroschüre „Ibis 2003"):

Grundwert Kreativität - das heißt	**Das heißt nicht**
• Kreativität als DAS Mittel zum Fortschritt erkennen • Daß jeder sich aufgefordert fühlt, seine Fantasie in den Dienst des Gastes zu stellen • (Wirtschaftliche, soziale und ökologische) Veränderungen des Umfeldes voraussehen; sich im richtigen Augenblick die richtigen Fragen stellen • „Einmal anders" denken, und den Mut haben, seine Ideen in die Tat umzusetzen • Gegen Bewegungslosigkeit, Routine und Gewohnheiten ankämpfen	• Altbewährtes neu erfinden • Darauf warten, daß die Probleme von anderen gelöst werden • Sich immer für die Besten halten • Verändern um der Veränderung willen • Alle Probleme durch den Einsatz von mehr Mitteln lösen wollen

Maßnahmen zur Aktivierung der Mitarbeiterkreativität

Mit seinem Leitbild demonstriert Accor, daß Kreativität und Offenheit für Neues für wichtig betrachtet werden. Die Frage ist, wie dieses Leitbild in die Praxis umgesetzt wird. Was wird tatsächlich getan, um zu kreativen Ideen zu kommen? Ein Beispiel hierfür liefert die Service Excellence Initiative der IBIS- Hotelkette.

Die IBIS-Hotels, zu der in Deutschland 59 und weltweit über 500 Häuser gehören, sind eindeutig über den Preis am Markt positioniert. Sie bieten hoch standardisierte Produkte, die von sehr „schlanken" Service-Teams erbracht werden. Die Kundenstruktur der Hotels ist komplex. Sie teilt sich in zwei Gruppen: Geschäftskunden, die in unterschiedlichsten Vertragsverhältnissen zu IBIS und Accor stehen, und Privatkunden - Einzel- oder Gruppenreisende - unterschiedlichster Nationalität. Eine große Herausforderung besteht darin, die Produkte so zu definieren, daß sie den unterschiedlichen Wünschen dieser Gruppen gleichermaßen gerecht werden und Änderungen der Kundenbedürfnisse schnell genug zu erkennen.

Als eine Antwort auf diese Herausforderung wurde Anfang 1998 die IBIS Service Excellence Initiative gestartet (Abb. 3). Das Ziel des auf einen Zeitraum von über einem Jahr angelegten Projektes war, praktikable Ideen zur Verbesserung des Kundenservice zu entwickeln.

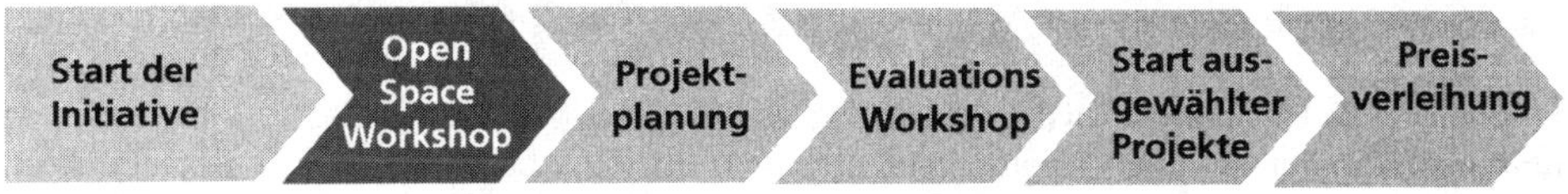

1/98 - 4/98	**20-21.4.98**	5/98 - 9/98	26.9.98	10/98 - 12/98	Anfang '99 → t
Einberufung des Steuerungs-komitees	Impulsreferate von Expeten Brainstorming „Möglichkeiten für Service-Verbesserungen " Ergebnis: **10 Top-Themen** Teambildung	Treffen der erweiterten Arbeitsteams (je 8-10 Mit-glieder) Ergebnis: **33 Projektskizzen**	Bewertung der Projektskizzen durch das Steuerungskomitee Ergebnis: **„Grünes Licht" für 9 Projekte**	**Umsetzung** der Projektideen	Präsentation der Projektergebnisse **Preisvergabe** für das beste Projekt durch das Steuerungskomitee Entscheidung über die Realisierung an weiteren Standorten

Abb. 3 IBIS Service Excellence Initiative (Quelle: Cisco, WBB Tübingen, 1998)

Das zentrale Element des Projektes bildete ein Open Space Workshop (Owen, 1997), zu dem die Manager aller 49 deutschen IBIS-Hotels eingeladen wurden. Bei dem 2-tägigen Workshop wurden 10 Top-Themen identifiziert, die bearbeitet werden sollten. Es wurden erste Ideen entwickelt, welche die Hoteldirektoren mit ihren Mitarbeitern in nachfolgenden Arbeitssitzungen weiterentwickelten. Es entstanden 33 Projektskizzen, die schließlich in 9 Pilotprojekten mündeten.

Service-Ideen, die sich in dieser Pilotphase als brauchbar erwiesen haben wurden an weiteren Standorten etabliert. Die Neudefinition der Gastgeberrolle der Hoteldirektoren ist ein Beispiel hierfür.

Beurteilung der Vorgehensweise Accors auf der Basis des Steckbriefs

Offenheit und Orientierungskompetenz: Accor unterscheidet sich von vielen Unternehmen dadurch, daß Kreativität explizit zu einem Thema gemacht wird. Nicht alle Dienstleistungsunternehmen verfügen über ein Leitbild, in dem Kreativität eine zentrale Rolle spielt. Und nur selten wird ein solches Leitbild in konkrete, für die Mitarbeiter verständliche Handlungsanweisungen umgesetzt. Kreativität und Offenheit für Neues wird bei Accor (zumindest auf dem Papier) großgeschrieben. Dies ist um so erstaunlicher, als die Stärke der Hotelkette gerade in der Standardisierung ihrer Produkte und Prozesse liegt.

Originalität und Kreationskompetenz: Standardisierung macht Kreativität nicht überflüssig. Im Gegenteil: die Service-Teams der IBIS Hotels müssen in ihrer täglichen Arbeit permanent einen Ausgleich zwischen den definierten Vorgaben und den Wünschen der Kunden finden. Sie bewegen sich ständig in einem Spannungsfeld aus standardisierten Abläufen, schwer vorhersagbaren Kundenströmen, spontanen Kundenbedürfnissen und limitierten personellen Ressourcen. Dies erfordert Einfallsreichtum und Improvisationstalent. Bereits die Bewältigung der täglichen Arbeitsaufgaben verlangt von den Mitarbeiter deshalb ein gewisses Maß an Kreativität.
Inhaltlich geht es dabei vorwiegend um die Lösung akuter Probleme und operative Verbesserungen und nicht um Ideen, die auf die strategische Positionierung des Unternehmen einen größeren Einfluß haben. Werden an einem Standort (quasi en passant) spezielle kundenorientierte Lösungen entwickelt, führt dies aufgrund der dezentralen Organisation der Hotelkette nicht automatisch zu einer Aktualisierung des Gesamtproduktes. Um das Leistungsangebot der gesamten Hotelkette zu erneuern, sind deshalb besondere Maßnahmen erforderlich. Accor geht hierbei - mit Erfolg - den „klassischen" Weg eines Ideenworkshops.

Flexibilität und Veränderungskompetenz: Die Einbindung des Workshops in ein langfristig angelegtes Projekt, an neben den Managern auch die Mitarbeiter der Hotels beteiligt sind, stellt sicher, daß es nicht nur bei der Entwicklung von Ideen bleibt. Eine Realisierungsphase ist von Anfang an fest eingeplant, was wesentlich zum Erfolg der doch sehr zeit- und kostenintensiven Aktion beiträgt. Im begrenzten Rahmen der Service Excellence Initiative wurde also auch dafür gesorgt, daß die Ideen mit Ressourcen verknüpft werden können.

Präsenz und Dienstleistungsperformanz: Der Faktor Präsenz spielt bei Accor eine untergeordnete Rolle. Das Unternehmen möchte sich bewußt nicht als kreativ präsentieren, um das klare Profil seiner Produkte nicht zu gefährden. Ein kreatives Image würde bei den Kunden Wünsche wecken, die nicht mit der Preispolitik in Einklang gebracht werden könnten.

Betrachtet man die Aktivitäten Accors insgesamt vor dem Hintergrund unserer Vorstellung von einem kreativen Unternehmen, fällt auf, daß es sich bei der Service Excellence Initiative um eine isolierte Maßnahme handelt, die nicht als integrierter Bestandteil einer umfassenden Kreativitätsstrategie gesehen wird. Für die Hoteldirektoren ging es ausschließlich darum, Wege zu finden, den Kundenservice zu verbessern. Bei den Top-Managern, die das Projekt initiiert haben, stand das Ziel im Vordergrund, die Hoteldirektoren für eine neuartige Definition ihrer Gastgeberrolle zu gewinnen. Darüber hinaus sollten en passant Schlüsselqualifikationen wie die Arbeit in Projektstrukturen in einem gemeinsamen Lernprozeß gestärkt werden. Der Begriff Kreativität wurde von allen Beteiligten peinlichst vermieden. Vieles deutet darauf hin, daß das Projekt als Maßnahme zur Förderung der Unternehmenskreativität weder beim Top-Management noch bei den Beteiligten Zustimmung gefunden hätte.

Trotz des offenen Bekenntnisses zur Kreativität stößt das Thema offensichtlich auch bei Accor auf zwiespältige Gefühle und wird nicht offensiv vertreten (vgl. Bullinger et al., in diesem Band). Das Potential von Projekten wie der Service Excellence Initiative zur Realisierung einer umfassenden Kreativitätsstrategie bleibt aufgrund dieses Tabus unerkannt und ungenutzt.

Beispiel 2: adidas-Salomon AG - Management kreativer Mitarbeiter

Die Firma adidas hat die Sportindustrie für Jahrzehnte geprägt. Lange Zeit galt sie als eine der erfolgreichsten Firmen der Branche. Bis das Unternehmen in den 80er Jahren unter massiven Druck geriet. Erst Mitte der 90er Jahre gelang mit der konsequenten Auslagerung der Produktion und einer umfassenden Marketingstrategie der Turnaround. Heute ist adidas wieder die Nummer 2 der Sportartikelindustrie. Das Unternehmen ist in über 160 Ländern der Erde vertreten und beschäftigt ca. 8500 Mitarbeiter weltweit. Ende 1997 fusionierte adidas mit dem französische Unternehmen Salomon. Betrachtet man die Firmengeschichte von adidas-Salomon, so wird die Bedeutung des Faktors Kreativität in all seinen Facetten präsent.

Strategische Positionierung in einem sich ändernden Wettbewerbsumfeld

Der Erfolg des Unternehmens basierte zunächst in erster Linie auf der Kreativität des Firmengründers Adi Dassler, der neuartige Technologien im Sportschuhbereich, so z.B. die heute so selbstverständlichen Stollen der Fußballstiefel erfand und mit viel Einfallsreichtum die funktionalen Eigenschaften der von ihm entwickelten Sportschuhe optimierte. "*Wenn man die 75 Jahre Geschichte betrachtet, war adidas im ersten Drittel die innovativste Sportartikelmarke überhaupt. Wie haben diese ganze Sparte erfunden und Adi Dassler war der innovative Produktentwickler in Person - nicht der Verkäufer, Marketingchef, Finanz- oder Distributionsmann. Das war seine Frau und später die Familie. Der Adi war der Erfinder*" (Peter Mahrer, adidas-Salomon AG).

Den nächsten innovatorischen Meilenstein setzte der Sohn, Horst Dassler, der als einer der Begründer des Sport-Marketings gilt. Noch vor anderen großen Firmen, wie beispielsweise Coca Cola, lenkte er durch die Förderung von Sportveranstaltungen den Blick der Weltöffentlichkeit auf die Produkte des Unternehmens. Er erreichte damit, daß der für "Profis" konzipierte Sportschuh zu einem begehrten Massenprodukt wurde. Kreativität im Marketing wurde in dieser Phase für das Unternehmen mindestens ebenso wichtig, wie Kreativität in der Produktentwicklung.

In den 80er Jahren kam es zur Krise. Das Unternehmen hatte zwei Entwicklungen nicht rechtzeitig erkannt: Erstens, der Markt war enger geworden. Es gab inzwischen andere Firmen, die über das entsprechende Potential verfügten, zu ernstzunehmenden Konkurrenten zu werden. Zweitens, aus den funktionsgebundenen Sportartikeln waren Lifestyle-Produkte geworden. Der Markt funktionierte nach neuen Gesetzen und die junge Marken aus den USA machten mit ihren innovativen Produkten, Designideen und Marktstrategien das Rennen. Die adidas-Produkte galten als verstaubt und überholt. Dies änderte sich erst Mitte der 90er Jahre, als die Trainingsanzüge der 70er zum Erkennungszeichen einer neuen Jugendszene wurde.

Dem heutigen Firmenchef Robert Louis-Dreyfus gelang es, diese Entwicklung aufzugreifen und durch gezieltes Marketing zu einem generellen Trend zu machen. Mit einer Neuorganisation der Wertschöpfungskette führte er adidas aus der Krise. Die gesamte Fertigung (mit Ausnahme einer kleinen Produktionsstätte für Spezialschuhe) wurde aus dem Unternehmen ausgelagerte. Dafür kam der Vertrieb, der zuvor fast komplett in Fremdlizenzens vergeben war, wieder ins Unternehmen zurück. Adidas senkte die Produktionskosten und erhielt wieder die Kontrolle über die Marketingpolitik. Dies gab den Ausschlag für den heutigen Erfolg (Gison-Höfling, 1998).

Fehlende Sensibilität für die Veränderungen des Wettbewerbsumfeldes hatte das Unternehmen in eine prekäre Situation gebracht. Gesellschaftliche und kulturelle Entwicklungen werden deshalb heute noch viel aufmerksamer beobachtet als früher. So werden beispielsweise drei Trends gesehen, die nach seiner Einschätzung die Zukunft der Branche prägen werden:

1. Die Gesellschaft segmentiert sich in immer kleiner Subgruppen, die sich über ihre Freizeitaktivitäten aber auch über ihre Kleidung voneinander abgrenzen. Das Outfit signalisiert, wer zur Gruppe dazugehört und wer nicht. Es wird deshalb kaum noch möglich sein,

große Käuferschichten mit dem gleichen Produkt oder der selben Werbekampagne anzusprechen.

2. Das Interessenspektrum der Menschen wird breiter. Ehemals getrennte Interessengebiete wachsen zusammen. Während man früher entweder Tennis, oder Fußball, oder Golf gespielt hat, gibt es eine solche Trennung heute nicht mehr. Es gibt keine Grenzen zwischen den sportlichen Aktivitäten oder den Hobbys mehr." Die Geschäftsfelder lassen sich folglich immer weniger nach unterschiedlichen Sportarten ausrichten.
3. Der Branche erwächst neue Konkurrenz von den Top-Designern, die eine eigene Sport-Sektionen eröffnen. Sportartikel werden zu austauschbaren Lifestyle-Produkten, die durch andere Lifestyle-Produkte ersetzt werden können. Die Marke ist zwar sehr wichtig, es muß nicht mehr unbedingt eine Sportmarke sein. Der Trend geht eher dazu sich komplett mit den Produkten einer Marke einzukleiden, sei es beim Sport, bei der Arbeit oder am Abend. Modemarken wie beispielsweise Tommy Hilfiger werden deshalb zunehmend zu Konkurrenten des Sportartikelherstellers.

Dennoch, davon ist man bei adidas-Salomon überzeugt, wird die Sportartikelindustrie auch in den nächsten 100 Jahren noch weiter anwachsen. Die Branche ist allerdings aus den Kinderschuhen heraus gewachsen und es bleibt weniger Raum für „Unprofessionalität". Während es früher genügte, in einzelnen Bereichen (Produktentwicklung, Marketing, Produktionskonzept, etc.) der Konkurrenz voraus zu sein, sind heute kreative Konzepte für alle Unternehmensbereiche erforderlich. Mehr noch, es gilt die Wertschöpfungskette als Ganzes (neu) zu gestalten. "*Die nächsten Firmen, die den großen Schritt gewinnen sind die, die alle Teile des Puzzles zusammenbekommen. Früher war es OK, wenn man 2 bis 3* [der Teile] *im Griff hatte.* [Heute gilt:] *das große Rennen gewinnt, wem es gelingt die Value Chain als große Kette zu bilden.* (Peter Mahrer).

Sensibilität für das Thema Kreativität

Vor diesem Hintergrund wird verständlich, daß auch adidas-Salomon Kreativität bzw. Erfindungsreichtum als Erfolgsfaktor betrachtet und dies in einem Leitbild dokumentiert (Abb. 4).

Anders als bei Accor dient dieses Leitbild bei adidas nicht nur dazu, die eigenen Mitarbeiter auf ein festes Set an Werten „einzuschwören". Das Leitbild soll vor allem auch nach außen wirken und Kunden sowie potentiellen neuen Mitarbeitern signalisieren, für welche Werte das Unternehmen steht. Es ist ein Teil der Marketing- und Rekrutierungsstrategie des Unternehmens.

"*Wofür brauchen wir Kreativität? Es ist sicher richtig, daß wir T-Shirts herstellen, daß wir Bälle herstellen, daß wir Schuhe herstellen. Was wir aber vor allen Dingen herstellen ist ein Kult, eine Idee mit drei Streifen, eine Idee über Qualität, die einen extrem komplexen Entstehungsprozeß hat.*" (Tina Gison-Höfling, 1998).

Sportbekleidung ist zu einem kurzlebigen Modeartikel geworden. Schätzungsweise 80% aller Sportschuhe und -kleidungsstücke werden ausschließlich im Alltag getragen und sehen nie eine Sporthalle oder ein Stadion. Dies zwingt die Branche, sich dem Innovationstempo der Modeindustrie anzupassen. Adidas präsentiert jedes Jahr vier neue Kollektionen mit insgesamt 600 unterschiedlichen Arten von Schuhen und über 1500 unterschiedlichen Kleidungsstücken. Dabei geht es um mehr, als nur um eine Veränderung des Designs.

Abb. 4 Leitbild adidas (Quelle: Imagebroschüre „Who Are We? adidas The Company")

Adidas-Salomon lebt von dem Ruf, daß seine Schuhe und Kleidungsstücke Spitzenathleten dazu befähigen, sportliche Höchstleistungen zu erbringen. Mit diesem Argument grenzt sich das Unternehmen von den Konkurrenten aus der eigenen Branche, insbesondere jedoch von denen aus der Modebranche ab. An der Tatsache, daß die funktionalen Eigenschaften der (High-End-) Produkte ständig verbessert werden müssen, hat sich deshalb nichts geändert. In einem vierteljährlichen Rhythmus kommen neue Modelle auf den Markt, die sich sowohl hinsichtlich ihres Aussehens, als auch ihrer Eigenschaften von den Vorgängermodellen unterscheiden müssen. Dies erfordert die Zusammenarbeit vieler kreativer Mitarbeiter.

Management kreativer Mitarbeiter

Die Entwicklung eines neuen Schuhs ist ein komplexer Prozeß, an dem Mitarbeiter mehrerer Disziplinen über den Globus verteilt zusammenarbeiten. Dieser viermal im Jahr stattfindende Prozeß erfordert die engste Zusammenarbeit der weltweit operierenden Teams:

- Zuerst werden Kundenerwartungen und Marktabschätzungen mit den größten Tochterunternehmen geklärt, auf deren Grundlage für die verschiedenen Kategorien die wichtigsten Orientierungsleitlinien pro Kollektion erstellt werden.
- Anschließend werden Marketing- und Werbestrategien, zugeschnitten auf Events, Sportler und Zielgruppen entworfen.
- Es erfolgt eine Abstimmung unterschiedlichster Design Zentren in den Hauptregionen USA und Europa und die visuelle Umsetzung der Marketingrichtlinien
- Die technische Entwicklung und Spezifikation der Produkte erfolgt an den verschiedenen Wirkungsstätten weltweit.
- Anschließend erfolgt die produktionsgerechte Übersetzung dieser Entwicklungen mit Produktionsstätten weltweit über die Verbindungsbüros in unterschiedlichsten Ländern. Das Ganze wird kontrolliert durch ein komplexes Qualitätsmanagementsystem.
- Schließlich erfolgt der Vertrieb über die Tochtergesellschaften und Schlüssel der Grundlage einer hoch komplexen Logistik

Angesichts dieser Vorgehensweise wird klar, daß Kreativitätsmanagement bei adidas-Salomon mehr sein muß, als nur das Einsammeln von Ideen sein. Selbstverständlich verfügt das Unternehmen auch über ein betriebliches Vorschlagswesen (ProIdea), größere Bedeutung wird aber einem kreativitätsförderlichen Human Resource Management zugesprochen. Hierbei geht es vorrangig um die Beantwortung von drei Fragen:

- Wie kommt das Unternehmen an kreative Mitarbeiter?
- Wie kann die Kreativität der Mitarbeiter angeregt und unterstützt werden?
- Wie wird die Kreativität von Mitarbeitern, in einem dezentral organisierten Unternehmen gebündelt und auf ein gemeinsames Ziel ausgerichtet?

Die Human Resource Politik des Unternehmens besteht aus einem System von ineinandergreifenden Personalmarketing- und Personal- / Führungskräfteentwicklungsmaßnahmen, um kreative Mitarbeiter zu gewinnen, zu entwickeln und im Unternehmen zu halten. Für jede Arbeitsstelle werden beispielsweise Anforderungsprofile erstellt, die u.a. auch Auskunft darüber geben, welche Sozialkompetenzen (z.B. Kreativität) von den betreffenden Mitarbeitern gefordert werden. Entsprechende Entwicklungsschritte sind Teil der Zielvereinbarungen mit den Beschäftigten. Von deren Erfüllung dieser Zielvereinbarungen hängt die Leistungsbeurteilung und mittels eines Bonussystems letztendlich auch das Gehalt der Führungskräfte ab.

Ziel

kreative Mitarbeiter anzuziehen, zuentwickeln, zu motivieren und im Unternehmen zu halten

HR Politik

Rekrutierung von Personen, die zur adidas Kultur passen
- Karriereplanung
- Zielvereinbarung
- Leistungsbeurteilung

Abb. 5 adidas Human Resource Management (Quelle: Gison-Höfling, adidas-Salomon AG, 1998)

Es wird ein hoher Aufwand betrieben, um ein gemeinsames Verständnis der Unternehmensziele zu erzeugen und aufrecht zu halten. Persönliche Treffen spielen hierbei eine entscheidende Rolle. Mindestens zweimal im Jahr treffen sich vor allem die für den Marketingbereich entscheidenden Mitarbeiter, um die Unternehmensstrategie zu diskutieren und das Leitthema für die nächste Produktgeneration festzulegen. Jedes Jahr finden beträchtliche Personaltransfers statt, d.h. Mitarbeiter werden von den USA nach Hongkong, von Hongkong nach Europa und von Europa nach Asien oder in die Vereinigten Staaten geholt, um gemeinsam an neuen Produkten zu arbeiten.Fachwissen, aber auch multinationales Denken und interkulturelle Fähigkeiten sind gefragt, wenn es darum geht bei der Produktentwicklung, im Design und im Marketing gemeinsam Kreativität zu entfalten.

Bewertung der Vorgehensweise vor dem Hintergrund des Steckbriefs

Offenheit und Orientierungskompetenz: Das Beispiel der Firma adidas – Salomon zeigt, wie dramatisch sich Veränderungen der Wettbewerbsbedingungen auch auf ein Unternehmen auswirken können, das über Jahrzehnte Marktführer in seiner Branche ist. Es zeigt auch, daß immer neue und umfassendere Innovationsstrategien erforderlich sind, um sich in einem reifenden Markt auf Dauer zu behaupten. Zu Beginn genügte es, bei in der Produktentwicklung kreativ zu sein. Heute ist Kreativität in allen Unternehmensbereichen gefordert. Dieser Tatsache wird heute mehr Rechnung getragen, als noch vor einigen Jahren.

Originalität und Kreationskompetenz: Die Human Resource Politik von adidas-Salomon ist darauf ausgerichtet, kreative Mitarbeiter zu rekrutieren und ihnen geeignete Aufstiegschancen zu bieten. Die Förderung von Kreativität wird als Führungsaufgabe betrachtet, die durch verschiedene Instrumente (Anforderungsprofile, Leistungsbeurteilung, etc.) unterstützt wird. Viel Wert wird darauf gelegt, alle Mitarbeiter miteinander zu vernetzen und ihnen ein gemeinsamen Verständnis von den Zielen und Strategien des Unternehmens zu vermitteln. Hierbei setzt das Unternehmen vor allem auf persönliche Kontakte. Eine Unterstützung durch neuere Informations- und Kommunikationstechnologien (CSCW, Virtuelle Realität) ist noch nicht realisiert, wird aber bereits „ins Auge gefaßt".

Auch vor dem Hintergrund der Kreativitätsförderung wird der Aufbau einer funktionierenden Wissensinfrastruktur als wichtige Aufgabe für die Zukunft betrachtet.
Die Belegschaft des Unternehmens ist sehr jung. Das Durchschnittsalter liegt weltweit bei ca. 28 Jahren. Da die meisten Mitarbeiter direkt nach der Ausbildung in das Unternehmen kommen, verfügen sie in der Regel über aktuellstes Wissen in ihrem Fachgebiet – eine gute Voraussetzung für Kreativität. Was ihnen jedoch häufig fehlt, ist das spezifische Branchenwissen und das Wissen über die Vergangenheit. Die jungen Mitarbeiter können naturgemäß keinen Überblick über all die Produkte haben, die vom eigenen Unternehmen aber auch von den Konkurrenten in den vergangenen Jahren entwickelt worden sind. Dieses Wissen wäre jedoch wichtig, um „das Rad nicht immer wieder neu zu erfinden".

Flexibilität und Veränderungskompetenz: Adidas – Salomon arbeitet an vielen Stellen gleichzeitig, um das kreative Potential des Unternehmens zu erhöhen. Was bislang fehlte war die Bündelung dieser Einzelmaßnahmen. Momentan wird deshalb eine Bündelung der Abteilungen vorbereitet, die sich mit dem Thema „Innovation" im Unternehmen beschäftigen. Auf diese Weise soll sichergestellt werden, umfassendere Innovationsstrategien umgesetzt werden können.

Präsenz und Dienstleistungsperformanz: In den ersten explorativen Interviews des Projektes „Wettbewerbsfaktor Kreativität" hatten wir unsere Kollegen gefragt, ob Firmen wie Alcatel und Nokia, SUN und Microsoft, adidas – Salomon und Nike, innovativ oder kreativ seien. Im Fall der beiden Sportartikelhersteller fiel die Antwort im Bereich „Innovation" eindeutig zugunsten der Firma Nike aus. Eine Marktanalyse, die das Unternehmen im letzten Jahr durchführen ließ zeigt, daß die Einschätzung unserer Kollegen von vielen Menschen geteilt wird. Sowohl im Hinblick auf die Produkte, als auch auf deren Produktion und Vermarktung hat adidas - Salomon in der Vergangenheit Einfallsreichtum und Wandlungsfähigkeit bewiesen. Dennoch hat das Unternehmen in der Öffentlichkeit nicht das Image eines innovativen Unternehmens. Adidas – Salomon arbeitet daran, dieses Bild zu ändern. Das Leitbild des Unternehmens ist ein Baustein dieser Öffentlichkeitsstrategie.

Insgesamt betrachtet, gibt es bei adidas-Salomon viele Ansätze, das eigene kreative Potential zu stärken. Das turbulente Umfeld in dem sich adidas – Salomon bewegt, zwingt das Unternehmen dazu, gesellschaftliche und wirtschaftliche Veränderungen aufmerksam zu beobachten, neue Ideen aktiv aufzugreifen, die Kreativität der Mitarbeiter zu fördern und zu bündeln, auch umfassendere Innovationsstrategien möglich zu machen und sich den Ruf eines kreativen Unternehmens zu erarbeiten. Auch wenn es keine explizite formulierte Kreativitätsstrategie gibt, finden sich bei genauer Betrachtung zu allen vier Feldern des „Steckbriefs" entsprechende Lösungsansätze und Gestaltungsmaßnahmen.

Fazit

Mit dem Steckbrief sind wir unserem Ziel ein Stück näher gekommen, ein Instrument zu entwickeln, mit dem die Kreativität von Unternehmen bestimmt werden kann. Der Steckbrief gibt einen konzeptuellen Rahmen vor, der das schillernden Thema Kreativität für die betriebliche Praxis handhabbar macht und er läßt die strategische Dimension des Themas an den Tag treten.

Erst die Betrachtung entlang der Kategorien Offenheit, Originalität, Flexibilität und Präsenz läßt sichtbar werden, wie sehr sich die Strategien von Unternehmen hinsichtlich der Förderung und Nutzung ihres kreativen Potentials unterscheiden. Einige Unternehmen sind wie Industrial Light and Magic bestrebt, alle vier Eigenschaften bzw. Kompetenzen gleichermaßen zu optimieren. Andere Unternehmen konzentrieren sich wie Accor darauf, nur bestimmte Merkmale auszubauen - ohne deshalb weniger erfolgreich zu sein. Es ist das Wettbewerbsumfeld und die strategische Positionierung des Unternehmens am Markt, die darüber entscheiden, welche dieser Kreativitätsstrategien auf lange Sicht zum Erfolg führen. Generelle Aussagen über den richtigen Weg im Umgang mit dem Faktor Kreativität kann es aus diesem Grund nicht geben.

Grundvoraussetzung für den Erfolg ist allerdings, daß überhaupt eine Kreativitätsstrategie entwickelt und mit einiger Konsequenz umgesetzt wird. Der Steckbrief unterstützt diesen Prozeß, indem er zeigt, wo sich die „Stellschrauben" befinden, an denen die Unternehmenskreativität beinflußt werden kann.

Literatur

Amabile, Theresa M.: How to kill creativity. In: Harvard Business Review (1998) 5, p. 76-87.

Amabile, Theresa M.: Creativity in Context. Oxford: Westview Press, 1996a.

Amabile, Theresa M.: Creativity and Innovation in Organizations. Note, prepared for the second-year elective MBA course „Entrepreneurship, Creativity and Organization", Harvard Business School, January 5, 1996b.

Bullinger, Hans-Jörg, Hermann, Sibylle, Walter Ganz: Wettbewerbsfaktor Kreativität – ein wichtiges Thema neu entdecken! In: Wettbewerbsfaktor Kreativität – Strategien, Konzepte und Werkzeuge zur Steigerung der Dienstleistungsperformance / Hans-Jörg Bullinger, Sibylle Hermann / Hrsg. Wiesbaden: Gabler, 2000.

Carr, Clay: The Competitive Power of Constant Creativity: Making „all day, every day creativity" your organization's secret weapon. NY: American Management Association, 1994.

Deis, Hans Jürgen: Strategien der Dienstleistungsentwicklung. In: Dienstleistungen – Innovation für Wachstum und Beschäftigung. Herausforderungen des internationalen Wettbewerbs / Hans-Jörg Bullinger (Hrsg.). Wiesbaden: Gabler, 1999.

Edvinsson, Leif; Malone, Michael. S.: Intellectual Capital: Realising Your Company's True Value by finding it's Hidden Brainpower. London: Piatkus Books, 1997.

Fisher, Laurence M.: How to Manage Creative People: The Case of Industrial Light and Magic. In: Strategy & Business 7 (1997), p. 79-86.

Ganz, Walter; Hermann, Sibylle: Wissensintegrative und koordinative Dienstleistungen – Erfolgsfaktoren für einen nachhaltigen Wettbewerbsvorsprung. Stuttgart: Fraunhofer IRB-Verlag, 1999.

Ganz, Walter; Hermann, Sibylle: Keativität – ein Wettbewerbsfaktor. In: Dienstleistungsinnovationen. Chancen und Trends für Unternehmen / Wolfram Risch, Gerhard Schrick (Hrsg.). Eschborn: RKW-Verlag, 1998.

Gison-Höfling, Tina: Human Resources - Kernkompetenz Kreativitätsförderung. Vortrag im Forum 10 "Erfolgstrategie Kreativität" der Tagung "Dienstleistungen - Innovation für Wachstum und Beschäftigung. Herausforderungen des internationalen Wettbewerbs" 31.8.-1.9.1998 in Bonn. Videomitschnitt: http://www.dl2000.de/live.

Kao, John: Die Vorzüge der betrieblichen „Unordnung", In: Wie kommt das Neue in die Welt / H. v. Pierer; B. V. Oetinger (Hrsg.). München: Hanser Verlag, 1997.

Owen, Harrision: Open Space Technology. A User's Guide. San Francisco: Berrett-Koehler, 1997.

Porter, Michael E.: Competitive Strategy. Techniques for analyzing industries and competitors. N.Y.: Free Press, 1998.

Prahalad, C. K. ; Hamel, Gary: The Core Competence of the Corporation. In: Harvard Business Review 1990, May-June, S. 79-91.

Robinson, Alan G.; Stern, Sam: Corporate Creativity: How Innovation and Improvement Actually Happen. San Francisco: Berrett-Koehler Publishers, Inc., 1997.

Simon, Hermann: Die heimlichen Gewinner (Hidden Champions). Die Erfolgsstrategien unbekannter Weltmarktführer. Frankfurt: Campus, 1996.

Stewart Thomas: Intellectual Capital: The new wealth of organizations. London: Nicholas Brealey Publishing, 1997.

Sveiby, Karl Erik : The new organizational wealth: Managing & Measuring knowledge-based assests. San Francisco: Berrett-Koehler Publishers, Inc., 1997.

West, Michael, A.; Farr, James L. (Ed.): Innovation and Creativity at Work: Psychological and Organizational Strategies. Chichester: Wiley, 1990.

Praxisbeispiel Schweizer-National Versicherungs AG – Mut zur Kreativität, Erprobung einer ungewöhnlichen Strategie der Kundenbindung

Walter Reith, Sibylle Hermann

Bereits seit einiger Zeit ist im Versicherungsgewerbe eine nachhaltige Veränderung der Wettbewerbssituation im Gange, die völlig neue Lösungsstrategien erfordert. Dies bewog die deutsche Schweizer-National sich am Verbundprojekt "Wettbewerbsfaktor Kreativität" zu beteiligen. Ziel des Projektes war es, einen Communitiy-Building-Prozeß zu initiieren. Mit hilfe eines für eine Versicherungsgesellschaft ungewöhnlichen Dienstleistungsangebots sollte ein „Schweizer-National - Club" geschaffen werden, der die privaten und geschäftlichen Kunden des Unternehmens, die Makler, sowie die Mitarbeiter des Unternehmens noch stärker als bisher miteinander in Kontakt bringt.

Das Unternehmen

Als Aktiengesellschaft betreibt die Schweizer-National das Versicherungsgeschäft in Deutschland in nahezu allen Sachversicherungszweigen. Mit einem Personalbestand von ca. 100 Mitarbeitern im Innendienst zählt sie aber zu den kleineren Gesellschaften in dieser Branche. Ihre Aktivitäten konzentriert die Schweizer-National daher vorwiegend auf den privaten Markt, also auf Privathaushalte sowie auf kleinere bis mittlere Gewerbebetriebe.

Die an diesem Vorhaben beteiligte Filialdirektion Freiburg ist die größte Geschäftsstelle der Schweizer-National AG in Deutschland. Für den Erfolg des Unternehmens trägt sie somit eine besondere Verantwortung. Die Filialdirektion Freiburg beschäftigt 2 festangestellte Mitarbeiter im Innendienst und 2 weitere, die für den Außendienst zuständig sind. Hinzu kommen 9 Versicherungsagenten, die ausschließlich die Produkte der „Schweizer-National" vertreiben und nach § 84 ff HGB im Unternehmen beschäftigt sind. Die Filiale abeitet zudem mit etlichen „Mehrfachagenten", dies sind Agenten, die für unterschiedliche Versicherungen tätig sind, sowie mit freien Maklern zusammen.

Problemstellung und Ziele

Bereits seit einiger Zeit zeichnet sich eine deutliche Verschärfung des Wettbewerbs im Versicherungsgewerbe ab, die auch die Schweizer-National zu spüren bekommt: die Produktvielfalt nimmt zu. Fusionen stärken die Marktmacht großer Konzerne. Das Internet eröffnet neue Vertriebswege und die Versicherungsanbieter aus dem europäischen Ausland stehen bereits in den "Startlöchern", um auf den deutschen Markt vorzudringen. Immer häufiger kommt es deshalb vor, daß langjährige Kunden abgeworben werden und die Akquisition von Neukunden mit dem „richtigen Profil" gestaltet sich zunehmend schwieriger.

Offensichtlich ist eine nachhaltige Veränderung der Wettbewerbssituation im Gange, die völlig neue Lösungsstrategien erfordert. Dies bewog das Unternehmen sich intensiver mit dem Thema Kreativität auseinanderzusetzen und sich am Verbundprojekt „Wettbewerbsfaktor Kreativität" zu beteiligen.

Den Ausgangspunkt des Projektes bildete die Frage: Was könnte das Alleinstellungsmerkmal der Schweizer-National sein?

In der Vergangenheit setzte die Schweizer-National vor allem auf die Entwicklung spezieller Versicherungsprodukte (so wie z.B. das Angebot von speziellen Policen für die Eigentümer von Sportbooten). Diese *variantenorientierte* Wettbewerbsstrategie (Porter, 1996) - so die Erfahrung – führt nur zu einem kurzfristigen Erfolg, da der Markt von allen Anbietern äußerst aufmerksam beobachet wird und Versicherungsdienstleistungen leicht zu kopieren sind: Erweist sich ein neues Prodkt eines Konkurrenten als erfolgreich, wird es in kürzester Zeit in das eigene Programm übernommen. Der Wettlauf um die Kunden kann von den kleineren Dienstleistern so nicht gewonnen werden, da die großen Konzerne u.a. dank besserer bei den Rückversicherungen niedrigere Preise bieten können.

Auch eine *kundenbezogene* Positionierung ist nur begrenzt möglich, denn die relativ kleine Deutsche Schweizer-National verfügt nicht über die erforderlichen Rücklagen, um hohe Risiken absichern zu können. Dies schränkt die Zielgruppe die angesprochen werden kann, auf den Kreis der Privatkunden und der kleineren Gewerbebetriebe ein. Jedoch genau in diesem Segment tummeln sich fast alle Versicherungsunternehmen - auch die Großen.

Als ein dritter Weg bot sich für das Unternehmen an, eine *zugangsorientierte* Marktstrategie zu wählen. Die zentrale Projektidee war, den engen Kontakt zu den Kunden zu nutzen und mit Hilfe versicherungsfremder Dienstleistungen eine Art „Schweizer-National Club" zu bilden, in dem sich die Kunden, Makler und Agenten der Versicherung gleichermaßen Zuhause fühlen sollten.

Die folgende Grafik gibt einen Überblick über den Verlauf des Projektes (Abb. 1):

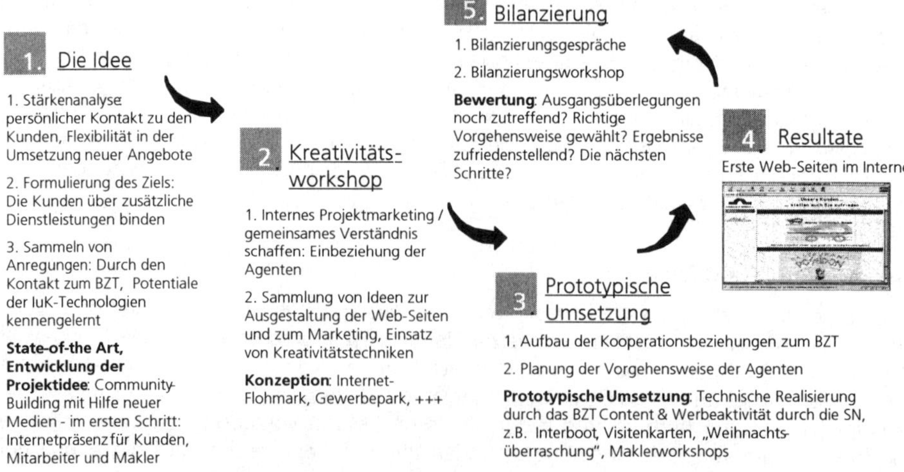

Abb. 1 Überblick über den Projektverlauf

Vorgehensweise

Der erste Schritt im Projekt bestand in einer Analyse der Ausgangssituation, die von der Filialdirektion und den Agenten gemeinsam durchgeführt wurde. Bei dieser Analyse kam man zu der Einschätzung, daß die geringe Größe der (deutschen) Schweizer-National eine der größten Schwächen, aber zugleich auch eine der größten Stärken des Unternehmens darstellt.

Die geringe Größe des Unternehmens hat in der Vergangenheit dazu geführt, ein besonders enger und persönlicher Kontakt zu den Kunden aufgebaut werden konnte. Diese Stärke wollte man für eine neue Markstrategie nutzen. Ein zweiter Vorteil der geringen Größe bestehen in den sehr kurzen Entscheidungswegen im Unternehmen, welche es erlauben, neue Ideen recht unbürokratisch zu realisieren. Innerhalb des Verbundprojekts „Wettbewerbsfaktor Kreativität" war es deshalb auch möglich, einen Lösungsweg zu erproben, der für den Versicherungsbereich sehr ungewöhnlich ist: Es sollte ein „Community-Building-Prozeß" (Abb. 2) initiiert werden, der aus drei Teilschritten bestehen sollte: 1) interne Vernetzung der Versicherungsagenten, 2) Intensivierung der Kundenbeziehung und 3) Reaktivierung der Kontakte zu freien Maklern.

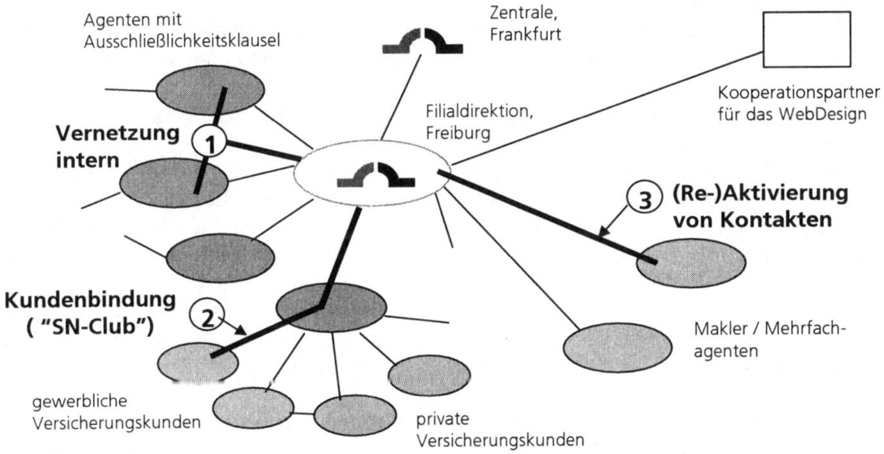

Abb. 2 Community-Building Ansatz der Schweizer-National

In Gesprächen mit dem Bildungszentrum Turmgasse (BZT), das ebenfalls dem Projektkonsortium angehörte, wuchs die Idee für diesen Prozeß das Internet, bzw. internetbasierte Dienstleistungen zu nutzen:

- Die Agenten sollten einen Internetanschluß erhalten und jeweils eine eigene Homepage einrichten. Von dieser Maßnahme erhoffte man sich einen besseren Informationsaustausch zwischen den Agenten untereinander sowie zwischen den Agenten und der Filiale. Für die Zukunft war darüber hinaus der Aufbau eines Extranets geplant, um die Agenten bei der Angebotserstellung und Auftragsbearbeitung unterstützen zu können.
- Als zweites sollte insbesondere den gewerblichen Kunden der Schweizer-National angeboten werden, sie (nahezu) kostenlos ins Internet zu bringen. Mit dem Angebot einer günstigen und unkomplizierten Präsenz auf den Internetseiten der Schweizer-National

waren drei Dinge beabsichtigt: a) man wollte den Kunden einen besonderen Service bieten, der außerhalb der eigentlichen Versicherungsleistung lag. b) Die Kunden sollten Gelegenheit erhalten, sich über die Internet-Visitenkarten gegenseitig kennenlernen und c) sollte über die Internet-Auftritte der Kunden ein gewisser Werbeeffekt für die Dienstleistungen der Schweizer-National erzielt werden.

- Drittens schließlich, wollte man auch den freien Maklern anbieten, sie im Internet zu präsentieren. Hier war das Angebot einer Web-Präsenz vor allem als „Türöffner" gedacht, um über ein unverfängliches Thema überhaupt wieder ins Gespräch zu kommen.

Es war klar, daß das Unternehmen für die Realisierung der Web-Seiten auf externe Hilfe angewiesen war. Die Einrichtung des Internetzugangs und die Gestaltung von Webseiten konnte nicht Aufgabe der Versicherungsagenten sein. Hierzu verfügten diese weder über die erforderlichen Kompetenzen, noch über die notwendige Zeit. Schließlich durfte das Kerngeschäft des Unternehmens nicht vernachlässigt werden. Das neue Dienstleistungsangebot ließ sich also nur in Zusammenarbeit mit Dritten realisieren.

Mit dem Bildungszentrum Turmgasse (BZT), glaubte man den idealen Partner für diese Aufgabe gefunden zu haben, denn die Zusammenarbeit bot für beide Partner Vorteile: Die Schweizer-National konnte ihren Kunden eine zusätzliche Serviceleistung bieten, die weit außerhalb des eigenen Kompetenzbereichs lag. Für den Bildungsträger wiederum bot die Kooperation mit der Schweizer-National die Chance, ein neues Geschäftsfeld aufzubauen. Zwar verfügte der Lerndienstleister über die fachlichen Voraussetzungen Internetseiten zu erstellen, nicht jedoch über geeignete Vertriebswege. Durch die Kooperation mit der Versicherung erhielt das BZT quasi Zugriff auf das Vertriebsnetz der Schweizer-National.

In einem Kreativitätsworkshop wurden von den Agenten und der Filialdirektion Ideen für die Ausgestaltung der Schweizer-National erarbeitet. Gemeinsam wurde beschlossen, zunächst für die privaten Kunden einen Internet-Flohmarkt einzurichten und für die gewerblichen Kunden einen „Gewerbepark" aufzubauen. Es wurde eine Vielzahl von Ideen generiert, wie beide Internetbereiche so gestaltet werden könnten, daß sie auf Dauer für die Besucher attraktiv bleiben würden. Überdies wurden verschiedene Marketingmaßnahmen für die neue Internetdienstleistung geplant (Vorführungen auf der INTERBOOT, Internetangebot als „Weihnachtsüberraschung", Durchführung von Maklerworkshops, etc.).

Diese Ideen wurden in den folgenden Wochen und Monaten nach und nach umgesetzt. Das Projekt war für das Unternehmen zunächst sehr erfolgreich. Der erste gemeinsame Kreativitätsworkshop wurde von den Versicherungsagenten begeistert aufgenommen. Mit Hilfe von Kreativitätstechniken sind viele, innovative Ideen entstanden, die sich vor allem darauf bezogen, wie das Internet-Angebot attraktiv gestaltet werden konnte und wie vorgegangen werden könnte, um die Zielgruppe „KMU" zu gewinnen.

Bereits nach kurzer Zeit wurden dann auch die ersten Interessenten gefunden, die sich im World Wide Web präsentieren wollten. Das Angebot der „Web-Präsenz" fand sowohl bei gewerblichen Kunden als auch bei Agenten Anklang und binnen weniger Wochen konnten die ersten Internet-Visitenkarten und Homepages realisiert werden. Darüber hinaus gelang es über dieses Angebot auch erneut mit freien Maklern ins Gespräch zu kommen, die schon lange nicht mehr auf Anfragen reagiert hatten.

Für das Gesamtunternehmen „Schweizer-National Deutschland" hatte das Projekt „Wettbewerbsfaktor Kreativität" Impulscharakter, denn die Projektaktivitäten der Filialdirektion Freiburg bewirkten, daß der seit längerem geplante, aber immer wieder verzögerte Web-Auftritt des Gesamtunternehmens zügig umgesetzt wurde.

Nach diesen sehr positiven ersten Resultaten, traten jedoch externe Ereignisse ein, die das weitere Vorankommen im Projekt behinderten. Ende 1997 sah sich das Unternehmen mit einem Markteinbruch konfrontiert, der durch die gesetzliche Neuregelung der Kündungsfrist für Autoversicherungen ausgelöst wurde. Nicht wenige Versicherungsnehmer kündigten ihre Verträge zum Jahresende und wechselten zu einem neuen Anbieter. Als Reaktion auf diese Situation wurde von der Schweizer-National eine Vertriebsoffensive gestartet, welche die volle Aufmerksamkeit der Agenten erforderte und die Projektaktivitäten für einige Zeit in den Hintergrund treten ließen.

Durch die Vertriebsoffensive konnten viele der Kunden wieder zurückgewonnen werden. Leider gelang es jedoch nicht, nach Bewältigung dieser Krise zu dem ursprünglichen Elan zurückzufinden, mit dem das Projekt begonnen hatte.

Ergebnisse

Trotz des Rückschlags konnte die Schweizer-National am Ende eine positive Bilanz aus dem Projekt ziehen. Unter anderem wurden die folgenden Ergebnisse erzielt:

1. Die Agenten der Freiburger Filiale sind inzwischen alle mit einer eigenen Homepage im Internet vertreten.
2. EMail hat sich als neues Kommunikationsmittel bewährt. Der Informationsfluß zwischen den dezentral lokalisierten Agenten und der Filialdirektion ist einfacher und schneller geworden.
3. Die Initiative der Freiburger Filiale hatte Impulswirkung auf die Zentrale in Frankfurt. Das lange diskutierte Projekte, eine Web-Präsenz für das gesamte Unternehmen aufzubauen wurde endlich in Angriff genommen und realisiert.
4. Neue Kontakte konnten mit Maklern geknüpft werden, die schon lange nicht mehr auf Anfragen reagiert hatten.
5. Bei vielen Versicherungskunden stieß das Internet-Angebot auf eine positive Ressonanz. Einige sind inszwischen im „Gewerbepark" vertreten oder beteiligen sich aktiv am Internet-Flohmarkt der Schweizer-National.

Erfahrungen und Erkenntnisse

Ziel des Projektes war es, eine neue Innovationsstrategie für die Schweizer-National zu erproben, die nicht auf die Generierung innovativer Produkte abzielte, sondern bei der es vielmehr darum ging, eine neue Form der Zusammenarbeit mit internen und externen Partnern zu finden.

Mit ihrem Community-Building-Ansatz versuchte die Filialdirektion ein Kooperationsnetz aufzubauen und selbst zu einem Enabler für Dienstleistungen zu werden. Zum einen sollten die Versicherungsagenten, die dezentral organisiert sind und sich weitgehend als eigenständige Unternehmer begreifen, bei der Erbringung ihrer Dienstleistung unterstützt werden. Den gewerblichen Kunden sollte, vermittelt durch die Schweizer-National, der Zugang zu versicherungsfremden Dienstleistungen erleichtert werden. Und die Kunden sollten untereinander bekannt werden und dadurch u.a. die Möglicheit erhalten im „Schweizer-National-Club" ihre eigenen Güter und Dienstleistungen anzubieten. All dies sollte letzendlich dazu dienen, Kunden, Makler und Agenten enger an das Unternehmen zu binden.

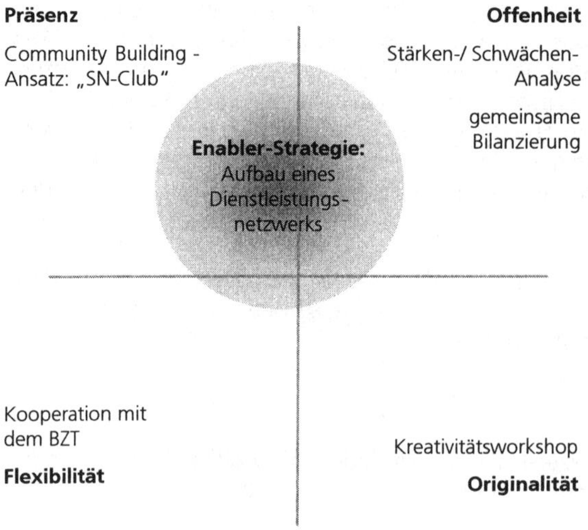

Betrachtet man die Aktivitäten der Schweizer-National vor dem Hintergrund des „Steckbriefs kreativer Unternehmen", so sieht man, daß für das Projekt ein enger Fokus gewählt worden ist.

Ziel war es nicht, die Kreativität des Unternehmens insgesamt, d.h. in allen vier Handlungsfeldern (Offenheit, Originalität, Flexibilität und Präsenz) zu steigern, sondern die Maßnahme sollte vielmehr gezielt die Präsenz des Unternehmens im Außenraum erhöhen (Abb. 3). Dennoch strahlt das Projekt auch auf die anderen drei Felder aus.

Abb. 3 Projektaktivitäten im „Fadenkreuz" des Steckbriefs

Die positiven Ergebnisse des Projektes machen Mut, sich auch zukünfig auf Neues einzulassen. Die wertvollsten Erkenntnisse konnte die Schweizer-National jedoch aus den Schwierigkeiten und Hindernissen ziehen, mit denen das Unternehmen bei der Umsetzung der Projektidee konfrontiert wurde. Zu diesen Erkenntnissen gehören:

Kreativität ist nicht nur für die „kreativen Branchen", sondern auch für traditionelle Dienstleistungsbereiche ein Thema. Dies gilt insbesondere dann, wenn aufgrund sich ändernder Wettbewerbsbedingungen neue Strategien gefragt sind. Die Agenten der Schweizer-National haben dies verstanden. Sie konnten für ein Bündel an Maßnahmen mobilisiert werden, um die Präsenz des Unternehmens am Markt zu erhöhen.

Community-Building ist kein Selbstläufer, sondern muß durch begleitende Aktivitäten unterstützt werden, die in nicht unerheblichem Maße Zeit- , Energie und Wissen verlangen. Es ist nicht einfach, den Aufwand, den die Vernetzungsaktivitäten kosten von Beginn an richtig einzuschätzen.

In der Umsetzung stellte sich beispielsweise sehr schnell heraus, daß die Homepages nicht einfach en passent an die KMU der Region „an den Mann gebracht" werden konnten. Die meisten angesprochenen Firmen interessierten sich zwar für die Möglichkeit, sich im Internet zu präsentieren, hatten aber selbst kaum Erfahrungen mit dem neuen Medium und waren deshalb recht vorsichtig sich darauf einzulassen. Einigen Versicherungsagenten wiederum fehlten die fachlichen Kenntnisse, um in wenigen Sätzen die Vorteile einer Web-Präsenz deutlich machen zu können oder über die technischen Aspekte qualifiziert Auskunft zu geben. In Zusammenarbeit mit dem BZT mußte deshalb Informationsmaterial erarbeitet werden, das den Agenten an die Hand gegeben werden konnte. Dennoch blieb für einige Agenten die Schwelle hoch, ihre Kunden auf den neuen Service anzusprechen und der von ihnen wahrgenommene Nutzen dieser Aktion konnte den notwendigen Aufwand nicht immer aufwiegen.

Die dritte zentrale Erkenntnis betrifft das Thema *Führung in einer Organisation, die so stark dezentralisiert und auf monetäre Anreize aufgebaut ist, wie der Vertrieb einer Versicherung.* Wenn es um Innovationsstrategien geht, die nicht in das Provisionssystem der Versicherung integriert sind, haben die Filialdirektoren nur wenig in der Hand, um steuernd einzugreifen: Die Agenten sind selbständig und können nicht „per Order de Mufti" mit Zusatzaufgaben betraut werden. Eine Steuerung über die Fachautorität ist außerhalb des Kerngeschäftes kaum möglich. Was bleibt, ist Charisma und persönliche Überzeugungskraft. Die Erfahrung des Projektes zeigt jedoch, daß das Verhältnis Agent - Filialdirektor ein fragiles Gebilde ist, das nicht allzuviele Erschütterungen aushält. Es ist eine langwierige Aufgabe, eine Vertrauensbasis aufzubauen, die stark genug ist, um die Agenten für Experimente gewinnen zu können. In turbulenten Zeiten wird dieses Vertrauen auf eine harte Probe gestellt und die Möglichkeiten nehmen ab, steuernd auf die Agenten einzuwirken. Je dezentraler ein Unternehmen strukturiert ist, desto wichtiger ist es deshalb neue Bindungsstrategien zu entwikkeln und die klassische Steuerung und Planung durch geeignete Instrumente (corporate identity, Werte,...) zu ergänzen.

Eine weitere wichtige Erkenntnis leitete sich aus der Kooperationserfahrung mit dem Partner BZT (Bildungszentrum Turmgasse) ab. Erst in der Zusammenarbeit wurde beiden Unternehmen bewußt, wie groß *die Kluft zwischen den jeweiligen Denkweisen, Vorgehensweisen und Erwartungen* war. Hierfür zwei Beispiele:

Die Mitarbeiter der Schweizer-National sind trainiert aktiv auf Kunden zuzugehen und immer wieder nachzuhaken, bis es zu einem Abschluß kommt. Da sich die Schweizer-National als Kunde des Bildungszentrums betrachtete, erwartete sie diese Art der Kundenpflege auch von den Mitarbeitern des BZT. Das Bildungszentrum andererseits sah sich nicht in der Rolle des Lieferanten, sondern verstand sich als Lernpartner der Schweizer-National und verhielt sich dementsprechend. Es erwartete von der Schweizer-National mehr Experimentierfreude und Engagement für das gemeinsame Projekt. Was die Kontaktpflege anging, verhielt sich das BZT eher reaktiv. Kurz: beide Partner hatten sehr unterschiedliche Erwartungen bzgl. der Art der Zusammenarbeit und des Projektnutzens. Sie ärgerten sich geraume Zeit über das Verhalten des anderen, ohne dies offen auszusprechen.

Ein zweiter wesentlicher Unterschied in der Herangehensweise der Partnern zeigte sich bei dem Versuch, den Preis für die Web-Dienstleistung festzulegen. Das Bildungszentrum orientierte sich bei der Preisfindung an den Kosten, die bei der Erstellung der Homepages entstehen würden. Es errechnete von dort aus den Preis, der gefordert werden mußte, damit sich die Dienstleistung für das Unternehmen rentiert. Die Schweizer-National hingegen versuchte zunächst zu einer Einschätzung des Preises zu kommen, der am Markt erzielt werden könnte. Anschließend wurde kalkuliert wie hoch die Verkaufsprovision der Versicherungsagenten sein müßte, um einen Anreiz für die Agenten darzustellen und kam so zu der Summe, die das BZT nach ihrer Einschätzung für seine Dienstleistung verlangen durfte. Das Problem dieser unterschiedlichen Herangehensweisen bestand nicht so sehr darin zu einer gemeinsamen Lösung zu kommen. Schwierig war vielmehr, sich darüber zu einigen, was ein fairer Preis für die Web-Dienstleistung sei und wie die Einzelleistungen der beiden Partner zu bewerten seien.

Da die Kommunikation der Nutzenfrage zwischen beiden Partnern nicht ausreichend geglückt ist, konnten die Potentiale der Kooperation nur begrenzt ausgeschöpft werden.

Ausblick

Für die Schweizer-National war das Projekt insgesamt eine interessante Erfahrung. Es wurden Erfahrungen gesammelt, die für das Unternehmen sehr wertvoll sind: Gelernt wurden die Konstruktionsprinzipien von Kooperationen und vor allem, wie wichtig es ist, die jeweiligen Nutzenerwartungen explizit zu machen, zudem wurde das Denken über Branchen hinweg gefördert. Es entstand ein Bewußtsein dafür, wie unterschiedlich die Vorgehensweisen in verschiedenen Branchen sein können und wie stark sich diese Unterschiede auf den Verlauf der Kooperation auswirken können. Gleichzeitig wurde erkannt, daß diese Unterschiede zu einer Quelle für Innovationen werden können, vorausgesetzt man ist bereit, von Dritten zu lernen. Trotz der beschriebenen Schwierigkeiten bestehen deshalb gute Chancen, dem Ziel „Community Building" in einem zweiten Anlauf näher zu kommen.

Aus Sicht der Forschung lassen die Erfahrungen in diesem Projekt vor allem zwei zentrale Themenstellungen erkennen, die in nachfolgenden Projekten angegangen werden sollten:

1. Die Entwicklung von Innovationsstrategien für Betriebe, die wie die meisten Finanzdienstleister bzw. vertriebsorientierten Unternehmen sehr stark dezentral organisiert sind und deren Planung und Steuerung vorwiegend auf monetären Anreizen aufgebaut ist.
2. Die Entwicklung von Konzepten und Vorgehensweisen, die es aus sehr unterschiedlichen Bereichen kommenden Kooperationspartnern erlaubt, Differenzen der „Denkweisen" und Sichtweisen schneller zu identifizieren, aufzuklären und zu einer für beide Seiten akzeptablen Lösung zu kommen.

Literatur

Porter, Michael E.: What Is Strategy? Harvard Business Review (1996), p. 61 – 78.

Praxisbeispiel Bildungszentrum Turmgasse – Ein Unternehmen wird kreativer!

Eckhard Salowsky, Sibylle Hermann

Das Betriebsprojekt der Winkler Ausbildungs GmbH „Entwicklung flexibler, bedarfsorientierter Lern-Dienstleistungsportfolien" zeigt, wie kleine und mittelständische Unternehmen, die in hohem Maße von einem eher konservativen Kundenstamm abhängig sind, Kreativität und Innovationskraft des Unternehmens erhalten und ausbauen können. Das BZT macht vor, wie die Mitarbeiter eines solchen Unternehmens für eine neue Geschäftsstrategie sensibilisiert und gewonnen werden können und wie durch den Aufbau von Experimentierfeldern der schrittweise Wandel von einem eher nachfrageorientierten zu einem marktorientiert agierenden Unternehmen gelingen kann.

Das Unternehmen

Das Bildungszentrum Turmgasse der Winkler Ausbildungs GmbH (BZT) ist eine private Bildungseinrichtung in Villingen-Schwennigen, die ein breites Angebot an Qualifizierungsmaßnahmen anbietet. Täglich werden ca. 300 „Schüler" von 31 Mitarbeitern unterrichtet. Den Schwerpunkt der durchgeführten Maßnahmen stellen traditionell Umschulungen in den Bereichen Metall, Holz, Kunststoff, Elektronik und im kaufmännischen Bereich dar.

Problemstellung und Ziele

Hauptauftraggeber des Bildungszentrums ist die Bundesanstalt für Arbeit (BfA), über 90% aller Aufträge kommen von dort. Für das Unternehmen bedeutet dies eine Reduzierung des Akquisitionsaufwandes, aber auch ein hohes Maß an Abhängigkeit. Das gesamte Leistungsangebot sowie die Leistungserstellungsprozesse müssen konsequent auf die Anforderungen des Arbeitsamtes ausgerichtet werden.

Dies bringt das Bildungszentrum in eine Zwickmühle. Einerseits werden durch die BfA bzw. den Gesetzgeber (Qualitätserlaß) ein hohes Maß an Professionalität und Standardisierung gefordert. Andererseits ist aber auch Innovativität im Hinblick auf Lerninhalte und –methoden gefragt. Schließlich sollen die Qualifizierungsmaßnahmen nicht nur „ordentlich abgewickelt" werden, sondern dem jeweils aktuellen Bedarf der Wirtschaft entsprechen. Nur so werden sie ihrer eigentlichen Aufgabe gerecht, Menschen (wieder) für den Arbeitsmarkt attraktiv zu machen.
Innovation erfordert Experimente und die sind im Rahmen der Zusammenarbeit mit dem Hauptkunden Arbeitsamt nur begrenzt möglich. Zu Beginn des Projektes wurde deshalb das strategische Ziel formuliert, verstärkt neue Geschäftsfelder aufzubauen, die eine Weiterentwicklung der eigenen Kompetenzen gestatten. Mit Neukunden sollten Erfahrungen gesammelt werden, die dazu beitragen, das Kerngeschäft zu stärken. Gleichzeitig sollte mit diesen Aktivitäten aber auch die Abhängigkeit von den knapper werdenden öffentlichen Mitteln reduziert werden.

Vorgehensweise

Von Anfang an war allen Beteiligten klar, daß die Umsetzung der neuen strategischen Vorgaben – innerhalb eines Jahres den Anteil der durch das Arbeitsamt geförderten Maßnahmen von 90% auf 80% zu senken - Konsequenzen auf das gesamte Unternehmen haben würde. Aus diesem Grund wurde besonderen Wert darauf gelegt, alle Mitarbeiter für die neue Zielrichtung zu sensibilisieren und aktiv in den Gestaltungsprozeß einzubinden.

Es wurde zunächst das sogenannte „PEM-Team" gegründet, dessen Aufgabe es war, alle Projektaktivitäten zu koordinieren. Zwei Mitglieder dieses Teams wurden durch die Geschäftsführung benannt. Hierzu gehörte ein Vertreter des Betriebsrats, dem die Leitung der Gruppe übertragen wurde. Die drei anderen Mitglieder wurden in geheimer Abstimmung von der Belegschaft gewählt. Auf diese Weise wollte man sicherstellen, daß sowohl die Interessen der Arbeitnehmer, als auch die der Arbeitgeberseite gleichermaßen berücksichtigt werden.

Den eigentlichen Auftakt des Projektes bildete eine 2-tägige Klausurtagung an welcher der Geschäftsführer und alle Mitarbeiter des Bildungszentrums teilnahmen. Im Mittelpunkt der Veranstaltung standen die folgenden Fragen, die in drei Arbeitskreisen diskutiert wurden:

- Welche Dienstleistungen oder Leistungsbündel aus Dienstleistungen und Güter können erfolgreich angeboten werden? Was bedeutet es für das BZT in diese neuen Märkte vorzudringen? Womit sollte begonnen und wie sollte vorgegangen werden?
- Wo liegen die Stärken und Schwächen des BZT hinsichtlich Personal, Organisation, Ausstattung? Wie können die internen Prozesse optimiert und geeignete Rahmenbedingungen geschaffen werden, um aus Ideen marktfähige Produkte zu machen?
- Wie kreativ ist das BZT? Wieviel Kreativität braucht das Unternehmen? Was muß sich im Selbstverständnis des Unternehmens bzw. der Mitarbeiter zukünftig ändern?

Gemeinsam wurden von den Mitarbeitern und der Geschäftsführung Ideen gesammelt, Schwerpunkte gesetzt und Handlungsoptionen erörtert.

Hinsichtlich der neu anzubietenden Leistungen boten sich mehrere Alternativen an. Es wurde beispielsweise vorgeschlagen, die in unterschiedlichen Modellversuchen erworbenen Personalentwicklungskompetenzen zu einer neuen Beratungsleistung für die kleinen und mittleren Unternehmen der Region auszubauen. Weitere Vorschläge waren, die Produktpalette des angeschlossenen Arbeitsförderbetriebs zu erweitern und ein „BZT-Lädchen" zu eröffnen, in dem diese Produkte verkauft werden könnten, oder den Unternehmen der Umgebung spezifische Produkt- bzw. Software-Schulungen anzubieten.

Die generierten Dienstleistungsideen wurden u.a. nach zwei Kriterien bewertet: a) existiert hierfür im Unternehmen bereits eine hohe Ausgangskompetenz und b) wie schnell ist die Idee umsetzbar. Es entstand eine Prioritätenliste, auf der die Idee, WebDesign als Dienstleistung für KMU anzubieten ganz oben stand. Mehrere Gründe sprachen für die Entscheidung, gerade am Beispiel dieser Dienstleistung den Aufbau eines neuen Geschäftsfeldes zu erproben:

- Einige Ausbilder des BZT konnten bereits Erfahrungen mit modernen Informations- und Kommunikationstechnologien aufweisen, da sie seit langer Zeit EDV-Schulungen durchführten. Das Web-Design bot die Möglichkeit, diese Kompetenzen auszubauen und zu aktualisieren, um so auch zukünftig auf dem aktuellen Stand der Technik zu sein.

- Als computerbasierte Dienstleistung bietet sich das Web-Design an in Telearbeit realisiert zu werden. Schon seit einiger Zeit gab es die Idee, Qualifizierungsmaßnahmen für den Bereich Telearbeit zu entwickeln. Hierfür war es erforderlich, zunächst selbst die Möglichkeiten und Schwierigkeiten der Umsetzung von Telearbeitskonzepten zu erproben. Mit der Internet-Dienstleistung ließen sich also „zwei Fliegen mit einer Klappe schlagen".
- Durch die Kooperation mit dem Projektpartner „Schweizer-National AG" befand sich das BZT in der glücklichen Lage, nicht nur einen ersten Kunden für das neue Dienstleistungsangebot zu haben, sondern auch einen potentiellen Vertriebspartner. Dies war eine gute Voraussetzung dafür, daß es nicht bei einer „Spielwiese" bleiben mußte, sondern tatsächlich ein neues Geschäftsfeld aufgebaut werden konnte.
- Das neue Dienstleistungsangebot konnte dazu beitragen, die Kontakte zu den Betrieben der Region zu festigen. Die Hoffnung war, als Nebeneffekt der Internet-Aktivitäten beispielsweise auch die Chancen zu erhöhen, Praktikumsplätze für Lehrgangsteilnehmer des BZT zu finden oder den Ausbildungsverbund auszubauen.

Mit dem WebDesign entschied sich das Unternehmen für eine synergetische Innovationsstrategie: Auf der Grundlage existierender Dienstleistungen (Schulungsmaßnahmen, Modellversuche) und Kompetenzen sollte eine neue Dienstleistung entstehen, die selbst wieder als Basis für neue, bedarfsorientierte Lerndienstleistungen gedacht war.

Ziel des Projektes war aber nicht nur die eigentliche Produktentwicklung. Man wollte das Unternehmen generell für auf die Anforderungen des 21. Jahrhunderts vorbereiten und geeignete Rahmenbedingungen dafür schaffen,

1. daß der Aufbau weiterer Lern- und Experimentierfelder möglich wird, in denen Innovationen für das Kerngeschäft mit dem Arbeitsamt entstehen können und
2. daß weitere Dienstleistungsangebote zu tragfähigen Geschäftsfeldern ausgebaut werden können.

Schnell hatte man erkannt, daß sich das BZT mit neuen Dienstleistungsangeboten in einen Markt begibt, der nach völlig anderen Spielregeln funktioniert, als das Kerngeschäft des Unternehmens. Der Wandel von einem angebots- zu einem stärker nachfrageorientierten Unternehmen ließ sich nicht ohne organisatorische und personalpolitische Veränderungen realisieren.
Bereits bei der ersten Klausurtagung wurde deshalb ein entsprechender Handlungsbedarf formuliert. So hielt man beispielsweise die Optimierung des Personaleinsatzes, die Entwicklung von Marketingkonzepten, den Umzug in neue Räumlichkeiten sowie die Entwicklung eines Leitbildes für dringend erforderlich.

Initiiert durch die Mitarbeiter wurden mehrere Arbeitsgruppen gebildet, die sich im Rahmen des Projektes mit diesen unterschiedlichen Teilaufgaben befassen sollten:

- *Team 1* widmete sich der eigentlichen Kernaufgabe: der Entwicklung und Vermarktung der neuen WebDesign-Dienstleistung.
- *Team 2* nahm das Problem „Personalplanung" in Angriff. Durch eine geschicktere Planung des Personaleinsatzes wollte man erreichen, Ressourcen für neue Aufgabenfelder freimachen zu können.

- *Team 3* übernahm die Aufgabe, das Informationsmanagement im Unternehmen zu verbessern. Hierfür sollte zunächst eine Datenbank mit allen relevanten Daten und Formularen aufgebaut werden, die für alle Mitarbeitern zugänglich sein sollte. Das zweite und das dritte Team wurden zu einem späteren Zeitpunkt vereinigt, da man sich entschied beide Aufgaben auf der Basis von Lotus Notes zu realisieren (auch dies sollte ein Experimentierfeld für neue Qualifizierungskonzepte sein).
- *Team 4* war dafür verantwortlich, die Entwicklung eines neuen Leitbildes vorzubereiten und zu organisieren. Die neuen Aktivitäten stellten einige der Grundüberzeugungen und impliziten Leitsätze des Bildungszentrums in Frage. Beispielsweise gab es Widersprüche beispielsweise zwischen dem sozialem Auftrag des BZT und Konkurrenzdenken, oder zwischen der gewerblich-technischen Ausrichtung und den neuen computerbasierten Dienstleistungen aufzudecken und zu diskutieren.
- *Team 5*, die sogenannte „spontane Arbeitsgruppe", sollte immer dann zusammentreten, wenn neue Lehrgänge zu planen waren. Dies war bislang alleinige Aufgabe der Geschäftsführung gewesen und sollte jetzt von den betreffenden Mitarbeitern selbst durchgeführt werden.
- Zu einem späteren Zeitpunkt wurde noch ein *sechstes Team* eingerichtet, das sich um das Marketing für die Leistungen des BZT, insbesondere jedoch um Werbemaßnahmen für die neue Internet-Dienstleistung kümmern sollte. Gerade auf diesem Gebiet waren große Defizite festgestellt worden.

Alle 6 Arbeitsgruppen und das koordinierende „PEM-Team" trafen sich jeweils in regelmäßigen Abständen und stellten ihre Ergebnisse bei mehreren Gelegenheiten der gesamten Belegschaft zur Diskussion. Die im Projekt erarbeiteten Vorgehensweisen und Ergebnisse wurden aber nicht nur unternehmensintern besprochen, sondern auch mehrmals mit externen Partnern diskutiert. Dies geschah beispielsweise anläßlich eines Workshops, zu dem u.a. Vertreter des Arbeitsamtes und des Bundesinstituts für berufliche Bildung (BIBB) eingeladen waren, oder auf einer vom BZT durchgeführten Regionaltagung mit Betrieben der Region. Auf diese Weise wollte man sicherstellen, daß man sich auf dem „richtigen Weg" befand und zugleich etwas „Werbung" für das eigene Unternehmen machen.

Ein wichtiger Meilenstein des Projektes stellte der gemeinsame Bilanzierungsworkshop dar, der ein halbes Jahr vor Ende der Förderperiode durchgeführt wurde. Zu diesem Zeitpunkt wurden die ersten „Ermüdungserscheinungen" sichtbar und man stand vor der Entscheidung, ob, wie und mit welcher Intensität man die Arbeiten zukünftig fortführen wollte.

Man wollte die möglichst „ungeschminkte" Meinung aller Beteiligten zu diesem Thema hören und stellte deshalb mit gezielt provokativ formulierten Fragen die zentralen Grundüberlegungen und Vorgehensweisen des Projektes erneut zur Diskussion. Zu den folgenden vier Punkten wurden jeweils mehrere Fragen gestellt:

- Stimmen die Ausgangsüberlegungen und sind die Zielsetzungen des Projektes immer noch richtig?
- Hat das BZT tatsächlich eine realistische Chance in neuen Geschäftsfeldern aktiv zu werden?
- Ist die im Projekt gewählte Vorgehensweise adäquat? Beschäftigen sich die Arbeitsgruppen mit den richtigen Fragestellungen?
- Wie ist die momentane Stimmung im Projekt? Soll das Projekt möglichst rasch beendet, oder aber über die Förderperiode hinaus fortgeführt werden.

Die Workshopteilnehmer (Mitarbeiter und Geschäftsleitung) sollten vorerst jeweils für sich alleine entscheiden, welcher von zwei vorgegebenen (stark überzeichneten) Antwortalternativen sie mehr zustimmen wollten. Anschließend wurden die individuellen Einschätzungen zusammengetragen und gemeinsam diskutiert. Tabelle 1 zeigt eine Auswahl dieser Fragen und Antworten.

Welcher Stellenwert soll dem Arbeitsamt zukünftig als Auftraggeber zukommen?

Das BZT soll sich ausschließlich auf die Arbeitsamtsaufträge konzentrieren.

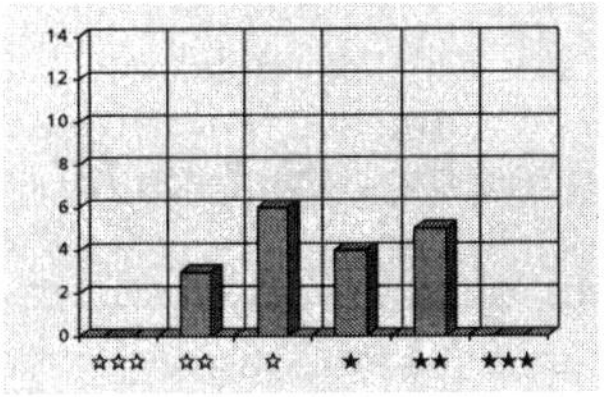

Das BZT soll sich zukünftig vollkommen vom Auftraggeber BfA lösen.

Welche Marktchancen haben die neuen BZT-Dienstleistungen?

Ein Engagement in diesen Feldern wird sich nie lohnen.

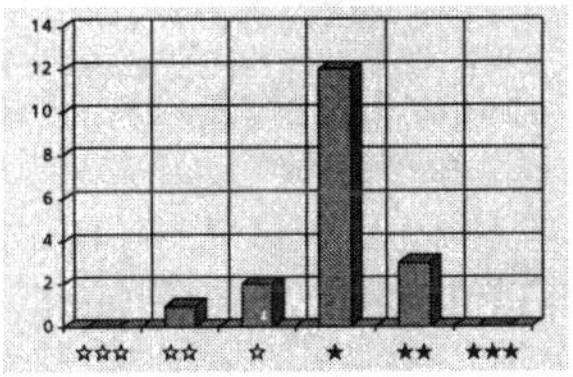

Geld wird zukünftig nur mit den neuen DL verdient.

Wurden innerhalb des Projektes die richtigen Fragen angepackt?

Wir haben uns auf „Nebenkriegsschauplätze" konzentriert

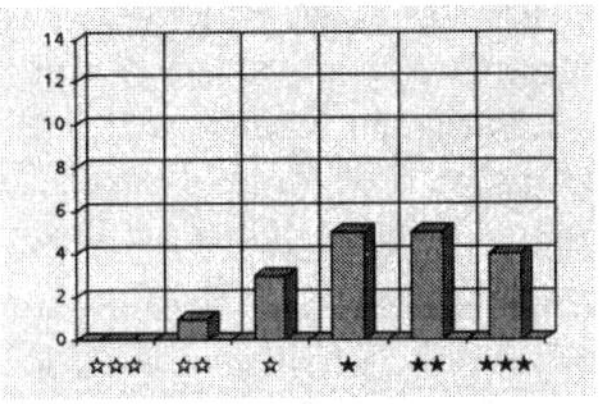

Die Arbeitsgruppen befassen sich mit den wichtigsten Themen.

Wie ist die Stimmung bzgl. einer Fortführung des Porjektes?

Die Luft ist raus! Bloß nicht noch so ein Projekt

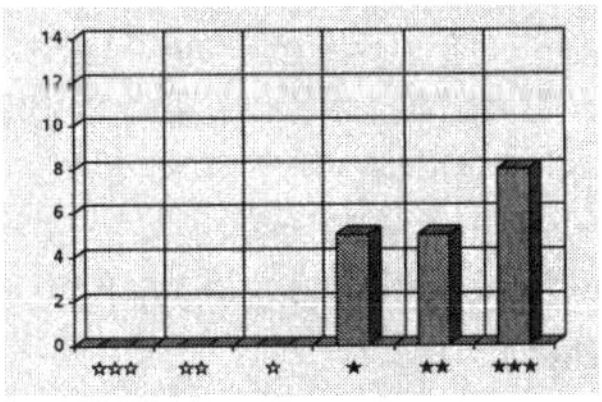

Weitermachen! Jetzt fängt es erst richtig an

Erläuterung:
Die Säulen zeigen die Häufigkeiten der Nennungen auf (N=18). Drei Sterne bedeuten jeweils sehr starke Zustimmung, zwei Sterne mittlere Zustimmung und ein Stern schwache Zustimmung zu der auf der linken bzw. zu der auf der rechten Seite aufgeführten Antwortalternative.

Tabelle 1 Meinungen der Mitarbeiter zu den Zielen, Inhalten und zur Vorgehensweise des Projektes (Auszug)

Aus den in der Mehrzahl positiven, aber dennoch keineswegs immer einheitlichen Einschätzungen entwickelte sich eine offene und sehr lebhafte Diskussion, die schließlich mit dem eindeutigen Fazit endete, mit neuer Kraft ans Werk zu gehen. Es wurde beschlossen, das Projekt auch nach Ende der Förderperiode (z.T. mit neuer Schwerpunktsetzung) fortzuführen.

Ergebnisse

Das Projekt war sowohl aus der Sicht der Mitarbeiter, als auch aus der Sicht der Geschäftsführung sehr erfolgreich. Neben dem eigentlichen Produkt (WebDesign als neues Dienstleistungsangebot) sind eine Reihe weiterer Ergebnisse entstanden, die dazu beigetragen haben, die Kreativität und Leistungsfähigkeit des BZT insgesamt zu steigern. Dies sind im Einzelnen:

1. *Awareness-Bildung:* Die Mitarbeiter konnten für die Notwendigkeit zur Veränderung sensibilisiert werden. Es wurde erkannt, daß ein aktiveres Auftreten am Markt notwendig ist, um die Kreativität und damit die Zukunftsfähigkeit des Unternehmens zu erhalten. Es ist klar geworden, daß dies neue Chancen für das BZT mit sich bringt, aber auch neue Anforderungen an alle Mitarbeiter des Unternehmens stellt.
2. *Aufbau von Experimentierfeldern:* Mit dem Angebot KMU ins Internet zu bringen, konnten mehrere Neukunden gewonnen werden, die für das BZT Lernpartner darstellen. Die Internet-Dienstleistung wurde teilweise in Telearbeit entwickelt, so daß zugleich auch hiermit erste Erfahrungen gewonnen werden konnten, auf deren Grundlage ein neues Lehrgangskonzept „Telearbeit" für die BfA entwickelt werden konnte. Die neuen Märkte wurden zu einem „Frühwarnsystem" für das Kerngeschäft des BZT.
3. *Ansätze für ein neues Leitbild*: Das Projekt ist Anlaß dafür gewesen, sich mit den verschiedenen impliziten und expliziten Leitsätzen des Unternehmens auseinanderzusetzen. Dies hat intensive Diskussionen über die Grundwerte sowie alten und neuen Zielrichtungen ausgelöst. Daraus entwickelte sich ein Konzept für ein neues Unternehmensleitbild.
4. *Mobilisierung der Mitarbeiter:* Das Projekt gab den Mitarbeitern zum ersten Mal seit langem wieder die Gelegenheit, sich intensiv mit der Gegenwart und Zukunft des Unternehmens auseinanderzusetzen. Dies wurde sehr positiv aufgefaßt und erzeugte eine Aufbruchsstimmung, die sich in einer hohen Bereitschaft der Mitarbeiter niederschlug, sich in den verschiedenen selbstinitiierten Teams zu engagieren.
5. *Kompetenzentwicklung*: Das Projekt trug wesentlich mit dazu bei, bei den Mitarbeitern unternehmerisches Denken, Selbstorganisationsfähigkeit und Kooperationsfähigkeit zu fördern. Die innerbetrieblichen Prozesse und Zusammenhänge wurden transparenter. Zudem konnten die vorhandenen EDV-Fachkenntnisse weiter ausgebaut werden.
6. *Optimierung des Personaleinsatzes*: Die Übernahme der Lehrgangsplanung durch die Mitarbeiter gab den Betroffenen die Möglichkeit, ihre Tätigkeit vorausschauender zu planen und Kapazitätsengpässe zu vermeiden.
7. *Aufbau von Kooperationsbeziehungen:* Aus dem Projekt heraus entwickelte sich die Kooperation mit einer PR-Agentur. Beide Partner ergänzten sich in optimale Weise bezüglich ihrer Kompetenzen und konnten bereits einige WebDesign-Aufträge gemeinsam realisieren.
8. *Marketing*: Es wurde mehrere Marketingaktivitäten (Regionaltagung, Workshops, Druck von Flyern, etc.) gestartet, die nicht nur die neue Dienstleistung bekannt machte, sondern das BZT in einem neuem Licht erscheinen ließen.

Diesem Ergebnis schließt sich der wirtschaftliche Erfolg an: Innerhalb der Projektlaufzeit konnte das Ziel erreicht werden, die Abhängigkeit des Unternehmens von der BfA auf 80% zu reduzieren. Zum ersten Mal seit langem gab es im Sommer keine konjunkturell bedingte Kurzarbeit. Die Sommerpause der Arbeitsamtsmaßnahmen konnte durch neue Aktivitäten, zu denen auch die Web-Dienstleistung gehört, überbrückt werden.

Erfahrungen und Erkenntnisse

Die Arbeitshypothese des Verbundprojekts „Wettbewerbsfaktor Kreativität" lautete: Kreative Unternehmen sind bereit und fähig in Bezug auf ihre Produkte, internen Ressourcen und externen Partner in neuen Beziehungsmustern zu denken und zu handeln.

Im Zentrum dieses Projektes stand die Entwicklung eines neuen Produktes. Mit der Entwicklung des WebDesigns verfolgte das BZT die Strategie, auf der Basis existierender Dienstleistungen ein neues Leistungsportfolio zu entwickeln. Das Projekt war darüber hinaus von Beginn an so angelegt und durch ergänzende Maßnahmen begleitet, daß insgesamt die Unternehmenskreativität gefördert werden konnte.

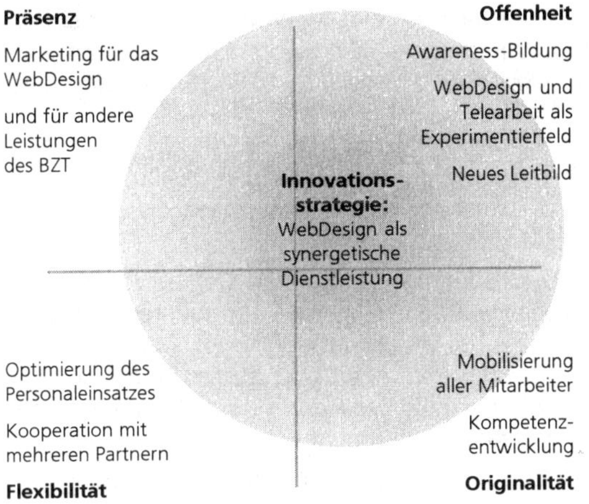

Abb. 1 Projektergebnisse im „Fadenkreuz" des Steckbriefs

Betrachtet man das Erreichte vor dem Hintergrund des „Steckbriefs kreativer Unternehmen", so erkennt man, daß die vielfältigen Aktivitäten der Arbeitsteams zu Ergebnissen geführt haben, die sich über alle über alle vier Handlungsfelder: Offenheit, Originalität, Flexibilität und Präsenz erstrecken.

Allerdings sind nicht alle vier Felder gleich stark betroffen. Ein Schwerpunkt wurde auf die Steigerung der Offenheit und Originalität gelegt (Abb. 1).

In der Rückschau betrachtet hat sich die Vorgehensweise als richtig erwiesen, die Entwicklung der Internet-Dienstleistung nicht nur als kleines, isoliertes Innovationsprojekt anzulegen, sondern sie in einen partizipativen Organisationsentwicklungsprozeß einzubetten. Hieraus erklärt sich nicht nur der erfolgreiche Start der neuen Dienstleistung, sondern auch daß es gelungen ist, den damit verbundenen Veränderungsprozeß zu institutionalisieren. Selbst jetzt noch werden die Aktivitäten fortgeführt, obgleich das Projekt schon seit längerem beendet ist.

Bei allen Erfolgen gab es aber auch eine Reihe von Schwierigkeiten und Hürden zu überwinden. Bei der Realisierung des neuen Geschäftsfeldes „Web-Design" tauchten Fragen auf, die interessanterweise auch in anderen Betriebsprojekten des Verbundprojekts „Wettbewerbsfaktor Kreativität" zu einem Thema wurden, z.B.:

- Wie weit soll/darf das neue Geschäftsfeld vom Kerngeschäft entfernt sein? Wie findet man die richtige Balance zwischen realistischen Zielen und ausreichender Herausforderung?
- Wie findet man die richtigen Kooperationspartner? Und wie befähigt man Mitarbeiter für eine Zusammenarbeit mit Unternehmen, mit einer völlig anderen Unternehmenskultur?
- Wie erzeugt man eine vollständig neue Art von Service-Mentalität und qualifiziert die Mitarbeiter für den direkten Umgang mit einem gänzlich neuen Kundenkreis?

- Wie lassen sich die Neuentwicklung mit knappen personellen und finanziellen Ressourcen realisieren?
- Wie kommt man zu realistischen Preisen für innovative Dienstleistungen? Wieviel sind die einzelnen Beiträge von Kooperationspartnern zu einer gemeinsamen Dienstleistung wert?
- Wie werden die Kunden mit dem neuen Leistungsangebot vertraut gemacht? Wie erzeugt man ein neues Image?
- Wie motiviert man die Mitarbeiter sich neben dem Tagesgeschäft in Feldern zu engagieren, die ihnen nicht vertraut sind und in denen Erfolg nicht garantiert werden kann?

Solche Fragen, auf die auch im Projekt des BZT nur teilweise eine Antwort gefunden werden konnten, trugen wesentlich zum Verständnis des Konzeptes „Corporate Creativity" bei und waren für die Entwicklung des „Steckbriefs" sowie der CreativityCards von entscheidender Bedeutung.

Drei wesentliche Erkenntnisse konnte das BZT für sich aus den Erfahrungen des Projektes für sich gewinnen:

- Veränderungsprozesse leben von der Eigeninitiative der Mitarbeiter. Um zu verhindern, daß das einmal erzeugte Engagement wieder verloren geht, ist es notwendig in regelmäßigen Abständen für neue Impulse zu sorgen. Bilanzierungsworkshops, bei denen kritisch hinterfragt wird, wie z.B. ob die Ausgangsüberlegungen noch stimmen, ob die eingeleiteten Maßnahmen die richtigen sind, wie die Zwischenergebnisse zu bewerten sind und wie es weitergehen soll, sind hier ein wirksames Instrument.
- Die Experimentierfelder werden von den Mitarbeitern akzeptiert und mit viel Eigeninitiative vorangetrieben. Um dieses Engagement nicht zu bremsen ist es wichtig sehr genau abzuklären, welche strategische Bedeutung diese Lernfelder haben und welche Priorität die Aktivitäten in diesen Feldern haben soll. Geschieht dies nicht, sind Zielkonflikte – Erledigung der Alltagsaufgaben vs. Aktivitäten in den neuen Felder, absehbar.
- Es ist möglich Kreativität im Unternehmen zu verankern, wenn es nicht bei isolierten Lernprojekten bleibt, sondern die begleitenden organisatorischen Maßnahmen auf hohem Niveau implementiert werden. Innovationsprojekte bleiben dann keine einmalige Angelegenheit, sondern erhalten Handlungsrelevanz für das gesamte Unternehmen.

Ausblick

Da sich die Vorgehensweise – Erprobung neuer Leistungsangebote mit Neukunden und Umwandlung der Erfahrungen in Qualifizierungsangebote für das Arbeitsamt – als erfolgreich erwiesen hat, wird das BZT diese Strategie auch zukünftig weiterverfolgen.

Es wird auch weiterhin daran gearbeitet, die eigene Kreativität und Dienstleistungskompetenz zu erweitern. Die nächsten innovatorischen Schritte des werden darin bestehen, den Wissenstransfer innerhalb des BZT zu optimieren. Zur Zeit sind es jeweils nur wenige Mitarbeiter, welche die Gelegenheit haben, sich in neue Tätigkeitsfelder einzuarbeiten. Das Wissen und die Erfahrungen dieser Mitarbeiter bleibt personengebunden und ist deshalb nur begrenzt nutzbar. Es muß nach KMU-gerechten Wegen gesucht werden, die Lernerfahrungen dieser Mitarbeiter besser zu konservieren und die Anzahl der in innovativen Feldern tätigen Mitarbeiter zu erhöhen.

III. Management kreativer Organisationen

Kreativitätsmanagement als Improvement Infrastructure

Werner Brettreich-Teichmann, Gudrun Wiedmann

Innovation und Erfolg in neuen Dienstleistungsmärkten leisten weltweit einen entscheidenden Beitrag zur Sicherung zukünftiger Wettbewerbsfähigkeit. Management als Improvement Infrastructure liefert einen Beitrag, um „ein Umfeld [zu] schaffen, in dem Menschen es wagen, neue Wege zu gehen" (Jack Welch, Chef von General Electric). Beispiele aus dem Umfeld des Verbundprojektes „Wettbewerbsfaktor Kreativität" liefern erste Grundlagen und Trendaussagen für eine praxisorientierte Umsetzung des Managements kreativer Unternehmen.

Wachstum in neuen Märkten durch intelligente Dienstleistungen

Wir befinden uns heute unzweifelhaft auf dem Weg in eine Dienstleistungsgesellschaft, die geprägt ist von Wissen, Netzwerken und Interessengruppen, in der die Beziehungen zwischen den einzelnen Akteuren ungleich komplexer sind als in traditionellen Industriegesellschaften mit ihren klassischen zentralen Steuerungsmechanismen. In diesem „Zeitalter der Beschleunigung" (Paul Virillio) schreitet der Wandel durch Wissen und Netzwerke ungleich schneller voran als in dem auf Ausgleich beruhenden „Zeitalter nach Ford". Damit verabschieden wir uns von dem traditionellen Wachstumsmodell, das auf einem erhöhten Einsatz von Kapital, Arbeit oder Boden beruhte: Das Innovations- und Wachstumstempo koppelt sich selektiv von den klassischen Produktionsfaktoren ab: das Paradigma des „Idea-Driven-Growth" etabliert sich als neues volkswirtschaftliches Erklärungsmodell: „The emerging economy is based on ideas more than objects" (Paul Romer, M.I.T, Time, April 28,1997, S. 48).

Vor diesem Hintergrund werden sogenannte intelligente Produkte und Dienstleistungen zum Schlüssel für die Dienstleistungsmärkte der Zukunft (Abb. 1, vgl. Brettreich-Teichmann, Wiedmann 1998). Sie zeichnen sich durch eine enorme Anpassungsfähigkeit an die individuellen Kundenwünsche aus, indem sie in der Lage sind, Wissen zu speichern und zu verteilen, um sich so individuell den Kundenwünschen anzupassen. Der Fortschritt in der Informations- und Kommunikationstechnik ist die Triebfeder für diesen Boom und läßt in Zukunft völlig neue Dienstleistungsangebote erwarten. So nimmt beispielsweise das Hotel Ritz weltweit individuelle Kundenwünsche in seinem Informationssystem auf - z.B. besondere Frühstücksvorlieben, Allergiebettwäsche -, so daß der Kunde beim zweiten Besuch in einem Ritz Hotel weltweit diese Dienste bereits vorfindet.

Die Wertschöpfung verschiebt sich dabei immer mehr weg von Produkten zu Gunsten dieser vor- und nachgelagerten, wissensintensiven Dienstleistungen. Aber auch innerhalb des Dienstleistungsbereiches selbst werden wissensintensive Dienstleistungen wie Beratung und Kundenkontaktmanagement zunehmend den Markterfolg bestimmen. Diese Leitfunktion der Dienstleistungen bestimmt auch ihre Rolle als Systemführer innerhalb von Produkt-/Dienstleistungszusammenhängen. Es kann deshalb nicht um eine Debatte nur zur Komplementarität von Produkten und Dienstleistungen gehen, sondern vielmehr um einen Wechsel der Paradigmen und um ein intelligentes Netzwerk von Industrie, Dienstleistung und Information, an deren Knoten die „Enabler" für neue Dienstleistungen eine vermittelnde Rolle wahrnehmen. Die „Prodies" und „Diepros" (Produzenten-Dienstleister und Dienstleister-

Produzenten (Volkholz 1997)) symbolisieren eine Welt, in der nicht mehr der Wert der Ware den ausschlaggebenden Anreiz für ein Geschäft ausmacht, sondern der systemische Nutzwert aus Produkt und Dienstleistungen.

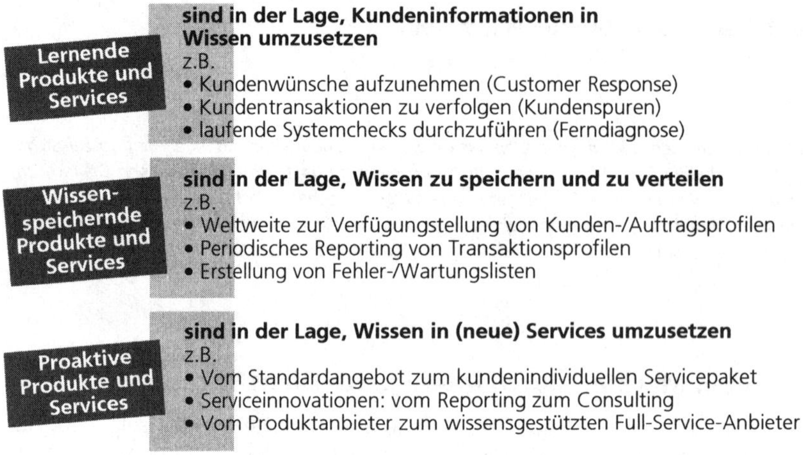

Abb. 1 Kennzeichen intelligenter Produkte und Services

Unter dem Aspekt der aufziehenden „Erlebnisgesellschaft" wird dieser Mix noch erweitert (Brettreich-Teichmann, Bullinger, Wiedmann 1997):

- Produkte und Dienstleistungen als Teil symbolischer Interaktionen, in der Mehrwert durch Design, Stories, Mythos und Service geschaffen wird (z.B. Disney, Porsche Design, Greenpeace),
- Co-Branding schafft Lifestyleumgebungen und vermittelt Identifikation und Vertrautheit (z.B. Coca Cola als Lifestyle-Dienstleister mit Marketing-, Franchising und Lizenzdienstleistungen),
- Dienstleistungen und Produkte vermitteln ethische, ökologische und politische Werte (z.B. TransFair-Siegel für globale Verantwortung),
- Smart Shopping: der informierte Konsument entscheidet rational (z.B. Preisvergleich- und Reporting-Systeme als neue Dienstleistung).

Die permanente Gewinnung von Wissen für neue Dienstleistungsangebote und deren Umsetzung in innovativen, kundenorientierten Organisationsnetzwerken sind demnach Voraussetzung für Wachstum und Erfolg.

„Improvement Infrastructure": Managementelemente zur Entwicklung der Kompetenzen kreativer Organisationen

„Kreativität" - so wie wir sie verstehen - ist ein Schlüssel für die Beherrschung der skizzierten Transformationsprozesse. Wir haben deshalb eine Arbeitsdefinition von Kreativität gewählt, die dem Begriff Kreativität eine Dynamik mit auf dem Weg gibt: *Kreativität wird von uns verstanden als die Fähigkeit, allein oder gemeinsam im Team, auf der Basis vorhandenen Wissens (Orientierung) in neuen ungewohnten Beziehungsmustern zu denken (Originalität) und vor allem auch zu handeln (Flexibilität) und diese Handlungen auch nach außen zu vertreten (Präsenz)* (vgl. hierzu auch Ganz & Hermann, 1998). Kreativität umfaßt danach nicht nur die frühen Phasen der Ideenfindung, sondern auch deren machtvolle Durchsetzung. Wir gehen weiterhin davon aus, daß Kreativität ein sozialer Prozeß ist, der sich im Kontakt zur Umwelt insbesondere in der direkten Kooperation mit Vertrauenspersonen weiterentwickelt. Für eine nähere Erläuterung dieser Prozesse haben wir deshalb die „Leadership Triade: Knowledge, Trust & Power" von Dale E. Zand (New York University) auf vier Basis-Kompetenzen für Kreativität und Erfolg erweitert:

- Kreativität verstanden als die Fähigkeit, Wissen anzueignen und weiterzuentwickeln (Orientierungskompetenz), die abhängig ist von den Kompetenzen und Eigenschaften der Mitarbeiter und Mitarbeiterinnen,
- die Fähigkeit Ideen in Konzepte und Blaupausen zu transformieren und Wege in die Zukunft vorauszuplanen (Kreationskompetenz),
- die Fähigkeit, die Komplexität von Organisation und Kooperation durch Vertrauen zu beherrschen, die ganz wesentlich auf der „Knowledge Infrastruktur" als technischer Infrastruktur und den verfügbaren informationellen Ressourcen beruht (Veränderungskompetenz),
- die Fähigkeit, Erkenntnisse, Entscheidungen und Innovationen auch am Markt durchzusetzen und eine hohe Innovations- und Kundenorientierung durchzusetzen (Durchsetzungskompetenz).

Management als „Improvement Infrastructure" (Douglas C. Engelbart, Bootstrap Institute) liefert in diesem Wirkungszusammenhang ein Modell zur Unterstützung der Entwicklung und Entfaltung von Kernkompetenzen. Dieses Modell unterscheidet bei einem Unternehmen bzw. einer Organisation allgemein zwischen der „Capability Infrastructure" und der „Improvement Infrastructure". Zu ersterem gehören klassische Managementaufgaben, die sich auf die Allokation von Dingen beziehen, die wir für die tägliche Arbeit benötigen, z.B. Gebäude, Laboratorien, Archive, Personalbeschaffung oder anderer Kompetenzen eines Unternehmens. Diese Capability Infrastructure wird ergänzt durch die Improvement Infrastructure, die auf einem Set von Aktivitäten beruht, die die Organisation und Allokation der Ressourcen besser machen soll. Er unterscheidet drei Typen von Aktivitäten (vgl. Stewart 1996):

- „A" Aktivitäten sind direkt relevant für das, was wir verkaufen, z.B. F&E, Marketing, Verkauf ... Hierfür werden klassische Management- und Kontrollsysteme verwendet, z.B. Reporting, Accounting, Budgetierung, Investitionsplanung also Werkzeuge, die die Capability Infrastructure am Laufen halten.
- „B"-Aktivitäten ermöglichen eine Verbesserung der „A"-Aktivitäten, beispielsweise indem ein Team zur Verbesserung der Personalbeschaffung eingesetzt wird oder bestimmten Aktivitäten automatisiert werden (z.B. Auftragsabwicklungs-Workflow). B-Aktivitäten haben den Charakter einmaliger Projekte, die dem Management ermöglichen, A-Aktivitäten zu automatisieren (z.B. Reporting) oder Verantwortung an Front-Line-Beschäftigte zu delegieren, um Zeit für B-Aktivitäten zu gewinnen.
- „C-Aktivitäten" ermöglichen einer Organsiation, B-Aktivitäten zu verbessern, also Dinge, die das Verbessern verbessern, z.B. Verbesserung des standortübergreifenden Know - How Transfer, der Wettbewerberanalysen, der Fähigkeit Pilotprojekte auszuwählen und durchzuführen, um ein Maximum an ROI oder Übertragbarkeit zu erhalten. *„Companies that know how to innovate don't necessarily throw money into R&D. Instead they cultivate a new style of corporate behaviour that's comfortable with new ideas, change, risk, an even failure"* (O'Reilly 1997).

Vor diesem Hintergrund haben wir Vorhaben im Umfeld des Verbundprojektes untersucht sowie wesentliche Elemente des Managements von Kernkompetenzen als Improvement Infrastructure anhand zentraler im Vorhaben übergreifend diskutierter Thesen herauszufiltern versucht, wobei die folgenden Ergebnisse - dem Stand der Forschung und Praxis entsprechend - als ein erster Entwurf des Konzeptes Management als Verbesserungsinfrastruktur kreativer Unternehmen zu verstehen sind.

Orientierungskompetenz

Das Wissen über Strukturen und Prozesse ist in kreativen Unternehmen an Personen gebunden (*embedded knowledge*, Badaracco 1991). Der einzelne Mitarbeiter wird durch seinen Erfahrungshintergrund und seine Kontakte zum *Gatekeeper*, zum „Torhüter" für Informationen, in einem Unternehmen mit fließenden Hierarchien. Diese Gatekeeper verfügen über ein breites Spektrum an Erfahrungen und Wissen über die Unternehmensumwelt, die für die Weiterentwicklung der Dienstleistungsperformance urbar gemacht werden kann. Sie lenken das Augenmerk eines Unternehmens auf langfristige Orientierungen im Umfeld und bei unterschiedlichen Akteuren. *„Corporations need to pay attention to all Stakeholders not simply because Business should be conducted in an ethical manner but because a company can be more successful if it makes long-term commitments to its employees, customers, suppliers, and other stakeholders"* (Kay 1997, S. 62).

1 **Wissensgestützte Produkte**
z.B. multimediale Lernprogramme und Dokumentationen

2 **Wissensgestützte Dienste**
z.B. interaktive Betreuungskonzepte, Customer Response-Dienste

3 **Lernorientierte Kooperationen**
z.B. Entwicklungspartnerschaften

4 **Lernorientiertes Unternehmensgedächtnis**
z.B. Methodenbank, wissensbasierte Auskunftssysteme

5 **Wissensgestütztes Frühwarnsystem**
z.B. präventive Wartung

6 **Lernorientiertes Bewertungssystem**
z.B. Benchmarking, Kundenspurenanalysen

Quelle: Schäfer 1996

Abb. 2 Lernoberfläche und Konzepte zur Verbesserung der Lernkompetenz eines Unternehmen

Das Konzept der Lernoberfläche eines Unternehmen ermöglicht es, Orientierungswissen zu strukturieren und zu sammeln (Abb. 2, vgl. Brettreich-Teichmann, Bullinger, Wiedmann 1997). Dieses Konzept lenkt den Blickwinkel des Unternehmens wieder deutlich auf den Markt als Ort der Realisierung von Marktchancen. Der externe Kunde rückt damit wieder in den Mittelpunkt des Unternehmens: *„The idea of internal customer might have made sense once, but it has become a dangerous delusion. The internal customer is a form of dementia in which corporations run around in circles, chasing their own tails. Get rid of it before it distracts you from real customers"* (Stewart 1997, S.76).

Auslöser für Kreativität: Krisen und Wettbewerbsdruck vs. organisierte Freiräume?

Wie entstehen jedoch vor diesem Hintergrund Kreativität und kreative Lernprozesse im Unternehmen? In Forschung und Managementpraxis kreativer, lernender Unternehmen scheint umstritten, ob Kreativität Ausdruck der Prosperität und der damit verbundenen Freiräume ist oder vielmehr Ergebnis von einschneidenden Veränderungen, sei es durch Krise oder neue Wettbewerbsparameter. Auf einem Hands-On Workshop des Fraunhofer IAO zu praktischen Fragen des „Lernendes Unternehmen" haben die beteiligten Entscheidungsträger der betrieblichen Weiterbildung übereinstimmend die motivierende Kraft tiefgreifender, ja revolutionärer Veränderungen betont. In unseren Fallstudien wurden ebenfalls übereinstimmend Befunde für die letztere Hypothese gefunden. Beispielsweise werden in einem privaten Bildungszentrum, das seit über 25 Jahren existiert (vgl. Hermann, Salowsky 1998) grundlegende Maßnahmen zur Redefinition der Strategien hin zu mehr Kreativität implementiert. Als privater Bildungsträger sieht sich das Unternehmen derzeit mit zwei zentralen Herausforderungen konfrontiert: Zum einen müssen innovative Lerninhalte und Lernkonzepte entwickelt werden, um die Teilnehmer von Qualifizierungsmaßnahmen auf eine völlig veränderte Arbeitswelt vorzubereiten. Zum anderen gilt es, neben dem momentanen Betätigungsfeld weitere Geschäftsfelder aufzubauen. Noch ist das Arbeitsamt der wichtigste Kunde des Bildungsträgers. Mehr als 90% der Aufträge kommen von dort. Diese fast vollständige Abhängigkeit erweist sich angesichts der Finanzknappheit der öffentlichen Hand als bedrohlich. Die bestehenden Leistungen und Kompetenzen des Unternehmens sollen deshalb durch ein neues, flexibles Dienstleistungsportfolio ergänzt werden, und begleitend ein Prozeß kontinuierlicher Kreativitätsentwicklung und Umsetzungskompetenz institutionalisiert werden.

Die Informations- und Datentechnik Bremen - als weiteres Beispiel - hat auf ihrem Weg vom Bremer Eigenbetrieb zur GmbH vielfältige Erfahrungen mit der Konversion von Rechtsform und Unternehmenskultur gemacht. Auf der Grundlage der eigenen Konversionserfahrung von einem öffentlichen Rechenzentrum zu einem privatwirtschaftlichen Dienstleister, soll vergleichbaren Organisationen Beratung, Begleitung und Qualifizierung als Dienstleistung angeboten werden. Auch wenn diese Konversion von den Mitarbeitern häufig als Krise wahrgenommen wurde, hat dies doch meist zu einer positiven persönlichen Entwicklung geführt. Die Mitarbeiter sind mutiger und selbstbewußter geworden.

Auch die Produzenten Hybrider Produkte befinden sich in einem tiefgreifenden Umbruch. Spätestens seit den ersten empirischen Befunden zum Paradigmenwechsel von der Dienstleistung als Appendix der Produktion zur „Systemführerschaft Dienstleistung" ist den Vertretern klassischer Produktionsindustrien deutlich geworden, daß der Erfolg auf Märkten, insbesondere auch auf internationalen Märkten von der Qualität ihrer Dienstleistungen abhängt. Neue Dienstleistungspakete über klassische Online-Fernbetreuung hinaus bis hin zu Fragen der Finanz-, Markt- und Geschäftsentwicklung müssen beantwortet werden, um zukunftsweisende hybride Produkte auf diesen internationalen Märkten zu plazieren. Darüber hinaus zeigt sich gerade im Produktionsbereich immer wieder, daß durch die verhältnismäßig geringe Wertschätzung, die den Dienstleistungen immer noch entgegengebracht wird, kreative, organisatorische Freiräume Mangelware sind. Umgekehrt es also darauf ankommt, Kreativität in den Arbeitsprozeß zu integrieren, um einen Durchbruch in Richtung „Systemführerschaft der Dienstleistungen" gestalten zu können.

Kreationskompetenz

Angesichts der Dynamik heutiger Wettbewerbsumwelten wird man sich von der Vorstellung verabschieden müssen, reale Arbeitsprozesse ließen sich durch geschickte Gestaltung „ein für alle Mal" neu gestalten. Das klassische Schema von Ist-Analyse, Soll-Konzeption und Umsetzung endet allzu häufig bei der Zementierung ehemals als optimal erkannter Abläufe. Entwickelte Standards dürfen nicht als einmalig gesetzt und dann ewig gültig verstanden werden. Diese ständige Weiterentwicklung ist durch entsprechende Mechanismen eines kontinuierlichen Lernprozesses zu unterstützen. Nur durch eine hohe und lebenslange Lernbereitschaft und Lernfähigkeit aller Mitarbeiter und mit den Prinzipien eines selbstorganisierenden, selbststeuernden und sich ständig selbsterneuernden Unternehmen kann in Zukunft die hohe Veränderungsgeschwindigkeit und der Veränderungsdruck bewältigt werden. Zur Illustration kann hier der gegenwärtige Umstrukturierungsprozeß der Deutschen Bahn AG (Föhr 1997) beim Umbau einer ehemaligen „Behörde" zu einem modernen kundenorientierten Dienstleistungsunternehmen herangezogen werden. Die strategischen Eckpunkte des neuen Dienstleistungskonzeptes sind zum einen innovative und bedürfnisorientierte Produktangebote (nicht mehr nur eine Bahnkarte, sondern Komplettangebote für Mobilität), zum anderen die Verbindung von Dienstleistungsqualität und Qualität der Beschäftigung, zugespitzt in dem Satz, „Kundenkultur ist Mitarbeiterkultur". Die Konsequenz dieses Konzeptes besteht darin, den Kundenbetreuungsgruppen höhere Kompetenzen einzuräumen, mehr Selbstorganisation zu ermöglichen, und Hierarchiestufen abzubauen. Qualitativ anspruchsvolle Dienstleistungen erfordern Formen von Beschäftigung, die eine Identifikation mit der Tätigkeit ermöglichen.

"Fair processes": Kreationsprozesse für wissensintensive Organisationen

Kreative Organisationen werden also erst durch kreative Mitarbeiter und Mitarbeiterinnen erschaffen. Ihr Wissen und ihre Erfahrungen sind erfolgskritisch für die Umsetzung kundenorientierter Organisationsmodelle. Kreationskompetenz muß vor diesem Hintergrund in einem Umfeld wachsen, in dem neue Führungsmethoden zu koppeln sind mit der Bereitschaft des Unternehmens, die Bedürfnisse seiner Mitarbeiter ernst zu nehmen, sie zu motivieren und fördern. Im Betriebsprojekt mit der Multimedia Software GmbH Dresden wurde hierzu versucht, das Konzept der „Fair Processes" auf Kreationsprozesse für Ideen und Innovationen in einer elektronischen Ideenbörse anzuwenden (vgl Sippach, Niemeier, Brettreich-Teichmann, Wiedmann 1998). Dieses Konzept basiert auf der Problemstruktur, daß Wissen in Organisationen zurückgehalten wird, um

- die eigene Arbeit nicht zu erschweren, z.B. indem offizielle Informationswege umgangen werden,
- nicht von anderen Beteiligten unter Zugzwang gesetzt zu werden, z.B. indem Entwicklungszwischenschritte nicht berichtet, sondern erst Lösungen präsentiert werden,
- die eigene Arbeitsbelastung zu verringern, z.B. indem Ergebnisse erst auf Anfrage weitergegeben werden, um Folgeaufträge hinauszuzögern (Lullies, Bollinger, Weltz 1993, S. 63)

Es scheint lohnenswert, gerade für wissenserzeugende Organisationen über den prozeduralen Beitrag der Mitglieder der Organisation nachzudenken: *„The psychology of fair process, or procedural justice, is quite different. Fair process builds trust and commitment, trust and commitment produce voluntary cooperation, and voluntary cooperation drives performance, leading people to go beyond the call of duty by sharing their knowledge and applying their creativity."* (Kim, Mauborgne 1997, S. 72). Für das organisatorische Design einer elektronischen Ideenbörse als Wissens- und Kommunikationsinfrastruktur im Unternehmen bedeutet dies, unter anderem folgende drei Elemente zu berücksichtigen:

- „Engagement": Einbeziehung der Mitarbeiter in Entscheidungsprozesse z.B. bei der Formulierung der Forschungsstrategie, Beteiligung an den (materiellen und immateriellen) Ergebnissen und Erfolgen dieses – gemeinsamen – Prozesses; Verbindlichkeit der Ergebnisse und Entscheidungen.

- „Explanation": Erläuterung der Entscheidungen und der Entscheidungswege, warum welche Ideen an welcher Stelle im Prozeß aufgenommen wurden. Dies ermöglicht auch einen gemeinsamen Lernprozeß.
- „Expectation clarity": Die Regeln nach denen zukünftig gehandelt wird, müssen offengelegt werden, beispielsweise wonach Bewertungen/Beförderungen sich richten, wie die Arbeitsteilung zwischen den Units geregelt wird.

Das Konzept der Fair Processes mißt auch dem Prinzip „Leadership" einen hohen Stellenwert bei. Leadership bedeutet dabei deutlich mehr, als dies landläufig im Deutschen unter Führerschaft verstanden wird. Leadership bedeutet gleichzeitig für das Management Visionär und Vorbild, aber auch Coach für Feedback und Reflexion zu sein.

Reflexionsflächen für Kreativität: Erfolgskontrolle und Feedback-Prozesse

In den durchgeführten Betriebsprojekten lag ein besonderer Schwerpunkt auf den gelieferten „Mehrwert" durch Kreativität. Kreativität bedarf der Reibungsflächen, eines Feedback aus dem Markt sowie Ansatzpunkten zu ihrer (meßbaren) Erfolgskontrolle: Wenn Kreativität ein entscheidender Erfolgsfaktor von Unternehmen ist, dann müssen wir auch davon überzeugt sein, daß wir ihre Wirkungen, mindestens aber ihre Ausprägungen auch erkennen und messen können.

Traditionelle Instrumente zur Messung der Dienstleistungsperformance kreativer Organisationen legen ihr Schwergewicht auf klassische Kennzahlen, wie wir sie beispielsweise im Handel mit der Flächen- oder Mitarbeiterproduktivität kennen. Für die Messung der Performance von „Kreativität" oder „kreativitätsförderlichen Strukturen" scheinen diese Ansätze jedoch zu kurz zu greifen, da viele der bisher genutzten Kennzahlen nur wenig über tagesaktuelle Informationen hinaus aussagen und wir zukünftig stärker die kreativen Potentiale und kreativen Ressourcen in der Organisation bewerten müssen. Dies stößt jedoch gleichermaßen auf Skepsis und Interesse. Auf Skepsis deshalb, weil wir es hier eher mit den „intangible assets", den nichtanfaßbaren Vermögenswerten einer Organisation zu tun haben, mit der Konsequenz, daß hier schnell – manchmal zu schnell - auf qualitative Bewertungen ausgewichen wird, die zwar ihre Stärken im Entdeckungszusammenhang von kreativen Potentialen haben, aber nur unzureichend Veränderungen erfassen. Auf Interesse deshalb, weil bereits seit längerer Zeit offensichtlich ist, daß traditionelle Accounting-Konzepte das langfristige Überleben einer Organisation nur unzureichend unterstützen.

Einen Ausweg aus diesem Dilemma formuliert das Konzept der „Balanced Scorecard" (Kaplan, Norton 1996). In mehreren Fallstudien mit kleinen und mittleren Unternehmen wurde versucht, durch die Weiterentwicklung der Balanced Scorecard erste Erkenntnisse über die Bedeutung und die Chance zu einer Messung wesentlicher Kennzahlen zu kreativen Organisationen zu erhalten (Abb. 3).

Erste Balanced Scorecards wurden als Planungsinstrument bereits prototypisch erprobt. Dabei zeigte sich, daß die Balanced Scorecard weit mehr, als eine Planungsmethode ist: Sie schafft eine gemeinsame Diskussionsplattform im Unternehmen über gemeinsame Ziele und gemeinsame kulturelle Werte, sie harmonisiert übergeordnete Unternehmensziele mit operativen Handlungen und sie schafft einen einheitlichen Zugang zu der „Wissenswelt" eines Unternehmens als einen zusätzlicher Blickwinkel auf die „Knowledge Infrastructure".

Orientierungskompetenz

Connectivity	▪ Präsenz des Managements/der Information Gatekeeper beim Kunden, bei Partnern, bei gesellschaftlichen Organisationen
Lernen vom Kunden	▪ Anteil der competence-enhancing Customers ▪ Anteil der Mitarbeiter (F&E/Manager) mit direktem Kundenkontakt
Mobilität	▪ Mobilität des internen und externen Arbeitsmarktes

Kreationskompetenz

Smart Products / Smart Services	▪ Informationsanteil in Produkten und Dienstleistungen ▪ Gewinnentwicklung je Neuprodukt im Verhältnis zu „alten Produkten"
Internationalisierung	▪ Anteil internationaler und regionaler Wertschöpfung
Vulnerability	▪ Anteil der Produkte/Services im direkten Preiswettbewerb

Veränderungskompetenz

Ressourcenkompetenz	▪ Erfahrungen mit der Mobilisierung, Organisation und Steuerung interner und externer Ressourcen
Modularisierungsgrad	▪ Anteil der Plattformprojekte ▪ Verhältnis von Produkt- zu Projektvolumen
Infostructure	▪ Pro-Kopf-Investitionen in IT ▪ bewerteter Wiederbeschaffungswert von Datenbanken und Informationspools

Durchsetzungskompetenz

Kundenwert	▪ Loyality: Lebensdauer eines Kunden bzw. jährliche Rate der Abgänge von Kunden (Retention Rate) ▪ Share-of-wallet (Anteil an den Kundenkaufentscheidungen) oder Customer Value
Markenwert	▪ Anteil der image-enhancing Customers
Partnerschaften	▪ Partnership-Programms: Zahl der Partner in direkten Wertschöpfungszusammenhängen ▪ Value Partnerships: Durchschnittlicher Umsatz je Partner

Abb. 3 Beispielhafte Kennzahlenbereiche kreativer Organisationen

Veränderungskompetenz

Es soll an dieser Stelle nicht darum gehen, Managementkonzepte der letzten zwei Jahrzehnte unter dem Aspekt von Flexibilität und „Changemanagement" zu repetieren, sondern Beispiele für neue kreative Zugänge zu Flexibilität und Veränderungskompetenz zu beschreiben. Jürgen Fuchs von Ploenzke hat die Veränderungsfähigkeit eines Unternehmens an der Fähigkeit festgemacht, Systembrüche zwischen der Außenwelt und Innenwelt einer Organisation zu überwinden:

- "Außen herrscht Freizügigkeit der Information. Innen wird durch Abteilungsgrenzen und Herarchieebenen Informationsaustausch verhindert. Information ist Machtmittel nicht Unternehmensressource.
- Außen herrscht Wettbewerb und Marktwirtschaft; Innen praktizieren wir viel Planwirtschaft, Bürokratie und Schnittstellenmanagement.

- Außen ist der Mensch für sich selbst verantwortlich; Innen hat der Chef die Personalverantwortung.
- Außen macht die Leistung Lust: bei Sport, Spiel, Hobby und zweitem Job. Innerhalb der Unternehmen trauen wir bis 17.00 Uhr den Mitarbeitern nicht und trauen ihnen zuwenig zu. Die Folgen sind Frust durch Routine und Ausweichen in Freizeit und Krankheit. Wir sollten ihnen vertrauen, damit sie sich etwas zutrauen." (Fuchs 1994, S. 14)

Ein Beispiel für neue Metaphern, die diesen Systembruch zu überwinden trachten, liefert Jürgen Fuchs für Ploenzke: „Wenn wir ein Unternehmen als lebendigen Organismus betrachten, ergeben sich einige interessante Vergleiche: Die Mitarbeiter entsprechen den „Zellen" und die Business Units, Bereiche oder die Profit-Center den „Organen". Als Dienstleistung in der „umgekehrten Hierarchiepyramide ist es die vornehmste Aufgabe des Managements, den Mitarbeiter zu befähigen, sein Bestes im Sinne des Kunden, aber auch im Sinne einer möglichst langfristigen Zukunftssicherung des Unternehmens zu tun. Allerdings ist die Verwendung der Naturmetapher zur Versinnbildlichung hierarchischer Organisationsformen nicht neu und muß sicherlich kritisch auf Funktionsfähigkeit und Umsetzung geprüft werden. Überdenkenswert ist aber sicherlich der Versuch, neue Gedankenbilder der Organisation zu schaffen, die das klassische Kästchendenken eines Organigramms überwinden helfen.

Operative und strategische Kreativität: Kreativität vs. Effizienz?

Eine unserer Ausgangsthesen war, daß kreative Unternehmen den gesamten Prozeß des Dienstleistungsmanagements beherrschen und in allen Phasen ihre kreativen Potentiale entfalten müssen. Widerspruch regte sich hier vor allem aus den Betriebsprojekten großer Unternehmen, aber auch von Unternehmen mit heterogenen und gespreizten Qualifikationen: die Ausführung standardisierter Abläufe verlange, ja verbiete sogar in vielen Fällen kreative Abweichungen. Vor diesem Hintergrund wurde die Unterscheidung zwischen operativer und strategischer Kreativität geboren, die sicherlich wesentlich für die Frage der Organisation kreativer Prozesse im Unternehmen ist. Als Beispiel kann hier ein Logistikdienstleister herangezogen werden (vgl. Bockelmann, Thielen 1998). Das Unternehmen versteht sich als KMU-Dienstleister, der sich von seinem ursprünglichen Aufgabenfeld, dem klassischen Allround-Spediteur, zu einem modernen Logistikdienstleister mit einer spezifischen Leistungsbandbreite und -tiefe für Kunden in der Bau- und Stahlbranche verändert hat. Dabei ist entscheidend, daß das Unternehmen auf dem Wege ist, mehr und mehr vom reagierenden Partner zum Akteur zu werden. Mit dem Aufbau eines standortspezifischen Dienstleistungsangebots im Bereich der Stahllogistik hatte das Unternehmen einen Entwicklungsschritt zu bewältigen, der quantitativ eine neue Größenordnung und qualitativ eine neue Differenziertheit der Aufgabenstellung darstellte. Das Unternehmen ist jetzt dabei, seine Dienstleistung kundenspezifisch technisch und organisatorisch zu erweitern, indem es zusätzlich Aufgaben übernimmt. Durch Übernahme eines erweiterten Ausschnitts aus der Wertschöpfungskette wird der Dienstleister für seine beiden Kundengruppen quasi zum 'Lieferanten' für Kostenersparnis und Flexibilität. Dieser Pfad folgt der Erkenntnis, daß synergetische Dienstleistungen für Speditionen heute zwingend sind. Dem Preis- und Leistungsdruck des Marktes muß kreativ begegnet werden, und zwar orientiert auf 'etwas anderes', was das Primärgeschäft mit Blick auf möglichst vielfältige Kundennutzen ausweitet.

Die Kombination von operativer und strategischer Kreativität stellt vor allem solche KMUs vor neue Herausforderungen, die sich auf einem Wachstumspfad befinden. Hier werden neue Konzepte zur Massen-Maßfertigung von Dienstleistungen und dem dazu notwendigen Prozeßsplitting und der Personaldifferenzierung diskutiert wie im Bereich der Softwareentwicklung (Georg, Lauenstein 1998), wo komplementär zum technischen Enabling (durch entsprechende Softwarelösungen) auch eine Enabler-Funktion für die Organisation und Qualifikation des Kunden übernommen werden soll. Vier Bedingungen sollen helfen, den Kunden in diesem Prozeß als Co-Produzenten zu gewinnen:

- "Wo man schon ist, tut man noch mehr..."(Customer Value Chain): "Nahtstellenarbeiter" fördern die inhaltliche Wissensintegration und fördern unternehmensintern die Akzeptanz für neue Dienstleistungen. Eine höhere Kommunikations- und Kooperationsdichte und -qualität verbessert die Zusammenarbeit mit Kunden,
- Lernen vom Kunden: Das Kundenproblem zum eigenen Problem machen - zuhören können (one-to-one-Business). Die Entwicklung neuer Dienstleistungen ist ein offener Suchprozess gemeinsam mit den Kunden, der eine Lernkurve im Unternehmen anstößt. Die Lernkurve ist zunächst individuell, danach muß das Wissen übertragen und verbreitert werden - eine Formalisierung ist hier notwendig,
- kooperatives Verhalten gegenüber dem Kunden *und* dem Wettbewerb (Coopetition),
- Kooperativer Führungsstil (Management by walking around, Anerkennung von Leistung, ...), fachliche Einzelleistung wird durch kreativitätsförderliche Führung und Organisation unterstützt.

Vor diesem Hintergrund stehen viele kleine und mittelständische Softwareanbieter vor der Herausforderung einer notwendigen Umorientierung, die dem bisherigen Charakter einer gering formalisierten, schlanken und kreativen Organisation widerspricht. Ein Weg aus der drohenden Wachstumsfalle muß deshalb nach innen die aufgabenbezogene Kommunikations- und Kooperationsdichte und -qualität erhöhen (z.B. "offene Türen", spontane Kleingruppen-Meetings, regelmäßige Arbeitsbesprechungen, systematische Dokumentation und Verbreitung von Informationen). Nach außen bedeutet es, daß die neue Dienstleistung kein Katalog-Produkt sein darf, sondern sie muß gemeinsam mit dem Kunden entwickelt werden. Deshalb verläuft diese Entwicklung im Kern als weitgehend offener Suchprozeß oder "learning by doing". Dieser Suchprozeß stößt dann nach innen hin eine Lernkurve an. Diese Lernkurve ist zunächst individuell, danach muß das neue Wissen übertragen und verbreitet werden. Dies erfordert auch gewisse Formalisierungen - von dokumentierten Besprechungen bis hin zu anspruchsvollen Datenbanklösungen. Ein Problem besteht nun darin, daß solche Formalisierungen z.T. dem Charakter einer gering formalisierten, schlanken und kreativen Organisation widersprechen, weil sie Zeit und Mittel binden.

Wissen und Werkzeuge: Face-to-Face vs. technische Plattformen

Wissensmanagement wurde im Verbundprojekt betriebsprojektübergreifend zu einer Zukunftsfrage. Wissen als vierte Ressource ist in einer von Ideen und Information getriebenen Dienstleistungsgesellschaft Schlüssel für Wachstum und Erfolg. Am Ausgangspunkt unserer Betrachtung von Kreativität in Wissensprozessen wollen wir deshalb die Frage nach der Art und Weise, wie Wissen entsteht und sich in Handlungen materialisiert, stellen. Hierfür wird ein einfaches Modell vorschlagen, das das Individuum in seiner Wechselwirkung mit der Organisation und Wissen in eine Wechselwirkung zu Handeln stellt (Abb. 4). Eine der Herausforderungen für das Wissensmanagement in der Organisation ist es, vor dem Hintergrund dieses Lernzirkels nach Lösungen zu suchen, sowohl den Zirkelprozeß insgesamt zu beschleunigen und/oder Kreissegmente abzukürzen: die kommunikativen und kooperativen Möglichkeiten von Computernetzwerken und computerunterstützten Werkzeugen sind einer dieser Lösungswege.

Die Anwendungsmöglichkeiten dieser neuen technikgestützten „Knowledge Infrastructure" werden exemplarisch in den Betriebsprojekten der Württembergischen Versicherung sowie der Multimedia Software GmbH erforscht und in ersten Prototypen erprobt. Die Einführung von Werkzeugen zur Unterstützung der Kreationsprozesse im Unternehmen hat das Ziel, alle Akteure im Unternehmen in die Lage zu versetzen, ihre Kreativität, ihr Wissen und ihre Fähigkeiten in die Unternehmensprozesse und in die Unternehmensentwicklung einzubringen und sich am Unternehmenserfolg zu beteiligen (Business Intelligence). *„Knowledge is like intellectual quicksilver - fluid, elusive, and intangible. Understanding how people create and use knowledge in an organization requires a revolution in leadership thinking... People throughout organizations continually acquire and create important, critical knowledge about customers, products, technology, costs, and competitors. But that knowledge can remain hidden and inaccessible... In the new world, leaders need to liberate knowledge and creative thinking at all levels and in all corners of their organizations."* (Zand 1997)

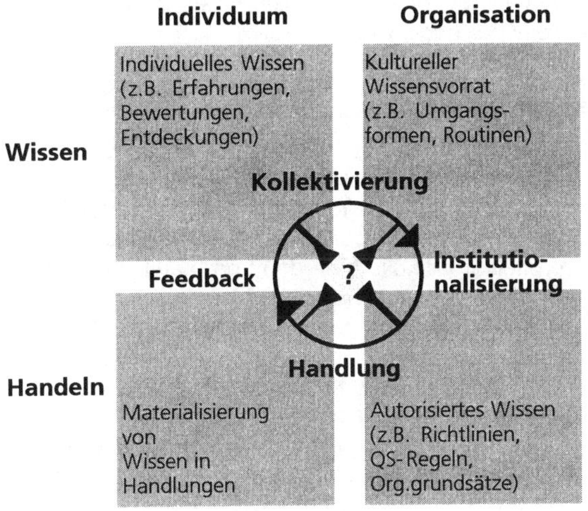

Abb. 4 Der „Lernzirkel" (nach Müller-Stewen 1989)

Die Bausteine einer leistungsfähigen Wissensinfrastruktur können auch kleinen Unternehmen und ihren Netzwerken einen wirkungsvollen Support bei Innovationen liefern, ihre Markt- und Handlungsfähigkeit und die Performance am Markt erhöhen. Am Beispiel der verteilten und kooperativen Entwicklung von Projektideen/-vorschlägen (Info- und Ideenbörse) bis hin zur Antragstellung können Werkzeuge, die die Mitarbeiter in die Lage versetzen, Informationen systematisch aufzubereiten und zu bündeln, damit sie in strukturierter Form den anderen Mitgliedern der Organisation zur Verfügung gestellt und gemeinsam weiterentwickelt werden können. „Living Documents", lebende Dokumente, die mit Kommentaren, Anregungen versehen oder gemeinsam editiert werden können, sind Bausteine dieses „Organisationsgedächtnisses", das kreative Organisationsstrukturen wirksam unterstützen kann (vgl. Doblaski et al, in diesem Band).

Intelligente lernende und proaktive Wissensinfrastrukturen, die Engagement und Empowerment durch nutzerfreundliche Werkzeuge unterstützen, werden in Umsetzungsprojekten derzeit implementiert. Wir stehen jedoch sicherlich erst am Anfang einer Verbindung von konzeptioneller Forschung und praktischer Anwendung bei der Abbildung organisatorischer Lösungen, sozialer Prozesse und individueller Face-to-Face-Kommunikation in technischen Infrastrukturen und innovativen Diensten. In beiden Betriebsprojekten läßt sich jedoch bereits heute die Feststellung wagen, daß die Zukunftsfrage nicht Face-to-Face vs. Kooperationswerkzeuge ist, sondern deren sinnvolle Verbindung in einer Umwelt, die Dezentralisierung, Mobilität und Effizienz von Abstimmungs- und Entscheidungsprozessen verlangt.

Durchsetzungskompetenz

Die Erfüllung der vielseitigen Kundenwünsche stellt für die Unternehmen eine wesentliche Voraussetzung für die Durchsetzung und das Bestehen im nationalen und internationalen Wettbewerb dar. Vernetzte, unternehmensübergreifende Strategien sind eine der wesentlichen zukünftigen Antworten auf die Herausforderung einer konsequenten Kundenorientierung. Diese dürfen in Zukunft nicht mehr primär darauf ausgerichtet sein, die eigene Dienstleistung zu verkaufen, sondern müssen auf eine "win-win"-Situation (beide - Kunde und Anbieter sollen den maximalen Gewinn erzielen) fokussieren. Coopetition - Wettbewerb und Kooperation - heißt deshalb auch das Schlagwort, unter dem sich ansonsten konkurrierende Unternehmen zu Allianzen zusammenfinden. Neue Informations- und Kommunikationstechnologien spielen für die Entwicklung dieser kundenorientierter Dienstleistungsangebote in Netzwerken als zukünftige Marktstrategie eine wichtige Rolle.

Kaufprozeß und Bedarf: Sind Kunden entwickelbar?

Der Tübinger Soziologe Tenbruck hat in seinem Werk zur „Kritik der planenden Vernunft" eindrücklich belegt, daß manifeste und latente Bedürfnisse als Basis von planenden Entscheidungen nur sehr unzureichende Anhaltspunkte liefern. Diese Kritik gipfelt in der Feststellung, daß latente Bedürfnisse nicht erforsch- und damit entwickelbar sind, weil sie eben latent sind und deshalb unterschwellig und nicht unmittelbar artikuliert werden und manifeste Bedürfnisse nur eben aktuell, zeitpunktbezogen befriedigt oder unbefriedigt sind und sie deshalb sehr flüchtig auf Veränderungen im Beziehungsgefüge zwischen Kunde und Angebot reagieren. Vor diesem Hintergrund hat sich die Werbung im Bereich des Massenkonsums längst von der Eruierung bestimmter Bedürfniskonstellationen beim Kunden verabschiedet und sich auf Grundbedürfnisse und Grundhaltungen für Kaufentscheidungen eingeschworen. In einem interessanten Beitrag anläßlich einer Tagung von C&L hat dies der dortige Pressesprecher auf den Punkt gebracht: „Was ist der Unterschied zwischen einem Happy-Hyppo-Snack und einer Consulting-Dienstleistung und warum ist der Handel mit diesem Produkt so erfolgreich?" Neue Konzepte der Kundenkommunikation werden in diesem Zusammenhang diskutiert:

- Customer Value Chain mit der Frage, wo in der Kette zum Kunden Mehrwert geschaffen wird und wie dieser Prozeß optimiert wird.
- Customer Contact Approach mit der Analyse des Übergabepunktes an den Kunden und der Frage, durch welche Variationen Kunden besser bedient werden können
- Co-Produzenten-Konzepte/One-To-One-Business, das darauf abhebt, dass beide - Kunde und Produzent - ein gleichgerichtetes Bedürfnis haben, ihre Leistungsbeziehungen zu optimieren.

Mettler Toledo ist auf diesem Weg in enger Kooperation mit dem Kunden neue Dienstleistungen zu entwickeln weit fortgeschritten. Das Unternehmen baut derzeit ein Bedürfnismodell seiner Kunden auf. Das Modell soll helfen, Wissen über den Kunden zu sammeln und zu strukturieren; Dienstleistungen und Ansätze zur Kundenkommunikation abzuleiten; Ideen für neue Dienstleistungen und bestehende Dienstleistungen zu überprüfen. Erste Befunde zeigen, dass diese Form der Kundenintegration eine Fülle von Faktoren zu beachten hat wie

- Der Kunde ist ein Individuum. Entsprechend muss die Kommunikation und das Dienstleistungsangebot gestaltet sein.
- Dienstleistungsgenerierung und -entwicklung funktioniert nur unter direkter Einbeziehung der Kunden.

- Bedürfnisse von Kunden dürfen nicht isoliert betrachtet werden (Trends und Entwicklungen beeinflussen sie).
- Zum Aufbau einer langfristigen Kundenbindung müssen Gruppeneinflüsse und das Beziehungsgeflecht der Kunden beobachtet und verstanden werden.
- Emotionale Aspekte des Kunden sind nur schwer fassbar.
- Die Auswahl der Pilotkunden ist ein wichtiger Baustein. Persönliche Beziehung und Vertrauen spielen eine wesentliche Rolle.
- Die Befragung von Kunden hinsichtlich Softfacts (Werte, Emotionen,...) ist unproblematischer als die nach Hartfacts (Prozessen, Schwierigkeiten innerhalb des Arbeitsprozesses) - Kunden möchten sich nicht von einem Lieferanten in die Karten schauen lassen.
- Durch die Einbeziehung der Kunden werden leicht Erwartungen geweckt, die so schnell nicht erfüllt werden können (Kunden möchten die Dienstleistung sofort)
- Die Vielfalt an Leistungen ist schwer beherrschbar, Standardisierung ist notwendig.

Trotzdem scheinen die ersten Erfahrungen mit dem entwickelten Bedürfnis- und Realisierungsmodell zu bestätigen, dass im Bereich komplexer Dienstleistungen der Kunde entwicklungsfähig ist. Eine Erkenntnis, die "Starverkäufern" nicht unbekannt ist, deren Wissen eine wichtige Ressource beim Abgleich zur externen Informationsgewinnung ist.

Pricing: Gibt es eine Nachfrage nach neuen kostenpflichtigen Dienstleistungen?

Preisstrategien im Dienstleistungsbereich gestalten sich ungleich schwieriger als im Produktionsbereich, gleichzeitig sind Preise das Nadelöhr, durch das neue Dienstleistungen sich am Markt erst durchsetzen können. Dienstleistungen sind davon besonders betroffen, weil einerseits Werthaltungen leichter auf „Hardware" ausrichtbar sind als auf Dienstleistungen, andererseits erschweren Dienstleistungen als „Easy-Entry-Branchen" auch mikroökonomisch die Preisbildung. Hier setzen Simon und Dolan (1996) mit ihrer Preisstrategie des Customized Pricing an. Customized Pricing setzt voraus, daß Produktsegmente und Services sorgfältig als Produktline organisiert sind, die dem Kunden sowohl eine deutliche Leistungsdifferenzierung vermittelt, aber auch mögliche Migrationspfade von einem Segment in das andere eröffnet. Customized Pricing beinhaltet darüber hinaus noch weitere Komponenten wie Differenzierung nach Neu- und Stammkunde, die durch Coupons oder Jahresrückerstattungen ein individuelles Preisangebot erhalten, oder durch eine zeit-mengenbezogene Preisdifferenzierung, d.h. nach Angebotsvariablen, die die Schwelle zur Kaufentscheidung beim Kunden reduzieren. Kundenspezifische Preisangebote sind beispielsweise nutzungsdauerabhängige Lizenzen oder Mehrfach-Lizenzen („pay per use"). Schliesslich können durch eine Vertriebskanaldifferenzierung kundenspezifische Preisangebote entwickelt werden, z.B. nach der Wahl der in Anspruch genommenen Leistungen beim Vertrieb oder beim Support wie Online-Support vs. Vor-Ort-Support (Brettreich-Teichmann, Wiedmann 1998).

Zusätzlich kommt als erschwerendes Moment hinzu, dass es offenkundig einer Lernkurve bedarf, bis die Kostenpflichtigkeit von Dienstleistungen akzeptiert wird, beispielsweise verlangt es einiges an Überzeugungskraft, dass Konversionsberatung in öffentlichen Verwaltungen keine kostenlose Amtshilfe mehr sein kann, potentiellen Kunden zu kommunizieren.

Unsere Beispiele zeigen, dass zwar auf konzeptioneller Ebene Fortschritte über das Pricing von Dienstleistungen erzielt wurden, aber auf der praktischen Ebene erhebliche Erfahrungsdefizite vorliegen. Mehr noch als auf Methoden kommt es deshalb auf die Kompetenzen und die Gestaltung der Lernkurve bei Preisbildungsprozessen für Unternehmen an. Darüber hinaus wäre es für die Gestaltung des Forschungsprozesses insgesamt hilfreich, zukünftig einen Business Plan für Forschungs- und Entwicklungsvorhaben zu institutionalisieren, um die Frage nach dem Produkt, nämlich „was hinten rauskommt", besser und früher beantworten zu können.

„Improving Management": Verbesserung der Praxis kreativer Organisationen

Wenn wir abschließend von „Improving Management" sprechen, so haben uns die Untersuchungen innerhalb des Verbundprojektes gezeigt, daß es beim Management kreativer Unternehmen heute bereits zukunftsweisende Ansatzpunkte und Handlungsoptionen gibt. Das Konzept des „Management als Improvement Infrastructure" wird zwar sicherlich in jedem Einzelfall individuell zu beantworten sein, auf der Basis unserer Fallstudien und der Sekundäranalysen internationaler guter Beispiele lassen sich jedoch eine Reihe von Aktivitäten insbesondere des Typ C herausfiltern. Die folgende Kurzzusammenfassung erhebt sicherlich keinen Anspruch auf Vollständigkeit, sie vermittelt aber einen Eindruck davon, welche Aufgaben an Entscheidungsträger im Unternehmen herangetragen werden und gleichzeitig, welche Dienstleistungen die Mitarbeiterinnen und Mitarbeiter von diesen erwarten (Abb. 5).

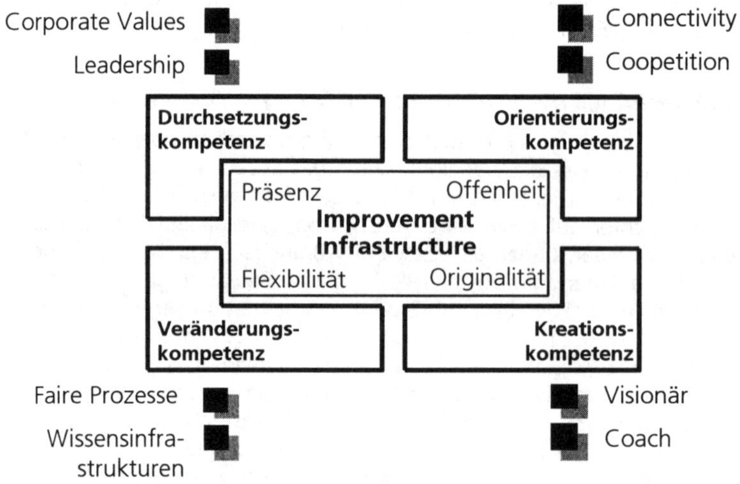

Abb. 5 Management als Improvement Infrastructure

Offenheit und Orientierung in der Unternehmensumwelt und auf neuen Märkten wird gefördert durch die Fähigkeit, stets auf der Suche nach neuen Gelegenheiten zum andocken zu sein (Connectivity) und dabei gleichzeitig mit Partnern und Konkurrenten in kontrollierter Kooperation/Konkurrenz zu leben (Coopetition) jenseits der Unterscheidung zwischen Freund und Feind oder schwarz und weiss. Erst in diesem Spannungsfeld entstehen die Impulse für Visionen neuer Dienstleistungsprodukte und Geschäftsmodelle. Kreatives Management wird weit mehr als bisher gefordert sein, diese Visionen zu formulieren und deren Umsetzung teamorientiert in konkrete Blaupausen und Dienstleistungspakete zu coachen. Vertrauen, Zuverlässigkeit und faire Prozesse sind prägende Eigenschaften einer Organisation, die mit hohem Innovationstempo und unabhängigen Intrapreneuren agiert. Hierfür die Marktplätze, Treffpunkte und Interaktionswerkzeuge bereitszustellen, ist Teil innovativer Wissensinfrastrukturen.

Die langfristigen Chancen einer Durchsetzung am Markt hängen auch und vor allem davon ab, ob der notwendige Kitt vorhanden ist, der das Unternehmen zusammenhält (Corporate Values) und gleichzeitig das Verlangen nach Leadership, nach Marktführerschaft und Innovation auch im Management vorgelebt wird. Nicht zuletzt in der Verbindung von Unternehmer/Manager mit der Unternehmensmission entsteht das „Branding" und die „Awareness" im Außenraum für ein erfolgreiches und kreatives Unternehmen.

Literatur

Badaracco, Joseph: The knowledge Link: How Firms Compete Through Strategic Alliances. Cambridge, MA 1991.

Bockelmann, Karin; Mannchen, Torsten: Erschließung neuer Märkte als Enabler für Dienstleistungen Praxisbeispiel „Informations- und Datentechnik Bremen". InfoBrief PEM Kreativität Stuttgart 1998

Bockelmann, Karin; Thielen: Erschließung neuer Märkte mit synergetischen Dienstleistungen Praxisbeispiel „Gebr. Steffens GmbH & Co. KG". InfoBrief PEM Kreativität Stuttgart 1998

Brettreich-Teichmann, Werner; Hans-Jörg Bullinger; Gudrun Wiedmann: Design neuer Dienstleistungen. Service-Management im Telekommunikationsmarkt. In: telekom praxis 1997

Brettreich-Teichmann, Werner; Gudrun Wiedmann: Trends in der globalen Dienstleistungswirtschaft. In: Hans-Jörg Bullinger (Hrsg.): Dienstleistungen für das 21. Jahrhundert. Stuttgart 1998

Dolan, Robert J.; Simon, Hermann: Power Pricing. New York 1996

Doblaski, Lutz, Niemeier, Joachim, Sippach, Kathrin; Brettreich-Teichmann, Werner, Wiedmann, Gudrun: Praxibeispiele Multimedia Software GmbH und Württembergische Versichung AG: Werkzeuge für Wissensinfrastrukturen. In: Wettbewerbsfaktor Kreativität – Strategien, Konzepte und Werkzeuge zur Steigerung der Dienstleistungsperformance / Hans-Jörg Bullinger, Sibylle Hermann (Hrsg.). Wiesbaden: Gabler, 2000.

Föhr, Horst: Servicequalität und Qualität von Beschäftigung: Das Beispiel Deutsche Bahn AG. In: Bullinger (Hg): Dienstleistungen für das 21. Jahrhundert. Stuttgart, 1997.

Fourastie, Jean: Die große Hoffnung des zwanzigsten Jahrhunderts, Köln, 1954

Fuchs, Jürgen: Das lebendige Unternehmen: Was die Betriebswirtschaft von der Natur lernen kann. In: Office Management 5/1994. S. 12 - 15

Ganz, Walter; Hermann, Sibylle: Kreativität - ein Wettbewerbsfaktor. In: Dienstleistungsinnovationen - Chancen und Trends für Unternehmen / Wolfram Risch, Gerhard Schrick (Hrsg.). Eschborn: RKW-Verlag, 1998.

Georg, Ernst-Otto; Lauenstein, Thomas: Enabler für eine höhere Produktivität der Kunden Praxisbeispiel der ISD Software und Systeme GmbH. InfoBrief PEM Kreativität Stuttgart 1998

Hermann, Sibylle; Salowsky, Eckhard: Wandel zu einem kreativ(er)en Unternehmen Praxisbeispiel „Winkler Ausbildungs GmbH" (BZT). InfoBrief PEM Kreativität Stuttgart 1998

Kaplan, Robert S.; Norton, David P.: Balanced Scorecard. Boston1996

Kay, John, Director of Oxford University's School of Management Studies: Shareholders Aren't Everything, Interview. Fortune February 17, 1997. S. 62

Kim, Chan; Mauborgne, Renée: Fair Process: Managing in the Knowledge Economy. HBR 4/1997

Lullies, Veronika; Bollinger, Heinrich; Weltz, Friedrich: Wissenslogistik. Über den betrieblichen Umgang mit Wissen bei Entwicklungsvorhaben. Frankfurt/M, New York: Campus: 1993.

Müller-Stewen, G.: Führungskräfteentwicklung und organisatorisches Lernen. In: Drumm, H.-J. (Hg.): Individualisierung der Personalwirtschaft: Grundlagen, Lösungsansätze und Grenzen. Bern et al. 1989.

O'Reilly, Brian: The Secrets Of America's Most Admired Corporations: New Ideas and New Products". Fortune March 3, 1997

Schäfer, Martina: Gestaltung von Lernenden Unternehmen unter Einsatz von multimedialen Technologien. Stuttgart 1997

Sippach, Karin, Brettreich-Teichmann, Werner; Wiedmann, Gudrun: Kreativitätstools für schnell wachsende Unternehmen. Unveröff. Forschungsbericht. Dresden, Stuttgart 1998.

Stewart, Thomas A.: Another Fad Worth Killing. Fortune February 3, 1997. S.76

Stewart, Thomas A.: Tools That Make Business Better an Better. Fortune December 23, 1996.

Volkholz, Volker: Kreative Dienstleistungsorganisationen Innovationen für den Wandel. In: Bullinger (Hg): Dienstleistungen für das 21. Jahrhundert. Stuttgart 1997.

Zand, Dale E.: The Leadership Triad: Knowledge, Trust and Power. New York, Oxford et al.: Oxford University Press 1997. 221 S.

Praxisbeispiel ISD Software GmbH – Aktivierung der betrieblichen Kreativität zur Entwicklung kundenorientierter Lösungen

Hans-Otto Georg, Thomas Lauenstein

Das CAD/CAM-Software-Haus sieht sich mit der zunehmenden Anforderung seiner Kunden nach betriebsspezifischen Lösungen konfrontiert. Von den Entwicklern erfordert dies, sich immer detaillierter in die Arbeitsabläufe und besonderen Problemlagen produzierender Unternehmen hineinzudenken. Im Rahmen des Verbundprojektes „Wettbewerbsfaktor Kreativität" wählte die ISD diese Kompetenz als Ansatzpunkt für die Entwicklung einer neuen Dienstleistung. Es wurde damit begonnen, zusätzlich zur Software-Entwicklung, Beratungs- und Qualifizierungsaufgaben in den Bereichen Simultaneous Engineering und Workflow-Management anzubieten. Hierfür mußten im Unternehmen die organisatorischen und personellen Voraussetzungen geschaffen werden.

Das Unternehmen

Die ISD Software und Systeme GmbH ist ein CAD/CAM-Software-Haus mit Hauptsitz in Dortmund und regionalen Niederlassungen in Deutschland und der Schweiz sowie Vertriebspartnern in wichtigen europäischen Produktionsregionen. Die bekanntesten Produkte der ISD sind "HiCAD"- und "HELIOS". Mit CAD/CAM-Software ist das Unternehmen seit etwa 15 Jahren am Markt präsent. ISD hat rund 180 Mitarbeiter mit Schwerpunkt in der wissenschaftlich-technischen Ausbildung und Tätigkeit.

Fragestellung

Unsere Kunden erwarten, daß wir uns als Dienstleister von produzierenden Unternehmen in ihre besonderen Problemlagen hineindenken und von dieser Position aus betriebsspezifische Lösungen entwickeln und realisieren. Solche Aktivitäten erfordern in zunehmendem Maße auch die Einbeziehung der Kunden in den Entwicklungs- und Realisierungsprozeß. Dieser Trend gilt für immer mehr Branchen. Der Dienstleister steht damit unter dem Anspruch, nicht nur eine fachliche Leistung auf hohem Niveau zu erbringen, sondern darüber hinaus eine Vertrauens- und Akzeptanzbasis in den Unternehmen zu schaffen. Erst dadurch wird es zusammen mit den Kunde möglich, eine neue Form der Dienstleistung zu entwickeln: Der Dienstleister wird zum Befähiger - Enabler - des Kunden: er schlüpft in eine Berater- und Qualifiziererrolle, die die professionelle Nutzung komplexer und hochintegrierter Software-Tools ebenso beinhaltet, wie die Mitgestaltung von Reorganisationsmaßnahmen. Als Stichworte seien hierzu Simultaneous Engineering und Workflow - Management genannt. Dazu neue Dienstleistungen zu entwickeln, ist im Rahmen des Projektes begonnen worden.

Die Leitfrage lautet also zusammengefaßt: Wie können die Potentiale von ISD, insbesondere der internen Entwickler und der Vertriebsmitarbeiter so eingesetzt werden, daß das Kundenziel einer verbesserten Produktivität von Produktentwicklungs- und Produktionsprozessen erreicht wird?

Vorgehensweise

Für diese Aufgabenstellungen wurde federführend eine interne Projektgruppe aus je zwei Mitarbeitern der Entwicklung und des Vertriebes sowie einem Geschäftleitungsmitglied als Kerngruppe gebildet. Um diesen Kern gruppieren sich je nach konkreter Aufgabe flexibel weitere fünf bis zehn Mitarbeiter. Die Aktivitäten sind inzwischen soweit fortgeschritten, daß mehrere Kunden gewonnen werden konnten, bei denen derzeit die neuen Dienstleistungen realisiert werden.
Diese Projektorganisation beinhaltete noch weitere Zielsetzungen: Nach innen hin sollte vor allem die aufgabenbezogene Kommunikations- und Kooperationsdichte und -qualität weiter erhöht werden (z.B. durch spontane Kleingruppen-Meetings, regelmäßige Arbeitsbesprechungen, systematische Dokumentation und Verbreitung von Informationen). Auch sollte durch das wachsende Zusammenspiel bei der Realisierung der neuen Dienstleistungen ein Prozeß der Integration von Entwicklern und Vertriebsmitarbeitern angestoßen werden.

Die folgenden Ausführungen mögen verdeutlichen, wie die ISD ihre Orientierungskompetenz im Sinne des Steckbriefs kreativer Unternehmen (Hermann & Ganz, in diesem Band) durch strategische Behandlung des Themas Kreativität, Früherkennung von Entwicklungen, Lernorientierung, Kundenorientierung und Kundenbegeisterung sowie permanente Talentsuche ausbaut und qualifiziert.

Wir halten uns insgesamt zugute, Kreativität auch außerhalb von einschneidenden Wettbewerbssituationen und anspruchsvollen Projekten als strategisches Thema erkannt und behandelt zu haben. Verantwortlich für die Unternehmenskreativität sind Mitglieder der Geschäftsleitung und ein eng begrenzter Mitarbeiterstab.

Zur Verbesserung der Reaktionsfähigkeit auf technologische und wirtschaftliche Veränderungen werden gegenwärtig verstärkte Anstrengungen in Richtung Früherkennung von Chancen und Risiken dieser Entwicklungen unternommen. Dies geschieht im wesentlichen durch ein gründliches Studium der einschlägigen Literatur, Teilnahme an Fachveranstaltungen sowie die Arbeit mit internen Checklisten zur Erfassung von Kundenanforderungen.

Auf der Suche nach neuen Lernfeldern für das Unternehmen wird verstärkt versucht Kunden zu akquirieren, für die neue Lösungen (im Sinne der Lernfelder) zu entwickeln sind. Weiterhin findet eine verstärkte individuelle Fortbildung zu technischen und organisationsbezogenen Inhalten statt. Und schließlich konnte zur Unterstützung des neuen Reorganisationsschwerpunktes ein externer, kollegialer Wissens- und Erfahrungsträger gewonnen werden.

Nach außen - zum Kunden hin - handeln wir nach den Grundsätzen:

- "Wo man schon ist, tut man noch mehr ..." für den Kunden.
- Das Kundenproblem zum eigenen Problem machen - zuerst vor allem aktiv zuhören und auf den Kunden eingehen können.
- Kooperatives Verhalten gegenüber dem Kunden und dem Wettbewerb.

Diese drei Prinzipien im Vorgehen helfen, den Kunden als Ko-Produzenten zu gewinnen.

Kundenanforderungen zu erforschen ist bereits in der Vergangenheit eine wesentliche Bedingung des Erfolges gewesen. Diese Anstrengungen sind in der letzten Zeit intensiviert worden. Ziel ist es, Kundenzufriedenheit darüber hinaus aber auch Kundenbegeisterung zu erzeugen. Zu diesem Zweck entwickeln wir z.B. teilweise kundenspezifische Features, die kostenlos mitgeliefert werden und sozusagen den „Kick" beim Kunden auslösen, auch wenn wir nicht immer sicher sind ob der Kunde später tatsächlich mit dem Feature arbeitet. Der Erforschung der Kundenanforderungen und -bedürfnisse kommt natürlich zugute, daß über Zweidrittel aller Mitarbeiter der ISD im direkten Kundenkontakt stehen.

Der Förderung der Kundenkreativität die wir anstreben, steht zur Zeit noch teilweise entgegen, daß sich die Bereitschaft der Kunden aktiv mitzuarbeiten nur langsam entwickelt. Freilich ist hier in letzter Zeit ein positiver Trend zu beobachten, den wir durch nachhaltige Darstellung des Potentials der eigenen Dienstleistungen zu fördern suchen. Chancen diese Darstellung noch weiter zu verbessern, liegen vor allem in gezielten Informationen des oberen Managements bzw. der Entscheider in den Kundenunternehmen.

Zur Identifikation von potentiellen Innovationsträgern suchen die Mitglieder der Geschäftsleitung permanent nach Talenten. Die Erfahrung ist, daß solche Talente gleichermaßen bei Neueinsteigern wie bei langjährigen Mitarbeitern zu finden sind. Aus diesem Personenkreis setzt sich auch der bereits erwähnte enge Mitarbeiterstab um die Geschäftsleitung zusammen. Weiterentwicklungsbedarf besteht allerdings in der Größe des Kreises der Mitarbeiter, der die Mechanismen des Geschäftes gut genug kennt, um eigenständig neue Geschäftsfelder erschließen zu können.

Erkenntnisse

ISD ist seit jeher ein schlankes Unternehmen mit drei Hierarchieebenen und geringem Formalisierungsgrad in der Organisation und in der praktischen Arbeit. Das Management pflegt einen Führungsstil nach Grundsätzen wie

- "offene Türen",
- "kurze Wege",
- "Anerkennung von Leistungen und Bemühungen" und
- "Management by walking around".

Im Vordergrund steht die fachliche Einzelleistung der Mitarbeiter, aber auch der Teams.

Im Hinblick auf die Erweiterung der Kreationskompetenz beschreitet ISD verschiedene Wege. Diese beinhalten insbesondere das Einschlagen einer Wachtumsstrategie, die Erweiterung der Kernkomptenzen, die Schaffung kreativitätsförderlicher Arbeitsbedingungen und den Aufbau einer Informations- und Wissensinfrastruktur.

Das Unternehmen verfolgt eine Wachstumsstrategie. Wir erweitern dazu gezielt unsere Kernkompetenzen. Die zur Zeit laufenden Initiativen beziehen sich in erster Linie auf die Verbesserung der bestehenden Leistungen, die Entwicklung neuer Leistungen, Marketing und Vertrieb sowie die Entwicklung neuer Geschäfte und Dienstleistungen; in zweiter Linie bestehen Initiativen zur Erstellung von Zusatzangeboten zu bestehenden Leistungen und zur Verbesserung der internen Abläufe. Die Übertragung von bestehenden Leistungen auf neuen Branchen (z.B. von der Metall- auf die Möbelindustrie) muß in unserem Markt ebenfalls als Erweiterung der Kernkompetenzen angesehen werden.

Wesentliche Elemente der Führungskultur, die Kreativität zuläßt und fördern hilft, sind schon benannt worden. Belege für das Wirken dieser Kultur sind, daß die vorhandenen Freiräume durch die Mitarbeiter gut genutzt werden und daß, das absichtliche Zurückhalten von

Ideen und Wissen, ein häufig zu beobachtendes Phänomen bei "Kopfarbeitern", kaum ein Problem darstellt. Zur Führung zur Kreativität gehört aber auch, unabsichtliches Zurückhalten zu vermeiden, das vor allem aus Zeitmangel und unzureichender Kommunikation entsteht. Der Verbesserung der Kommunikation dient die Bildung kleiner aufgabenbezogener Teams. Das gerade in unserem Arbeitsfeld unabdingbare Fließen von Ideen und Wissen unterstützt die Geschäftsführung und der eng begrenzte Mitarbeiterstab sowohl durch regelmäßiges Checken des Standes der Informationsweitergabe als auch durch die Vermittlung von Zusammenhangwissen über das Umfeld der jeweiligen Aufgabenstellung der einzelnen Mitarbeiter und Teams. Die Vermittlung dieses Zusammenhangwissens dient natürlich ebenso der aktuell anstehenden Arbeitsaufgabe wie mittelfristig dem bereits genannten Ziel, den Kreis der Mitarbeiter, die eigenständig neue Geschäftsfelder erschließen können, zu vergrößern.

Ziel ist es, den Mitarbeitern noch mehr Freiräume für die Entwicklung ihrer Kreativität zu schaffen. Dem steht freilich häufig Zeitmangel entgegen, der wiederum aus der knappen Personaldecke an Hochqualifizierten die benötigt werden resultiert. Hier Abhilfe zu schaffen ist aber zur Zeit trotz finanziell attraktiver Gehaltsangebote aufgrund der spezifischen Arbeitsmarktlage in der Branche nur schwer möglich.

Branchenspezifisch ist bekanntermaßen die Bedeutung von Wissen als Produktionsfaktor extrem hoch. Daß die Mitarbeiter und deren Wissens- und Erfahrungsbestände im Mittelpunkt stehen, war deshalb nie eine bloße Floskel im Unternehmen. Wir betrachten uns insgesamt als recht kreativ. Als Hinweis am Rande sei dazu angemerkt, daß Günter Flassig, dem Gründer und geschäftsführendem Gesellschafter der ISD, auf dem 2. Deutschen Mittelstandsforum im Juni 1998, neben zwei anderen Persönlichkeiten aus der Region, die Auszeichnung "Entrepreuneur des Jahres" für "Innovationsfreude" und "Mut zum Risiko" verliehen wurde.

Eine direkte Messung des intellektuellen Kapitals fällt uns schwer. Als Indikator ist deshalb der zunehmende Marktanteil zu betrachten.

Zum Aufbau einer Informations- und Wissensinfrastruktur werden sehr hohe Pro- Kopf-Investitionen getätigt. Als Werkzeuge zum Wissensmanagement im engeren Sinne dienen insbesondere Ideendokumentionen, Programmdokumentationen, Fehler- und Lösungslisten sowie die erwähnten Checklisten zu Kundenanforderungen, die als Datenbank- oder Textfiles im DV-Netzwerk zur Verfügung stehen und von den Mitarbeitern recht gut akzeptiert und genutzt werden.

Kreativitätstechniken werden eher selten angewandt, weil sie sich für die Aufgabenstellungen des Hauses unseres Erachtens wenig eignen. Die Arbeit selbst ist allerdings kreativitätsförderlich gestaltet: So können die Mitarbeiter in recht hohem Maße die Inhalte ihrer Tätigkeiten und die Arbeitsabläufe selbst bestimmen. Weiterhin setzen wir auf die positiven Wirkungen einer umfassenden Information und Beteiligung der Mitarbeiter an den jeweiligen Problemlösungen.

Bezogen auf die Veränderungskompetenz des Unternehmens positionieren wir uns vor allem durch bewußten Verzicht auf Outsourcing, eine Autonomiestrategie, die Fähigkeit, kundenspezifische Entwicklungen rasch in Standardprodukte umzusetzen und eine Modularisierung und Produktisierung.

Ein Outsourcing wird nicht verfolgt, weil es erstens der Know how - Entwicklung des Hauses schaden würde, und zweitens erfahrungsgemäß häufig organisatorische Probleme bei der Abstimmung auftreten. Diese Orientierung gilt auch für die "reine" Softwareherstellung, die einige andere Hersteller ins Ausland verlagern, um Kosten zu minimieren. Daß die neuen Dienstleistungen, die z.B. im Rahmen des Projektes angestoßen wurden, im Lande und beim Kunden bleiben müssen, versteht sich von selbst. ISD fährt insgesamt eine Autonomiestrategie, ergänzt durch das Bemühen um strategische Kooperationen und Beteiligungen. Eine solche Autonomiestrategie setzt jedoch voraus, daß die interne Weiterentwicklung - der Wandel - auch durch Mobilisierung von Ressourcen unterstützt wird. Gewisse Hemmnisse dies zu forcieren liegen hier wiederum in den teilweise fehlenden personellen Kapazitäten und den damit in manchen Fällen verbundenen internen Konkurrenzsituationen um qualifizierte Mitarbeiter.

Das Unternehmen ist sehr schnell in der Lage kundenspezifische Produktentwicklungen in Standardprodukte zu verwandeln. Der Anteil von Plattformprodukten in der Angebotspalette beträgt heute bereits ca. 90%. Für die Softwareentwicklung und -nutzung setzen wir auf die objektorientierte Programmierung, weil dadurch in viel stärkeren Maße als bisher Entwicklungen bis in den "atomaren" Bereich hinein wiederverwendbar sind. So kann die Modularisierung und Produktisierung weiter vorangetrieben werden. Für die neuen Dienstleistungen im Sinne des Projekts „Wettbewerbsfaktor Kreativität" sind zu einem späteren Zeitpunkt Schritte in ähnliche Richtung einzuleiten.

Für die Durchsetzungskompetenz am Markt stehen Aktivitäten zur Verbesserung der Informationsarbeit bei Entscheidern, zum Ausbau der erfolgreichen Kundenbindung, zur Nutzung des positiven Images der ISD sowie das Sponsoring im Vordergrund.

Im Hinblick auf Vermarktung der neuen Dienstleistungsangebote unseres Hauses liegen folgende Erkenntnisse vor: Bedingt durch ein noch nicht genügend entwickeltes Problembewußtsein, vor allem im Bereich des technischen Managements, sind die Kunden häufig nicht in der Lage, das volle Nutzenpotential durchgängig gestalteter Prozeßketten zu erkennen. Hinzu kommt eine momentane Ausnahmesituation: Unsere Ansprechpartner aus dem EDV-Bereich sind stark ausgelastet mit den aufwendigen und kostspieligen Aktivitäten, die durch das Jahr 2000-Problem und die Umstellung auf den Euro bedingt sind. Auch daraus resultieren längere Laufzeiten für die Entscheidungen und die Implementierungen in den Unternehmen. So haben wir im Projektverlauf erkannt, daß die zu erwartende erhebliche Nachfrage gegenüber unserer ursprünglichen Einschätzung verzögert eintreten wird. Im Bewußtsein vieler Kunden haben die Möglichkeiten, für deren Wahrnehmung wir sie befähigen wollen (der Enabler-Ansatz) noch den Status "Nice to have", anstatt "We need". Und daran gilt es in Zukunft weiterzuarbeiten. Schon heute stellen wir aber fest, daß die neuen Aktivitäten unserem Unternehmen einen deutlichen Kompetenz- und Imagegewinn gebracht haben.

Die Kundenbindung an das Haus kann als gut bezeichnet werden; mehr als die Hälfte des Umsatzes kommt von den Stammkunden. Für die Bindung der Kunden ist ein geeigneter Mix aus Verbesserung bestehender Leistungen und neu zu entwickelnden Leistungen wichtig. Daran wird ebenso gearbeitet wie an laufenden Serviceverbesserungen, z.B. im Rahmen von Call-Centern.

Das Image der ISD speist sich vor allem aus den Quellen 1. permanenter Verbesserung der Leistungen, 2. spontanes und weitreichendes Reagieren auf Kundenwünsche 3. innovative Vertriebskonzepte (insbesondere in der Direktvermarktung) und 4. ungewöhnlicher Erfolg als einer der ganz wenigen Mittelständler in der Branche. Weitere Chancen das Image zu verbessern bestehen darin, den Kunden einen noch besseren Überblick über das gesamte Leistungsspektrum der ISD zu geben. Und last but not least wird zur Zeit das Sponsoring durch Förderung des Leichtathletik Spitzensports in Dortmund verstärkt.

Erfahrungen

Im Projektverlauf sind auf der Managementebene folgende Aspekte deutlicher erkennbar: Die interne Projekt- bzw. Kerngruppe, unsere "Nahtstellenarbeiter", war und ist eine wesentliche Bedingung für den Erfolg, nicht nur wegen der inhaltlichen Integrationsleistung, sondern auch weil sie intern durch Betonung der Chancen, die sich für das Unternehmen und für die Mitarbeiter ergeben, für die neuen Dienstleistungen Akzeptanz schaffen. Darüber hinaus dient die jetzt höhere Kommunikationsdichte und -qualität ebenso der internen Weiterentwicklung wie der Verbesserung der Zusammenarbeit mit Kunden. Die eingangs umrissenen Zielsetzungen konnten also erreicht werden.
Und schließlich entsteht durch das erkennbare Gelingen der Aktivitäten ein großer Motivationsschub bei den Mitarbeitern.

Auf der Ebene des Wissenserwerbs und des Managements von Wissen erscheinen folgende Aspekte zentral:

- Kreative Dienstleistungsentwicklung muß in unserem Aufgabenfeld auf einem sehr hohen Sockel an fachlichem Wissen aufsetzen der zudem rasch wächst; dadurch steigen die Anforderungen an den Wissenserwerb und dementsprechend die Lernkosten und -zeiten.
- Die neuen Dienstleistungen sind kein Katalogprodukt, sondern sie müssen gemeinsam mit den Kunden entwickelt werden. Deshalb verläuft diese Entwicklung im Kern als weitgehend offener Suchprozeß oder "learning by doing"; dieser Suchprozeß stößt dann nach innen hin eine Lernkurve an. Diese Lernkurve ist zunächst individuell, danach muß das neue Wissen übertragen und verbreitet werden. Dies erfordert auch gewisse Formalisierungen, von dokumentierten Besprechungen bis hin zu anspruchsvollen Datenbanklösungen. Ein Problem besteht nun darin, daß solche Formalisierungen z.T. dem Charakter einer gering formalisierten, schlanken und kreativen Organisation widersprechen, weil sie Zeit und Mittel binden. Bewußt zugespitzt formuliert kann dies eine Art "Wachstumsfalle" bedeuten. In jedem Fall besteht hier aber die Notwendigkeit des Ausbalancieren der widersprüchlichen Anforderungen.

Der Wissenserwerb und das Wissensmanagement betrifft bei ISD "traditionell" vor allem den Kernbereich der Software und technischen Systeme. Für das neu hinzugekommene Feld der Organisationsgestaltung bzw. Reorganisation erweist sich das bereits erwähnte Lernen in der Praxis mit Unterstützung des externen Partners als sehr hilfreich.

Ausblick

Die neuen Dienstleistungen werden von den bisherigen Kunden positiv bewertet. Wir setzten deshalb die eingeschlagenen Wege nach außen und innen hin fort.
Nach außen hin ist der Weg die Profilierung der Enabler-Rolle; nach innen hin soll der Ausbau der kreativitätsförderlichen Organisation unter besonderer Beachtung des Wissensmanagements vorangebracht werden. Einige neue Mitarbeiter sind bereits eingestellt worden. Die Vision ist, daß in Zukunft 30 neue Mitarbeiter für die neuen Dienstleistungen tätig sind. Wie immer bleibt aber noch viel zu tun.

Literatur

Hermann, Sibylle, Walter Ganz: Steckbrief eines kreativen Unternehmens. In: Wettbewerbsfaktor Kreativität – Strategien, Konzepte und Werkzeuge zur Steigerung der Dienstleistungsperformance / Hans-Jörg Bullinger, Sibylle Hermann (Hrsg.). Wiesbaden: Gabler, 2000.

Die CreativityCards – Ein Instrument zur Bestimmung und Beeinflussung des kreativen Potentials dienstleistungsorientierter Unternehmen

Sibylle Hermann, Walter Ganz

Die CreativityCards sind ein Instrument zur Bestimmung des kreativen Potentials von Unternehmen und zur Planung und Steuerung von kreativitätsförderlichen Maßnahmen. Das Instrument ist in erster Linie für den innerbetrieblichen Einsatz konzipiert. Es soll eine gemeinsame Kommunikationsbasis für das abstrakte Thema Kreativität herstellen und eine "objektive" Diskussion der Konsequenzen unterschiedlicher organisatorischer Gestaltungsoptionen ermöglichen. Die CreativityCards können aber auch für einen zwischenbetrieblichen Vergleich der Unternehmenskreativität herangezogen werden. Eine dritte Einsatzmöglichkeit des Instruments besteht darin, es als Hilfsmittel zu verwenden, um zu einer fundierten Auswahl von Kenngrößen für die nicht-finanziellen Faktoren der Balanced Scorecard (Kaplan & Norton, 1992) zu kommen.

Entstehung der CreativityCards

Kreativität ist, davon sind wir überzeugt, eine der wesentlichen Faktoren, der die Überlebensfähigkeit insbesondere eines dienstleistungsorientierten Unternehmens sicherstellt. Ein Ziel des Verbundprojektes „Wettbewerbsfaktor Kreativität" war es deshalb, qualitative und quantitative Kenngrößen zu ermitteln, die Auskunft über die kreative Leistungsfähigkeit von Unternehmen geben können. Denn nur was sich messen läßt, läßt sich auch präzise steuern. Notwendig war also die Entwicklung eines Instruments, mit dem sich die Unternehmenskreativität erfassen ließ und das einen Zusammenhang zwischen Kreativität und dem langfristigen Unternehmenserfolg sichtbar machen konnte. In einem iterativen Entwicklungsprozeß entstand mit den CreativityCards der Prototyp eines solchen Instruments. Bevor näher auf den Aufbau und die Einsatzmöglichkeiten der CreativityCards eingegangen wird, hier noch ein paar Sätze zu unserem methodischen Vorgehen: Die Entwicklung des Instruments erfolgte in mehreren Schritten und in enger Zusammenarbeit mit den am Projekt beteiligten Parteien.

In einem gemeinsamen Workshop wurden mit den wissenschaftlichen und betrieblichen Projektpartnern zunächst zahlreiche kreativitäts- und erfolgsbestimmende Faktoren gesammelt. Ergänzend wurde in der einschlägigen Fachliteratur nach quantitativen Kennzahlen Ausschau gehalten, die zur Erfassung der Kreativität von Unternehmen herangezogen werden konnten. Aus diesen Quellen entstand ein erstes Bewertungsraster, das probeweise in den an unserem Vorhaben beteiligten Betrieben eingesetzt wurde. Dieser erste Testlauf führte zu zwei wesentlichen Erkenntnissen: Erstens erwiesen sich viele der in der Fachliteratur vorgeschlagenen quantitativen Kenngrößen für kleine und mittlere Dienstleistungsunternehmen als wenig geeignet (vgl. Ganz & Hermann, in diesem Band). Zweitens wurde deutlich, daß ein konzeptueller Rahmen fehlte, der es erlaubte, den Zusammenhang zwischen den von uns gewählten Kenngrößen und dem Untersuchungsgegenstand „Unternehmenskreativität" zu vermitteln. Das Alltagsverständnis vom Begriff Kreativität reichte hierfür ganz offensichtlich nicht aus (Bullinger et al., in diesem Band). Wir versuchten deshalb zunächst genauer einzugrenzen, was unter dem Begriff Unternehmenskreativität zu verstehen ist. Auf der Basis von explorativen Interviews und Fallstudien wurde dann der „Steckbrief eines kreativen Unternehmens" entwickelt (Ganz & Hermann, 1998), der zu einem Referenzmodell für die Entwicklung unseres Instrumentes werden sollte. Zusammen mit den Kennzahlen, die sich bei unserer ersten Befragung als ermittelbar und aussagekräftig erwiesen hatten (Brettreich-Teichmann & Wiedmann, in diesem Band), bildete der Steckbrief die Grundlage für einen umfassenden Interviewleitfaden. Dieser Interviewleitfaden wurde, nachdem er zur Evaluation wiederum bei den Partnerbetrieben des Projektes eingesetzt worden war, zu den Creativity Cards – einem Diagnose- und Planungsinstrument für die Unternehmenskreativität - weiterentwickelt.

Aufbau der CreativityCards

Das Instrument setzt sich aus insgesamt 20 Karten zusammen: 19 thematischen Karten sowie einer Überblickskarte. Die thematischen Karten sind den vier im „Steckbrief" beschriebenen zentralen Merkmalen kreativer Unternehmen zugeordnet und beziehen sich jeweils auf einen bestimmten Faktor, der zur Unternehmenskreativität beiträgt: z.B. auf den Aspekt „Verankerung des Themas Kreativität in der Unternehmensphilosophie", oder „Kreativitätsförderliche Arbeitsgestaltung" (vgl. Tabelle 1).

Offenheit & Orientierungskompetenz	**Originalität & Kreationskompetenz**
Bereitschaft des Unternehmens, Impulse von innen und außen aufzugreifen und Neues zu erproben. Fähigkeit, Veränderungen der Umwelt als Chancen und Risiken wahrzunehmen.	*Fähigkeit eines Unternehmens, einen permanenten Strom kreativer Ideen zu erzeugen, die gleichermaßen einzigartig (originell) als auch praktikabel und nützlich sind.*
Karte 1: Sensibilität für die Veränderung wirtschaftlicher Rahmenbedingungen **Karte 2:** Verankerung des Themas Kreativität in der Unternehmensphilosophie **Karte 3:** Strategische Entscheidung für den Wandel **Karte 4:** Gelegenheit von Dritten zu lernen **Karte 5:** Innovationsfreude der Kunden	**Karte 6:** Verfügbarkeit kreativer Mitarbeiter **Karte 7:** Kreativitätsmanagement als Führungsaufgabe **Karte 8:** Kreativitätsförderliche Arbeitsgestaltung **Karte 9:** Aufbau einer Informations- und Wissensinfrastruktur **Karte 10:** Förderung der Integration heterogenen Wissens **Karte 11:** Erkennen von Ansatzpunkten für Dienstleistungsinnovationen
Flexibilität & Veränderungskompetenz	**Präsenz & Dienstleistungsperformanz**
Fähigkeit eines Unternehmens, sich finanzielle und personelle Spielräume für die Umsetzung von Ideen zu schaffen und die internen Strukturen und Prozesse neuen Anforderungen anzupassen.	*Die Reputation, die ein Unternehmen hinsichtlich seiner Kreativität genießt und seine Fähigkeit, die Kunden mit kreativen Leistungen zu überzeugen, das eigene Angebot am Markt durchzusetzen und seine Dienstleistungskompetenz „vor Ort" unter Beweis zu stellen.*
Karte 12: Bewertung und Auswahl von Dienstleistungsideen **Karte 13:** Mobilisierung interner Ressourcen **Karte 14:** Kooperationsbereitschaft und Koordinationskompetenz **Karte 15:** Effizienz der Dienstleistungsentwicklung **Karte 16:** Einbindung von Kunden in den Leistungsentwicklungs- und Erstellungsprozeß	**Karte 17:** Vermarktung von Dienstleistungen **Karte 18:** Erfolg mit innovativen (Dienstleistungs-) Produkten **Karte 19:** Image eines kreativen Unternehmens
Gesamteinschätzung	
Karte 20: „Radar-Diagramm"	

Tabelle 1 Komplettes Set der 20 CreativityCards

Die Karten 1-19 sind alle nach dem gleichen Prinzip aufgebaut: auf ihrer Vorderseite finden sich mehrere offene und geschlossene Fragen anhand derer die IST-Situation eines Unternehmens eingeschätzt werden kann. Die Kartenrückseite kann zur Planung von konkreten Gestaltungsmaßnahmen verwendet werden. Es können Zielsetzungen, Kenngrößen und geplante Maßnahmen zur Steigerung der Unternehmenskreativität festgehalten werden. Die 20ste Karte soll einen raschen Überblick über die aktuelle Situation des Unternehmens gestatten. Auf ihr ist ein „Radar-Diagramm" abgebildet, in welches die IST-Einschätzungen zu den 19 Faktoren eingetragen werden (Abb. 1). Die diagnostizierten Stärken und Schwächen eines Unternehmens bezüglich der vier zentralen Merkmale Offenheit, Originalität, Flexibilität und Präsenz lassen sich so auf einen Blick erkennen.

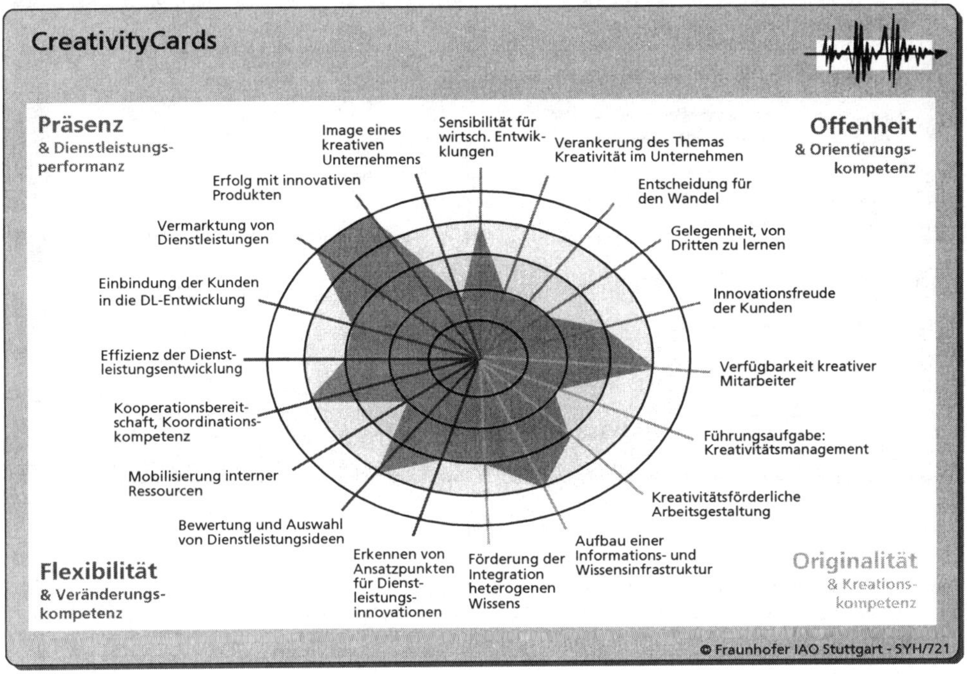

Abb. 1 CreativityCard 20: „Radar-Diagramm"

Ein Beispiel

Stellvertretend für die anderen Karten soll nachfolgend die Karte 6 „Verfügbarkeit von kreativen Mitarbeitern" ausführlicher vorgestellt werden. Dieser Karte liegt die Überlegung zugrunde, daß die betriebliche Kreativität wesentlich davon abhängt, ob das Unternehmen genügend Mitarbeiter beschäftigt, welche zu (besonderes) kreativen Leistungen bereit und fähig sind. Denn: ohne kreative Mitarbeiter kann auch das Unternehmen nicht kreativ sein.

Theoretisch ließe sich mit einer einzigen Frage an das Management eines Unternehmens abklären, ob die Anzahl der beschäftigten „Kreativen" für ausreichend gehalten wird. Die Projekterfahrung zeigt jedoch, daß in den Betrieben meist wenig Erfahrung in der Auseinandersetzung mit dem Thema Kreativität besteht. Mit einer so direkten Frage wie „Verfügt ihr Unternehmen über genügend kreative Mitarbeiter", weiß man aus diesem Grund nur wenig anzufangen. Es fehlt der Referenzrahmen, der den Befragten ein fundiertes Urteil erlauben würde. Um dennoch zu einer Einschätzung zu kommen, die sich nicht auf Stereotype beschränkt, muß also etwas „tiefer gebohrt" werden. Zu jedem der 19 thematischen Schwerpunkte wurde deshalb eine Fragebatterie aufgebaut, die zur Reflexion anregen und es den befragten Personen erlauben soll, sich sukzessive eine Meinung zu bilden (Abb. 2).

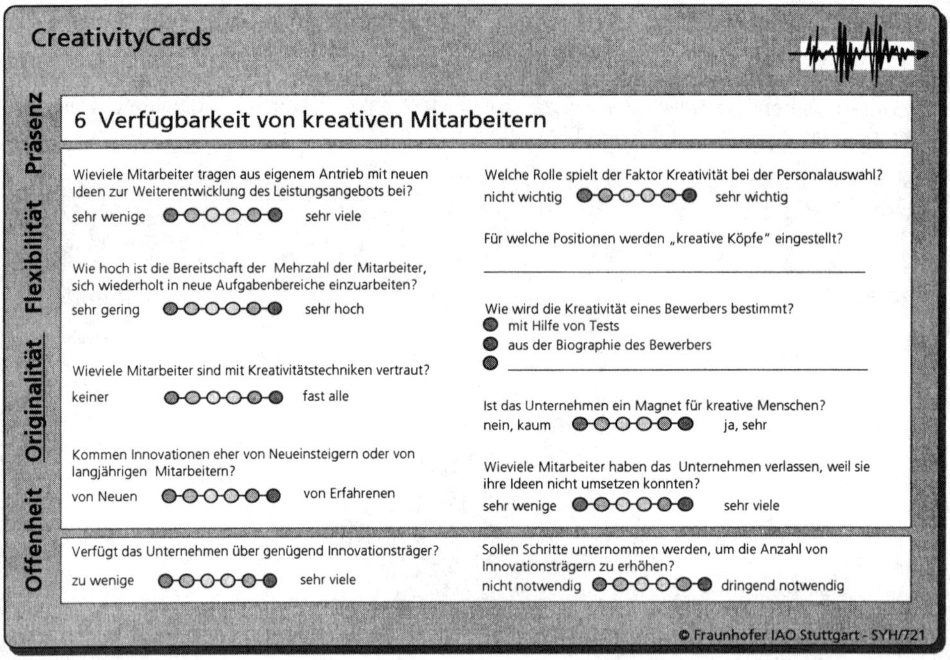
CreativityCards
Offenheit Originalität Flexibilität Präsenz
6 Verfügbarkeit von kreativen Mitarbeitern
Wieviele Mitarbeiter tragen aus eigenem Antrieb mit neuen Ideen zur Weiterentwicklung des Leistungsangebots bei?
sehr wenige … sehr viele
Wie hoch ist die Bereitschaft der Mehrzahl der Mitarbeiter, sich wiederholt in neue Aufgabenbereiche einzuarbeiten?
sehr gering … sehr hoch
Wieviele Mitarbeiter sind mit Kreativitätstechniken vertraut?
keiner … fast alle
Kommen Innovationen eher von Neueinsteigern oder von langjährigen Mitarbeitern?
von Neuen … von Erfahrenen
Welche Rolle spielt der Faktor Kreativität bei der Personalauswahl?
nicht wichtig … sehr wichtig
Für welche Positionen werden „kreative Köpfe" eingestellt?
Wie wird die Kreativität eines Bewerbers bestimmt?
mit Hilfe von Tests
aus der Biographie des Bewerbers
Ist das Unternehmen ein Magnet für kreative Menschen?
nein, kaum … ja, sehr
Wieviele Mitarbeiter haben das Unternehmen verlassen, weil sie ihre Ideen nicht umsetzen konnten?
sehr wenige … sehr viele
Verfügt das Unternehmen über genügend Innovationsträger?
zu wenige … sehr viele
Sollen Schritte unternommen werden, um die Anzahl von Innovationsträgern zu erhöhen?
nicht notwendig … dringend notwendig
© Fraunhofer IAO Stuttgart - SYH/721

Abb. 2 CreativityCard 6: Verfügbarkeit von kreativen Mitarbeitern (Vorderseite)

Die 19 thematischen Karten bietet also jeweils ein ganzes Spektrum von Fragen an, die über unterschiedliche Zugänge schrittweise zu einer fundierten Gesamteinschätzung des betreffenden Faktors führen. Auf den Karten werden

- *bewußt provokant Stellungnahmen abgefordert, weil damit eine tiefergehende Auseinandersetzung mit der tatsächlichen Situation im Unternehmen eingeleitet werden kann* (z.B. auf Karte 3: „Wer ist gegenüber Innovationen eher aufgeschlossen – die Führungskräfte oder Mitarbeiter?")
- *durch eine Kombination gegenläufiger Fragen, Widersprüche der impliziten Leitbilder offengelegt*
  (Wiederum auf Karte 3 wird beispielsweise zunächst gefragt, wie wichtig es ist, der Tradition des Unternehmens auch zukünftig treu zu bleiben. Im weiteren Verlauf taucht die Frage auf, wie wichtig es ist, vorherrschende Grundüberzeugungen und Denkmuster in Frage zu stellen. Werden beide Fragen ernsthaft beantwortet, dienen sie als Diskussionsgrundlage dafür, welche Werte, Vorgehensweisen, etc. erhaltenswert sind)
- *Fragen gestellt, die in der Kombinationsauswertung auf ein Konstrukt oder eine Hypothese verweisen*
  (z.B. auf Karte 6 die gemeinsame Betrachtung der Antworten auf die Fragen: „Welche Rolle spielt der Faktor Kreativität bei der Personalauswahl?" und „Wie wird die Kreativi-

tät eines Bewerbers bestimmt?" Rückschlüsse auf die tatsächliche Rekrutierungsstrategie eines Unternehmens zu)

- *und wo immer dies möglich ist, quantitative Kenngrößen direkt erfaßt*
  (Eine Frage auf Karte 9 lautet beispielsweise: „Wie hoch ist die Pro-Kopf-Investition in Informationstechnologien?")

Nachdem diese Fragen beantwortet sind, kann mit größerer Sicherheit entschieden werden, ob vor dem Hintergrund der zu erwarteten Markt- und Wettbewerbssituation des Unternehmens konkrete Schritte bezüglich des jeweiligen Faktors notwendig sind. Beides, die zusammenfassende Bewertung der IST-Situation („Verfügt das Unternehmen über genügend kreative Mitarbeiter") und die Notwendigkeit von Gestaltungsmaßnahmen („Sollen Schritte unternommen werden, um die Anzahl der „Kreativen" zu erhöhen") werden im unteren Teil der Karte jeweils auf einer 6-stufigen Rating-Skala eingeschätzt (Abb. 2, unten).

Die einleitenden Fragen auf der Vorderseite der CreativityCards sollen aber nicht nur zum Nachdenken über den betreffenden Faktor anregen. Sie dienen zugleich dazu, Hypothesen bezüglich der möglichen Ursachen eines diagnostizierten Defizits zu testen und damit die Planung von Gestaltungsmaßnahmen vorzubereiten. Kommt man in einem Betrieb beispielsweise zu dem Schluß, daß das Unternehmen über zu wenige kreative Mitarbeiter verfügt, so kann dies mehrere Gründe haben. Ein Grund könnte beispielsweise in der Rekrutierungsstrategie des Unternehmens liegen. D.h. es werden nicht genügend kreative Personen eingestellt, weil

a) der Faktor Kreativität derzeit kein Einstellungskriterium ist
b) man glaubt, nur für ganz bestimmte Positionen kreative Mitarbeiter zu benötigen
c) man nicht weiß, wie die Kreativität eines Bewerbers festgestellt werden kann
d) man die möglichen Informationsquellen (Tests, biographische Daten, etc.) zwar kennt, sie aber nicht systematisch nutzt
e) man zwar bemüht ist, bevorzugt besonders kreative Menschen einzustellen, diese jedoch nicht für das Unternehmen gewonnen werden können, etc.

Ein zweiter Grund könnte sein, daß zwar kreative Menschen für das Unternehmen gewonnen werden, die Mitarbeiter aber

a) im Laufe ihres Berufslebens den Eigenantrieb verlieren kreative Leistungen zu erbringen
b) nur noch begrenzt bereit sind, sich auf „unsicheres Terrain" zu begeben und zu Veränderungen des gewohnten Arbeitsablaufes nicht mehr bereit sind
c) nicht über die entsprechenden Techniken verfügen, um vorhandene kreativen Fähigkeiten im Sinne ihrer Arbeitsaufgaben einzusetzen, oder aber
d) das Unternehmen bald wieder verlassen, weil sie ihre Ideen nicht durchsetzen konnten.

Die auf der Vorderseite der Karten abgebildeten Fragen liefern also Anhaltspunkte für mögliche Ursachen eines diagnostizierten Defizits und weisen damit darauf hin, an welchen Stellen gesetzt werden kann, um eine positive Veränderung zu bewirken. Diese Überlegungen können im weiteren Verlauf aufgegriffen werden, wenn es darum geht konkrete Maßnahmen zu planen. Hierfür ist die Rückseite der CreativityCards vorgesehen (Abb. 3).

Angenommen, in der Diagnosephase wurde festgestellt, daß dringend Maßnahmen ergriffen werden müssen, um die Anzahl der kreativen Mitarbeiter zu erhöhen. Man ist außerdem zu der Auffassung gelangt, daß erstens generell zu wenige kreative Personen für eine Mitarbeit im Unternehmen gewonnen werden können, und daß zweitens neue Ideen deshalb fast ausschließlich von den langjährigen Mitarbeitern kommen, weil sich die neuen Mitarbeiter mit ihren Vorschlägen nicht genügend durchsetzen können.

Vor diesem Hintergrund lassen sich u.a. die folgenden zwei Zielsetzungen formulieren:

1. Das kreative Potential der neuen Mitarbeiter soll zukünftig besser genutzt werden (erste Priorität)
2. Die Attraktivität des Unternehmens für kreative Persönlichkeiten soll erhöht werden (zweite Priorität)

Für beide Zielsetzungen werden dann bevorzugt quantitative Kennzahlen, sowie Vorgaben definiert, die man erreichen möchte. Zum Beispiel:

1. Der Anteil der realisierten Verbesserungsideen, die von Mitarbeitern im ersten Jahr ihrer Beschäftigung stammen, soll von 1% auf 5% erhöht werden.
2. Die Anzahl der Spontanbewerbungen von Personen mit besonderen kreativen Fähigkeiten soll von 3 auf 20 pro Jahr gesteigert werden.

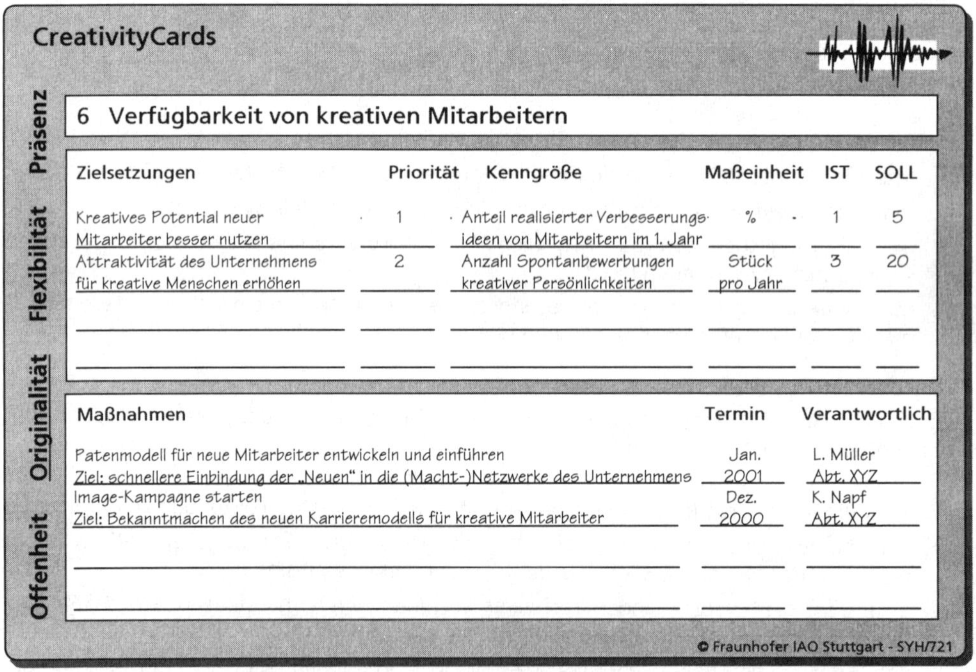
CreativityCards

Präsenz Flexibilität Originalität Offenheit

6 Verfügbarkeit von kreativen Mitarbeitern

Zielsetzungen	Priorität	Kenngröße	Maßeinheit	IST	SOLL
Kreatives Potential neuer Mitarbeiter besser nutzen	1	Anteil realisierter Verbesserungsideen von Mitarbeitern im 1. Jahr	%	1	5
Attraktivität des Unternehmens für kreative Menschen erhöhen	2	Anzahl Spontanbewerbungen kreativer Persönlichkeiten	Stück pro Jahr	3	20

Maßnahmen	Termin	Verantwortlich
Patenmodell für neue Mitarbeiter entwickeln und einführen Ziel: schnellere Einbindung der „Neuen" in die (Macht-)Netzwerke des Unternehmens	Jan. 2001	L. Müller Abt. XYZ
Image-Kampagne starten Ziel: Bekanntmachen des neuen Karrieremodells für kreative Mitarbeiter	Dez. 2000	K. Napf Abt. XYZ

© Fraunhofer IAO Stuttgart - SYH/721

Abb. 3 CreativityCard 6: Verfügbarkeit kreativer Mitarbeiter (Rückseite)

Sind die Kennzahlen und Vorgaben festgelegt, kann damit begonnen werden, konkrete Gestaltungsmaßnahmen zu planen. Auch dieser Schritt setzt jedoch voraus, daß Annahmen über Ursachen-Wirkungszusammenhänge gemacht werden.

In dem hier geschilderten (fiktiven) Fall wäre nun zu überlegen, wie das Unternehmen zu einem Magneten für kreative Mitarbeiter werden könnte. Man könnte zu dem Schluß kom-

men, daß junge, kreative Menschen im Unternehmen ungewöhnliche Aufstiegschancen haben, daß diese Tatsache im Außenraum jedoch nicht wahrgenommen wird. Eine zielführende Maßnahme könnte unter diesen Umständen sein, mit einer neuen Image-Kampagne beispielsweise auf Bonding-Messen aufzutreten, um auf diese Weise kreative Mitarbeiter anzusprechen.
Die Antwort auf die zweite Frage, wie man sicherstellt, daß die Ideen neuer Mitarbeiter auch tatsächlich aufgegriffen und realisiert werden, könnte lauten: Indem man sie möglichst rasch in die Netzwerke des Unternehmens einbindet und ihnen zur Verwirklichung ihrer Ideen Macht-Promotoren zur Seite stellt. Die gewählte Gestaltungsmaßnahme könnte also darin bestehen, ein Patenmodell für neue Mitarbeiter zu entwickeln und einzuführen.

Alle geplanten Maßnahmen zur Optimierung eines Faktors werden mit einer ersten Terminvorgabe und dem Namen der verantwortlichen Person im unteren Teil der Kartenrückseite vermerkt. Um später noch nachvollziehen zu können, weshalb man sich für die eine oder andere Maßnahme entschieden hat, ist es sinnvoll auch diese Vorüberlegungen zu notieren.

Wie für die Karte 6 beschrieben, verfährt man auch mit den 18 anderen thematischen Karten: d.h. man beantwortet zunächst auf der Vorderseite die Fragen zur Selbsteinschätzung der IST-Situation und trägt dann, falls man zu der Überzeugung gekommen ist, daß Schritte zur Verbesserung eines Faktors unternommen werden sollten, auf der Rückseite der jeweiligen Karte die Zielsetzungen, Kennzahlen, Vorgaben und Maßnahmen ein. Auf diese Weise läßt sich ein auf die spezifischen Anforderungen des Unternehmens zugeschnittener Katalog an Kreativitätskennzahlen und Gestaltungsmaßnahmen generieren.

Verwendung der CreativityCards

Für den Einsatz der Karten in der betrieblichen Praxis sehen wir zur Zeit vor allem drei Möglichkeiten. Sie können erstens als Planungsinstrument zur Realisierung umfassender Kreativitätsstrategien eingesetzt werden. Zweitens können sie (derzeit noch mit Einschränkungen) genutzt werden, um sich mit anderen Unternehmen in einem Kreativitäts-„Benchmarking" zu vergleichen. Drittens besteht die Möglichkeit, sie als Hilfsmittel heranzuziehen, um die Entwicklung eines Performance-Management-Systems, wie den Balanced Scorecard (Kaplan & Norton, 1992) zu unterstützen. Alle drei Möglichkeiten sollen nachfolgend kurz skizziert werden.

Die CreativityCards als Diagnose- und Planungsinstrument

Die CreativityCards bieten die Chance, kreativitätsförderliche Maßnahmen gezielter zu planen und besser aufeinander abzustimmen, als dies in vielen Unternehmen bislang geschehen ist. Die Fallstudien und Praxisbeispiele des Verbundprojekts „Wettbewerbsfaktor Kreativität" haben gezeigt, daß zahlreiche Betriebe Schritte unternehmen, um ihr kreatives Potential zu steigern. Dies geschieht jedoch oft nur in punktuellen Maßnahmen (Ideenworkshops, Kreativitätsseminare, Ideenbörsen, etc.), die auf bestimmte Personengruppen, Unternehmensbereiche oder Anwendungsgebiete beschränkt sind oder aber mit Aktionen, die (vordergründig) einem ganz anderen Zweck als der Steigerung der Kreativität dienen. Die „IBIS Service Excellence Initiative" der Hotelkette Accor ist ein gutes Beispiel hierfür (vgl. Hermann & Ganz, in diesem Band).

Mit Hilfe der CreativityCards gelingt es, solche Maßnahmen zu bündeln, zu ergänzen und zu einer gezielten Kreativitätsoffensive auszubauen. Besonders effektiv erscheint uns der Einsatz der Karten, wenn sie dazu genutzt werden, die Standpunkte unterschiedlicher Parteien innerhalb des Unternehmens (Führung und Mitarbeiter, konkurrierende Organisationseinheiten, etc.) aufzudecken und zu einer integrierten Sichtweise zu vereinigen. Das hat den Vorteil, daß bereits im Vorfeld mögliche Widerstände gegen Kreativitätsinitiativen abgebaut werden können.

Der Ablauf kann hierbei wie folgt aussehen:

1. Vertreter beider / mehrerer Parteien analysieren mit Hilfe der Karten zunächst unabhängig voneinander, hinsichtlich welcher Merkmale (Offenheit, Originalität, Flexibilität oder Präsenz) das Unternehmen besondere Stärken bzw. Schwächen aufweist.
2. In einem gemeinsamen Workshop werden die Einschätzungen der Beteiligten, dargestellt in den ausgefüllten „Radar-Diagrammen" vorgestellt und besprochen. Gemeinsam wird nach den Ursachen für die u.U. unterschiedlichen Bewertungen gesucht.
3. Es wird entschieden, welche kreativen Fähigkeiten zukünftig zu unterstützen sind. Vor dem Hintergrund der (zukünftigen) Markt- und Wettbewerbssituation werden diejenigen der 19 Faktoren ausgewählt, die vorrangig bearbeitet werden sollen.
4. Für die priorisierten Faktoren wird eine Liste von Kennzahlen, Vorgaben und möglichen Maßnahmen erarbeitet. Es wird untersucht, ob bereits bestehende Kreativitätsprojekte entsprechend ausgeweitet werden können, bzw. welche neuen Initiativen gestartet werden müßten, um die definierten Vorgaben zu erreichen.
5. Gibt dazu das Management „grünes Licht", kann mit der Umsetzung der Maßnahmen begonnen werden.

Auf diese Weise eingesetzt, können die CreativityCards dazu beitragen, bei allen Beteiligten ein gemeinsames Verständnis des Konzepts Unternehmenskreativität zu entwickeln, das über das Alltagsverständnis hinausgeht. Durch die Zusammenführung der eher strategischen Sicht des Managements und der vorwiegend operativen Sicht der Mitarbeiter können Lösungsansätze erarbeitet werden, die hinsichtlich ihrer Wirkung auf die kreative Leistungsfähigkeit des Unternehmens weitreichender und nachhaltiger sind und die auch eher auf die Akzeptanz aller Beteiligten stoßen.

Die CreativityCards als Benchmarking-Instrument

Als zweites Anwendungsfeld bietet es sich an, die CreativityCards für einen unternehmensübergreifenden Vergleich der betrieblichen Kreativität zu nutzen. Das Instrument befindet sich derzeit noch im Status eines Prototypen und verfügt noch nicht über den notwendigen Reifegrad für ein echtes Benchmarking. Die Einschätzungen entlang der 19 Faktoren sind

1. noch zu stark qualitativ orientiert und solange es keinen validierten Katalog quantitativer Kennzahlen gibt, auch nicht reliabel zu erheben
2. inhaltlich nur begrenzt vergleichbar, da ihnen unterschiedliche Vorannahmen, Alltagstheorien und mentale Modelle der Befragten zugrunde liegen
3. keineswegs repräsentativ für das jeweilige Unternehmen, da sie aus sehr unterschiedlichen Perspektiven erstellt worden sind (Sicht der Mitarbeiter vs. Sicht der Arbeitnehmervertreter, Sicht des Geschäftsführers einer KMU vs. Sicht des mittleren Managements eines Großunternehmens, etc.)
4. für die Augen Dritter bestimmt und deshalb vermutlich auch nicht unbedingt „ungeschönt" und deshalb mit der entsprechenden Vorsicht zu interpretieren.

Dennoch vermögen die CreativityCards, wie das nachfolgende Beispiel zeigt, bereits jetzt ein recht differenziertes Bild der Kreativitätsstrategien unterschiedlicher Betriebe zu zeichnen. Zu einem professionellen Benchmarking-Instrument weiterentwickelt, könnten sie Kreativitätsprofile und Gestaltungsansätze zum Vorschein bringen, die für verschiedene Unternehmenstypen, -größen, oder Branchen charakteristisch sind.

Die nachfolgende Abbildung 4 stellt die „Radar-Diagramme" vor, die bei zwei an unserem Projekt beteiligten Betrieben im Zuge der oben erwähnten leitfadengestützten Interviews erstellt worden sind. Die Gegenüberstellung beider Diagramme verdeutlicht eindrucksvoll, wie unterschiedlich die Ergebnisse einer, mit Hilfe der CreativityCards durchgeführten, Diagnose der IST-Situation ausfallen kann.

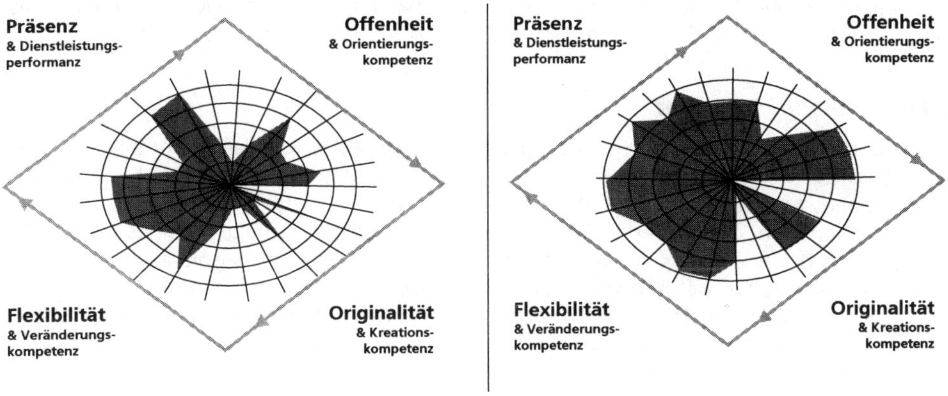

Abb. 4 Selbsteinschätzungen zweier Betriebe (mit einem Vorläufer der heutigen CreativityCards erstellt)

In der Analyse zeigt das linke Diagramm eine sehr vorsichtige Einschätzung des eigenen kreativen Potentials. In allen Feldern, vor allem aber bei den Merkmalen „Offenheit & Orientierungskompetenz" sowie „Originalität & Kreationskompetenz", sieht das Unternehmen A deutliche Lücken. Die Selbsteinschätzung des Betriebs B hingegen fällt insgesamt wesentlich optimistischer aus. Bis auf vier Ausnahmen erreichen die Werte dort mindestens die 80%-Marke. Das Unternehmen gibt sich also selbst bei fast allen Faktoren die Benotung „gut" oder „sehr gut". Aber auch in diesem Fall sind es vor allem die Merkmale Offenheit und Originalität, die Defizite aufweisen.

Da die CreativityCards erst gegen Projektende zur Verfügung standen, spielten diese Einschätzungen bei der Planung der jeweiligen Betriebsvorhaben noch keine Rolle. Um so interessanter ist es in der Rückschau zu sehen, daß die Unternehmen im Rahmen des Verbundprojektes entgegengesetzte Entwicklungsstrategien wählten. Die Kreativitätsstrategie des Betriebs A, der mit innovativen Dienstleistungsprodukten neue Märkte erobern wollte, zielte darauf ab, die Schwächen des Unternehmens auszugleichen. Es wurden Vorgehensweisen entwickelt und erprobt, die zu einer größeren Offenheit für Neues führen sollten. Betrieb B, bei dem eine Erhöhung der Kundenbindung im Vordergrund des Projektes stand, entschied sich dafür, die eigenen Stärken zu nutzen und noch weiter auszubauen. Bei seinen kreativitätsbezogenen Gestaltungsmaßnahmen stand eine deutliche Steigerung der Präsenz im Vordergrund.

Ein Kreativitätsbenchmarking mit Hilfe einer weiterentwickelten Form der CreativityCards könnte also nicht nur zeigen, wie verschiedene Typen von Unternehmen mit ihrem kreativen Potential umgehen, sondern auch auch Auskunft darüber geben, in wieweit die Kreativitätsinitiativen dieser Unternehmen mit den jeweiligen strategischen Zielen korrespondieren.

Die CreativityCards als Hilfsmittel für den Aufbau einer Balanced Scorecard

Es gibt noch eine dritte Verwendungsmöglichkeit des Instrumentes. Die CreativityCards weisen nicht zufällig starke Parallelen zu den im Augenblick viel diskutierten Balanced Scorecard von Kaplan & Norton (1997) auf. Sie sind u.a. auch als eine Reaktion auf die Schwierigkeiten zu verstehen, die viele Unternehmen gerade mit der Entwicklung von Kennzahlen für die „weichen" Faktoren haben, die bei der Balanced Scorecard eine zentrale Rolle spielen und bieten sich als ergänzendes Instrument für diesen Prozeß an.

Um zeigen zu können, welche Unterstützungsmöglichkeiten die CreativityCards bieten, ist es notwendig, zunächst auf die Balanced Scorecard selbst ausführlicher einzugehen.

Ziel der Balanced Scorecard

Kaplan und Norton gingen bei der Entwicklung ihres Ansatzes von der Erkenntnis aus, daß die traditionellen Kennzahlen (Cash-flow, Return-on-Investment, etc.), die sich bisher zur Unternehmenssteuerung bewährt haben, in der heutigen turbulenten Wettbewerbssituation für sich genommen kein zutreffendes Bild von der Wettbewerbsfähigkeit eines Unternehmens mehr geben können (Kaplan & Norton, 1992). Hierfür spricht beispielsweise der Kurs der amazon.com-Aktie, welcher weiterhin steigt, obwohl das Unternehmen seit seiner Gründung kontinuierlich Verluste einfährt. Folglich muß es neben den harten Zahlen noch etwas anderes geben, auf das sich das Vertrauen der Anleger gründet. Etwas, das einen zukünftigen Erfolg vermuten läßt.

Controlling-Kennzahlen geben nur Auskunft darüber, wie effektiv und effizient das Unternehmen in der Vergangenheit gearbeitet hat. Sie sagen wenig darüber aus, wie gut es in der Lage ist auf zukünftige Anforderungen zu reagieren, oder wie Pümpin (1992) formuliert, ob es über die erforderlichen Fähigkeiten verfügt, „Nutzenpotentiale" zu erschließen und strategisch relevante Positionen zu besetzen. Es ist folglich notwendig, so die Überlegung von Kaplan und Norton, zusätzlich Kennzahlen zur Unternehmenssteuerung heranzuziehen, die eine längerfristige Vorhersage des Unternehmenserfolgs ermöglichen.

Im Rahmen eines einjährigen Projektes, an dem 12 Unternehmen beteiligt waren, entwickelten sie einen neuen Ansatz des Performance Measurements – die Balanced Scorecard (Kaplan & Norton, 1992). Dieses Instrument sollte Manager befähigen, ihr Unternehmen aus vier verschiedenen Perspektiven zu betrachten: a) der Kundenperspektive (wie sehen uns die Kunden?), b) der internen Perspektive (worin müssen wir besser werden?), c) der Innovations- und Lernperspektive (wie können wir weiterhin besser werden und Wertschöpfung erzielen?) und d) der finanziellen Perspektive (wie schneiden wir in den Augen der Anteilseigner ab?). Neben den „harten" finanziellen Erfolgsfaktoren werden mit diesem System jetzt also auch „weiche" erfolgspotentialbestimmende Faktoren berücksichtigt.

Die Balanced Scorecard (BSC) war ursprünglich als ein reines Meßinstrument konzipiert. Heute versteht sich die BSC vor allem als ein Hilfsmittel für das strategische Management. Sie dienen als Grundlage, um Strategien und Visionen zu klären, im Unternehmen zu kommunizieren, systematisch umzusetzen und schließlich zu evaluieren und weiterzuentwickeln (Kaplan & Norton, 1993, 1996, 1997). Genau in dieser Tatsache, daß die Balanced Scorecard eine Evaluation der Strategie und damit auf strategischer Ebene ein „douple-loup learning" (Argyris, 1992) ermöglichen, sehen die Autoren einen (weiteren) entscheidenden Vorteil ihres Ansatzes: *„This capacity for enabling organiszational learning at the executive level – strategic learning – is what distinguishes the balanced scorecard, making it invaluable for those who wish to create a stategic management system"* (Kaplan & Norton, 1996, 85).

Vorgehensweise der Entwicklung von BSCs

Die Entwicklung einer Balanced Scorecard soll nach Kaplan und Norton in einem Top-Down-Prozeß erfolgen, der auf der obersten Führungsebene des Unternehmens beginnt und sich dann im gesamten Unternehmen fortsetzt.

Ausgangspunkt ist eine (bereits vorhandene) Vision, beispielsweise, „die Nummer 1 der Zulieferer", „Marktführer in einem bestimmten Segment", oder ein „hochleistungsfähige Organisation" zu werden. Diese Vision wird zunächst in konkrete Ziele übersetzt. Entscheidend ist dabei, daß vier Arten von Zielen formuliert werden, die in einem „ausgeglichenen Verhältnis" zueinander stehen sollen: finanzielle Ziele, Kundenziele, prozeßbezogene Ziele, Lern- und Entwicklungsziele. Für jedes dieser Ziele werden Kenngrößen, Vorgaben und schließlich Gestaltungsmaßnahmen definiert.

Die auf der Ebene der Geschäftsführung entwickelte Balanced Scorecard wird im nächsten Schritt „heruntergebrochen". Dies kann beispielsweise entlang der Organisationsstruktur (Betrieb, Bereich, Abteilung, Mitarbeiter), entlang des Geschäftsprozesses (Auftragsannahme, Einkauf, Fertigung, etc.) oder entlang der Produktgruppen geschehen. Durch Ausdifferenzierung der Top-Level-Scorecard in immer spezifischere Scorecards wird sichergestellt, daß die Strategie für das gesamte Unternehmen operationalisiert wird.

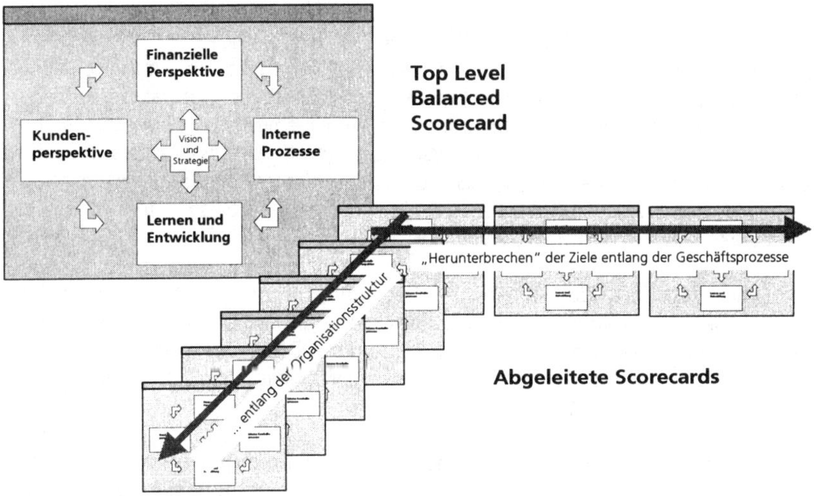

Abb. 5 Hierarchie der Scorecards

De facto gibt es also nicht nur eine, sondern eine ganze Hierarchie von aufeinander aufbauenden Scorecards, die im Idealfall von der Führungsebene bis hin zu jedem einzelnen Mitarbeiter reicht (Abb. 5)

Hürden der betrieblichen Umsetzung

Die Idee der Balanced Scorecard ist auf den ersten Blick bestechend einfach: eine Vision wird in Ziele übersetzt, die gleichermaßen harte wie weiche Erfolgsfaktoren betreffen. Diese Ziele werden weiter konkretisiert, d.h. in Kenngrößen, Vorgaben und Maßnahmen transformiert und ausdifferenziert, so daß sie letztendlich in Handlungsanweisungen für jede Organisationseinheit und jeden Mitarbeiter umgesetzt werden.

In der Praxis erweist sich der Aufbau unternehmensspezifischer Balanced Scorecards nicht ganz so einfach. Beim Versuch, die Balanced Scorecard als strategisches Managementsystem zu verwenden, stoßen viele Unternehmen auf ungeklärte Fragen, z.B.:

- Welche Strategie ist für unser Unternehmen in der jetzigen Situation die richtige?
- Welcher Weg führt von einer Vision zu den vier Arten von Zielen?
- In welchem Verhältnis stehen die vier Arten von Zielen zueinander? Wie werden sie „ausbalanciert"?
- Wie finden wir die richtigen, aussagekräftigen Kennzahlen für unsere nicht-finanziellen Ziele?
- Wie gehen wir vor, um die BSC der Unternehmensführung in Scorecards für die einzelnen Organisationseinheiten „herunterzubrechen"? Wie weit muß dabei gegangen werden?
- Welcher Zusammenhang besteht zwischen den Kennzahlen der Top-level BSC mit den Kennzahlen der abgeleiteten Scorecards? Wie disaggregiert bzw. aggregiert man insbesondere die weichen Kennzahlen?
- Welches Gewicht haben die vier Arten von Zielen, wenn es darum geht, den Erfolg einer Strategie zu beurteilen?

Kaplan und Norton betonen, daß die Balanced Scorecard nicht dazu geeignet ist, eine Strategie zu formulieren, sondern lediglich dazu dienen, eine solche zu operationalisieren. Eine Antwort auf die erste Frage darf also nicht erwartet werden. *„Measures of customer satisfaction, internal business performance, and innovation and improvement are derived from the company's particular view of the world and its perspective on key success factors. But that view is not necessarily correct. Even an excellent set of balances scorecard measures does not guarantee a winning strategy. The balanced scorecard can only translate a company's strategy into specific measure"* (Kaplan & Norton, 1992, 79).

Was die anderen Fragen betrifft, finden sich in den Veröffentlichungen von Kaplan und Norton zahlreiche Fallbeispiele, die zeigen wie die Aufgabe, eine unternehmensspezifische BSC aufzubauen von unterschiedlichen Unternehmen gelöst wurde. Diese Beispiele können dazu inspirieren, eigene Antworten auf diese Fragen zu finden. Eine systematische Unterstützung für die Umsetzung ihres Ansatzes liegt jedoch nicht vor.

Es verwundert deshalb nicht, daß viele Unternehmen pragmatisch vorgehen und nicht wirklich einen Top-Down-Prozeß durchlaufen. Sehr viel häufiger findet man in der betrieblichen Praxis, daß zuerst nachgeschaut wird, welche Kennzahlen bereits im eigenen Haus erhoben werden und welche Ziele und Kennzahlen andere Unternehmen typischerweise verwenden. Aus beiden Quellen wird dann die eigene Scorecard „zusammengebaut".

Diese Vorgehensweise ist, angesichts der ungeklärten Fragen und des hohen Aufwands der mit der Entwicklung der Scorecards und mit der Erhebung der Kennzahlen verbunden ist, verständlich. Sie hat aber einen entscheidenden Nachteil: Sie bewirkt, daß die vier Perspektiven, aus denen auf das Unternehmen geschaut wird, weitgehend unverbunden nebeneinander stehen bleiben. Es entsteht der Eindruck, die Auswahl der Kennzahlen sei bis zu einem gewissen Grad beliebig. Das schadet insbesondere den weichen Zielen, die, wenn sie sich nicht zwingend aus einer Strategie ergeben, an Verbindlichkeit verlieren.

Nimmt man das Anliegen von Kaplan und Norton ernst, nämlich zur Unternehmenssteuerung eine ausgewogene Mischung aus „harten" (aber vergangenheitsbezogenen) finanziellen und zukunftsorientierten (aber „weichen") Faktoren heranzuziehen, ist es nach unserer Einschätzung dringend erforderlich explizit einen Zusammenhang zwischen nicht-finanziellen und finanziellen Zielen herzustellen. Denn letzen Endes – daran lassen auch Kaplan und Norton keinen Zweifel – mißt sich der Erfolg einer Strategie an den finanziellen Ergebnissen des Unternehmens. *„But the hard truth is that if improved performances fails to be reflected in the bottom line, executives should reexamine the basic assumptions of their strategy and mission. Not all long-term strategies are profitable strategies" (Kaplan & Norton, 1996, 77).*

Gestaltungsmaßnahmen, die bei den prozeßbezogenen Zielen oder den Lern- und Entwicklungszielen angreifen, wirken naturgemäß nur indirekt und erst mit einer gewissen zeitlichen Verzögerung. Auch wenn beispielsweise ein korrelativer Zusammenhang zwischen den kreativen Fähigkeiten der Mitarbeiter und den finanziellen Ergebnissen eines Unternehmens hergestellt werden kann, so heißt dies nicht, daß Maßnahmen zur Steigerung der Mitarbeiterkreativität automatisch und bereits morgen einen höheren Gewinn oder eine Vergrößerung des Marktanteils mit sich bringen. Die Wirkungskette ist länger und komplexer. Gerade diese Tatsache macht es so schwierig zu beziffern, welchen wirtschaftlichen Effekt solche Maßnahmen haben. Für das Controlling sind sie deshalb zunächst nur ein Kostenfaktor.

Dies ändert sich erst, wenn die Hypothesen expliziert und systematisch getestet werden, die hinter der Entscheidung stehen, in diese „weichen" Bereiche zu investieren. Wenn beispielsweise ausgeführt wird, daß es ein wichtiges strategisches Ziel ist, die Mitarbeiterkreativität zu steigern, weil angenommen werden kann, daß kreative Mitarbeiter sich in einem dienstleistungsorientierten Geschäftsfeld besser bewegen können und damit Leistungen hervorbringen, die von bestimmten Kundensegmenten geschätzt und entsprechend honoriert werden, so kann jeder einzelne Schritt dieser Ursachen-Wirkungskette überprüft werden. Erst wenn eine solche Kette aufgebaut wird, haben die entsprechenden Gestaltungsmaßnahmen eine Chance, ihre wirtschaftliche Effektivität nachzuweisen.

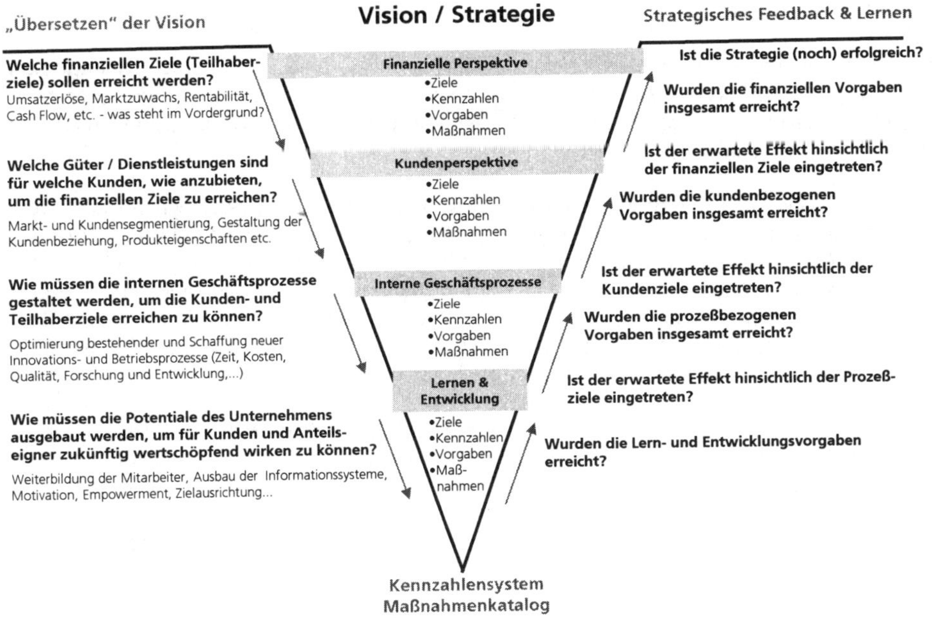

Abb. 6 Systematische Vorgehensweise

Bei der Entwicklung von unternehmensspezifischen BSCs muß deshalb im Grunde noch deutlich stringenter deduktiv vorgegangen werden, als dies von Kaplan und Norton vorgeschlagen wird. Notwendig ist, eine Argumentationskette zu bilden, die alle vier Arten von Zielen miteinander verbindet. Das heißt, aus den finanziellen Zielen sollten die Kundenziele abgeleitet werden, aus den Kundenzielen die prozeßbezogenen Ziele und aus den prozeßbezogenen Zielen die Lern- und Entwicklungsziele (vgl. Abb. 6).

Damit tatsächlich ein strategisches Feedback erfolgen kann, sollte der Evaluationsprozeß dann den umgekehrten Weg gehen und ausgehend von den Lern- und Entwicklungszielen schrittweise prüfen, ob a) die jeweiligen Vorgaben erreicht wurden (Controlling anhand der Kennzahlen) und ob sich b) die erwarteten Ergebnisse bezüglich der jeweils übergeordneten Ziele einstellen (rechter Ast des in Abb. 5 dargestellten Venn-Diagramms). Nur so kann fundiert darüber entschieden werden, ob ein etwaiger Mißerfolg auf eine falsche Strategie, eine mangelhafte Operationalisierung in Ziele, oder die unzureichende Umsetzung der geplanten Maßnahmen zurückzuführen ist.

Das Unterstützungsangebot der Creativity Cards

Bei der systematischen Entwicklung einer Scorecard entsteht zwangsläufig (explizit oder nicht) ein ganzes Geflecht von Annahmen, welche sich beziehen auf:

- den Zusammenhang zwischen den finanziellen, kundenbezogenen, prozeßbezogenen sowie den Lern- und Entwicklungszielen
- den Zusammenhang zwischen den jeweiligen Zielen und den Kennzahlen, mit denen sie gemessen werden sollen
- den Zusammenhang zwischen geplanten Maßnahmen und den Vorgaben
- den Zusammenhang zwischen den Kennzahlen der übergeordneten und der abgeleiteten Scorecards etc.

Dreh- und Angelpunkt eines erfolgreichen Einsatzes der BSC als Performance Management System ist, daß möglichst zutreffende Hypothesen über Ursachen-Wirkungs-Zusammenhänge formuliert werden, die auch eine Aggregation der nicht-finanziellen Kennzahlen über die gesamte Hierarchie der Scorecards (vgl. Abb. 5) ermöglichen.

Der Umsatz, der mit einer bestimmten Produktgruppe erzielt wird, läßt sich beispielsweise vergleichsweise einfach berechnen. Es lassen sich Vorgaben für jeden Mitarbeiter formulieren, deren Erreichen überprüft werden kann. Alle Einzelumsätze zusammengerechnet ergeben den Gesamtumsatz. Die weichen Faktoren verhalten sich hingegen meist völlig anders. Zum Beispiel läßt sich zwar auch das kreative Potential einer Person mit validierten Tests recht zuverlässig erfassen. Damit ist jedoch noch in keiner Weise gesagt, daß die betreffenden Mitarbeiter ihre kreativen Fähigkeiten auch tatsächlich zum Einsatz bringen (können). Und es wäre völlig falsch anzunehmen, daß ein Unternehmen, das statt 1% über 20% hoch kreative Personen verfügt, damit zugleich auch um 20% kreativer wäre. Das Zusammenwirken unterschiedlicher Einflußfaktoren ist bei vielen kunden-, prozeß- und lern- und entwicklungsbezogenen Fragen also wesentlich komplexer, als bei den finanziellen. Genau diese Tatsache macht es für die Unternehmen so schwer, Ziele und Kennzahlen für die nicht-finanziellen Faktoren zu definieren. Hier bieten sich die CreativityCards als unterstützendes Instrument an.

Die CreativityCards sind mit Blick auf die Balanced Scorecard entstanden und deshalb ähnlich aufgebaut wie diese. Auf der Rückseite der CreativityCards werden wie bei der Balanced

Scorecard Ziele, Kenngrößen, Vorgaben und Maßnahmen definiert. Auch die CreativityCards berücksichtigen alle vier Perspektiven der Balanced Scorecard. Der Fokus liegt aber, da es sich um ein Instrument zur Messung und Beeinflussung der Unternehmenskreativität handelt, eindeutig auf den internen Prozessen und der Lern- und Entwicklungsperspektive. Die CreativityCards können deshalb kein Ersatz für die Balanced Scorecard sein, aber ein Hilfsmittel, um die BSC mit spezifischen Inhalten zu füttern.

Zwar vermögen auch die CreativityCards nicht automatisch eine komplette Sammlung unternehmensspezifischer Kennzahlen vorzugeben. Durch ihren Einsatz als Diagnoseinstrument erfährt das Unternehmen jedoch einiges über die „blinden Flecken" und Kreativitätsbarrieren im Unternehmen und kann, geleitet durch vorgegebene Fragen, ein situationsangemessenes Kennzahlensystem und Kreativitätsprogramm entwickeln. Da sie sich auf ein Idealbild oder Referenzmodell berufen, haben die CreativityCards, wenn es um die Definition von (kreativitätsbezogenen) Kennzahlen geht, einen entscheidenden Vorteil: Sie liefern nicht wie die BSC nur ein leeres Gerüst, das von den Unternehmen selbst gefüllt werden muß, sondern bieten zum einen durch die Zusammenstellung der 19 thematischen Karten und zum anderen durch die Fragebatterie auf der Vorderseite jeder einzelnen Karte bereits Hypothesen bezüglich möglicher Ursachen-Wirkungszusammenhänge an. Hypothesengeleitet kommt man durch den Einsatz der CreativityCards zu Zielen, Kennzahlen und Maßnahmen für die „weichen" Faktoren, die deutlich aussagekräftiger sind, als vieles was in diesem Zusammenhang üblicherweise verwendet wird (beispielsweise die Anzahl von Mitarbeiterbefragungen als Kennzahl für die Mitarbeiterzufriedenheit). Das macht sie für die Entwicklung eines Performance Managementsystems zu einem nützlichen Hilfsmittel. Schließlich kommt es nicht nur darauf an zu messen, mindestens ebenso wichtig ist es, daß das richtige gemessen wird.

Fazit / Ausblick

Wie die drei beschriebenen Anwendungsszenarien zeigen, sind die Einsatzmöglichkeiten der CreativityCards vielfältig. Sie können von kleinen und mittleren Unternehmen für eine Bestandsaufnahme des gesamten kreativen Potentials genutzt werden. Sie lassen sich in großen wie in kleinen Unternehmen verwenden, um Kreativitätsinitiativen gezielter zu planen. Sie machen ein Benchmarking zwischen unterschiedlichen Unternehmen und Branchen möglich, und sie lassen sich einsetzen, um die Entwicklung eines Performance Management System zu unterstützen. Einschränkend ist allerdings zu bemerken, daß die CreativityCards bislang nur innerhalb des Projektkonsortiums eingesetzt worden sind. Sie müßten also noch einer ausführlicheren Evaluation unterzogen werden. Hierin sehen wir noch einen dringenden Forschungsbedarf.

Literatur

Argyris, Chris: On Organizational Learning. Oxford: Blackwell Publishers Ltd., 1992.

Brettreich-Teichmann, Werner; Wiedmann, Gudrun: Management Kreativer Organisationen - Bilanz. Unveröffentlichtes Diskussionspapier 19.04.1998

Bullinger, Hans-Jörg, Hermann, Sibylle, Walter Ganz: Wettbewerbsfaktor Kreativität – ein wichtiges Thema neu entdecken! In: Wettbewerbsfaktor Kreativität – Strategien, Konzepte und Werkzeuge zur Steigerung der Dienstleistungsperformance / Hans-Jörg Bullinger, Sibylle Hermann (Hrsg.). Wiesbaden: Gabler, 2000.

Hermann, Sibylle, Walter Ganz: Steckbrief eines kreativen Unternehmens. In: Wettbewerbsfaktor Kreativität – Strategien, Konzepte und Werkzeuge zur Steigerung der Dienstleistungsperformance / Hans-Jörg Bullinger, Sibylle Hermann (Hrsg.). Wiesbaden: Gabler, 2000.

Kaplan, Robert S.; Norton David P.: Balanced Scorecard. Stuttgart: Schäffer-Poeschel, 1997.

Kaplan, Robert S.; Norton David P.: Using the Balanced Scorecard as a Strategic Managment System. In: Harvard Business Review (1996) S.75-85.

Kaplan, Robert S.; Norton David P.: The Balanced Scorecard – Measures that Drive Performance. In: Harvard Business Review (1993) 5, p .134-147.

Kaplan, Robert S.; Norton David P.: The Balanced Scorecard – Measures that Drive Performance. In: Harvard Business Review (1992) 1, p .71-79.

Pümpin, Cuno: Strategische Erfolgspositionen (SEP). Methodik der dynamischen strategischen Unternehmensführung. Berlin: Haupt-Verlag, 1992.

IV. Wissen und Kreativität – Zwei Seiten einer Medaille

Vom Umgang mit der Zukunftsressource Wissen

Walter Ganz, Sibylle Hermann

Für Unternehmen aller Branchen, wird der effektive und effiziente Einsatz der Ressource Wissen zunehmend zu einem kritischen Erfolgsfaktor. Beim Aufbau einer leistungsfähigen Wissensinfrastruktur sehen sich die Unternehmen jedoch mit einem Zielkonflikt zwischen Spezialisierungsanforderung und Integrationsdruck konfrontiert. Der Umgang mit der Zukunftsressource Wissen ist deshalb kein vorrangig technologisches Problem, sondern eine strategische Frage, die ein integriertes Konzept für das Kreativitäts- und Wissensmanagement erfordert. Die Beherrschung koordinativer und wissensintegrativer Prozesse wird zu einer Schlüsselkompetenz für die Organisationen und ihre Mitarbeiter.

Herausforderungen des wissensbasierten Wettbewerbs

Die zunehmende Wissensintensivierung und Tertiarisierung aller Wirtschaftsbereiche macht den effizienten und effektiven Einsatz von Wissen zu einem der wichtigsten Herausforderungen der Zukunft. Das Land, dem es zuerst gelingt die Produktivität der Wissens- und Dienstleistungsarbeit zu steigern, so die Einschätzung Druckers, wird das 21. Jahrhundert in wirtschaftlicher Hinsicht dominieren (Drucker, 1991).

Mehr und mehr entscheidet sich der Wettbewerbserfolg von Unternehmen am Faktor Wissen. Die Anzeichen für diese Entwicklung sind nicht zu übersehen: In die Produktion selbst der einfachsten Güter fließt immer mehr Know-how ein. Es wächst die Nachfrage nach „intelligenten Produkten" und Werkzeugen für das Wissensmanagement (vgl. z.B. Doblaski et al., in diesem Band) und viele Unternehmen entdecken, daß sich ihr eigenes Wissen in wertvolle Produkte verwandeln läßt (vgl. z.B. Golasowski & Bockelmann, in diesem Band). Wissen ist damit auf dem besten Weg, die klassischen Produktionsfaktoren (Kapital, Rohstoffe, Energie) zu verdrängen, wie Thomas Stewart eindrucksvoll am Siegeszug der Aluminiumgetränkedose demonstriert, die dank fortschrittliche Fertigungsverfahren und einem funktionierenden Recycling-System fast nur noch aus Wissen zu bestehen scheint. *„Less metal - less engergy - held up by something you can neither see or feel: Joe Six-Pack's Industrial Age talisman has become an icon of the Knowledge Age, the economy of the intagible." (Stewart, 1997, S. 5).*

Begleitet und forciert wird der Wandel zur Wissensgesellschaft von einer zunehmenden Dienstleistungsorientierung der Wirtschaft. Auch dieser Trend hinterläßt an vielen Stellen seine Spuren: Bei der Herstellung materieller Güter spielen Dienstleistungstätigkeiten eine immer größere Rolle. Sachgüter werden mit Dienstleistungen zu „hybriden Produkten" kombiniert. Oft sind es die Dienstleistungen, die in diesen Leistungsbündeln das wettbewerbsdifferenzierende Element darstellen (Stanke & Ganz, 1996; Korell & Ganz, in diesem Band). Auch die Tatsache, daß sich nicht wenige der großen Industriekonzerne von der Öffentlichkeit lange Zeit fast unbemerkt zu erfolgreichen Dienstleistungsunternehmen gewandelt haben, zeigt die wachsende Bedeutung immaterieller Produkte für die Wertschöpfung. Ein aktuelles Beispiel hierfür ist die Mannesmann AG. Das Unternehmen erzielte 1999 etwa ein Viertel seines Umsatzes in seinem jüngsten Geschäftsfeld „Telekommunikation" und nur noch 12 Prozent mit der Produktion von Röhren, dem klassischen Geschäftsfeld des Konzerns. Nicht die Konzentration auf das alte Kerngeschäft, sondern das Engagement in einem interessanten neuen Dienstleistungsfeld ließ den Aktienkurs steigen – machte das Unternehmen aber auch zu einem begehrten Übernahmekandidaten.

Beide Entwicklungsströme - die zunehmende Wissensintensivierung und Diensteistungsorientierung – stehen in engem Zusammenhang zueinander. Sie kumulieren im Wachstum des Bereichs der wissensintensiven Dienstleistungen, der sowohl hinsichtlich der Wertschöpfung, aber auch in Bezug auf die Beschäftigung immer wichtiger wird. In Deutschland waren 1997 bereits 8,6 Mio. sozialversicherungspflichtig Beschäftigte in wissensintensiven Dienstleistungsbereichen tätig. Zwei Drittel aller Arbeitsplätze des Dienstleistungsbereichs und 35 Prozent aller Beschäftigten in der Gewerblichen Wirtschaft, konnten diesen Sektoren zugeordnet werden und das Wachstumspotential dieses Bereichs gilt noch lange als nicht ausgeschöpft (BMBF, 1999).

Wenngleich also nicht zu erwarten ist, daß alle Unternehmen, quasi „über Nacht", zu wissensintensiven Dienstleistern werden, so ist die wachsende Bedeutung des Faktors Wissen doch in Betrieben aller Branchen und Größen spürbar. Die Aufmerksamkeit der Wirtschaft richtet sich aus diesem Grund verstärkt auf die Suche nach organisatorischen, technologischen und personellen Konzepten, um den Anforderungen eines wissensbasierten Wettbewerbs besser begegnen zu können. Im Vordergrund stehen dabei drei Fragen:

1. *Wie läßt sich die Produktivität der Wissensarbeit steigern?*
   In den vergangenen Jahrzehnten wurden von den Unternehmen mit Erfolg enorme Anstrengungen unternommen, um die Effizienz der Industriearbeit zu steigern. Zukünftig wird alles daran gesetzt werden, vergleichbare Effekte auch im Bereich der Wissensarbeit zu erzielen.
2. *Wie gewinnt, führt, qualifiziert und motiviert man Wissensarbeiter?*
   Mit der zunehmenden Wissensintensivierung der Arbeit wachsen zum einen die Anforderungen an die Fähigkeiten der Mitarbeiter. Dies verlangt adäquate Konzepten der Arbeitsgestaltung und Qualifizierung. Zum anderen werden kreative und hochqualifizierte Mitarbeiter zu einem „teuren" Gut. Damit rückt die Frage in den Vordergrund, wie man das Engagement und die Loyalität exzellenter Mitarbeiter gewinnt und aufrecht erhält.
3. *Wie wird Wissen optimal gemanagt?*
   Die dritte Frage, mit denen sich Unternehmen zukünftig noch stärker als heute schon auseinandersetzen werden, betrifft das Wissen selbst. Ebenso wie die materiellen Vermögenswerte, erfordert auch die Ressource Wissen ein professionelles Management, d.h. sie muß gewonnen, gepflegt und möglichst effizient genutzt werden.

Diese drei Fragestellungen hängen eng zusammen und sie lassen sich nach unserer Einschätzung nur dann befriedigend beantworten, wenn man sich über ein grundlegendes Dilemma des wissensbasierten Wettbewerbs im Klaren ist: dem Zielkonflikt zwischen Spezialisierungsanforderung und Wissensintegrationsbedarf. In diesem Spannungsfeld müssen sich alle Lösungen, seien sie nun arbeitsorganisatorischer, technologischer und/oder qualifikatorischer Art, bewähren (Ganz & Hermann, 1999).

Spezialisierungzwang und Integrationsdruck

Unternehmen, die sich im Rennen um das beste Wissen und die innovativsten Ideen erfolgreich behaupten wollen, sehen sich mit zwei widersprüchlichen Anforderungen konfrontiert: Der Anforderung, sich auf begrenzte Wissensgebiete zu konzentrieren und der Anforderung, möglichst heterogene Wissensbereiche zusammenzuführen und zu einem neuen Ganzen zu verbinden.

Eine Spezialisierung auf bestimmte Wissensgebiete ist unumgänglich, denn aus ökonomischen Gründen ist es nicht möglich, einen substanziellen Wissensvorsprung flächendeckend zu realisieren. Nur wer sich permanent und intensiv mit einem Themengebiet auseinandersetzt und sein Wissen immer wieder auf neue, hochgradig anspruchsvolle Problemstellungen anwendet, ist in der Lage, es kontinuierlich weiterzuentwickeln und grundlegend zu erneuern. Der Aufbau exklusiven Wissens ist folglich zeit- und kostenintensiv und wird deshalb immer auf ein relativ eng umgrenztes Wissensgebiet beschränkt bleiben müssen. Dies zeigt sich in der Wissenschaft, in der Entstehung zahlreicher Spezialdisziplinen und in den Unternehmen in einer Fokussierung ihrer Geschäftstätigkeiten.

In der Wirtschaft lautete das Motto der letzten Jahre darum auch: Konzentration auf die Kernkompetenzen. Diesem Leitsatz folgend organisierten sich viele Unternehmen in eigenständig agierenden Einheiten (Profit-Center) und Betrieben, deren Tätigkeit sich jeweils auf umschriebene Geschäftsfelder konzentriert. In manchen Branchen geht diese Aufsplittung nach Malone und Laubacher (1999) sogar so weit, daß es inzwischen oft leichter ist, die vorhandene Organisation als eine Konföderation von Unternehmen zu betrachten, die lediglich der gemeinsame Markenname vereint. Die gegenwärtige Fusionswelle der großen Konzerne scheint diesen Aussagen auf den ersten Blick zu widersprechen. Doch auch bei diesen Unternehmenszusammenschlüssen entstehen in der Regel nicht mehr die monolithischen Gebilde der Vergangenheit, sondern weitgehend unabhängige Betriebe mit dezentralen Führungsstrukturen und eigenem Profil.

Eine Spezialisierung der Unternehmen ist aus den genannten Gründen unumgänglich, sie bringt jedoch ein grundlegendes Problem mit sich: Sie erhöht die Abhängigkeit von externen Ressourcen und zwar sowohl bei der Leistungserbringung, als auch bei der Ideenentwicklung.

Die Fokussierung ihrer Aktivitäten erlaubt es den Firmen zwar, in ihrem eng umschriebenen Tätigkeitsfeld einen substantiellen Wissensvorsprung zu erarbeiten, alleine mit ihrem speziellen Produkt- und Prozeß-Know-how – und sei dieses noch so exklusiv - ist eine Behauptung am Markt jedoch nur bedingt möglich. Grund dafür ist, daß die Kunden immer häufiger umfassende Leistungsangebote erwarten, die entsprechend ihrer individuellen Bedürfnisse zusammengestellt werden. Ein Beispiel hierfür ist die wachsende Nachfrage nach „hybriden Produkten", d.h. nach einer Kombination aus Sachgütern und Dienstleistungen. Von einem spezialisierten Betrieb ist eine solche Leistungsbündelung nicht leistbar. Komplettangebote werden deshalb immer häufiger von Unternehmensverbünden angeboten. Dies gilt in besonderem Maße für die dynamischen Dienstleistungsbereiche (Medien, Software, Electronic Business, etc.), deren junge Unternehmen aufgrund ihrer Größe und Qualifikationsstruktur darauf angewiesen sind, die eigene Spezialisierung interorganisational zu kompensieren (Picot & Neuburger, 1998).

Eine Konzentration auf definierte Wissensgebiete und Kernkompetenzen hat aber nicht nur Auswirkungen auf die Unternehmens- und Arbeitsorganisation, sie bestimmt mittelfristig auch die Kreativität und Innovationskraft der Firmen. Neue Ideen entstehen durch die unorthodoxe Verknüpfung heterogenen Wissens. Dies setzt natürlich voraus, daß tatsächlich ein breites Wissensspektrum vorhanden ist. Je stärker die Spezialisierung eines Unternehmens ist, desto homogener wird der Wissens- und Erfahrungshintergrund der Mitarbeiter. Das bestehende Leistungsangebot kann dann zwar auf hohem Niveau verfeinert und optimiert werden, die Wahrscheinlichkeit, daß aus eigener Kraft wirklich neue Ideen entstehen nimmt jedoch ab (vgl. Ganz & Hermann, 1998). Abgesehen davon, daß die Fokussierung auf bestimmte Kompetenzbereiche die Verletzlichkeit eines Unternehmen erhöhen kann (bei einer plötzlichen und dramatischen Veränderung der Marktsituation kann sich eine lukrative Nische schnell als Falle entpuppen), werden mit der Spezialisierung also unter Umständen auch wichtige Quellen für Innovationen abgeschnitten. Um so wichtiger wird es, in der Zusammenarbeit mit Dritten Impulse für neue Ideen zu suchen.

Ebenso groß wie der Spezialisierungszwang ist deshalb der Druck, sich Zugang zu unterschiedlichsten Wissensquellen zu verschaffen und spezialisiertes Wissen für konkrete Aufgabestellungen zu bündeln und zusammenzuführen (Ganz & Hermann, 1999).

Wissensintegration: Schlüsselkompetenz der Zukunft

In einer turbulenten Umwelt wird die Fähigkeit der Unternehmen, Wissen zu integrieren, zu einem Schlüssel für Wachstum und Wohlstand (Grant, 1996).

Wenngleich bislang noch wenig beachtet, finden wissensintegrative Prozesse fast überall im Unternehmen statt:

- auf der strategischen Ebene, wenn es darum geht, die eigenen Kernkompetenzen und Geschäftsfelder weiterzuentwickeln
- auf der Ebene der Arbeitsgruppen, wenn multidisziplinäre Teams erfolgreich zusammenarbeiten sollen
- auf der individuellen Ebene, wenn neue Inhalte zu lernen und innovative Ideen zu entwickeln sind

Auf jeder dieser Ebenen gibt es eine Reihe offener Fragen und (besonders mit Blick auf dienstleistungsorientierte Unternehmen) drängenden Unterstützungsbedarf.

Bedeutung der Wissensintegrationsprozesse für die Erneuerung der Kernkompetenzen eines Unternehmens

Damit sich die Kernkompetenzen eines Unternehmens nicht unversehens in „Kernrigiditäten" (Leonard-Barton, 1995) verwandeln, ist es notwendig, der eigenen Spezialisierung entgegen zu wirken und in den Aufbau neuen Wissens zu investierten. Dies kann nach Leonard-Barton (1995) auf vier Wegen geschehen (vgl. Abb. 1):

- *durch das gemeinsame Problemlösen in heterogenen Teams*
  Menschen tendieren dazu, allzu schnell in ihre Gewohnheiten zu verfallen und Probleme immer auf die eine, bewährte Weise anzugehen. Durch die Arbeit in multidisziplinären Teams kann dieses Manko aufgehoben werden. Die Reibungen, die beim Aufeinandertreffen unterschiedlicher Sichtweisen, Denkstile, Interessen und Vorgehensweisen zwangsläufig entstehen, können zu einem guten Nährboden für kreative Ideen werden.
- *durch das Implementieren und Integrieren neuer Technologien und Methoden*
  Die Einführung neuer Technologien kann dazu genutzt werden, proprietäres Wissen aufzubauen und zu einem Wettbewerbsvorteil zu machen. Voraussetzung dafür ist, daß die Implementierung nicht „per Order de Mufti" geschieht, sondern als Innovationsprozeß betrachtet wird, bei dem, unter Einbeziehung der Nutzer, die Technologie an die Arbeitsorganisation angepaßt, gleichzeitig aber auch die hergebrachten Arbeitsprozesse kritisch hinterfragt und optimiert werden.

- *durch Experimentieren*
  In vielen Branchen sind die Zeiten des steten Wachstums vorbei. Die Unternehmen dieser Branchen können sich nicht auf die Impulse eines expandierenden Marktes verlassen, sondern müssen unternehmensintern die notwendige Antriebskraft aufbauen, um sich weiterentwickeln zu können. Hierfür können Entwicklungsprojekte und Experimente ein probates Mittel sein.
- *durch die Einbindung externer Expertise*
  Wissen zu assimilieren, und für sich nutzbar zu machen, ist für seine Innovationsfähigkeit entscheidend.

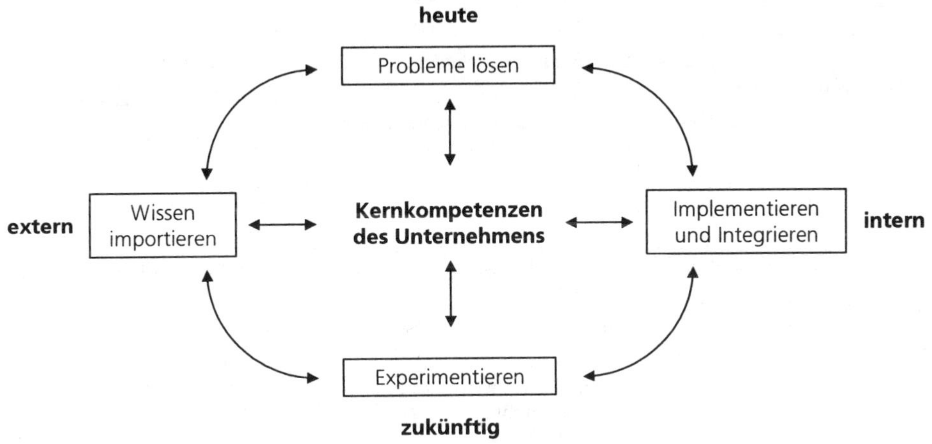

Abb. 1 Aktivitäten der Wissensgenerierung und –diffusion (Quelle: Leonard-Barton, 1995, S. 8)

Alle vier Wege beinhalten in unterschiedlicher Weise die Integration von Wissensbeständen. Die ersten drei Empfehlungen der Autorin sind vor allem darauf ausgerichtet, die Varianz des in einem Unternehmen vorhandenen Wissens als Quelle der Erneuerung zu nutzen. Der vierte Lösungsansatz fordert die Unternehmen auf, externe Wissensquellen zu erschließen und stellt sie damit vor die strategische Frage: Make or Buy? Sollen zur Vorbereitung eines neuen Geschäftsfeldes die eigenen Mitarbeiter, beispielsweise in Pilotprojekten mit Kunden qualifiziert werden? Ist es besser, mit anderen Unternehmen zu kooperieren und Innovationspartnerschaften und strategische Allianzen einzugehen? Oder empfiehlt es sich Experten „einzukaufen" und die für eine Ausweitung der Geschäftsaktivitäten notwendigen Kompetenzen über eine Rekrutierungs- bzw. Übernahmestrategie aufzubauen?

In den Betriebsprojekten der Prioritären Erstmaßnahme „Wettbewerbsfaktor Kreativität" waren alle drei Vorgehensweisen zu beobachten. So richteten beispielsweise die Siemens AG und das Bildungszentrum Turmgasse Projektteams ein, die für ein bestimmtes Pilotfeld neue Dienstleistungen entwickeln sollten. Die Integration neuen Wissens wurde damit auf die betreffenden Mitarbeiter verlagert, die selbständig das für ihre Aufgabe erforderliche Wissen beschaffen, beziehungsweise über Versuch und Irrtum erarbeiten sollten (Schreiber & Korell; Salowsky & Hermann, beide in diesem Band).
Die Essener Wirtschaftsförderungsgesellschaft und die Schweizer National Versicherung dagegen versuchten ihre eigene Spezialisierung durch eine Koordination von Wissenden zu überwinden. Die Versicherung ging für die Entwicklung eines neuen Leistungsangebots die Kooperation mit einem Bildungsdienstleister ein. Die EWG und ihre Partner beteiligte sich am

Aufbau von Public Private Partnerships (Schmette et al; Reith & Hermann, beide in diesem Band).
Der dritte Weg – die Integration von Wissenden – wurde von der Spodeck Verwaltungsholding beschritten, die ihr neues Geschäftsfeld „Pflegedienstleistungen" über den Aufbau eines eigenständigen Betrieb zu realisieren suchten (Spodeck & Bockelmann, in diesem Band).

Jede der drei Vorgehensweisen hat ihre Vorzüge und Nachteile bzw. Hürden (vgl. Tabelle 1).

Strategie	Vorteile	Nachteile / Hürden
Integration von Wissen *durch Kompetenzaufbau bei den eigenen Mitarbeitern, z.B. im Zuge von Pilotprojekten mit Kunden*	vergleichbar geringes Risiko, Experiment kann abgebrochen werden Wissensaufbau erfolgt im Unternehmen Eigeninitiative und Intrapreneurship der Mitarbeiter wird gefördert	Lernprozesse zeitintensiv, u.U. zu langsam evtl. Überforderung der Mitarbeiter schwierig, Pilotphase zu überwinden und kritische Masse für ein neues Geschäftsfeld zu bilden Führungskonzepte und -instrumente müssen angepaßt werden (Arbeitszeit, Entlohnung,...)
Koordination von Wissenden *durch das Engagement in strategischen Allianzen und Innovationspartnerschaften, Übernahme von Koordinationsfunktionen*	vergleichsweise geringe Ausgangsinvestition sofortiger Zugang zum Wissen Dritter effizient, da die Pflege des Expertenwissens nicht selbst betrieben werden muß	kein gezielter Wissensaufbau im eigenen Unternehmen Gefahr des Wissensabflusses Kompetenz in der Initiierung, Steuerung, Durchführung von Kooperationen muß aufgebaut werden Möglichkeiten der Einflußnahme auf externe Partner sind begrenzt
Integration von Wissenden *durch die Rekrutierung von Experten bzw. die Übernahme spezialisierter Firmen*	schneller Zugriff auf Expertenwissen Kontrolle über das Wissen liegt im Unternehmen	schwierig die richtigen Personen / Organisationen auf dem Markt zu finden risikoreiche Investition, Auslastung der Experten muß sichergestellt werden Integration der „Externen" in die eigene Organisation aufwendig u.U. fehlende Reputation, Imageproblem im Außenraum

Tabelle 1 Vorzüge und Nachteile der unterschiedlichen Strategien, externes Wissen einzubinden

Die Entscheidung über die richtige Vorgehensweise fällt nicht leicht. Aus diesem Grund kann häufig ein Wechsel der Strategien beobachtet werden.

Viele kleine Betriebe setzen in Phasen des Wachstums zunächst auf die Koordination von Wissenden. Sie beginnen ein Netzwerk aus Kunden, Lieferanten und manchmal auch Wettbewerber zu knüpfen, das sie flexibel nutzen. Innerhalb dieser Netzwerke können die Beteiligten unterschiedliche Rollen einnehmen, d.h. aus Kunden werden je nach Bedarf Zulieferer, aus Wettbewerbern Co-Produzenten, etc. Sie selbst fungieren meist als Koordinatoren, d.h. sie führen die zur Erledigung einer Aufgabe benötigten Partner zusammen, erstellen und überwachen die Einhaltung von Zeitplänen, kontrollieren die Qualität der Ergebnisse und halten den Kontakt zum Auftraggeber.

Eine solche Vorgehensweise scheint auf den ersten Blick mit geringem Aufwand verbunden zu sein, da das Unternehmen nicht in den Aufbau spezifischen Fachwissens investieren muß. Es wird auf Prozeßwissen zurückgegriffen, das in unterschiedlichen Kontexten erworben und universell angewendet werden kann. Wie das Scheitern nicht weniger Kooperationen jedoch belegt, erweist sich die Koordinationskompetenz in vielen Situationen als unzureichend (Ganz & Warschat, 1997, Wehner et al., 1996). Auch genügt es vielen Unternehmen nicht, lediglich koordinierende Instanz zu sein. Ihr mittelfristiges Interesse ist darauf gerichtet, Neues zu lernen. Dies ist bei einer rein auf koordinativen Prozessen beruhenden Zusammenarbeit nur eingeschränkt möglich. Selbst bei einer Koordinationsstrategie muß deshalb dafür gesorgt werden, daß es in begrenztem Maße zu einer Integration fachspezifischen Wissens kommt. Nicht unproblematisch ist, daß die Wissensintegration in Kooperationen über die eigenen Unternehmensgrenzen hinweg betrieben werden muß, was aufgrund der begrenzten Möglichkeiten der Einflußnahme auf die Partner nicht einfach ist. Zudem funktioniert Wissensintegration grundsätzlich in beide Richtungen. Es besteht also auch die Gefahr, daß in der Kooperation ganz nebenbei die (späteren) Konkurrenten qualifiziert werden.

Einen Weg, den viele dienstleistungsorientierte Unternehmen einschlagen, ist, die Integration neuen Wissens über Pilotprojekte mit ausgewählten Kunden zu realisieren. Die betreffenden Mitarbeiter erwerben so „on-the-job" fachspezifische Kenntnisse, z.B. Wissen über die Bedürfnisse der Kunden, über Marktpotentiale und Verkaufsstrategien, oder über die Prozesse der Produktentwicklung und Leistungserbringung. Ebenso wie eine Koordinationsstrategie hat auch diese Vorgehensweise den Vorteil, daß zunächst vergleichsweise geringe Ausgangsinvestitionen erforderlich sind. Außerdem findet der Kompetenzaufbau im eigenen Betrieb statt. Diese Strategie hat jedoch auch Schattenseiten. Die (Selbst-)Qualifizierung der Mitarbeiter kann sehr aufwendig und zeitraubend sein. Werden die betreffenden Personen, was sehr häufig geschieht, nicht von ihren sonstigen Aufgaben freigestellt, sehen sie sich mit Zielkonflikten und chronischem Zeitmangel konfrontiert. Je nach Vorerfahrung und Ausgangsqualifikation besteht auch latent die Gefahr der Überforderung. Ein weiterer, gravierender Nachteil ist, daß es häufig nicht gelingt, über Pilotprojekte die „kritische Masse" qualifizierter Mitarbeiter zu bilden, welche für ein professionelles Engagement in einem neuen Geschäftsfeld notwendig wäre. Das erworbene, erfahrungsgestützte Integrationswissen ist, vergleichbar etwa mit dem Zunftwissen früherer Generationen, in der Regel an die betreffenden Personen gebunden - mit allen Implikationen, wie extrem langen Lernzeiten, Gefolgschaften und Abschottungen. Es bleibt darum oft bei Experimenten und Pilotprojekten.

Die dritte Alternative die vorhandenen Kompetenzen zu ergänzen besteht darin, für ein neues Geschäftsfeld gezielt Experten zu rekrutieren, oder gar ganze Betriebe in das Unternehmen einzugliedern. Diese Strategie ist sehr risikoreich, denn es kann oft nicht genau abgeschätzt werden, ob und wann sich die Investition bezahlt macht. Nicht nur der Erwerb, sondern auch die Pflege des Expertenwissens kann sehr teuer sein und nicht selten müssen Kompromisse eingegangen werden, weil sich „das Passende" nicht auf dem Markt findet. Hinzu kommt, daß auch in diesem Fall früher oder später auf der Arbeitsebene ein Wissensintegrationsprozeß erfolgen muß. Nur so lassen sich Synergieeffekte nutzen und es wird verhindert, daß die „Neuerwerbung" ein Anhängsel bleibt. Sowohl wenn es sich um Personen handelt, als auch bei Betrieben, läuft dieser Prozeß erfahrungsgemäß nicht ohne Friktionen ab. Einer der unbestrittenen Vorteile der Integration von Wissenden hingegen ist, daß ein sofortiger Zugriff auf sehr hoch entwickeltes Expertenwissen möglich wird.

Um die Chancen der wissensintensiven Dienstleistungen zukünftig besser nutzen zu können, ist es erforderlich die genannten Strategien der Kompetenzentwicklung und ihre Wechselwirkungen genauer zu untersuchen und darauf aufbauend Orientierungshilfen für wachstumsorientierte Unternehmen zu entwickeln. Speziell für den Dienstleistungsbereich sind die

Fragen, mit welcher Vorgehensweise eine qualitative Erweiterung des Leistungsangebots im Idealfall angegangen werden sollte, unter welchen Bedingungen ein Wechsel der Strategie sinnvoll und notwendig ist und welche Auswirkungen ein solches „Umschwenken" auf die Arbeitsorganisation hat, noch kaum beantwortet. Eine Ursache hierfür ist darin zu suchen, daß es bislang nur in wenigen Unternehmen systematische Service-Engineering-Prozesse gibt. Dienstleistungen werden eben oft immer noch evolutionär – genauer gesagt, nebenbei entwickelt.

Die Beherrschung wissensintegrativer Prozesse als Voraussetzung für eine erfolgreiche Arbeit von inner- und überbetrieblichen multidisziplinären Teams

Die Probleme dieser Welt tun uns *„...schon lange nicht mehr den Gefallen, sich selbst fachlich oder disziplinär zu definieren. Da ist selbst Interdisziplinarität, die vielgepriesene, zu wenig, die in der Regel nur Kooperation auf Zeit und mit halben Herzen bedeutet. Transdisziplinarität, die ihre Probleme disziplinunabhängig definiert und disziplinübergreifend löst, tut not..."* Mittelstraß (1998, S. 43). Diese Aussage von Mittelstraß bewahrheitet sich in vielen inner- und zwischenbetrieblichen Kooperationen, die trotz bester Absichten aller Beteiligten nicht selten kläglich scheitern.

Kooperation (in Anlehnung an Neuberger,1998) definiert, als die bewußt gestaltete, geplante und kontrollierte Zusammenarbeit von Individuen bzw. Organisationen, um eigene Interessen zu fördern, beruht im wesentlichen auf drei Teilprozessen (Ganz & Warschat, 1997, Steinheider et al., 1999):

- auf Koordination, d.h. der Integration und Harmonisierung individueller Beiträge im Sinne eines übergeordneten Ziels (Malone & Crowstone, 1994)
- auf Kommunikation, d.h. der erfolgreichen Übertragung von Informationen von einem Sender zu einem Empfänger. Wobei entscheidend ist, daß eine Nachricht den intendierten Empfänger nicht nur erreicht, sondern von ihm auch verstanden wird (Schrape, 1995)
- und, was in vielen Fällen unterschätzt wird, zu einem ganz erheblichen Teil auf Wissensintegration

Unter bestimmten Randbedingungen ist es möglich, allein auf der Grundlage koordinativer Mechanismen erfolgreich zu kooperieren. Klassische Zulieferer-Abnehmer-Beziehungen beispielsweise rekurrieren zu einem großen Teil auf Koordination, d.h. auf dem Festlegen von Abfolgen, Zeit- und Budgetplanungen, Aufgabenzuweisung und Verfolgen von Abläufen. Diese Mechanismen sind äußerst wirksam und effizient solange es möglich ist, abgrenzbare Arbeitspakete und verbindliche Vorgehensweisen zu vereinbaren. Wie das Beispiel der Linux-Entwicklung zeigt, bedarf es unter günstigen Rahmenbedingungen nicht einmal einer zentralen Leitung. Vorausgesetzt alle Beteiligten halten sich an vorgegebene Standards, an technische Spezifikationen, Routineprozesse und allgemein übliche Vorgehensweisen können sich derartige Netze über einen freien Markt selbst managen (Malone & Laubacher, 1999).

Reine Koordinationsstrategien stoßen jedoch dann an ihre Grenzen, wenn man es mit komplexen, schwer überschaubaren Problemen zu tun hat, also dann, wenn die Vorgehensweisen, Ziele und/oder Ergebnisse einer Zusammenarbeit erst im Laufe eines Projektes ausgehandelt werden können und wenn die Kooperationspartner darüber hinaus aus sehr unterschiedlichen „Welten" kommen. In solchen Konstellationen, wie sie für viele Forschungs- und Entwicklungsprojekte typisch sind, reicht reines Prozeßwissen nicht aus, um eine Kooperation zu steuern. Eine zumindest partielle Integration des Fachwissens der beteiligten Akteure ist für den Projekterfolg unverzichtbar. Häufig scheitert eine Verständigung in wissensheterogenen Teams schon an einfachen Sprachproblemen. Selbst innerhalb eines Fachgebietes fällt es beispielsweise oft schwer, sich auf die Bedeutung von Begriffen zu einigen. Noch größer allerdings sind die Verständigungsschwierigkeiten, wenn in Innovationsteams das hochspezialisierte Wissen unterschiedlicher Fachbereiche aufeinander trifft.

Diese Erfahrung der betrieblichen Praxis wird beispielsweise durch die empirischen Untersuchungen von Steinheider und Burger (im Druck) zur Gestaltung kooperativer Arbeitsprozesse im Rapid Prototyping untermauert. In einer dieser Untersuchungen wurden Mitglieder und Leiter multidisziplinärer Produktentwicklungsteams gebeten, sich an aktuelle bzw. erst kürzlich abgeschlossene Projekte zu erinnern und die wichtigsten Gründe für Schwierigkeiten in der Zusammenarbeit zu benennen. Ganz oben auf der Liste der Antworten stand:

- einzelne Mitglieder zeigten sich ihrer fachlich-methodischen Denktradition und ihrer jeweiligen Fachsprache stark verhaftet
- terminologische Mißverständnisse traten auf
- die eigene Sichtweise konnte den Teammitgliedern nur unzureichend verständlich gemacht werden
- die Teammitglieder verfügten kaum über Grundkenntnisse der anderen vertretenen Fachrichtungen und waren zu wenig bereit sich auf andere Sichtweisen einzulassen
- die Teammitglieder haben zu wenig unternommen, um ein gemeinsames Projektverständnis zu erarbeiten

Damit rangierte eine mangelnde Wissensintegration als Ursache für Kooperationsprobleme noch vor Schwierigkeiten in der Kommunikation und Koordination. Die Untersuchungen ergaben auch, daß die erfahrenen Projektleiter ein Gefühl dafür entwickelt hatten, daß sie wissensintegrativen Prozessen mehr Aufmerksamkeit schenken müßten. Sie versuchten intuitiv sehr frühzeitig eine gemeinsame Verständigungsbasis in ihren Teams herzustellen. Die Projektleiter hingegen, die über wenig Kooperationserfahrung verfügten, merkten häufig erst nach geraumer Zeit, daß es in der Zusammenarbeit grundlegende Probleme gab, die sie nicht über die vertrauten Projektmanagementtechniken (Aufstellen und Überwachen von Zeit- und Kapazitätsplänen) in den Griff bekommen konnten.

Unternehmen, in denen inner- oder überbetriebliche Expertenkooperationen eine wichtige Rolle spielen, sind also darauf angewiesen, nicht nur über gute Koordinatoren zu verfügen, sie benötigen auch gute Wissensintegratoren, d.h.

- „Generalisten" - Personen, die über ein systemisches Verständnis in Schnittstellenbereichen unterschiedlicher Disziplinen verfügen
- „Übersetzer" - Personen, die a) erkennen, daß in einem wissensheterogenen Team Verständigungsprobleme vorliegen und die b) imstande sind, z.B. über eine Meta-Sprache eine gemeinsame Verständigungsbasis („common ground", Clark, 1996) aufzubauen
- „Erfinder" - Personen, denen es gelingt Wissen aus anderen Fach- und Erfahrungsbereichen mit dem eigenen Wissen zu einem neuen Ganzen zu verbinden.
- sowie Personen, welche die Fähigkeit besitzen, zu erkennen, in welchen Situationen eine artteilige oder kontinuierliche Form der Kooperation gewählt werden sollte (Abb. 2).

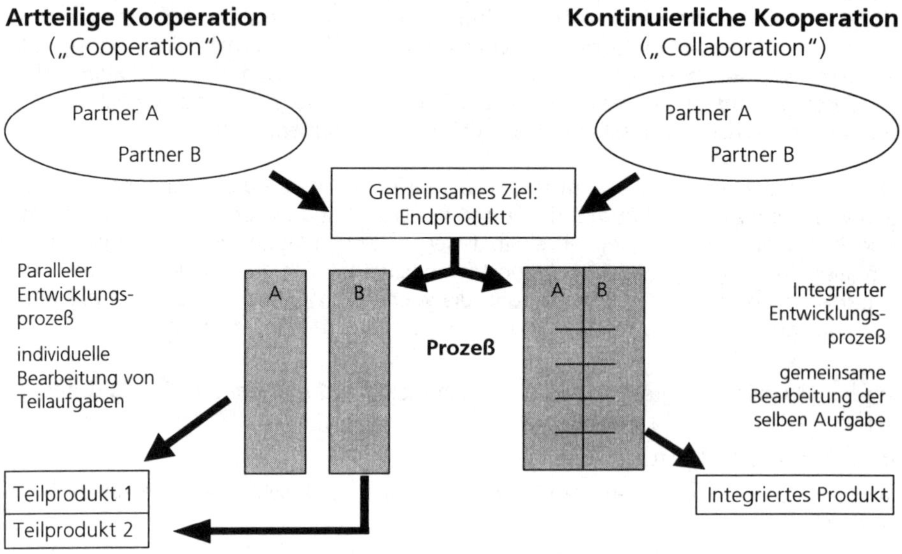

Abb. 2 Formen der kooperativen Arbeit

Die große Kunst der Leitung eines multidisziplinären Teams besteht also nicht alleine darin, kommunikative, koordinative und wissensintegrative Prozesse zu beherrschen, sondern vor allem, diese Mechanismen zum richtigen Zeitpunkt in der richtigen „Dosierung“ einzusetzen.

Wie auf der Unternehmensebene gilt auch auf der Teamebene, daß eine Spezialisierung effizient, aber nicht immer effektiv ist. Die Projektleiter müssen ein Gespür dafür entwickeln, welche Teilaufgaben von den beteiligten Experten individuell bearbeitet werden können und sollten und unter welchen Rahmenbedingungen eine integrierte Aufgabenbearbeitung notwendig wird, um das gewünschte Ergebnis zu erzielen. Sie müssen in der Lage sein, im konkreten Fall zu erkennen, wie weit die Wissensintegration gehen muß, damit ein Team effektiv, aber auch effizient zusammenarbeiten kann und abhängig vom Wissenshintergrund und den Vorerfahrungen der Teammitglieder, der Art der Aufgabenstellung und der Phase eines Projektes müssen sie selbst als Übersetzer, Moderator oder (Mit-) Erfinder aktiv werden.

In den meisten Unternehmen finden sich Personen, die diese Aufgaben beherrschen. Während jedoch kommunikative und koordinative Kompetenzen in Seminaren vermittelt bzw. technologisch unterstützt werden, erfolgt der Aufbau wissensintegrativer Kompetenzen in der Regel unsystematisch. Es fehlen Erkenntnisse darüber, welche Voraussetzungen seitens der Mitarbeiter und seitens der Arbeitsorganisation dafür verantwortlich sind, daß sich Mitarbeiter die zur Erbringung wissensintensiver Leistungen notwendigen Kompetenzen aneignen. Es ist unklar, bis zu welchem Grad, diese Kompetenzen überhaupt vermittelbar sind und wie geeignete Qualifizierungskonzepte aussehen.

Wissen, Lernen, Kreativität – Wissensintegration als kognitiver Prozeß

Ebenso wie Unternehmen sehen sich auch Individuen vor die widersprüchliche Aufgabe gestellt, sich auf der einen Seite zu spezialisieren und auf der anderen Seite ihr Wissen anzureichern und grundsätzlich zu erneuern. Beides ist gleichermaßen notwendig.

Der Sachverstand von Experten, setzt sich nach Quinn et al. (1996) aus vier Komponenten (Qualitätsstufen des Wissens) zusammen:

1. *Erkenntnismäßiges Wissen* („Know-what"): das zur Beherrschung eines Fachgebietes notwendige, in einer gründlichen Ausbildung erworbene Wissen
2. *Hochentwickelte Fertigkeiten* („Know-how"): Fähigkeit, das reine „Bücherwissen" auf komplizierte Probleme des Alltags anzuwenden
3. *Verständnis der systemischen Zusammenhänge* („Know-why"): fundierte Kenntnis der Ursache-Wirkungs-Beziehungen, die den Kern eines Fachgebiets bilden und hochentwikkelte Intuition, welche die Experten dazu befähigen, schwierigste Probleme zu lösen.
4. *Kreativität aus eigenem Antrieb* („Care-why"): Wille, Motivation und Gespür für Erfolg

Insbesondere Systemverständnis und Kreativität zeichnen nach Quinn den wahren Fachmann aus. Beide Kompetenzen bilden sich, wenn die betreffende Person permanent mit der ganzen Komplexität realer Probleme konfrontiert wird. Der Alltag in den Betrieben sieht jedoch meist anders aus. Dort ist eher die Vertiefung und Verfeinerung des Wissens gefragt, als seine grundsätzliche Erneuerung. „Obwohl von Fall zu Fall der Ruf nach dem schöpferisch Neuen ertönt, handelt es sich meistens nur darum, hochentwickelte Fertigkeiten immer wieder zur Lösung von relativ gleichen, wenn auch komplizierteren Problemen zu gebrauchen... das größte Augenmerk liegt auf der Erbringung einer gleichmäßigen, hochqualifizierten, geistigen Leistung." (Quinn et al. 1996).

Je stärker die Konzentration auf eine Perfektionierung des Wissens und je weniger Kreativität und das Verständnis systemischer Zusammenhängen ausgeprägt sind, desto schwieriger wird die Zusammenarbeit in einem multidisziplinären Team, da dann vergleichsweise gefestigte Denkgebäude und Wertevorstellungen hart aufeinandertreffen.

Die Lernanforderungen in multidisziplinären Arbeitskontexten sind nicht zu unterschätzten. Um effektiv zusammenarbeiten zu können, müssen sich die Teammitglieder in relativ kurzer Zeit einen Überblick über die für eine Aufgabenstellung relevanten Konzepte der anderen Fachbereiche verschaffen. Sie müssen feststellen, welchen eigenen Beitrag sie zur Lösung des Problems beitragen können und sie müssen die eigenen Wissensstrukturen so modifizieren, daß neuartige Erkenntnisse, Werte und Sichtweisen integrierbar werden.

Einen ersten Eindruck vom Ausmaß der erforderlichen Integrationsleistungen erhält man, wenn man wie Novak (1998) versucht, die von verschiedenen Experten benutzten Konzepte in Form von semantischen Netzwerken zu visualisieren. Im Unterschied zum akademischen Umfeld, in dem die Mitglieder eines Teams üblicherweise über eine relativ homogene Wissensbasis verfügen, weisen die in Wirtschaftsbetrieben entstehenden Wissenslandkarten eine deutlich höhere Komplexität auf. Es ist deshalb nicht verwunderlich, wenn die Verständigung in solchen Teams schon auf der rein begrifflichen Ebene schwierig wird: *„... compared to the global concept maps we have developed in the academic world, the concept maps we have developed in the business world are enormously more complex, frequently containing 100 to 200 concepts. Contrast this with the 10 concepts required to understand „Why do we have seasons?" Is it any wonder that corporations frequeently stumble along, making poor decisions and moving ahead very inefficiently at best?"* (Novak1998, 109).

Es wäre jedoch völlig unsinnig, den Anspruch zu erheben, daß jedes Teammitglied sich das komplette Wissen der anderen Partner aneignet. Vielmehr muß entschieden werden, welche Wissensinhalte zu integrieren sind und wie tief die Integration des Wissens gerade noch gehen muß, um handlungsfähig zu werden. Wissensintegration kann bedeuten, sich lediglich die zentralen Fachtermini einer anderen Disziplin anzueignen, sich mit fachfremden Konzepten vertraut zu machen, fachfremde Konzepte in die eigene Wissensstruktur einzubauen, Meta-Wissen aufzubauen, das eine Brücke zwischen Fachbereichen schlägt, oder aber aus der Kombination heterogenen Wissens neue Ideen zu entwickeln (Abb. 3).

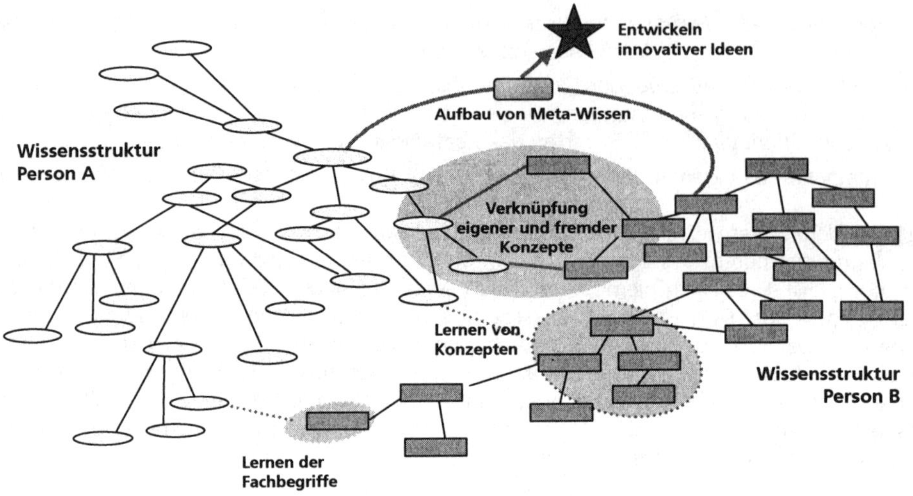

Abb. 3 Stufen der Wissensintegration

Hierzu ein einfaches Beispiel aus dem Verbundprojekt „Wettbewerbsfaktor Kreativität": Im Teilvorhaben der Schweizer-National Versicherung ging es darum, mit einem neuen Dienstleistungsangebot die Kundenbindung zu erhöhen (Reith & Hermann, in diesem Band). Den zum Kundenstamm gehörenden kleinen und mittelständischen Unternehmen wurde das Angebot gemacht, sie fast kostenlos im Internet zu präsentieren. Um diesen neuen Service realisieren zu können, war es zunächst notwendig, daß sich die Versicherungsagenten mit einem für sie neuen Wissensgebiet vertraut machten. Soweit dies nicht schon geschehen war, hieß es zunächst, Begriffe wie „World Wide Web", „Internet", „Homepage", „Server", „HTML", etc. in den eigenen Sprachschatz aufzunehmen. Im Verlauf des Projektes stellte sich sehr schnell heraus, daß dies nicht genügte. Da die Kunden selbst nur über geringe Internet-Kenntnisse verfügten, erwarteten sie von den Versicherungsagenten, daß diese erklären konnten, wie das Internet funktioniert, was eine Homepage ist, wie man sie erstellt und ins Netz stellt. Die Versicherungsagenten mußten sich deshalb mit einer ganzen Reihen von Konzepten „tiefer" vertraut machen. Die dritte Stufe der Wissensintegration bestand darin, eine Verbindung zwischen den fachfremden Konzepten und der eigenen Wissensdomäne aufzubauen. Die Agenten gewannen so beispielsweise die Einsicht, welche neuen Möglichkeiten das Internet für ihre eigene Arbeit bot (schnelle, unkomplizierte Kommunikation mit der Filialdirektion, neuer Vertriebskanal für Versicherungsprodukte,...). Die vierte Integrationsstufe wurde beispielsweise erforderlich, als es darum ging, den Kunden die Vorzüge des Internets in einer Sprache nahezubringen, die verstanden wurden. Ein Beispiel hierfür wären Analogien wie: Eine Internet-Visitenkarte entspricht einem Eintrag in weltweit zugängliche Gelbe Seiten). Eine fünfte Stufe der Wissensintegration wäre schließlich, aus der Verbindung des eigenen Fachwissens und dem neu erworbenen Internet-Know-how eine neue Idee zu entwickeln. Dies könnte z.B. die Idee für ein neues Versicherungsprodukt, wie etwa eine Versicherung gegen Hackerangriffe, gegen den Ausfall des Internets, oder zur Absicherung von Internet-Auktionen sein.

Die wissensintegrative Prozesse eines Unternehmen und einer Arbeitsgruppe spielen sich letztendlich in den Köpfen der betreffenden Personen ab und bewegen sich, wie das Beispiel der Schweizer-National veranschaulicht, in einem Spannungsfeld zwischen Lernen und Kreativität.

Implikationen für den Umgang mit der Ressource Wissen

Das Thema Spezialisierung und Wissensintegration zieht sich durch alle drei der eingangs gestellten Fragen, nach der Produktivität der Wissensarbeit, nach der Führung und Qualifizierung von Wissensarbeitern und nach dem Management des Wissens. Dies sollte bei der Entwicklung von Strategien, Methoden und Instrumenten stärker berücksichtigt werden.

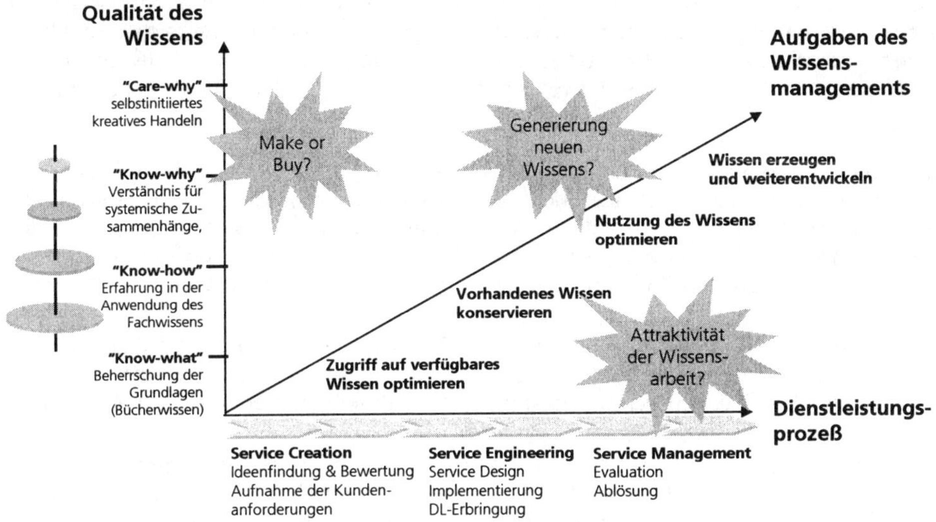

Abb. 4 Zentrale Themenfelder des Umgangs mit Wissen, Dienstleistungsprozeß nach DIN Fachbericht (1998)

Drei Themenfelder rücken dabei in den Mittelpunkt der Betrachtung (Abb. 4):

- *Make or Buy?* Das heißt, sich mit der Qualität von Wissen zu beschäftigen und zu entscheiden, welche Kompetenzen eingekauft oder selbst entwickelt werden.
- *Generierung neuen Wissens?* Das heißt, sich mit technologischen, organistatorischen und personalbezogenen Möglichkeiten zu befassen, den Aufbau und die Weiterentwicklung von Wissen zu unterstützen.
- *Attraktivität der Wissensarbeit?* Das heißt, nach Lösungen zu suchen, die Dienstleistungsprozesse so zu gestalten, daß sie die Mitarbeiter zwar ansprechen und herausfordern, sie aber nicht überfordern.

Wie läßt sich die Produktivität der Wissensarbeit steigern?

Unbestritten stellt die Produktivitätssteigerung der wissensintensiven Arbeit eine der zentralen Herausforderungen der Zukunft dar. *„Da der Anteil der an der Wissensproduktion oder –transformation beteiligten Arbeitskräfte an der erwerbstätigen Bevölkerung bereits hoch und* *immer noch im Steigen begriffen ist, werden deren Leistungsfortschritte zum dominanten Bestimmungsfaktor der gesamtwirtschaftlichen Produktivität und der Wohlstandsmehrung. Die immer noch enormen Produktivitätsfortschritte im manuellen Sektor oder in der traditionellen Industriearbeit wirken nur noch mit einem reduziertem Gewicht auf die Gesamtgröße des Produktionswachstums ein, da sie ein immer kleineres Fragment der Wertschöpfung ausmachen."* (Pfiffner & Stadelmann, 1998, S. 24).

Noch stehen wir jedoch ganz am Anfang, was die Bewältigung dieser Aufgabe angeht. Das liegt vor allem daran, daß bis heute für viele Bereiche nur unzureichend geklärt ist, wie die Produktivität und Qualität der Wissensarbeit bestimmt werden kann.

Die meisten Ansätze zur Produktivitätssteigerung sind bislang vordergründig technologischer Natur, d.h. es wird daran gearbeitet, durch den Aufbau geeigneter Informationssysteme einen schnelleren Zugriff zu vorhandenem Wissen bzw. zu Wissenden zu erreichen und hierüber eine Steigerung der Produktivität zu erreichen. Lösungen, die direkt bei der Organisation und Gestaltung der wissensintensiven Arbeit oder bei der Qualität des Wissens ansetzen gibt es nur wenige.

Einen solchen Vorschlag liefern beispielsweise Lucier & Torsilieri (1999). Sie empfehlen, Rationalisierungspotentiale zu nutzen, indem die Arbeitsteilung in wissensintensiven Bereichen nicht wie in der Industrie üblich entlang der Geschäftsprozesse, sondern entsprechend der Tiefe des erforderlichen Wissens vorgenommen wird. Die Autoren stellen in ihrem Artikel „The End of Overhead" ein Drei-Punkte-Programm vor, das wie folgt aussieht:

1. Zunächst sollen die Unternehmen für die 20 Prozent der Situationen, die üblicherweise 80 Prozent der Arbeitslast ihrer Experten ausmachen, standardisierte Vorgehensweisen entwickeln. Damit ließen sich bereits große Einspareffekte erzielen, da weniger Mitarbeiter benötigt würden.
2. Anschließend sollten die verbleibenden hochqualifizierten Aufgaben konsequent an externe Spezialisten vergeben werden. Dies begründen die Autoren damit, daß externe Spezialisten durch den Wettbewerb gezwungen würden, ihr Wissen permanent zu aktualisieren. Innerhalb einer Organisation sei dies in der Regel nicht der Fall.
3. Der dritte Schritt besteht dann darin, „Manager" einzusetzen, die für die Auswahl der Standardprozeduren, das Management des Outsourcings, die Koordination der externen Experten, sowie die Supervision und Qualitätskontrolle verantwortlich sind.

Lucier und Torsilieri empfehlen also, die Effizienz der Wissensarbeit dadurch zu steigern, daß sich das Unternehmen auf die Optimierung der eigenen Kernprozesse konzentriert und Spezialwissen über eine Zusammenarbeit mit Dritten ins Unternehmen holt. Dieser Vorschlag klingt bestechend einfach. Vor dem Hintergrund der dargelegten Überlegungen werden jedoch einige der Probleme deutlich, mit der eine solche Strategie verbunden wäre:

Zunächst ist überhaupt fraglich, ob es in der Praxis tatsächlich möglich ist, die vorgeschlagene Trennung des Wissens vorzunehmen und wo genau die Trennungslinie gesetzt werden sollte. Orientiert man sich an den vier von Quinn et al. (1996) beschriebenen Qualitätsstufen der Sachkunde (Abb. 5), so läßt sich bei den Stufen „know-what" und „know-how" schon heute vielerorts eine hohe Standardisierung feststellen. Es müßte deshalb genauer untersucht werden, in welchen Phasen des Dienstleistungsprozesses dies noch nicht der Fall ist und ob es ggf. auch auf den oberen Qualitätsstufen des Wissens Möglichkeiten der Standardisierung gibt.

Lucier und Torsilieri schlagen, ein konsequentes Outsourcing der Tätigkeiten vor, für die echte Expertise erforderlich ist. Hier stellt sich die Frage, ob ein Unternehmen überhaupt eine Überlebenschance hat, wenn es sich nur auf standardisierbares Wissen beschränkt. Zumindest birgt ein solches Vorgehen aus den oben genannten Gründen die Gefahr, daß die Generierung neuen Wissens erheblich behindert wird, da das „know-why" und „care-why", die zentralen Impulsgeber für Innovationen, damit möglicherweise auch verloren gehen. Soll die Innovationskraft des Unternehmens erhalten bleiben, ist zumindest bezogen auf die Kernprozesse des Unternehmens zu überlegen, ob eine Vergabe nach außen tatsächlich sinnvoll ist.

Ein drittes Problem, das die Autoren aus unserer Sicht völlig unterschätzen ist, welch hohe Anforderungen ein radikales Outsourcing der Expertise an die Qualifikation der Personen stellt, die unternehmensintern als „Manager des Wissens" eingesetzt werden sollen. Diese Personen müssen für fremde Fachgebiete beurteilen können, welches Wissen externalisiert werden kann und welches nicht. Sie müssen in der Lage sein, die Qualität des Wissens externer Experten einschätzen zu können, ohne selbst Experten zu sein und sie müssen dafür sorgen, daß interne und externe Wissensarbeiter effektiv zusammenarbeiten. Dafür genügt es wie oben dargelegt nicht, über herausragende koordinative Fähigkeiten zu verfügen. Die „Manager des Wissens" müssen zu guten Wissensintegratoren ausgebildet werden.

Eine Strategie zur Steigerung der Produktivität der Wissensarbeit muß also berücksichtigen, daß Rationalisierungseffekte, die mit einer Beschränkung auf standardisierbares Wissen erzielt werden können, mit einem Mehraufwand an anderer Stelle erkauft werden müssen und daß die Folgen für die Innovationsfähigkeit des Unternehmens unter Umständen fatal sein können.

Wie gewinnt, führt, qualifiziert und motiviert man Wissensarbeiter?

Wissensintensive (Dienstleistungs-) Unternehmen unterscheiden sich in vielen Punkten von klassischen Industrieunternehmen: Die Leistungserstellung wird von nicht-standardisierten Vorgehensweisen dominiert. Sowohl seitens der Mitarbeiter, als auch seitens der Organisation ist ein hohes Maß an Kreativität erforderlich, um kundenorientierte Lösungen entwickeln zu können. Die Mitarbeiter arbeiten in der Regel sehr selbständig. Aus diesem Grund wird auch die Qualität der Leistungen wesentlich von einzelnen Personen bestimmt, die in der Regel sehr gut ausgebildet sein müssen (Alvesson, 1996).

Mit der zunehmenden Wissensintensivierung der Arbeit wachsen also zum einen die Anforderungen an die Qualifikation der Mitarbeiter. Dies erfordert adäquate Konzepte der Arbeitsgestaltung und Qualifizierung. Zum anderen verschieben sich aber auch die „Machtverhältnisse" in den Betrieben. Mehr denn je hängt der Unternehmenserfolg vom Engagement, der Professionalität und der Loyalität der Mitarbeiter ab. Die Betriebe unterliegen dann einer erhöhten Vulnerabilität durch die Fluktuation ihres Key-Personals, der es durch geeignete Konzepte zu begegnen gilt.

Viele Autoren, die sich mit der Frage der Führung von Wissensarbeitern befassen betonen, daß Geld alleine keine Lösung sein kann, um exzellente Leute zu gewinnen, zu motivieren und an das Unternehmen zu binden (Amabile, 1998; Pfiffner & Stadelmann, 1998, Horibe, 1999). Sie empfehlen, auf die intrinsische Motivation der Experten zu setzen, d.h. ihnen interessante, anspruchsvolle Arbeitsaufgaben zu geben und ihnen für die Erledigung dieser Aufgaben größtmögliche Handlungs- und Entscheidungsspielräume einzuräumen. Es sollten individuelle Karrierepläne entwickelt werden, die sich an den „inhärenten vitalen Interessen" der betreffenden Personen orientieren (Butler & Waldroop, 2000).

Diese Empfehlungen sind begründet. Sie orientierten sich jedoch an einem teilweise längst überholten Bild der klassischen Industriearbeit. Dabei wird übersehen, daß Wissensarbeit in der Regel bereits heute eher zu hohe Anforderungen an die Mitarbeiter stellt. Sie ist nach Milszus (1996) gekennzeichnet durch:

- *vollständige Arbeitsinhalte*
  Die Arbeitsaufgaben werden von den Mitarbeitern weitgehend selbständig geplant, ausgeführt, kontrolliert und organisiert. Dadurch werden die Aufgaben attraktiv und motivierend, aber oft auch überkomplex. Nicht alle Teiltätigkeiten, die auszuführen sind, können vollständig beherrscht werden.
- *hohe individuelle Anforderungen an die Kreativität und das selbständige Problemlösen*
  Wissensintensive Dienstleistungen werden in Interaktion mit den Kunden/ Kooperationspartnern generiert und erbracht, Lösungen sind spontan und vor Ort zu entwickeln. Die Arbeitsinhalte sind dadurch im positiven Sinn herausfordernd. Es entstehen aber gleichzeitig hohe Lern-/Weiterbildungsanforderungen.
- *die Arbeit in multidisziplinären Expertenteams*
  Akteure mit unterschiedlichen Kompetenzen, Denkmodellen und Interessen arbeiten zeitlich begrenzt zusammen. Verständigungsprobleme, zwischenmenschliche Dynamik und Turbulenzen gewinnen dadurch einen größeren Einfluß auf die Arbeitsprozesse.
- *eine starke Fragmentierung und geringe Planbarkeit der Tätigkeit*
  Neue Arbeitsaufträge kommen oft kurzfristig und ohne Vorwarnung. Dies erfordert von den Mitarbeitern eine Neuorganisation ihrer Arbeitsabläufe. Tätigkeiten müssen häufig unterbrochen und neu aufgenommen werden.

Anders als in der tayloristisch organisierten Industriearbeit, geht es bei der wissensintensiven Arbeit folglich eher darum - zum Schutz der Mitarbeiter, aber auch zugunsten der Produktivität - einer latenten Überforderung entgegenzuwirken.

Wie eine Analyse der Konstrukteurstätigkeit mit Hilfe einer Kurzform des Tätigkeitsbewertungssystems für geistige Arbeit (TBS-GA) zeigt, kann wissensintensive Arbeit selbst dann, wenn sie extrem arbeitsteilig organisiert ist, als lern- und persönlichkeitsförderlich bezeichnet werden. Arbeiten die Konstruktuere in funktionsübergreifenden Entwicklerteams, dann steigen die Anforderungen in allen Bewertungskategorien (Lernen, Denken, Verantwortung, Kooperation, Ganzheitlichkeit) noch einmal beträchtlich an (Abb. 5).

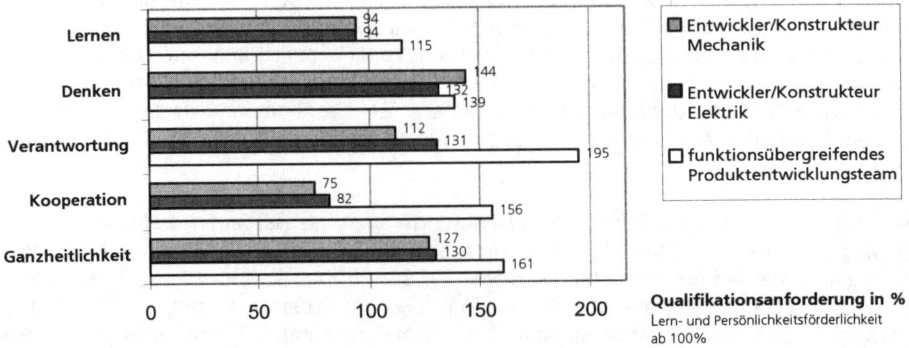

Abb. 5 Qualifikationsanforderungen in multidisziplinären Entwicklungsteams (Analysen durchgeführt mit einer Kurzform des Tätigkeitsbewertungssystems für geistige Arbeit, TBS-GA, FhG-IAO, JP)

An solchen Ergebnissen wird deutlich, daß das Problem nicht so sehr darin liegt, die Arbeit anzureichern und anspruchsvoller zu gestalten. Um die Attraktivität der Wissensarbeit zu erhöhen, muß vielmehr eher für eine psychische und physische Entlastung der Wissensarbeiter gesorgt werden. Eine der zentralen Fragen lautet deshalb: Wie lassen sich die Dienstleistungsprozesse so gestalten, daß eine optimale Balance zwischen Routinetätigkeit und kreativer, wissensintensiver Arbeit entsteht.

Bei der Entwicklung geeigneter Formen der Arbeitsorganisation und Gestaltung ist außerdem zu berücksichtigen, daß Wissensarbeit nicht gleich Wissensarbeit ist. Führungs- und Qualifizierungsansätze müssen anders aussehen, je nachdem, ob es darum geht, Spezialisten darin zu unterstützen ihre Expertise zu vertiefen, zu erneuern und in Kooperation mit anderen anzuwenden, oder aber ob Mitarbeiter für koordinative und wissensintegrative Aufgaben qualifiziert werden sollen.

Wie wird Wissen optimal gemanagt?

Das Thema Wissensmanagement boomt. Ausgelöst durch die Fortschritte in der Informations- und Kommunikationstechnologie, spätestens jedoch seit den Veröffentlichungen von Nonaka & Takeuchi (1997), Stewart (1997), Sveiby (1997), oder Edvinsson & Malone, (1997) zur Bedeutung der immateriellen Vermögenswerte (intellectual capital) für den Wettbewerbserfolg, befassen sich viele Unternehmen intensiv mit der Frage, wie der Rohstoff Wissen optimal gemanagt wird. In den letzten 5-6 Jahren wurden deshalb in ca. 70% der großen amerikanischen Unternehmen Wissensmanagement-Initiativen gestartet (Prusak, 1998). In Europa und Asien, sind es nach Schätzungen Prusaks ca. 30 - 40% der Unternehmen.

Bilanziert man die Wissensmanagementprojekte der letzten Jahre, so findet man zwei sehr unterschiedliche Ansätze vor: In einem Teil der Projekte wird eine Kodifizierungsstrategie verfolgt, d.h. es wird versucht, das in den Köpfen der Mitarbeiter vorhandene Wissen zu externalisieren, zu speichern und zu konservieren. Ein alternativer Ansatz besteht in einer Personalisierungsstrategie. Hier steht im Vordergrund, nicht den Zugriff auf das Wissen, sondern auf die Personen zu verbessern, die über exklusives Wissen verfügen (Hansen et al., 1999).

Obwohl inzwischen in der Regel berücksichtigt wird, daß der Aufbau einer funktionierenden Wissensinfrastruktur kein vorrangiges technologisches Problem ist (mindestens ebenso viel Zeit und Geld wie in die Entwicklung des Tools muß in organisatorische und personelle Maßnahmen investiert werden), orientierten sich beide Ansätze sehr stark am technisch Möglichen. Die Kodifizierungsstrategie ist stärker in der Informationstechnologie verwurzelt und zehrt von den Erfahrungen mit der Entwicklung von Expertensystemen und Datenbanklösungen. Die Personalisierungsstrategie ist dafür eher der Kommunikationstechnologie verpflichtet und nutzt vor allem das Internet als Basis. Beiden Ansätzen ist jedoch gemeinsam, daß sie sich vorrangig auf ein Teilproblem des Wissensmanagement, nämlich die Speicherung und Verteilung von Wissen konzentrieren.

Wissensmanagement hat jedoch mehr als diese Aufgaben. Im wesentlichen sind es vier Probleme, für die adäquate Lösungen gesucht werden müssen:

Erstens, den Zugriff auf bereits verfügbares Wissen zu optimieren, d.h. dafür zu sorgen, daß es sich zur richtigen Zeit, in der adäquaten Aufbereitungsform, am richtigen Ort befindet. Zweitens, vorhandenes Wissen zu konservieren und dem Unternehmen auch dann zu erhalten, wenn wichtige Erfahrungsträger aus ihrer Tätigkeit ausscheiden – also den Aufbau eines Organisationsgedächtnisses. Drittens, die Wissensnutzung zu optimieren. Wissen darf nicht brach liegen, sondern muß z.B. in die Produktentwicklungs- und Leistungserstellungsprozesse Eingang finden.

Viertens schließlich und dies scheint uns besonders wichtig zu sein, muß sich Wissensmanagement mit der Generierung neuen Wissens und der Weiterentwicklung von Kompetenzen befassen. Insbesondere der vierten Aufgabe widmen sich nur wenige Unternehmen.

Betrachtet man Wissensmanagement nicht in erster Linie als ein technologisches Problem, sondern unter der Perspektive von Spezialisierung und Wissensintegration als eine strategische Entscheidung, so konzentriert sich die Frage nach dem richtigen Umgang mit der Zukunftsressource Wissen vor allem auf zwei Fragestellungen: In welchen Bereichen und mit welchen Mitteln soll im Unternehmen der Aufbau exklusiven Expertenwissens erfolgen? und was ist zu tun, um eine optimale Integration des Wissens unterschiedlicher Experten zu erreichen? *„If the strategically most important resource of the firm is knowledge, and if knowledge resides in specialized form among indiviudal organizational members, then the essence of organizational capability ist the integration of indivduals' specialized knowledge"* (Grant, 1996, S. 375).

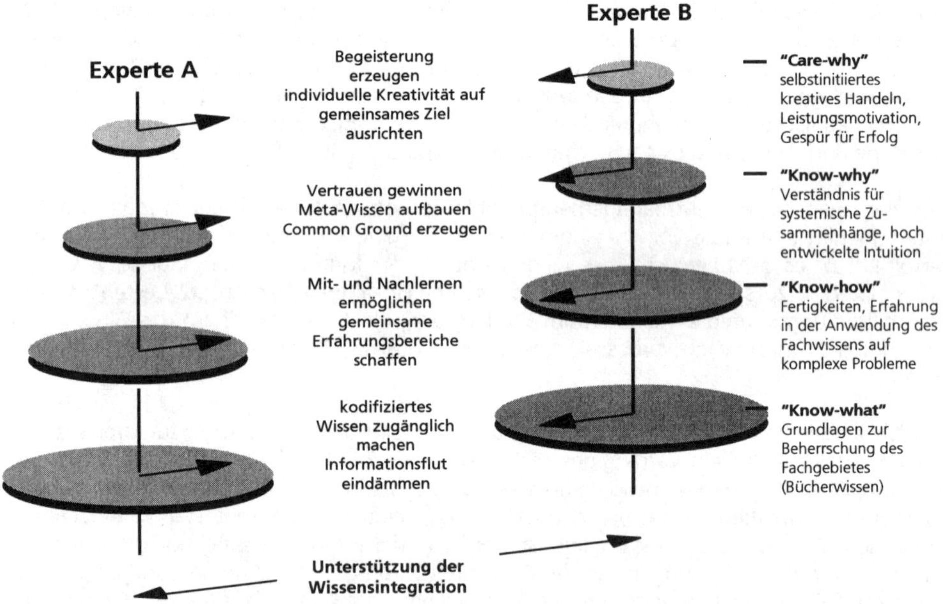

Abb. 6 Ebenen der Wissensintegration

Auf jeder der vier von Quinn et al. (1996) beschriebenen Qualitätsstufen des Wissens ergeben sich dann andersgeartete Anforderungen und Möglichkeiten der technologischen, organisatorischen und qualifikatorischen Unterstützung (Abb. 6):

- Auf der Ebene des reinen Faktenwissens („know-what") bereitet in erster Linie die unüberschaubare Menge an Informationen Probleme. Datenbanken und CSCW-Tools können helfen, Faktenwissen zusammenzutragen, zu organisieren und allgemein zugänglich zu machen.

- Fertigkeiten („Know-how") lassen sich - anders als das Faktenwissen - nicht in Datenbanken speichern und über Computernetze übertragen. Sie sind das Ergebnis individueller Erfahrungen und werden in der praktischen Anwendung von Wissen erworben. Um einen Austausch auf der Ebene der Fertigkeiten zu ermöglichen, müssen gemeinsame Erfahrungsräume geschaffen werden, die ein Mit- oder Nachlernen möglich machen (Nonaka & Takeutchi, 1997).
- Auf der Ebene des Systemverständnisses („know-why") wiederum ist mit dem Widerstand der Experten zu rechnen, die den Wissensaustausch verhindert. Systemverständnis ist das eigentliche Kapital der Mitarbeiter. Es wird nur dann mit anderen geteilt, wenn es im gemeinsamen Interesse beider Partner liegt.
- Die Verknüpfung des „Care-why" schließlich erfordert eine hohe Überschneidung der persönlichen Ziele und Interessen. Es muß schlicht allen Beteiligten Freude machen, an ähnlichen Problemen zu arbeiten, gemeinsam Hindernisse zu überwinden und innovative Lösungen zu entwickeln. Dies ist vor allem eine Frage der Unternehmenskultur(en) und der Förderung kooperativer kreativer Prozesse.

Hieraus wird deutlich, daß es notwendig ist, Wissensmanagementprojekte zum Bestandteil einer umfassenden Wissensstrategie zu machen und daß die Wissensmanagement- und Kreativitätsstrategien eines Unternehmens eng verzahnt und aufeinander abgestimmt werden müssen.

Bei den bisherigen Anstrengungen auf dem Gebiet des Wissensmanagements, wird eine solche strategische Betrachtung häufig vernachlässigt. Viele hoffnungsvolle Wissensmanagement-Programme der Vergangenheit sind nach Lucier & Torsilieri (1997) deshalb auch gescheitert, weil:

- *sie nicht mit spezifischen Geschäftszielen verknüpft waren*
  (Es kann nicht das Ziel sein, das Wissenskapital zu maximieren, vielmehr muß ein Wissensmanagementprojekt nachweislich dazu beitragen, den natürlichen Prozeß zu beschleunigen, in dem ein zusätzlicher Wert für die Zielkunden generiert wird.)
- *sie unvollständig konzipiert waren*
  (Wissensgenerierung und organisatorischer Wandel verstärken sich gegenseitig. Viele Wissensmanagementprogramme scheitern, weil die Innovations- und Lernprozesse nicht gleichzeitig gestärkt wurde)
- *sie zu wenig fokussiert waren*
  (Es ist notwendig Wissensmanagement-Programme auf das Erreichen eines eng umschriebenen Ziels zuzuschneiden)
- *das aktive, permanente Engagement des Top Managements fehlte*
  (Sponsorship genügt nicht. Das Top-Management muß sich am gesamten Prozeß aktiv beteiligen, d.h. Anleitung für den Projektstart geben, aggressive Ziele setzen, die Organisation verändern, das Projekt steuern und ggf. neu ausrichten)

Zusammenfassend ergeben sich für uns aus dem Zwang der Unternehmen, sich auf bestimmte Wissensgebiete zu spezialisieren und dem gleichzeitigen Druck, heterogenes Wissen zu erschließen und zu integrieren vor allem drei spannende und zentrale Forschungs- und Gestaltungsfelder: Die Erarbeitung von Entscheidungsgrundlagen für die Frage Outsourcing oder Insourcing von Expertenwissen, die Entwicklung von Gestaltungsansätzen zur Steigerung der Attraktivität der Wissensarbeit und die Entwicklung von Lösungen zur Unterstützung der Wissensgenerierung und -erneuerung.

Literatur

Amabile, Theresa M.: How to kill creativity. In: Harvard Business Review (1998) 5, S. 76-87.

Alvesson, Mats: Management of Knowledge-Intensive Companies. Berlin, N.Y.: Walter de Gruyter, 1995.

BMBF: Zur technologischen Leistungsfähigkeit Deutschlands. Gutachten im Auftrag des Bundesministeriums für Bildung und Forschung. Vorgelegt durch das ZEW, DIW, Gh-ISI, NIW, WSV und WZB. Zusammenfassender Endbericht 1998. Erschienen Januar 1999.

Butler, Timothy; Waldroop, James: Wie Unternehmen ihre besten Leute an sich binden. Harvard Business manager 22 (2000) 2, S. 70-78.

Clark, Herbert. H.: Using language. Cambridge: Cambridge University Press, 1996.

DIN-Fachbericht 75, Service Engineering. Entwickungsbegleitende Normung (EBN) für Dienstleistungen. Berlin u.a.: Beuth Verlag, 1998.

Doblaski, Lutz; Niemeier, Joachim; Sippach, Kathrin; Brettreich-Teichmann, Werner; Wiedmann, Gudrun: Praxisbeispiele Multimedia Software GmbH und Württembergische Versichung AG: Werkzeuge für Wissensinfrastrukturen. In: Wettbewerbsfaktor Kreativität – Strategien, Konzepte und Werkzeuge zur Steigerung der Dienstleistungsperformance / Hans-Jörg Bullinger, Sibylle Hermann (Hrsg.). Wiesbaden: Gabler, 2000.

Drucker, Peter: The New Productivity Challenge. Harvard Business Review (1991) 6, S. 69-79.

Edvinsson, Leif; Malone, Michael. S.: Intellectual Capital: Realising Your Company's True Value by finding it's Hidden Brainpower. London: Piatkus Books, 1997.

Ganz, Walter; Hermann, Sibylle: Wissensintegrative und koordinative Dienstleistungstätigkeiten - Erfolgsfaktoren für einen nachhaltigen Wettbewerbsvorsprung. Thesen und Fragestellungen einer neuen Forschungsinitiative. Stuttgart: Fraunhofer IRB-Verlag, 1999.

Ganz, Walter; Hermann, Sibylle: Kreativität - ein Wettbewerbsfaktor. In: Dienstleistungsinnovationen - Chancen und Trends für Unternehmen / Wolfram Risch, Gerhard Schrick (Hrsg.). Eschborn: RKW-Verlag, 1998.

Ganz, Walter; Warschat, Joachim: Strategische Kooperation in Kleinbetrieben. In: Produktentwicklung: innovativ und konkurrenzfähig: Kooperation im Engineering: IAO- Forum, Stuttgart, 28. April 1997/ Hans- Jörg Bullinger (Hrsg.). Stuttgart: IAO, 1997, p.67-91.

Golasowski, Wolfgang; Bockelmann, Karin: Praxisbeispiel IDB: Wie man Erfahrungen zum Produkt macht. In: Wettbewerbsfaktor Kreativität – Strategien, Konzepte und Werkzeuge zur Steigerung der Dienstleistungsperformance / Hans-Jörg Bullinger, Sibylle Hermann (Hrsg.). Wiesbaden: Gabler, 2000.

Grant, Robert: Prospecting in dynamically competitive environments: Organisational capability as knowledge integration. Organization Science, 7 (1996), 375-387.

Hansen, Morten T.; Nohria, Nitin; Tierney, Thomas: Wie managen Sie das Wissen in Ihrem Unternehmen? In: Harvard Business Manager 21 (1999) No.5. S. 85-96.

Horibe, Frances: Managing Knowledge Workers. New Skills and Attitudes to Unlock the Intellectual Capital in Your Organization. Toronto: John Wiley, 1999.

Korell, Markus; Ganz, Walter: Design hybrider Produkte. Der Weg vom Produkthersteller zum Problemlöser. In: Wettbewerbsfaktor Kreativität – Strategien, Konzepte und Werkzeuge zur Steigerung der Dienstleistungsperformance / Hans-Jörg Bullinger, Sibylle Hermann (Hrsg.). Wiesbaden: Gabler, 2000.

Leonard-Barton, Dorothy: Wellsprings of Knowledge. Building and Sustaining the Sources of Innovation. Boston, Mass.: Harvard Business School Press, 1995.

Lucier, Charles E., Torsilieri, Janet D.: The End of Overhead. In: Strategy & Business (1999) 15, S. 15 -18.

Lucier, Charles E., Torsilieri, Janet D: Why Knowledge Programs Fail: A C.E.O's Guide to Managing Learning. In: Strategy & Business (1997) 9, S. 14-28.

Malone, Thomas W.; Crowstone, Kevin L.: The interdisciplinary Study of Coordination. ACM Computing Surveys Vol 26 N. 1, (1994), pp.87-119.

Malone, Thomas W.; Laubacher, Robert I.: Vernetzt, klein und flexibel - die Firma des 21. Jahrhunderts. In: Harvard Business Manager 21 (1999) No.2. p. 28-36.

Milszus, Wolfgang: IuK-Firmen als "Moderne Dienstleister" - Neuer Wein in alten Schläuchen? In: Dienstleistungen für das 21. Jahrhundert - Eine öffentliche Diskussion / Volker Volkholz, Gerhard Schrick (Hrsg.), RKW-Verlag 1996.

Mittelstraß, Jürgen: Dritte Kultur? Kein Bedarf. In: Die Zeit (1998) No.6, p.43.

Nonaka, Ikujiro; Takeuchi, Hirotaka: Die Organisation des Wissens. Wie japanische Unternehmen eine brachliegende Ressource nutzbar machen. Frankfurt: Campus, 1997.

Novak, Joseph D.: Learning, Creating and Using Knowledge. Concept Maps as Facilitative Tools in Schools and Cooperations. Mahwah: Lawrence Erlbaum, 1998.

Neuberger, Oswald: Strategische Kooperation. In: Formen der Kooperation. Spieß, E. (Hrsg.) Göttingen: Verlag für Angewandte Psychologie.1998.

Pfiffner, Martin; Stadelmann, Peter: Wissen wirksam machen. Wie Kopfarbeiter produktiv werden. Bern: Haupt Verlag, 1998.

Picot, Arnold; Neuburger, Rahild: Virtuelle Organisationsformen im Dienstleistungssektor. In: Handbuch Dienstleistungsmanagement/ M. Bruhn, H. Meffert (Hrsg.) Wiesbaden: Gabler, 1998.

Prusak, Lawrence: Beitrag zum Forum 10 "Erfolgsstrategie Kreativität" der internationalen Fachtagung "Innovation für Wachstum und Beschäftigung - Herausforderungen des internationalen Wettbewerbs", 31.8.-1.9.98, Bonn. Videomitschnitt des Interviews zugänglich über den elektronischen Marktplatz der BMBF-Initiative Dienstleistungen für das 21. Jahrhundert: http://www.dl2000.de.

Quinn, James Brian; Anderson Philop, Finkelstein, Sydney: Das Potential in den Köpfen gewinnbringender nutzen. In: Harvard Business manager 3 (1996) S. 95-104.

Reith, Walter; Hermann, Sibylle: Praxisbeispiel Schweizer-National Versichungs AG: Mut zur Kreativität – Erprobung einer ungwöhnlichen Strategie der Kundenbindung. In: Wettbewerbsfaktor Kreativität – Strategien, Konzepte und Werkzeuge zur Steigerung der Dienstleistungsperformance / Hans-Jörg Bullinger, Sibylle Hermann (Hrsg.). Wiesbaden: Gabler, 2000.

Salowsky, Eckhard; Hermann, Sibylle: Praxisbeispiel Bildungszentrum Turmgasse. Ein Unternehmen wird kreativer! In: Wettbewerbsfaktor Kreativität – Strategien, Konzepte und Werkzeuge zur Steigerung der Dienstleistungsperformance / Hans-Jörg Bullinger, Sibylle Hermann (Hrsg.). Wiesbaden: Gabler, 2000.

Schmette, Martina; Strina, Guiseppe; Killmann, Peter A.: Praxisbeispiel EWG: erfahrungsbereichte von erfolgreichen Public Private Partnerships. In: Wettbewerbsfaktor Kreativität – Strategien, Konzepte und Werkzeuge zur Steigerung der Dienstleistungsperformance / Hans-Jörg Bullinger, Sibylle Hermann (Hrsg.). Wiesbaden: Gabler, 2000.

Spodeck, Michael; Bockelmann, Karin: Praxisbeispiel Spodeck Verwaltungsholding: Qualitative Erweiterung der Leistungspalette um neue Dienstleistungen. In: Wettbewerbsfaktor Kreativität – Strategien, Konzepte und Werkzeuge zur Steigerung der Dienstleistungsperformance / Hans-Jörg Bullinger, Sibylle Hermann (Hrsg.). Wiesbaden: Gabler, 2000.

Schrape, Klaus: Kultur und Professionalisierung von Mediendienstleistungen. In: Dienstleistung der Zukunft / Hans- Jörg Bullinger (Hrsg.) Wiesbaden: Gabler, 1995.

Schreiber, Michael; Korell, Markus: Praxisbeispiel Mettler Toledo GmbH: Ermittlung von Kundenbedürfnissen als Basis für neue Dienstleistungen. In: Wettbewerbsfaktor Kreativität – Strategien, Konzepte und Werkzeuge zur Steigerung der Dienstleistungsperformance / Hans-Jörg Bullinger, Sibylle Hermann (Hrsg.). Wiesbaden: Gabler, 2000.

Stanke, Alexander; Ganz, Walter: Design hybrider Produkte. In: Dienstleistungen im 21. Jahrhundert. RKW "Themen und Thesen"/ V. Volkholz, G. Schrick (Hrsg.) Eschborn, 1996.

Steinheider, Brigitte; Burger, Edith: Kooperation in interdisziplinären Entwicklungsteams. Erscheint in: Tagungsband des 46. Arbeitswissenschaftlichen Kongresses der Gesellschaft für Arbeitswissenschaft. 15.-18.3.2000, an der TU Berlin.

Stewart Thomas: Intellectual Capital: The new wealth of organizations. London: Nicholas Brealey Publishing, 1997.

Sveiby, Karl Erik : The new organizational wealth: Managing & Measuring knowledge-based assests. San Francisco: Berrett-Koehler Publishers, Inc., 1997.

Wehner, Theo; Raeithel, Anne; Clases, Christoph; Endres, Egon: Von der Mühe und den Wegen der Zusammenarbeit. In: Zwischenbetriebliche Kooperation- Die Gestaltung von Lieferbeziehungen / Egon Endres, Theo Wehner (Hrsg.): Weinheim: Psychologie Verlags-Union, 1996.

Praxisbeispiele Multimedia Software GmbH und Württembergische Versicherung AG – Werkzeuge für Wissensinfrastrukturen

Lutz Doblaski, Joachim Niemeier, Kathrin Sippach, Werner Brettreich-Teichmann, Gudrun Wiedmann

Die zentrale Herausforderung für das Wissensmanagement ist es, nach Lösungen zu suchen, den spiralförmigen Prozess der Verbesserung von Eigenschaften, Fähigkeiten und der Wissensdynamik im Unternehmen zu beschleunigen. Die kommunikativen und kooperativen Möglichkeiten von Computernetzwerken und computerunterstützten Werkzeugen sind einer dieser Lösungswege: „The Computer is a tool, one destined to be more important than the printing press. But its real worth is that it makes possible to augment the ways people bring brainpower to bear on complex problems" (Thomas A. Stewart 1996). Das Konzept der „Knowledge Infrastructure" soll es dabei ermöglichen, alle Akteure im Unternehmen in die Lage zu versetzen, ihre Kreativität, ihr Wissen und ihre Fähigkeiten in die Unternehmensprozesse und in die Unternehmensentwicklung einzubringen und sich am Unternehmenserfolg zu beteiligen. Der folgende Beitrag zeigt zwei Lösungsansätze aus der Praxis.

Wissen, der bedeutendste Wettbewerbsfaktor

Wissen ist vor Arbeit, Kapitalausrüstung und natürlichen Ressourcen der bedeutendste Produktionsfaktor einer Volkswirtschaft und der wichtigste Wettbewerbsfaktor der Unternehmen geworden. Der Wettbewerb um die Kontrolle, die Weiterentwicklung, die Anwendung und um die Wiederverwendung von Wissen findet weltweit statt. Es ist ein Wettbewerb um die klügsten Köpfe, die besseren Ideen und Modelle und um die schnellere Nutzung der neuen Erkenntnisse bei allen Geschäftsprozessen. Wissen, Erfahrung und Fertigkeiten sind die Quellen wirtschaftlichen Wachstums und wirtschaftlicher Macht geworden. Herodot's Aussage "es ist bitter für einen Menschen, bei allem Wissen keine Macht zu haben" gilt nicht mehr. Wissen bedeutet heute Macht. Die Menschen mit dem relevanten Wissen stehen jetzt wirklich im Mittelpunkt!

Im Finanzdienstleistungssektor gilt: die Information über Geld ist fast so wertvoll wie Geld selbst. Für die Versicherungsbranche ist das Wissen über Gefahren und Risiken so wichtig wie Versicherungsschutz selbst geworden. Das Wissen um den Bedarf, den Kaufprozess und die Produktanwendung der Kunden verschiebt die Gewinne vom Hersteller zum Handel und zum Verkäufer. Wer näher am Wissen um den Endkunden ist, erhält mehr vom Gesamtgewinn der Wertschöpfungskette.

In der Software- und Multimediaindustrie wird Wissen direkt in Software- und Dienstearchitekturen umgesetzt und zu Produkten programmiert. Das schneller umgesetzte Wissensmodell gibt dem Pionier meist auch die Marktführerschaft. Beispiele dafür sind Oracle, Microsoft, Netscape, SAP, Adobe. Das Management von Wissen, von intellektuellem Kapital, seine Umsetzung in bessere Fertigkeiten und optimierte Geschäftsprozesse, die Führung der Menschen, die es besitzen, werden zur wichtigsten Aufgabe im Unternehmen. Diejenigen, die hierbei schwach sind, werden allein aus diesem Grund im Wettbewerb verlieren.

Die Fallbeispiele „Wissen und Erfahrung als Basis kreativer Unternehmen" bei der Württembergischen Versicherung AG (Württ. Vers.) und „Kreativitätsförderliche Strukturen in stark wachsenden Strukturen" bei der Multimedia Software GmbH Dresden (MMS) trug zu diesen Zielen bei, indem es zeigte, welche besonderen Anforderungen die Realisierung von Innovationsstrategien und damit verbundene Wissensinfrastrukturen an das Wissensmanagement in einer Organisation stellt. Dabei wurde sowohl das Thema Wissensmanagement als Innovationsstrategie durch prototypische Entwicklungen vertieft, als auch neue Fragestellungen aufgeworfen, die sich an der interdiziplinären Grenzlinie von Organisationslehre, Psychologie und Informationswissenschaften bewegen. Fünf Gründe unterstreichen die Bedeutung dieser Betriebsprojekte:

1. Es existiert ein weltweiter Wettbewerb um die klügsten Köpfe, die besseren Ideen und Modelle und um die schnellere Nutzung der neuen Erkenntnisse bei Produkten und Prozessen in allen Märkten. „Employee Value" wird wichtiger als „Shareholder Value" je mehr Kapital profitable Anlagemöglichkeiten sucht.
2. Information und Wissen über gelieferte Produkte und geleistete Dienste sind für den Kunden als Anwender und Verbraucher ein interessanter Mehrwert: der lernende Kunde ist ein treuer Kunde!
3. Die Notwendigkeit, eine anpassungsfähigere und flexiblere, d.h. lernende Organisation zu sein, wird wegen zunehmender Marktdynamik und raschem technischem Fortschritt kontinuierlich wichtiger.
4. Organisationen verharren gerne in ihren bisherigen Verhaltensmustern, Geschäftssystemen und Glaubenssätzen. Anpassungen oder Lernen erfolgt mit Brüchen und Sprüngen, statt kontinuierlich in kleinen Schritten. Es interessiert uns daher sehr, mehr über erfolgreich lernende Unternehmen zu wissen.
5. Wir verstehen immer mehr, wie unser Gehirn funktioniert, wie wir wahrnehmen, lernen, Wissen im Langzeitgedächtnis speichern, wie wir uns erinnern, Probleme lösen, entscheiden. Die Erkenntnisse der kognitiven und biologischen Psychologie und der Neurophysiologie in den letzten 20 bis 30 Jahren sind beeindruckend. Auch die Wirtschaftswissenschaftler haben die Evolution und Lernpsychologie für sich entdeckt und verbreiten ihre Erkenntnisse über Wissensmanagementprogramme.

Wissen und Information unterliegen jedoch dynamischen Prozessen, gleichsam einem Fluß, der an- und abschwellen, sich neue Bahnen suchen aber auch versiegen kann. Wissen als vierte Ressource ist deshalb in einer von Ideen und Information getriebenen Dienstleistungsgesellschaft Schlüssel für Wachstum und Erfolg. Am Ausgangspunkt unserer Betrachtung von Kreativität in Wissensprozessen haben wir deshalb die Frage nach der Art und Weise, wie Wissen entsteht und sich in Handlungen materialisiert, gestellt. Die Einführung von Werkzeugen zur Unterstützung der Kreationsprozesse im Unternehmen hatte dabei das Ziel, (alle) Akteure im Unternehmen in die Lage zu versetzen, ihre Kreativität, ihr Wissen und ihre Fähigkeiten in die Unternehmensprozesse und in die Unternehmensentwicklung einzubringen und sich am Unternehmenserfolg zu beteiligen (Business Intelligence). *„Knowledge is like intellectual quicksilver - fluid, elusive, and intangible. Understanding how people create and use knowledge in an organization requires a revolution in leadership thinking... People throughout organizations continually acquire and create important, critical knowledge about customers, products, technology, costs, and competitors. But that knowledge can remain hidden and inaccessible... In the new world, leaders need to liberate knowledge and creative thinking at all levels and in all corners of their organizations."* (Dale F. Zand 1997).

Eine der wesentlichen Herausforderungen für das Wissensmanagement in der kreativen Organisation ist es demnach, nach Lösungen zu suchen, diesen flüchtigen Charakter des Wissens in den Griff zu bekommen. Wir wollen uns hier auf die Nutzung der kommunikativen und kooperativen Möglichkeiten von Computernetzwerken und computerunterstützten Werkzeugen als möglichen Lösungsweg konzentrieren, um mit neuen Werkzeugen nicht nur technologische Lösungswege zu beschreiten, sondern auch organisatorische Rahmenbedingungen und Regelwerke zu entwerfen.

Wissensinfrastrukturen und Werkzeuge für Wissensmanagement

Auf dem Kongreß „International Knowledge Management Summit (IKMS'98) vom 8.-11. Juni 1998, San Diego/USA) wurde deutlich, daß trotz heterogener Meinungen über Inhalt und Konzept von Wissensmanagement die meisten der präsentierten Ansätze nicht vollkommen neu sind, sondern eher eine Zusammenfassung von Techniken darstellen, die bereits seit Jahren bekannt sind und jetzt unter dem Namen Knowledge Management präsentiert werden. Dies betrifft sowohl Managementkonzepte als auch vermarktete Softwareprodukte. Es war aber unter den Teilnehmern ein Konsens zu spüren, dass unter Wissensmanagement eine Zusammenfassung betriebswirtschaftlicher Methoden und informationstechnischer Unterstützung für die Nutzung des kollektiven Wissens einer Firma verstanden wird, die der Steigerung von Innovations- und Reaktionsfähigkeit des Unternehmens dienen. Eine wesentliche Rolle nimmt dabei die Schaffung einer Kultur des Wissensaustausches ein. Informationstechnologie dient als Werkzeug und steht dabei nicht an erster Stelle.

Als treibende Kraft wird die zunehmende Bedeutung von Wissen und Fähigkeiten der Mitarbeiter im heutigen Unternehmen gesehen. Wissen wird mehr und mehr zum kritischen Erfolgsfaktor, um den Anforderungen der Kunden besser und nachhaltiger gerecht werden zu können, als die Mitbewerber am Markt. Dr. Peter Drucker betonte einen grundlegenden Wandel in der Industriegesellschaft anhand des „Knowledge Worker": Der Anschauung von Karl Marx über die kapitalistische Welt liegt zugrunde, daß die (uniformen) Arbeiter ihre Produktionsmittel (Kapital, Boden, Maschinen) nicht selbst besitzen. Der Knowledge Worker (lt. Drucker) ist jedoch im Besitz seiner wichtigsten Produktionsmittel (Wissen, Fähigkeiten) und wird damit unabhängig und mobil. *„Knowledge Worker sind keine Angestellten. Sie sind Freiwillige."* (P. Drucker, 1998) Ziel eines Wissensmanagements muss es daher sein, die Produktivität geistiger Arbeit zu steigern, die bisher hinter Produktivitätssteigerungen für manuelle Tätigkeiten zurückstand.

Was bedeutet dies jedoch für technische Werkzeuge? Abbildung 1 vermittelt einen Eindruck über Klassen von Software, die für den Zweck des Wissensmanagements eingesetzt werden können. Im wesentlichen handelt es sich dabei um Weiterentwicklungen von bestehenden Plattformprodukten oder Einzelapplikationen mit dem Ziel einer modularen Integration der Anwendungen, um die konkreten Bedürfnisse von Wissensanbieter und Nachfrager zu befriedigen.

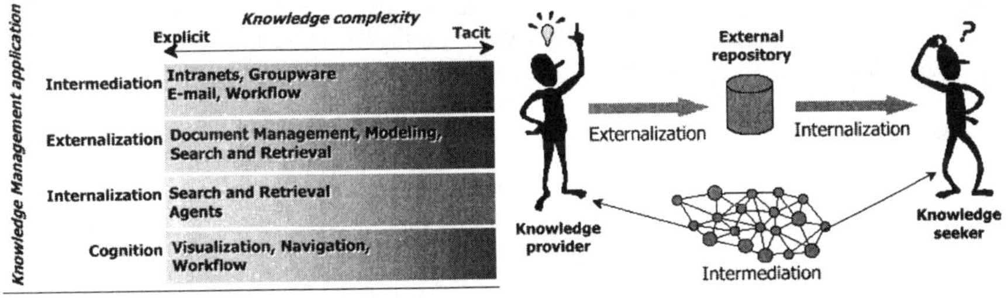

Abb. 1 Knowledge Management Funktionalitäten (Quelle: Delphi Group, 1998)

Folgende Funktionalitäten finden sich wiederkehrend in diesen Anwendungen: Speicherung von Wissen (Information) in einer Datenbank, Indexierung existierender Datenbestände unterschiedlicher Quellen, Suchfunktionalität (Volltextsuche, Push-Dienst zur Benachrichtigung des Nutzers über neue Informationen, Strukturierung/Klassifikation von Informationen mit einer Wissenslandkarte (Knowledge Map, Taxonomy) sowie Kommunikationsunterstützung durch Groupware/Workflow. Eine Reihe von Funktionalitäten findet sich zwar selten, fällt jedoch hinsichtlich ihrer konzeptionellen Tragweite auf: Analyse von Inhalten auf der Basis künstlicher Intelligenz (Autonomy), Natürlichsprachliche Suche auf der Basis von künstlicher Intelligenz (Erli), Nutzung der individuellen Selektions-, Klassifikations- und Bewertungsleistung von Individuen für die Bildung einer organisationalen Wissensbasis, sog. „peer model" (z. B. Intraspect, GrapeVine) sowie Visualisierung von Zusammenhängen (Autonomy).

Innovative Unternehmen zeichnen sich vor dem Hintergrund unserer Good Practice Analysen im internationalen Vergleich dadurch aus, daß sie mit Hilfe dieser Basisfunktionalitäten Wissensinfrastrukturen aufbauen, die den gesamten Prozess des Dienstleistungsmanagements beherrschen helfen (Abb. 2) indem

- Orientierungskompetenz gefördert wird, durch die Fähigkeit Kundeninformationen und Trendentwicklungen in ihrem Umfeld zu dokumentieren (Customer & Competitive Intelligence), mit Vorerfahrungen zu vergleichen (Learning Histories) und auf ihre Potentiale abzuschätzen,
- Kreationskompetenz unterstützt wird, indem die Entstehung von Ideen im Unternehmen systematisiert (Virtual Idea Markets) und Entwicklungsprojekte und Forschungskompetenzen dokumentiert werden (Electronic Green&Blue Books) damit Produktisierung und Packaging von Dienstleistungen und Produkten angeleitet wird,
- die flexible Anpassung und Veränderung der Organisationsstruktur durch entscheidungsunterstützende und kooperative Werkzeuge (Decision & Cooperation Support Environment) befördert wird und
- ein Beitrag zur effektiven Unterstützung von internationalen Vertriebsprozessen durch innovative kundenorientierte Wissensinfrastrukturen geleistet wird (z.B. Knowledge Center & Answer Network).

Einen wichtigen Hinweis für die Funktionsfähigkeit dieser Knowledge Infrastructure gibt Hughes Space & *Communications „As soon as you make it a way for employees to advertise their capabilities they'll use it"* (Arian Ward, Hughes Space & Communications). Einen ähnlichen Ansatz verfolgt NatWest Markets, die Investment Tochter des Finanzriesen NatWest Group (1996 Umsatz 23 Mrd $) mit seinem Greenbook. Dieses ist nach Finanzprodukten, Industriesektoren, Geographie, Support Diensten und Business Intelligence sortiert. Rund 100 der Experten wirken als „Knowledge Coordinators", die sich bereit erklärt haben, Kollegen zu unterstützen. Das Greenbook soll helfen „people connect to people faster than before". Bluebooks als Übersichten über die Projekte liefern einen ergänzenden Hinweis auf Kompetenzen und laufende Entwicklungen. Teltech hat eine Reihe von Bedingungen formuliert, die bei dem Design dieser Wissenstools zu beachten sind:

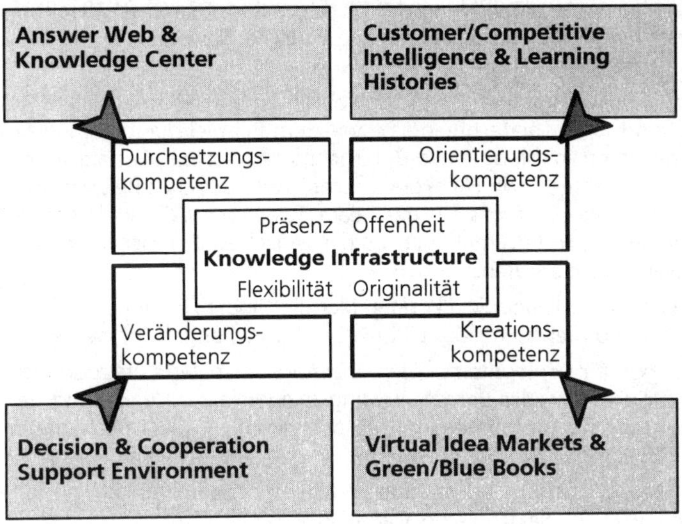

Abb. 2 Konzepte für die „Knowledge Infrastructure"

- Ersetze nicht einfach das Telefonbuch: Die Nutzer wollen insbesondere etwas über Fähigkeiten und Fertigkeiten der Personen wissen.
- Verteilte „Content Ownerships": Man kann nicht erwarten, daß die Nutzer sich ohne weiteres selbst einschreiben, sondern man muss eine „Enrollement Guideline" entwerfen und die Trommel rühren, um die Nutzer zu gewinnen. Darüber hinaus muß der Nutzer dazu gebracht werden, seine Einträge selbständig uptodate zu halten.
- Bündele die "Gelben Seiten" des Wissensmanagements mit anderen wertvollen, häufig genutzen Informationen wie „Competitive Intelligence" oder Kundeninformationssystemen.
- Unterstütze den „Serendipity-Effekt", d.h. das suchende und erkennende Umherschweifen in den Datenbeständen. Deshalb sollten die Anwendungen um Fähigkeiten und nicht um Produkte herum aufgebaut werden.
- „Keep it simple – but comprehensive": Entwickle Standardformate für Einträge und Zusammenfassungen und Guidelines für den Nutzer, damit sie ihre Einträge sorgfältig und schnell vornehmen können. Auch der Zugang sollte möglichst einfach gestaltet sein, damit der Nutzer nicht nur lokal, sondern auch durch die virtuellen Welten des Unternehmens, die Landkarte von Standorten, Abteilungen und „Knowledge-Centern" reisen kann.

Diese Bausteine einer Wissensinfrastruktur können dabei nach unseren Untersuchungen auch kleinen Unternehmen und ihren Netzwerken einen wirkungsvollen Support bei Innovationen liefern, ihre Markt- und Handlungsfähigkeit und die Performance am Markt erhöhen.

Fallbeispiel Multimedia Software GmbH Dresden

Besonders in neuen, schnell wachsenden Märkten sind Unternehmen gefordert, ihre Wissens- und Informationsinfrastruktur permanent weiterzuentwickeln. Hier spielen Innovationsorientierung, Verkürzung der Innovationszyklen und Reaktion auf Kundenanforderungen eine entscheidende Rolle bei der Weiterentwicklung der Marktposition. Die Geschäftsaktivitäten der Multimedia Software GmbH lassen sich in folgende Bereiche gliedern:

- *Multimedia-Agentur*. Referenzprojekte hierfür sind sowohl Internetauftritte als auch Systemlösungen auf Basis von Multimediatechnologien, wie zum Beispiel die multimediale Übertragung der Jahreshauptversammlung eines Unternehmens oder die Gestaltung einer interaktiven Plattform im Rahmen von Fachkonferenzen. Anschauliches Beispiel hierfür ist die Entwicklung eines Web Auftritts für das Team Telekom zur Tour de France 1998. Der Nutzer konnte sehr viele Informationen zu den einzelnen Etappen und rund um die Tour in multimedialer Form abrufen.
- *Innovative Produkte und Dienste*. Als Beispiele können hier die Global-Learning Plattform der Deutschen Telekom AG und Dienste für das Bildtelefon (T-View) angeführt werden.
- *Multimediale Systemlösungen für Grossunternehmen*. Die Angebotspalette erstreckt sich hier von der Mediathek für die Mercedes-Benz-Marketing-Akademie zur Verwaltung der Business Television Videos bis hin zum Mathematik-Lernprogramm., z.B. der Rechenrabe des Klett-Verlags.
- *Software-Lösungen* im Bereich Informations- und Wissensmanagement sowie vertriebsorientierte Lösungen, wie z.B. elektronische Marktplätze.

Anhand der Beispiele zeigt sich die projektorientierte Arbeitsweise im Bereich der innovativen Internet- und Multimedia-Technologien. Die erfolgreiche Realisation eines Projektes ist von immenser Tragweite, aber von viel weitreichenderer Bedeutung und Wichtigkeit ist der Ausbau und die Stabilisierung der Marktteilnahme. Im Rahmen des Projektes „Kreativitätsförderliche Strukturen in stark wachsenden Unternehmen" wurden die speziellen Handlungsbedingungen und -optionen von jungen und schnell wachsenden HighTech-Unternehmen untersucht. Innovationsorientierung, Verkürzung der Innovationszyklen und die Reaktion auf Kundenanforderungen spielen hier eine entscheidende Rolle bei der Sicherung und Weiterentwicklung der Marktposition. Dieses Vorhaben hatte die Aufgabe, die Konzeption und Gestaltung eines Unternehmensinformationssystems zur Unterstützung der Kreationsprozesse im Unternehmen durchzuführen. Dieses System soll unterschiedliche Akteure im Unternehmen in die Lage versetzen, ihre Kreativität, ihr Wissen und ihre Fähigkeiten in die Unternehmensprozesse und in die Unternehmensentwicklung einzubringen und sich am Unternehmenserfolg zu beteiligen. Gleichzeitig geht es darum, dieses Wissen systematisch zu bündeln und aufzubereiten, damit es in strukturierter Form den anderen Mitgliedern zur Verfügung gestellt werden kann.

Prototypentwicklung einer elektronischen Ideenbörse

Ziel des Vorhabens war die Entwicklung und Erprobung praktischer Lösungen für den Einsatz von Wissenstools im Unternehmen. Dabei lag der Fokus auf einer ganzheitlichen Sicht, die einen Beitrag leistet (Abb. 3):

- zur Steigerung des informationellen Mehrwerts im Unternehmen, um die Inwertsetzung des Wissens zu beschleunigen: vom individuellen Mehrwert zu einem infrastrukturellen Mehrwert für die Organisation
- zur Aktivierung der Beschäftigten bei der Sorge um die Zukunftsfähigkeit des Unternehmens: vom kognitiven Wissen zur selbst-motivierten Kreativität sowie
- zur Unterstützung der Wissensproduktion von der Ideenfindung bis hin zur Codifizierung: vom Finden und Sammeln von Wissen zur Institutionalisierung beispielsweise in offiziellen Forschungs- und Entwicklungsplänen.

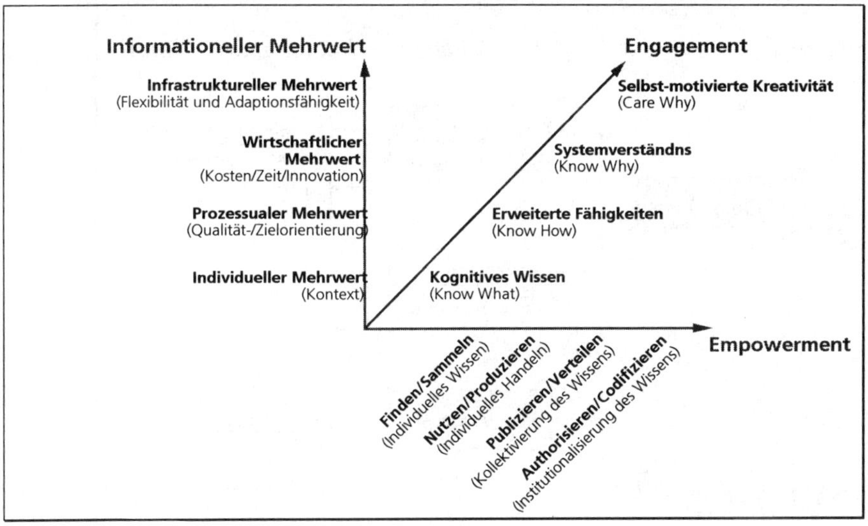

Abb. 3 Zieldimensionen des Wissensmanagements

Vor diesem Hintergrund wurde ein Unternehmensprozess ausgewählt, der für die Kreation innovativer Produkt- und Dienstleistungsangebote von kritischer Bedeutung ist: Innovative Ideen über zukünftige Marktangebote und Projekte zu einem frühen Zeitpunkt zu formulieren und in zukunftsweisende technologische Lösungen weiterzuentwickeln. Wurde dieser Prozess bisher in der Regel informell oder durch adhoc-stattfindende Face-to-Face-Meetings organisiert, so zwingt das hohe Unternehmenswachstum neue Infrastrukturen für diesen Prozess der Sammlung und Clusterung von Ideen zu entwickeln. Mitarbeitern wird mit der Intranet-Ideenbörse ein Werkzeug an die Hand gegeben, um neue Ideen möglichst spontan innerhalb ihrer tagtäglichen computerorientierten Arbeitsumgebung einzugeben, abzuspeichern und für eine gemeinsame Diskussion und Weiterentwicklung der Ideen zu publizieren. Gleichzeitig werden Tools für die Verantwortlichen in der Forschungsplanung implementiert, um die Bewertung, Konsolidierung und programmatische Konsolidierung der Ideen zu ermöglichen. Die elektronische Ideenbörse soll zukünftig diesen Prozess unterstützen und gleichzeitig eine Reihe von Mehrwerten generieren, diese sind beispielsweise:

- schnellerer Informationswert durch elektronische Verfügbarkeit
- kurzzyklische Verfügbarkeit von Informationen
- Verbesserung der Ablauforganisation durch geringere Rüstzeiten
- Neue Produkte z.B. Vorbereitung von Projektanträgen, Planungsrunden, Nachverfolgung von Ideen zur Projektreife
- Effizienz bei der Sammlung und Auswertung
- Effektivität durch frühzeitigen Tausch und Gebrauch von Ideen
- Komfort durch Ent-Anonymisierung und breitere Beteiligung
- Flexibilitätsreserven bei Rückfragen

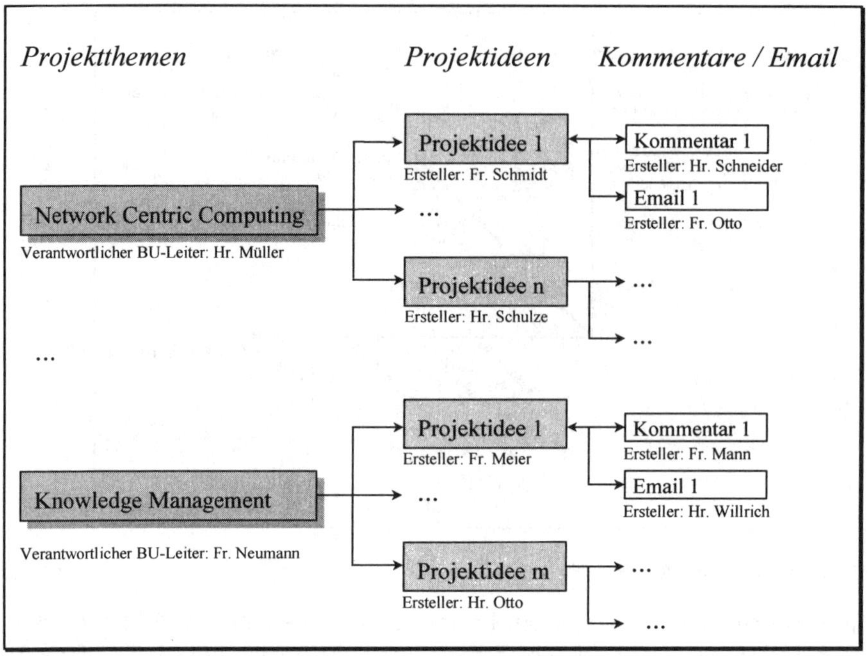

Abb. 4 Projektmodell der Ideenbörse

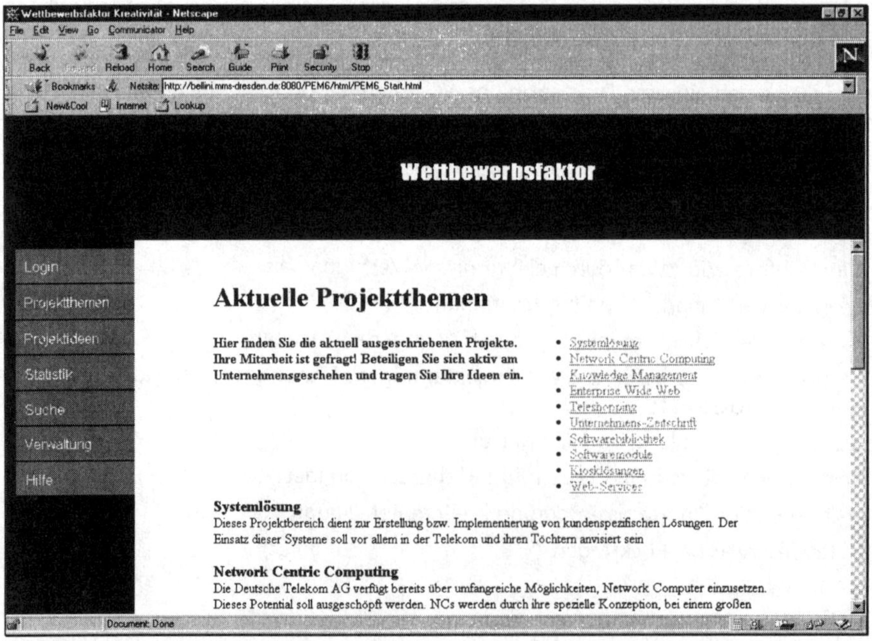

Abb. 5 Beispielanwendung der Ideenbörse: Anzeige von Projektthemen

Entsprechend den Erfahrungen aus den Fallstudien wurde damit eine Anwendung für die Ideenbörse entwickelt, die folgende Anforderungen erfüllt (vgl. Abb. 4 und 5):

- wertvolle Informationen, um den Werkzeugcharakter für die Bearbeitung zu erzeugen (User generated Content),
- Aktualität, um die Mitarbeiter zu einer kontinuierlichen Nutzung anzureizen (Informationsdienst für Neueintragungen und Kommentare),
- Interaktion, um durch die Erfahrungen der Nutzer einen kontinuierlichen Verbesserungsprozeß des Wissens in Gang zu setzen (Kommentare und Feedback)
- Wettbewerb, indem der Redaktionsprozess nach bestimmten Kennzahlen ausgewertet wird.

Organisatorische Regeln für kreative Prozesse

Gehen klassische Vorgehensmodelle bei der Einführung einer Neuerung vereinfacht von einem Dreiklang von Steuerung, Akzeptanzentwicklung und Kontrolle aus, so handelt es sich bei der Einführung von Werkzeugen zur Unterstützung kreativer Prozesse um Neuerungen, deren Erfolg weniger vom Kontrollparadigma hierarchischer Organisationen getragen werden kann, sondern eher mit der Plazierung eines neuen Produktes am Markt oder mit den Regeln für das Funktionieren sozialer Systeme verglichen werden kann. Parsons formulierte bereits 1951 ein funktional-analytisches Theoriegebäude, das vier generische Funktionen, die die Funktions- und Anpassungsfähigkeit sozialer Systeme sichern sollen, umfaßt (vgl. Parsons, Talcott & Smelser, 1956; Klein, 1996). Dieser Handlungsraum wird als AGIL-Schema bezeichnet nach (Abb. 6):

A **Adaptation**	G **Goal Attainment**	I **Integration**	L **Latent Pattern Maintenance**
• Verträge	• Kontrolle	• Normen/Werte	• Kommunikation
• Beziehungen	• Macht .	• Vertrauen	• Kollektive Strategie
• gemeinsamer Kontext	• Anreize	• Erfahrung	• Reputation
• Corporate Design	• Vorbild	• Anpassungsbereitschaft	• Identität

Abb. 6 Das AGIL-Schema

- Adaptation, d.h. Fähigkeit zur Anpassung und Aufrechterhaltung der Grenzen des Systems
- Goal Attainment, d.h. Fähigkeit zum Setzen und Durchsetzen von Zielen
- Integration, d.h. Sicherung der Loyalität und des Zusammenhalts der Mitglieder
- Latent pattern maintenance, d.h. Sicherung der Übereinstimmung der individuellen und systembezogenen Werte und Normen

Entlang dieser vier Grundfunktionen können Maßnahmen vorgeschlagen werden, die ein System unterstützen, es stören oder indifferent für das System sind, d.h. keinen „value" kreieren.

Adaptation. Eine Interaktionsplattform benötigt, bei aller Offenheit an den Grenzen, die Möglichkeit zu einer Vertiefung des Beziehungsgefüges. Neben einem Corporate Design als äußerem Zeichen müssen Spielregeln und Interaktionsmuster definiert werden bis hin zur

Frage der Verankerung dieser Spielregeln in Verträgen und Zielvereinbarungen der Mitarbeiterinnen und Mitarbeiter. Darüber hinaus muß den Teilnehmern Kontext verschafft werden, durch den Aufbau gemeinsamer Beziehungen und die Formulierung von Zielsetzungen des Prozesses. Insbesondere neue Akteure sind in ihren „Erwartungserwartungen" (Luhmann) noch nicht so verfestigt wie die Traditionsklientel. Verlässlichkeit und Transparenz in den Zielvereinbarungen und Spielregeln ist deshalb notwendig.

Goal Attainment. Es müssen Ebenen und Views auf die Interaktionsplattform geschaffen werden, die den anderen Mitgliedern des Systems eine *soziale Kontrolle* des Verhaltens der anderen Mitglieder ermöglicht (Transparenz). Beispielsweise fördert die Mercenary-Kultur die Entstehung von „Moral Hazards", die ihre individuelle Rationalität über die gemeinsame Rationalität stellen. Deshalb müssen auch aus der Transparenz Konsequenzen gezogen werden, Konsequenzen bei denen jemand über die Macht verfügt, auch Handlungen abzuleiten und durchzusetzen. Auditing- und Reviewverfahren sind hierfür Hilfsmittel, um Kommentare und Annotationen in Codifizierungsprozesse zu überführen. Darüber hinaus müssen *Anreize* für die Teilnahme geschaffen werden. Innerhalb der Interaktionsplattform wird weiterhin Wettbewerb innerhalb bestimmter Grenzen bestehen (Web-Statistik). Aus der Debatte um das Moral Hazard Problem können zwei Anreizsysteme abgeleitet werden: 1. Performance-Messung, d.h. Wettbewerb und Benchmark der Beiträge zur Plattform (Prämierungen, Score Lists, Vergrösserung der Rechte), 2. Ergebniskontrolle, d.h. Bewertung der Gesamtleistung einer Unit vor dem Hintergrund vordefinierter Standards und 3. Dokumentation von Vorbildern als indirekter Wettbewerbsanreiz.

Integration. Gemeinsame *Normen und Werte* bilden die Basis für eine offene Kommunikation innerhalb einer Interaktionsplattform. Durch die Formulierung gemeinsamer Leitsätze und ein gemeinsames Vorgehen wird hierfür die Grundlage geschaffen. Die Zuverlässigkeit von Verhalten ist konstitutives Merkmal von Vertrauen, ohne sie findet keine offene Kommunikation statt. Die Integration wächst darüber hinaus naturgemäß mit der *Erfahrungs*kurve oder Lernkurve. Das hat jedoch zur Konsequenz, daß die Startphase besonders sensibel bezüglich der Erfüllung von Erwartungen gestaltet werden muss. Erst in späteren Phasen weiß man, daß die „internen Kunden" erst nach mehrfachen Enttäuschungen den Service (nach amerikanischen Untersuchungen erst beim dritten Mal) wechseln. Im Unterschied zu hierarchischer Integration, die in einer offenen Plattform nicht durchsetzbar und/oder wünschenswert ist, leben offene Systeme von der Balance zwischen individueller Autonomie und wechselseitiger Abhängigkeit. Dabei muß sich das System *anpassungsbereit* gegenüber Änderungen und Wünschen in einem Top-down-Bottom-Up Prozeß zeigen, um die notwendige Integrations- und Wachstumsdynamik aufrechtzuerhalten.

Latent Pattern Maintenance. Eine flächendeckende *Kommunikation*, ein guter Informationsaustausch, eine hohe Informationsdichte und ein guter Informationszugang sind allgemeine Rahmenbedingungen für die latente Stabilisierung von Interaktionsgemeinschaften. Deshalb gilt auch, daß einzelne Informationssysteme in ein Gesamtkonzept eingebunden werden müssen, beispielsweise indem Planungen (Open Book Management), Bewertungen, ScoreCards, „Offene Tür-", „Offen Gesagt"-Programme etc. eingerichtet werden. Wünschenswert wäre es hier sicherlich, in Fortführung der bisherigen Lösung, beispielsweise eine Vertiefung der Corporate Yellow Pages. Die Interaktionsplattform muß auf eine Win-Win-Kultur ihrer Mitglieder ausgelegt sein. Vor diesem Hintergrund kommt einer *„kollektiven Strategie"* - d.h. einer Strategie, die Chancen und Risiken für ihre Mitglieder antizipiert und die in der Lage ist, auf Bedrohungen gemeinsame zukunftsweisende Antworten zu formulieren - eine entscheidende Bedeutung zu. Im Unterschied zu Mercenary-Kulturen, die die individuelle Rationalität ihrer Mitglieder in den Vordergrund stellen, sind offene Plattformen auf ihren gemeinsamen Erfolg ausgelegt. Die Reputation einer Organisation reflektiert dabei die erlebte Historie. Last but not least spielt die gemeinsame Identität einer Organisation eine zentrale Rolle als gemeinsames programmatisches Bekenntnis und der daraus folgenden Implikationen. Es stellt sich auch hier die Anforderung, daß diese Programmatik eine partizipative Planungskultur unterstützt.

Fallbeispiel Württembergische Versicherung AG

Große Organisationen verfügen bereits heute über beeindruckende, häufig in Handbüchern und Organisationsanweisungen kodifizierte Wissensbestände. Die aktuelle Herausforderung besteht deshalb zunächst weniger darin, neues Wissen zu erzeugen als bestehendes besser aufzunehmen, zu strukturieren, anzureichern und mit Leben für die alltägliche Arbeit zu füllen. Lutz Doblaski, Vorstandsmitglied der Württembergischen Versicherung, formuliert dies folgendermaßen: „Das Wissen für die Bearbeitung von Vorgängen ist im Kopf der Sachbearbeiter oder in Handbüchern, Rundschreiben und Bedienungsanleitungen versteckt. Das Wissen in Handbüchern wird selten benutzt, weil die Menschen während der Arbeit am Bildschirm nicht gerne in Handbücher hineingehen. Die Weiterentwicklung der Wissenselemente und ihre Verbreitung über Rundschreiben wird von den Empfängern eher als Papierflut denn als Weiterbildung empfunden."

Wissen in die Arbeitssysteme bringen

Das intellektuelle Kapital eines Unternehmens ist heute meist nicht separat definiert. Es ist häufig implizites Wissen in den Köpfen der Mitarbeiter oder erklärbares (deklaratives) Wissen versteckt in Rundschreiben, Handbüchern, Patentschriften und in der Software. Zielsetzung muß deshalb sein, das Geschäftswissen und die Erfahrung der Mitarbeiter explizit darstellbar zu machen, sie zur Eingabe in Wissensspeicher der Organisation aufzubereiten, damit sie online in den Arbeitssystemen bei der Prozeßbearbeitung direkt benutzt und fortgeschrieben werden können. Zusammen betrachtet stellen die Wissensspeicher in den Systemen einen Großteil des organisatorischen Gedächtnisses des Unternehmens dar. Die Wissensbanken müssen aktuelles Wissen in zugänglicher und interessanter Form anbieten:

(1) Entscheidungswissen über die heutigen und zukünftig nötigen Infrastrukturen und Systeme für das Geschäft, d. h. Informationen darüber, wie das Geschäftssystem strategisch ausgerichtet sein sollte und wie es verändert werden muß: a) welche Zielmärkte werden ausgewählt, wie sind wir erfolgreich im Wettbewerb, welches Produktportfolio für welche Bedarfe, welche Fertigungsarten und Fabriken, Art der Logistikkette, Art der Vertriebsorganisation, welche Finanzstruktur, welche IT-Architektur etc., b) warum die Infrastruktur so ausgewählt und strukturiert wurde (Designannahmen), wie sie konstruiert wurde und wie die Teile zusammen funktionieren und auch wirtschaftlich arbeiten, wer sie weiterentwickelt und welches Wissen und welche Erfahrung er dafür benötigt.

(2) Organisatorisches Wissen über die Bearbeitung der Geschäftsprozesse, die innerhalb der geschäftlichen Infrastruktur ablaufen, über die dabei benutzten Geschäftsmodelle, über die zu bearbeitenden Objekte (Materialien, Daten), zu behandelnden Ereignisse, die notwendigen Aktivitäten, Hilfsmittel, die Regeln wie es richtig gemacht wird und welche Ergebnise erwartet werden.

(3) persönliche Erfahrungen und Wissen des Einzelnen oder von Teams (Kompetenzen) aus der Durchführung von Projekten und Arbeitsprozessen, die als Lernhistorien oder Lernelemente aufbereitet und dadurch anderen zugänglich werden.

Das intellektuelle Kapital der Württembergischen Versicherung ist "das Wissen und die Erfahrung ihrer einzelnen Mitarbeiter über die Analyse und Bewertung von Risiken, die Entwicklung von risikoadäquaten Deckungskonzepten, Sicherungsmaßnahmen und Schadenverhütung, Selbstbehalte und Risikotransfer, Hilfe und Wiederinstandsetzungen im Schadenfall, den Aufbau und die Anlage von Schadenreserven, um Schäden bezahlen zu können und die Risikosituation ihrer Kunden, um den Versicherungsschutz anpassen zu können." (Doblaski 1998, S. 159) Ziel des Projektes war es, organisatorisch-technische Konzepte und Tools zu entwickeln, um dieses Wissen der Organisation in die Arbeitssysteme der Mitarbeiter zu bringen und um den Wissensfortschritt der individuellen Erfahrungen auch kontinuierlich fortschreiben zu können.

Innerhalb des Vorhabens wurden im weiteren vier unterschiedliche Wissensbereiche unterschieden, die einen besonderen Unterstützungsbedarf haben (vgl. Doblaski 1998):

- ***Deklaratives prozedurales und episodisches Wissen.*** Bei der Erforschung der Funktionsweise unseres Langzeitgedächtnisses fanden Kognitionspsychologen und Neurologen die folgenden Wissensarten (Endel Tulving)
- ***Deklaratives, explizites Wissen*** sind Kenntnisse über uns, unsere persönliche Geschichte und die Welt. Es ist erklärbares, explizit darstellbares Wissen über Objekte, Ereignisse, Konzepte, Verfahren, Handlungen. Es wird in Büchern, Datenbanken und Software festgehalten. Ein direkter, bewußter Zugriff darauf, fällt uns leicht. Es wird heute weitergegeben durch Instruktion, Schulung, Vorträge, Anweisungen, Aufsätze, Zeichnungen, Formeln. Struktur und Funktion der Objekte, Ereignisse etc. werden durch Schemata oder Ablaufskripts dargestellt und durch Aussagen und Regeln detailliert.
- ***Episodisches Wissen*** ist eine Teilmenge des expliziten Wissens. Es ist Selbsterfahrungswissen, unsere autobiographischen Erinnerungen, größtenteils über einzelne Ereignisse (Episoden) mit nach Ort und Zeit bestimmten Fakten. Es ist unsere Historie in Geschichtenform, verbunden mit Gefühlen. Wahrscheinlich merken wir uns deshalb auch so gerne Geschichten!
- ***Prozedurales, implizites Wissen*** sind durch viel Übung und Praxis erlernte Verhaltensweisen und Fertigkeiten. Meist sind es sprachliche, motorische, musikalische Fertigkeiten, wie Radfahren, Klavierspielen, Singen, Sprechen. Es können aber auch logische, räumliche, interpersonelle Fähigkeiten sein, die wir durch Übung und Praxis verinnerlichten, d.h. implizit machten. Der bewusste, direkte Zugriff darauf fällt uns schwer. Es ist nicht leicht erklärbar und sehr an die Person gebunden, die es besitzt. Es wird am besten weitergegeben durch Beobachtung eines Experten und Nachahmung seiner Fertigkeiten an konkreten Praxisfällen, wobei der Experte Verhaltensfehler korrigiert und mit dem Lernenden bespricht.

Wissensanalyse und Prototypentwicklung

Wissensmanagement im Unternehmen bedeutet, allen Mitarbeitern die Information, das Wissen und die Fertigkeiten zu geben, die sie brauchen, um das Unternehmen an veränderte Marktbedingungen anzupassen und profitabel zu halten. Dabei soll die Anpassung oder das Lernen so stattfinden, dass nicht gewaltsame Reorganisationen aufgrund von Beharrungskrisen notwendig sind, sondern kontinuierliche kleine Schritte zu einer laufenden Veränderung führen. Die kritischen Fragen, die eine Vorgehensweise beantworten helfen muss, sind deshalb 1. Wer muss was, wann, warum wissen, können und wollen? 2. Wie lernt der Mitarbeiter, die Arbeitsgruppe, der Bereich das Wissen und die Fertigkeiten?

Vor diesem Hintergrund wurde die Entwicklung von neuen Wissenstools in einem Umfeld vorangetrieben, in dem neue Führungsmethoden zu koppeln sind mit der Bereitschaft des Unternehmens, die Bedürfnisse seiner Mitarbeiter ernst zu nehmen, sie zu motivieren und zu fördern. Hierfür wurde das Konzept der „Fair Processes" entwickelt (Kim, Mauborgne, 1997) und in mehreren Fallstudien überprüft. Dieses Konzept basiert auf der Problemstruktur, daß Wissen in Organisationen zurückgehalten wird (vgl. Lullies et al., 1993), um

- die eigene Arbeit nicht zu erschweren, z.B. indem offizielle Informationswege umgangen werden,
- nicht von anderen Beteiligten unter Zugzwang gesetzt zu werden, z.B. indem Entwicklungszwischenschritte nicht berichtet, sondern erst Lösungen präsentiert werden,
- die eigene Arbeitsbelastung zu verringern, z.B. indem Ergebnisse erst auf Anfrage weitergegeben werden, um Folgeaufträge zu vermeiden.

Dieses subversive - dem Schutz der individuellen Interessen dienende - Verhalten rekurriert auf der Feststellung, dass individuelle Karriereerwartungen auf individuellen von den zuständigen Vorgesetzten bemerkten Ergebnissen beruhen. Dieses zu unterschätzen, hieße die Wirklichkeit in unseren Unternehmen zu übersehen. Es scheint jedoch lohnenswert gerade für wissenserzeugende Organisationen sich von der reinen Ergebnisorientierung zu entfernen und statt dessen über den prozeduralen Beitrag der Mitglieder der Organisation nachzudenken. Für das organisatorische Design elektronischer Lösungen bedeutet dies, unter anderem folgende drei Elemente zu berücksichtigen:

- „Engagement": Einbeziehung der Mitarbeiter in Redaktionsprozesse; Verbindlichkeit der Ergebnisse und Entscheidungen.
- „Explanation": Erläuterung von Entscheidungen und Entscheidungswegen, warum welche Bausteine an welcher Stelle im Prozess aufgenommen wurden. Dies ermöglicht auch einen gemeinsamen Lernprozeß.
- „Expectation clarity": Die Regeln nach denen zukünftig gehandelt wird, müssen offengelegt werden, beispielsweise wonach Bewertungen/Beförderungen sich richten, wie die Arbeitsteilung zwischen den Units geregelt wird.

Das Vorhaben wurde in vier wesentlichen Bausteinen umgesetzt

1. ***Wissensanalyse nach Geschäftsprozessen*** und den dort auftretenden Problemen und Entscheidungen. Ein Geschäftsprozeßmodell für Versicherungen wurde mit drei wesentlichen Kategorien entwickelt (Abb. 7): strategische Prozesse, die das Geschäftssystem aufbauen und weiterentwickeln, operative Prozesse, die innerhalb des Geschäftssystems täglich ablaufen sowie unterstützende Prozesse für die strategischen und operativen Prozesse. Dieses Prozeßmodell kann auf Banken und Verwaltung analog angewendet werden und verfeinert werden bezüglich Produktentwicklung, Verkauf, Risiken zeichnen, Vertragsverwaltung, Schadensbearbeitung. Anhand dieses Prozeßmodells wurde ein generelles Vorgehen zur Wissensanalyse von Geschäftsprozessen entwickelt und ein generisches Modell für das Design von Versicherungsprodukten erstellt. Dieses erlaubt die Definition von Produktbausteinen und Bündelung zur komplexen Produkten bei Dienstleistern.
2. ***Entwicklung eines Modells zur Erfassung und Bereitstellung von organisationalem Wissen*** durch Verwertung der neuesten Erkenntnisse der Lerntheorie und kognitiver Psychologie wie Schema-, Skript-Konzepte der kognitiven Psychologie als nützliche Konzepte für Lernstrategien bei virtuellen Produkten und für Software-Architekturen und

-Muster. Z.B. für Nachahmung, Beobachtungslernen, Lernen durch Tun, Versuch und Irrtum, Fallbasiertes Lernen, Konzeptlernen, Lernen durch Instruktion und Konditionierung,

Abb. 7 Struktur der Anwendungen eines Versicherungsunternehmens

3. Darauf aufbauend wurde ***eine Spezifikation und Entwicklung von Software-Werkzeugen für ein multimediales "Unternehmensgedächtnis"*** durchgeführt, die eine grobe Spezifikation der Komponenten einer elektronischen Wissens- und Lernumgebung umfasst sowie die Entwicklung von zwei lauffähigen Prototypen: ein multimediales Selbstlernprogramm für die Anwendungsarchitektur der Württembergischen Versicherung sowie ein Wissens-Informations-System "Lernendes Versicherungshandbuch" (Abb. 8) mit Internet und Java-Komponenten unter Nutzung von dynamisch anpassbaren Wissenskategorien und Suchstrukturen mit Zugriff auf dezentrales, während der Arbeit entstehendes Wissen.

Unsere begleitenden Fallstudien zu organisatorischen und technischen Rahmenbedingungen für Wissenstools haben darüber hinaus eine Vielzahl von Hinweisen sowohl für die Einführung und kontinuierliche Verbesserung als auch für die technische Weiterentwicklung und Bewertung geliefert. Es sollen deshalb an dieser Stelle lediglich vier der uns als besonders bedeutsam erscheinenden Ergebnisse hervorgehoben werden:

- ***Design von Wissensprodukten***. Die Frage nach dem (markt)relevanten Wissen einer Organisation, seiner materiellen Verfügbarkeit und seiner anwendergerechten Aufbereitung ist häufig bereits die "Killerfrage" zu Beginn eines Wissensmanagementprojektes. Hierzu sind methodische Vorgehensweisen erforderlich, die einerseits eine Bewertung und Selektion des intellektuallen Kapitals eines Unternehmens ermöglichen und andererseits Instrumente liefern für die Umsetzung in modulare Wissensprodukte. Hier schließen sich dann Designfragen z.B. der Darstellungsformen, der Segmentierung und Granularität einzelner Wissensbausteine sowie auch der multimedialen Untersützung an.

- ***Internes Marketing*.** Wissensdienstleistungen benötigen ein besonderes „Eventmarketing" und „Merchandizing" (z.B. Sektempfang zur Eröffnung, Kaffeetasse mit Intranet-Adresse). Darüber hinaus muß über die Etablierung von Anreizsystemen beispielsweise in den Mitarbeiterzielvereinbarungen nachgedacht werden. Die Prämierung von guten und erfolgreichen Beiträgen sollte periodisch stattfinden.
- ***Funktionserweiterung*.** Die bisherigen Systeme unterstützen vorwiegend die asynchrone Kommunikation der Teilnehmer untereinander. Unter dem Flow-Aspekt sollte die Dynamik insbesondere in Richtung auf synchrone Bestandteile (Chat und verteilte Redaktionstools, Conferencing) und zur inhaltlichen Konsolidierung und Planung ausgebaut werden (z.B. Vernetzungsbilder, spezielle Redaktionstools und Auswertungen für die Führungskräfte).
- ***Dienstebündelung*.** Der informationelle Mehrwert wächst durch die Leistungsbündelung mit anderen Diensten. Auf der Basis unserer Fallstudien und um einen Ausbau der kritischen Kompetenzen zu unterstützen, sind hier insbesondere die Blue- & Greenbooks zu nennen, darüber hinaus sollte der Prozesse der Wissensentstehung (Learning Histories) und der Kundeninformationen mit der bestehenden Anwendung verknüpft werden.

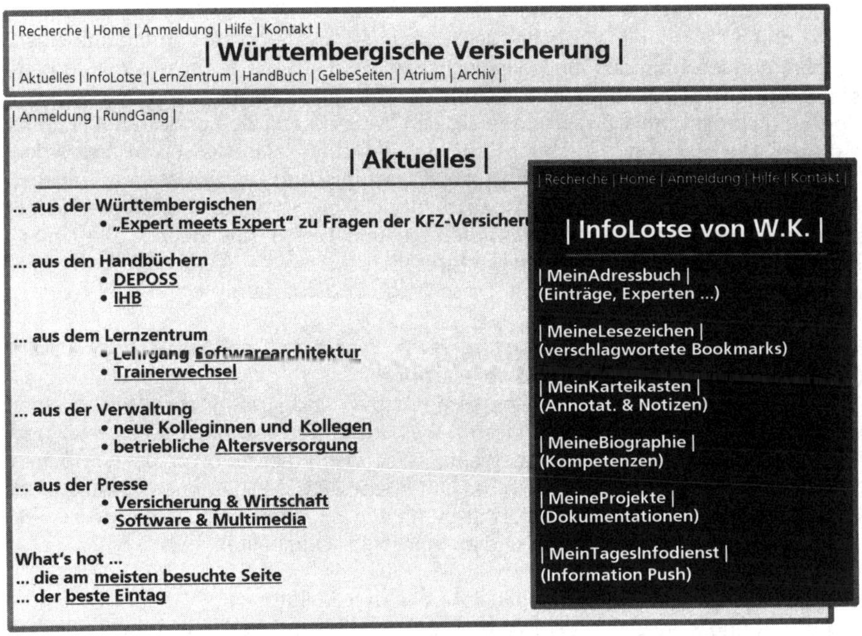

Abb. 8 Entwurf zum Dienstekonzept der Homepage „Lebendes Handbuch"

Weiterführende Fragestellungen

Die Verwertbarkeit der skizzierten Ergebnisse wird in beiden Unternehmen als hoch eingeschätzt, zumal beide Vorhaben Teil der strategischen Ausrichtung der Wissenorientierung der Dienstleistungen der Unternehmen ist. Sowohl die Ideenbörse als auch das Lebende Handbuch sind Teil der internen Wissensinfrastruktur und können darüber hinaus als Produkt oder Produktkonzept über die Grenzen des Unternehmens hinaus verwertet werden und sind Bestandteil weiterführender Entwicklungen. Darüber hinaus hat das Vorhaben eine Reihe von weiterführenden Fragestellungen und Überlegungen aufgeworfen, die die unmittelbare Aufgabe einer prioritären Erstmaßnahme als „Öffner" für das Feld der kreativen Unternehmen und der Wisseninfrastrukturen betreffen, die abschließend pointiert aus der Sicht der Unternehmen aufgeführt werden sollen:

Wenn wir die kognitiven Arbeitsprozesse verbessern wollen (knowledge work productivity), müssen wir Wissen und Erfahrungen bedeutungsvoll und personenunabhängig speichern. Wir müssen unser Wissen weiterverwendbar darstellen, und aktives Wissensmanagement zur Verbesserung von kognitiver Arbeit betreiben. Aber der Weg zum aktiven Wissensmanagement und zur lernenden Organisation erfordert vor allem ein Umdenken bei den Wissensvermittlern und -sammlern in unseren Unternehmen und in unserem Land. Unser Abstand zu den Besten der Welt ist in diesem Bereich groß, nimmt sogar zu, und wir wissen es nicht oder wollen es nicht wahrhaben. Dabei mangelt es uns weder an klugen Köpfen, die neues Wissen schaffen, noch an erfahrenen Könnern, die Wissen klug anwenden. Unser Problem sind die schwachen Wissensmanager, und das sind leider auch diejenigen, welche die notwendigen Veränderungen tragen sollen. Wie könnten wir beim Wissensmanagement vorankommen?

(1) Feststellen des Informations- und Wissensbedarfs entsprechend dem verfolgten Ziel und der zu bearbeitenden Prozesse.

In den Unternehmen ist es die Aufgabe der Führungskräfte und der unterstützenden Stabsabteilungen, den Informations- und Wissensbedarf für die Geschäftsprozesse zu erkennen, zu definieren und fortzuschreiben. Sie erreichen das durch Nachdenken, Nachahmen der Besten oder durch die bittere Erfahrung fehlenden Wissens. Für die Bundesrepublik definieren Ministerien, Hochschulen, Forschungsinstitute, Industrie-, Handels- und Handwerkskammern, Verbände, Statistische Ämter, Konsulate, Rundfunk- und Fernseanstalten, Verlage, Bibliotheken den Informations- und Wissensbedarf für Schüler, Studenten, Lehrlinge, Gesellen, Meister, normale Bürger und die Repräsentanten und Diener des Staates. Die Unternehmen benötigen dafür bessere Methoden, informationstechnische Werkzeuge und mehr Verständnis für aktives Wissensmanagement. Diese Dinge sind auf dem Weg.

(2) Existierendes Wissen finden, bewerten, nach Zwecken und Nutzern geordnet sammeln, mit Bedeutung versehen und bereitstellen.

In den Unternehmen reden wir viel über Kernkompetenzen und strategisches Wissen, aber die Programme zum Aufbau der Kompetenzen haben meist durchschnittliche Qualität und geringe Praxisorientierung. Wir wissen zu wenig über Best-Practices und die wirklichen Weltmeister im eigenen Haus und außerhalb des Unternehmens. Weil wir in der Schule nicht abschreiben und nicht in Gruppen lernen durften, tun wir das im Beruf auch nicht gern. Wir leiden oft am Not-Invented-Here-Syndrom und an ignoranter Originalität.

Das Wissen in den klassischen "Wissensgebäuden" wie den Bibliotheken, Museen, Theatern, Ministerien, Ämtern und Konsulaten wird weit unter Wert genutzt, weil meist nicht relevant oder nicht interessant bereitgestellt. Was wir in den Unternehmen besser machen könnten, wurde hier beschrieben:

- Wissensmanagement zur Führungsaufgabe machen.
- Wisseneinheiten definieren, ein Kategoriensystem und ein Glossar entwickeln.
- Wissenbedarfsanalysen für Geschäftsprozesse und Anwendungsbereiche durchführen: (Know-what, Know-how, Know-why, Know-who für die drei geschäftlichen Wissensarten)
- Geschäftliche Kernmodelle für die Prozesse und Anwendungen entwickeln.

- Externe und interne Informations- und Wissensquellen (vor allem Wissensträger) identifizieren, bewerten und Zugang verschaffen.
- Wissen sammeln, einteilen, ordnen, ihm Bedeutung geben und es in den richtigen Kontext stellen, d. h. nach und nach den gesamten Wissens- und Erfahrungsschatz des Unternehmens explizit erfassen.
- Das relevante Wissen den Nutzern im Arbeitssystem zur Verfügung stellen.

(3) Wissen explizit machen, verständnisvoll darstellen und zur Anwendung in den Arbeitssystemen zur Verfügung stellen.

Hierfür sind wohl die größten Herausforderungen zu bewältigen:

- Entwicklung der Theorien und Modelle zur Erfassung, Speicherung und Darstellung der Wissens-Strukturen.
- Aufbau der technologischen Infrastruktur für die Erfassung und Kategorisierung des Wissens, für die multimedialen Wissensspeicher und die vorgangsbezogene Anwendung in
  - Prozesssteuerungssoftware
  - Parametersystemen
  - Online Hilfesystemen
  - Tutorial- und Nachschlagesystemen
  - Teamsoftware
  - Projektmanagementsoftware.
- Aufbereitung und Fortschreibung der Wissensinhalte zur bedeutungsvollen Wahrnehmung, zum vorgangsorientierten Verstehen und Anwenden.

Die technische Infrastruktur für digitale, multimediale Bibliotheken wird zur Zeit in den USA von der National Science Foundation zusammen mit der NASA, ARPA und einigen Universitäten entwickelt. Auch die Hypertext-Hilfesysteme werden in USA und England mit Help-Developer's Workbenches ergänzt. Multimediale interaktive Lehr- und Lernsysteme entstehen, und die multimedialen Lexika haben bereits akzeptable Qualität erreicht. Für die Aufbereitung der Wissensinhalte mit multimedialen Darstellungen werden Schauspieler, Museen, Theater, Lehrer, Archive und Bibliotheken eine neue Blüte erleben, wenn sie ihr Wissen und ihre Erfahrung entsprechend anbieten.

(4) Neues Wissen erfinden, kombinieren, erschaffen.

Forschung und Entwicklung, kontinuierliche Verbesserungsprogramme, Nachahmung von Best-Practices, Lernen aus Fehlern, Redesign von Strukturen und Abläufen werden ständig neue Wissenselemente schaffen oder existierende fortentwickeln. Wahrscheinlich wird sich ein weltweiter Markt für multimediale Wissens- und Informationsbausteine im Internet entwickeln. Unternehmen und Studenten werden Ausbildungs- und Wissenskomponenten von Anbietern beziehen, die irgendwo auf der Erde arbeiten. Experten, Lehrer, Dozenten, Forscher können ihre Erkenntnisse relativ leicht weltweit im Internet anbieten.

(5) Wissen weitergeben, lehren und lernen.

Im Bereich der Aus- und Weiterbildung sind durch online, multimediale Wissensspeicher und die entstehenden geschäftsprozessorientierten, modularisierten Wisseneinheiten die größten Transformationen zu erwarten. Es wird zu einer stärkeren Arbeitsteilung und zu einem verstärkten Wettbewerb unter den Lehrern, Inhaltsanbietern und Ausbildungsinstitutionen kommen.

Schwierige Lerninhalte können durch synchrone, unterschiedliche Sichten und multimediale Darstellungen wesentlich anschaulicher und verständlicher dargestellt werden. Computeranimationen, Simulationen und dreidimensionale Grafiken erlauben schon heute wesentlich tiefere Einsichten bei Mathematik, Physik, Chemie, Architektur, Biologie. Die elitären, didaktisch schwachen, verwissenschaftlichten Vorlesungen erhalten multimediale Internet- und CD-ROM-Konkurrenz, die starken Dozenten werden Internetanbieter. Je mehr die Unternehmen diesen Markt nutzen und seine Qualität erleben, umso mehr werden sie nichtuniversitäre Wissensnachweise akzeptieren. Privatwirtschaftliche Organisationen und Fernuniversitäten werden die Qualitätslücken füllen.

(6) Wissen und Erfahrung mehrfach in gleichen oder ähnlichen Zusammenhängen wiederbenutzen.

Digital gespeichertes, multimediales Wissen hat ein großes Economies-of-Scope-Potential in den Unternehmen. Die Wiederverwendung von Designs, Modellen, Konzepten, Prozessen, Softwaremodulen, Produktkomponenten ist eine große Quelle für Produktivitäts- und Qualitätsverbesserungen geworden. Lernen ist der Erwerb neuen Wissens und neuer Fertigkeiten. Gedächtnis ist die Fähigkeit, Wissen wiederauffindbar festzuhalten. Der zukünftige Wettbewerb zwischen Unternehmen und Volkswirtschaften wird über Lernen, Gedächtnisleistungen und Wissen entschieden. Darauf müssen wir uns vorbereiten.

Literatur

Delphi Group: International Knowledge Management Summit (IKMS'98) vom 8.-11. Juni 1998, San Diego/USA

Doblaski, Lutz: Wissensmanagement - die lernende Organisation, in: Tagungsband "Dienstleistungsregion Stuttgart" zum Kongress am 14. Juli 1998, Fraunhofer IRB Verlag 1998, Stuttgart, S. 156 f.

Drucker, Peter: Vortrag auf „International Knowledge Management Summit (IKMS'98) vom 8.-11. Juni 1998, San Diego/USA .

Kim, Chan; Mauborgne, Renée: Fair Process: Managing in the Knowledge Economy. HBR 4/1997

Klein, Stefan: Interorganisationssysteme und Unternehmensnetzwerke. Deutscher Universitäts Verlag: Wiesbaden 1996. 294 S.

Lullies, Veronika; Bollinger, Heinrich; Weltz, Friedrich: Wissenslogistik. Über den betrieblichen Umgang mit Wissen bei Entwicklungsvorhaben. Frankfurt/M, New York: Campus: 1993.

Parsons, Talcott; Smelser, N. J.: Economy and Society. Free Press: New York 1956.

Stewart, Thomas A.: Tools That Make Business Better an Better. Fortune December 23, 1996.

Zand, Dale E.: The Leadership Triad: Knowledge, Trust and Power. New York, Oxford et al.: Oxford University Press 1997.

V. Wettbewerbsdifferenzierung durch hybride Produkte

Design hybrider Produkte – Der Weg vom Produkthersteller zum Problemlöser

Markus Korell, Walter Ganz

Es ist zu erwarten, daß Produktions- und Dienstleistungsprozesse in Zukunft noch enger miteinander verflochten sein werden. Eine kundenorientierte Sichtweise muß eine isolierte Betrachtung von Produktion und Dienstleistung überwinden. Das integrierte Management der Dienstleistungs- und Produktionsprozesse wird zur Schlüsselkompetenz für die Industrie. Unternehmen werden sich vor diesem Hintergrund in Zukunft nicht mehr nur über ihre Produkte definieren. Die kreative Generierung von Dienstleistungen sowie die intelligente Gestaltung von Dienstleistungsprozessen wird zur zentralen Herausforderung.

Die Herausforderung

Die Bedeutung des Angebots von Serviceleistungen wird für produzierende Unternehmen immer wichtiger. Diese These wird gestützt durch die sich zunehmend angleichenden Produkte bei der gleichzeitigen Notwendigkeit, sich im Wettbewerb differenzieren zu müssen, und die sich verändernden Kundenanforderungen nach individuellen, auf die spezifischen Bedürfnisse ausgerichteten Problemlösungen. Aktuelle empirische Erhebungen bestätigen, daß für produzierende Unternehmen die Bedeutung von Dienstleistungen für den wirtschaftlichen Erfolg des Unternehmens in Zukunft deutlich wachsen wird. Der Umfang und die Qualität der Dienstleistungen wird somit zunehmend entscheidend für den Erfolg der industriellen Produktion.

Es lassen sich nun zwei grundlegende Sichtweisen unterscheiden, warum sich ein Industrieunternehmen dem Thema Dienstleistung widmet:

- Zum einen entwickeln Unternehmen Dienstleistungen als Ergänzung zu ihren physischen Produkten, ihren Kernprodukten. Das Produkt steht hierbei weiterhin im Mittelpunkt. Die Dienstleistung wird als Ergänzung zum eigentlichen Produkt angesehen. Dabei geht es um Leistungen, welche die Nutzung des Produkts ermöglichen und unterstützen. Beispiele hierfür sind Beratungsleistungen, Produktschulungen, Reparatur- und Wartungsleistungen.
- Zum anderen entwickelt sich das Unternehmen selber zum Dienstleister bzw. zum umfassenden Problemlöser. Das ursprüngliche Produkt ist hierbei nur noch Teil einer Dienstleistung. Die Dienstleistung wird zum eigentlichen Produkt. Da das physische Produkt in vielen Fällen nur Mittel zum Zweck ist – so möchte man z.B. nicht Besitzer einer Kopiergerätes sein (dies ist sicherlich nicht der Zweck), sondern man möchte bestimmte Papiere zu bestimmten Zeitpunkten vervielfältigen – und der eigentliche Zweck die Lösung eines Problems darstellt, besteht die Dienstleistung in der Lösung dieses Problems.

Die zweite Option stellt sicherlich für viele Unternehmen ein (noch) nicht zu erreichendes Ziel dar. Für viele ist sie jedoch die Möglichkeit, den tatsächlichen Unternehmenszweck zu definieren. Im Rahmen der strategischen Positionierung des gesamten Unternehmens muß geklärt werden, welche Rolle Dienstleistungen zukünftig spielen sollen. Insbesondere muß die Frage nach dem Unternehmenszweck und einer adäquaten Vision beantwortet werden. Wie weit will und kann sich das Unternehmen zum Problemlöser entwickeln? Wo liegen die Grenzen als Problemlöser? Die Diskussion dieser Fragestellungen wird im wesentlichen beeinflußt durch die eigenen Kompetenzen, das vorhandene Wissen und die Erfahrungen sowie durch das Akzeptanzverhalten seitens der Kunden. Die Entwicklung zum Problemlöser geschieht sicherlich nicht von heute auf morgen. Vielmehr vollzieht sie sich in mehreren Phasen in Abhängigkeit von der Ausgangssituation, den Marktgegebenheiten und den verfolgten Zielen und Strategien. Dieser Entwicklungsprozeß beinhaltet verschiedene Veränderungen des Unternehmens, so beispielsweise Veränderungen bezüglich

- Leistungsangebot,
- interne Prozesse,
- Ressourcen,
- Kundenkontakt und
- Marktauftritt.

Derartige Veränderungen bedürfen einer initiativen und einer treibenden Kraft. Potentiale müssen erkannt, Veränderungen initiiert und mit Konsequenz umgesetzt werden. Diese Kraft wird beschrieben durch Kreativität.

Hybride Produkte

Unter einem hybriden Produkt versteht man eine auf die Bedürfnisse des Kunden ausgerichtete individuelle Problemlösung. Diese setzt sich zusammen aus einem in sich stimmigen, auf den Kundennutzen ausgerichteten Mix aus Produkt und Dienstleistungen. Das hybride Produkt zeichnet sich durch eine hohe Anpassungsfähigkeit gegenüber den Kundenwünschen aus. Bei der Ableitung und Definition von hybriden Produkten stehen nicht mehr das Produkt im Fokus, sondern vielmehr die Fragen, wofür der Kunde das Produkt benötigt und wie er es einsetzt sowie welches sein grundlegendes Problem bzw. Bedürfnis ist. Die Interaktion und die Beziehung zwischen Kunde und Unternehmen erlangt in diesem Zusammenhang eine umfassende Bedeutung und dient dazu eine langfristige Partnerschaft aufzubauen und zu pflegen. Der Ansatz des Design hybrider Produkte wird als Wandlungsprozeß verstanden, wie sich ein auf Produkte zentriertes Unternehmen zum umfassenden Problemlöser entwikkeln kann.

Ein der Aufgaben des Verbundprojektes ist deshalb zu untersuchen, wie ein produzierendes Unternehmen mit Kreativität der skizzierten Herausforderung begegnen kann. Dabei werden Ansätze diskutiert, wie Dienstleistungsinnovationen – dies sind Innovationen bezüglich des Dienstleistungsangebotes sowie der Dienstleistungsprozesse – bei Industrieunternehmen durch Kreativität initiiert bzw. beeinflußt werden.

Bedeutung der Kreativität beim Design hybrider Produkte

Kreative Organisationen suchen nach neuen Wegen und nach neuen Lösungen und schaffen hierfür sowohl nach innen als auch nach außen die entsprechenden Voraussetzungen. Entsprechend dem Steckbrief kreativer Organisationen ergeben sich 4 grundlegende Kompetenzen (vgl. hierzu Hermann & Ganz, in diesem Band): Orientierungs-, Kreations-, Veränderungs- und Durchsetzungskompetenz.

Diese Kompetenzen sind auch beim Wandlungsprozeß vom produzierenden Unternehmen hin zum umfassenden Problemlöser von zentraler Bedeutung. Die Aufgaben sowie wesentliche Ansätze zeigt die folgende Abbildung im Überblick:

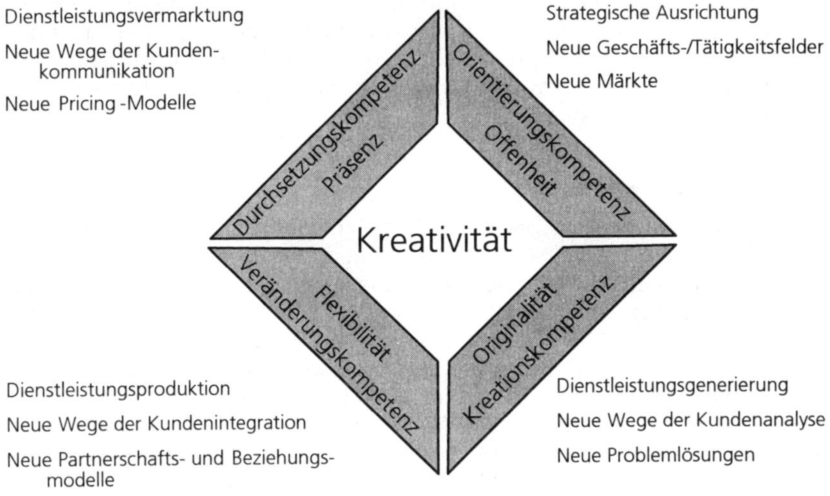

Abb. 1 Steckbrief beim Design hybrider Produkte

Stufe 1: Orientierungskompetenz

Offenheit und die Fähigkeit, bestehende Strukturen und Regeln kritisch zu hinterfragen, sind zwei wesentliche Eigenschaften, Chancen und Handlungspotentiale zu erkennen und zu erschließen. Gerade produzierende Unternehmen haben jedoch ihre Schwierigkeiten, sich von den traditionellen und eingefahrenen Wegen und Mitteln zu lösen. Dies zeigt sich auch daran, daß innovative Dienstleistungen im Vergleich zu den klassischen, produktnahen Dienstleistungen wie Wartung und Reparatur eine untergeordnete Rolle spielen. Der Erfolg einiger innovativer – kreativer Unternehmen, die die Marktspielregeln aufbrechen und bspw. die Wertschöpfungskette neu formieren, belegt jedoch, daß Mut und Risiko belohnt werden. Insbesondere die Möglichkeiten, sich auf diese Art und Weise vom Wettbewerb zu differenzieren und Alleinstellungsmerkmale mit innovativen Leistungen aufzubauen, sind für diesen Erfolg verantwortlich.

Stufe 2: Kreationskompetenz

Eng mit der Orientierung des Unternehmens verbunden ist die Frage, wie diese Neuausrichtung des Unternehmens mit entsprechenden Leistungen zu füllen ist. Daß man eine strategische Positionierung für das Unternehmen definiert, ist der erste Schritt. Der zweite Schritt ist festzulegen, mit welchen Leistungen man dieses Ziel nun zu erreichen gedenkt. Originalität und Ideenreichtum sind wesentliche Voraussetzungen. Ausgangspunkt sind selbstverständlich die potentiellen Kunden mit ihren individuellen Bedürfnissen. Entsprechend dieser Bedürfnisse sind Dienstleistungen abzuleiten. Kreative Unternehmen generieren und entwickeln Dienstleistungen genauso professionell wie ihre Produkte bzw. planen und entwickeln Problemlösungen, die dann erst in einem zweiten Schritt in einzelne Produkte und Dienstleistungen heruntergebrochen werden.

Stufe 3: Veränderungskompetenz

Kunden wollen zum einen eine individuelle Problemlösung und zum anderen nehmen sie oftmals noch während des Leistungserstellungsprozesses auf Ablauf und Ergebnis Einfluß. Diese Anforderung erfordert auf Seiten des anbietenden Unternehmens ein höchstes Maß an Flexibilität bezüglich Wissen, Ressourcen und Prozessen. Weiterhin sind neue Wege der Kundenintegration gefordert, um das geforderte Miteinander zu ermöglichen. Dies ist jedoch für produzierende Unternehmen keine Selbstverständlichkeit, da die Kunden oftmals nur als Käufer und nicht als Partner gesehen werden.

Stufe 4: Durchsetzungskompetenz

Neue Leistungen müssen den Kunden gegenüber aktiv kommuniziert werden. Und nur, wenn den Kunden der Nutzen und der Mehrwert der Leistung transparent ist, wird er diese nachfragen. Dies ist vor allem dann von großer Bedeutung, wenn die Leistung – das hybride Produkt – auch für den Kunden eine Innovation darstellt und die Kunden somit Altes und Bewährtes aufgeben müssen. Dies erfordert nicht nur beim Lieferanten sondern auch bei den Kunden selber eine gehörige Portion an Kreativität. Die Kommunikation mit den Kunden erlangt in diesem Zusammenhang für die produzierenden Unternehmen eine neue, umfassende Bedeutung. Die Kommunikation muß den Nutzen einer Dienstleistung vermitteln. Dies ist vor allem deshalb schwierig, da im Vergleich zum Produkt der Nutzen der Dienstleistung nur schwer greifbar und rational nachvollziehbar ist. Vertrauen und Sicherheit im Rahmen der Kunden-Lieferanten-Beziehung unterstützen auf einer emotionalen Ebene die Nutzenvermittlung.

Anhand der Beschreibung der vier Kompetenzen einer kreativen Organisation zeigt sich, daß Kundenorientierung und das Management der Kundenbeziehung eine zentrale Funktion beim Wandlungsprozeß vom Produzenten zum umfassenden Problemlöser einnimmt. Entsprechend dem Steckbrief kreativer Organisationen ergeben sich bezüglich der Kundenorientierung vier zentrale Fragestellungen:

- Offenheit – Orientierungskompetenz: Wer ist mein Kunde?
- Originalität – Kreationskompetenz: Wie lassen sich die Bedürfnisse meiner potentiellen Kunden identifizieren?
- Flexibilität – Veränderungskompetenz: Wie lassen sich die Kunden in die Dienstleistungsprozesse integrieren?
- Präsenz – Durchsetzungskompetenz: Wie lassen sich die Dienstleistungen vermarkten?

Wer ist mein Kunde?

Für viele Unternehmen bedeutet diese Frage eine neue Sichtweise der Kunden. Es sei nun weniger auf die Besonderheiten einer Kundensegmentierung verwiesen als auf grundlegende Erfahrungen, die einen wesentlichen Einfluß haben auf die Generierung von Dienstleistungen (Identifikation von Kundenbedürfnissen) sowie auf die Dienstleistungsvermarktung (Kommunikationsaspekt). Diese Erfahrungen scheinen zunächst selbstverständlich, für ein Unternehmen genau durchleuchtet heißt es jedoch kritische Hinterfragung der bisherigen Kundenbeziehungen:

- Der Kunde ist derjenige, dem man eine (Dienst-)Leistung anbieten kann, d.h. dem man entsprechend einen Nutzen bieten kann. Der Kunde ist also nicht nur derjenige, der das physische Produkt kauft oder es nutzt bzw. anwendet.
- Der Kunde ist jeder, der einen Einfluß auf den (Kauf-)Entscheidungsprozeß hat. Entsprechend muß mit jedem dieser Buying-Center-Mitglieder eine Kommunikation aufgebaut werden. Der Anwender benötigt andere Informationen als der Controller oder der Bereichsleiter.
- Der Kunde ist ein Individuum, eingebunden in einem sozialen Gefüge.
- Jeder Kunde verfolgt Ziele und hat entsprechend unterschiedliche Bedürfnisse. Der Kunde trifft seine Entscheidungen auf der Grundlage bestimmter Präferenzen.

Wie lassen sich die Bedürfnisse meiner potentiellen Kunden identifizieren?

Das Ziel ist, Möglichkeiten zu finden, den – rationalen und emotionalen – Kundennutzen zu steigern. Man muß den Kunden und sein Umfeld kennen und verstehen, um gezielt neue Leistungen ableiten bzw. generieren zu können:

- Analyse des Kundenumfeldes
- Analyse der Kundenprozesse und der Kundenpräferenzen

Die Problematik der Identifikation von Kundenbedürfnissen wird ausführlich im Praxisbeispiel Mettler Toledo untersucht.

Wie lassen sich die Kunden in die Dienstleistungsprozesse integrieren?

Insbesondere bei der Entwicklung von Dienstleistungen ist es wichtig, direkten Kundenkontakt zu haben. Dies ist insofern von Bedeutung, um nicht an den Kundenbedürfnissen vorbei zu entwickeln. Die meisten Dienstleistungsprojekte zeigen, daß eine Dienstleistungsgenerierung und –entwicklung nur unter direkter Einbindung der Kunden funktioniert und zum Erfolg führt. Eine derartige Integration kann bspw. in Form eines Rapid Prototyping bei der Dienstleistungsentwicklung erfolgen, wie das Praxisbeispiel der Siemens AG zeigt. Kundenbefragungen zur Beurteilung der bestehenden Leistungen und zur Ableitung von Handlungspotentialen sind darüber hinaus fester Bestandteil eines jeden Verbesserungsprojektes im Bereich Dienstleistungs- und Kundenmanagement. Bei der Kundenintegration spielt die Auswahl der Kunden eine entscheidende Rolle, um ein möglichst objektives Bild zu erhalten.

Wie lassen sich die Dienstleistungen vermarkten?

Bei der Vermarktung der Dienstleistungen bzw. von hybriden Produkten spielt die Kommunikation mit den Kunden eine entscheidende Rolle. Dabei ist zu beachten, die Kunden möglichst individuell und gezielt zu informieren, vor dem Hintergrund, daß selbst die Information dem Kunden bereits einen Nutzen bietet. Kommunikation ist darüber hinaus persönlich. Im Zeitalter des Database Marketing kann man erwarten, daß man seine Kunden auch mit Namen kennt. Eine zentrale Aufgabe der Kommunikation ist nun, sowohl die quantitativen als auch die qualitativen Vorteile einer Dienstleistung zu verdeutlichen, dem Kunden den rationalen als auch den emotionalen Nutzen zu zeigen.

Das 3-Ebenen-Modell des Design hybrider Produkte

Die Förderung der Mobilisierung der Dienstleistungsinnovationen bei produzierenden Unternehmen wirft drei zentrale Problembereiche auf:

- Anforderungen an eine konsequente Kundenorientierung:
  Die konsequente Konzentration auf den Kundennutzen sowie das Streben nach Kunden(ver-)bindung sind zentrale Elemente eines professionellen Dienstleistungsmanagements. Die Integration der Kunden in die Dienstleistungsprozesse sowie das Management von Kundenwissen entwickeln sich zu entscheidenden Erfolgsfaktoren.
- Anforderungen an ein innovatives Dienstleistungsangebot:
  Chancen für neue Dienstleistungen werden häufig nicht erkannt oder konsequent wahrgenommen. Es fehlt ein klares auf den Kundennutzen ausgerichtetes Angebot.
- Anforderungen an innovative Dienstleistungsprozesse:
  Eine Professionalität bezüglich Effizienz und Effektivität der Dienstleistungsprozesse ist genauso selbstverständlich wie das Streben der Unternehmen nach Steigerung der Produktivität ihrer Produktionsprozesse.

Ein Industrieunternehmen, welches die Chancen erkannt hat und den Weg zum umfassenden Problemlöser einschlägt, muß drei zentrale Fragestellungen beantworten:

- Was will bzw. benötigt der Kunde? Welche Probleme und Bedürfnisse hat er?
- Welche Leistungen kann/soll/muß man anbieten, um dem Kunden einen entsprechenden Nutzen bieten zu können?
- Wie realisiert man diese Problemlösung?

Für die Genererierung Hybrider Produkte werden Methoden und Vorgehensweisen entwikkelt und getestet, welche diese drei zentralen Fragestellungen lösen helfen. Hierzu wird ein Modell aufgestellt, welches die drei Problembereiche in einen inhaltlichen Zusammenhang zueinander setzt. Dieses Modell, das Bedürfnis-Leistungs-Realisierungs-Modell (BLR-Modell), besteht aus drei Ebenen (vgl. Abb. 2). Inhaltliche Schwerpunkte dieser drei Ebenen sind:

- Bedürfnismodell:
  - Identifikation und Abbildung der Kundenbedürfnisse
  - Identifikation von Ansatzpunkten für neue Dienstleistungen und Kommunikation
- Leistungsmodell:
  - Konzeption von Dienstleistungsszenarien
  - Dienstleistungsentwicklung im Sinne eines Rapid Prototyping

  Realisierungsmodell:
  - Ableitung von Handlungs- und organisatorischen Gestaltungsempfehlungen
  - Implementierung und Verankerung

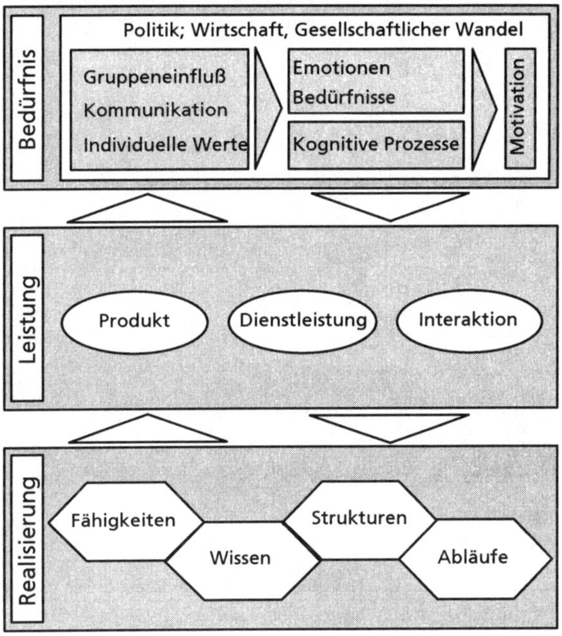

Abb. 2 Bedürfnis-Leistungs-Realisierungs-Modell

Anhand des Modells lassen sich drei grundlegende Vorgehensweisen verdeutlichen. Der erste Weg ist, daß man zunächst die Bedürfnisse der potentiellen Kunden erforscht, daraufhin Dienstleistungen ableitet und diese schließlich im Unternehmen verankert (Bedürfnis -> Leistung -> Realisierung). Daneben existieren auf der Ebene des Realisierungsmodells Fähigkeiten und Erfahrungen im Unternehmen (bspw. interne Dienstleistungen), die man auch extern als eigenständige Leistungen vermarkten kann. Diese sogenannten kompetenzinduzierten Dienstleistungen werden potentiellen Kunden angeboten (Fähigkeit -> Leistung -> Markt). Zusätzlich gibt es einen dritten Ansatz. Aufgrund einer Idee oder eines Zufalls ergibt sich ein potentielles Leistungsangebot, obwohl man den Markt für dieses Angebot nicht genau kennt und nicht weiß, wie das Angebot zu realisieren ist (Leistung -> Markt -> Realisierung).

Die drei Modelle (Bedürfnis-Leistung-Realisierung) werden in den drei Praxisprojekten vertieft. Die Beschreibungen einzelner Vorgehensweisen und Methoden finden sich in den einzelnen Ergebnisberichten der Betriebsprojekte. Im Projekt Mettler Toledo wird das Bedürfnismodell entwickelt und pilothaft getestet. Im Betriebsprojekt der Siemens AG wird eine Vorgehensweise zur Dienstleistungsgenerierung und -umsetzung entwickelt, welche im Sinne des Rapid-Prototyping-Ansatzes Flexibilität und ein kontinuierliches Lernen unterstützt und erste Ideen rasch in Pilotbereichen umsetzt. Im Betriebsprojekt mit der Firma Universal Maschinenfabrik wird eine Vorgehensweise entwickelt, welche eine einfache Umsetzung eines Dienstleistungsmanagements unterstützt.

Literatur

Hermann, Sibylle, Walter Ganz: Steckbrief eines kreativen Unternehmens. In: Wettbewerbsfaktor Kreativität – Strategien, Konzepte und Werkzeuge zur Steigerung der Dienstleistungsperformance / Hans-Jörg Bullinger, Sibylle Hermann (Hrsg.). Wiesbaden: Gabler, 2000.

Praxisbeispiel Mettler Toledo GmbH – Ermittlung von Kundenbedürfnissen als Basis für neue Dienstleistungen

Michael Schreiber, Markus Korell

Die Vision von Mettler Toledo ist, durch Kundenkommunikation Marktführerschaft zu erreichen. Um eine persönliche, langfristige und partnerschaftliche Kundenbeziehung aufzubauen, muß die Kommunikation und das Dienstleistungsangebot an den Bedürfnisstrukturen der Kunden ausgerichtet werden. Ziel des Projektes war, ein Modell zu entwickeln, das die Bedürfnisse der Kunden und deren Veränderlichkeit aufnimmt, beschreibt und abbildet. Das Modell sollte helfen, Wissen über die Kunden zu sammeln und zu strukturieren, Dienstleistungen und Ansätze zur Kommunikation abzuleiten sowie Ideen für neue Dienstleistungen zu entwickeln und zu überprüfen.

Mettler Toledo – Firma und Ausgangssituation

Mettler Toledo ist ein Hersteller von Waagen sowie von analytischen Instrumenten und Meßgeräten. Weltweit zählt man über 100.000 Kunden aus allen Branchen, in denen Produkte, Chemikalien und andere Substanzen analysiert werden. Die Kunden reichen von kleinen selbständigen Labors und Apotheken bis hin zur chemischen Großindustrie. Bedingt durch Umstrukturierungsmaßnahmen bei den Kunden in den letzten Jahren – insbesondere bei den Großkunden – fiel in Deutschland das Marktpotential um ca. 25 %. Dies wird auch durch den Stellenabbau in der chemischen Industrie von ca. 700.000 auf ca. 530.000 Stellen verdeutlicht.

Dennoch ist es Mettler Toledo in den letzten Jahren gelungen, durch die konsequente Verfolgung einer auf Kundenkommunikation ausgerichteten Unternehmensstrategie, eine marktführende Position aufzubauen. Diese Unternehmensausrichtung wird durch die Mettler Toledo Vision beschrieben:

"Durch Kundenkommunikation Marktführerschaft erreichen. Mettler Toledo will über kundennutzenorientierte und qualitativ einwandfreie Lösungen verfügen – sich aber in erster Linie durch führende Kundenkommunikation differenzieren. Die Vision erreichen wir mit einer flexiblen, vorausschauenden Hochleistungsorganisation. Die Marktführerschaft sichert uns überdurchschnittliches Wachstum und nachhaltigen Erfolg."

Die Einführung des Customer Oriented Marketings war die Basis einer segmentierten Marktbearbeitung. Mit drei Basisstrategien wird eine einheitliche, integrierte Kundenkommunikation aufgebaut. Das Ziel dabei ist die langfristige Kundenbindung. Die drei Basisstrategien sind:

- Markttransparenz:
  Die Markttransparenz führt zur Bildung von homogenen Kundensegmenten. Die wesentlichen Parameter dabei sind die Einteilung nach Branchen und Anwendungsclustern, die Einteilung nach dem individuellen Kaufpotential und die Einteilung nach dem Kaufhäufigkeitstyp (Nichtkunde, Interessent, Kunde).

- Branchenkompetenz
  Die Branchenkompetenz ist die entscheidende Grundlage für die inhaltliche Bearbeitung der homogenen Marktsegmente. Dies bedeutet, die Problemstellung der Kunden zu kennen, dem Kunden Lösungen zu seinen Problemstellungen zu bieten sowie sich mit dem Kunden in einem Wertschöpfungsprozeß zu entwickeln.
- Vertriebskanäle
  Die Vertriebskanäle sind ein entscheidender Teil der integrierten Kundenkommunikation. Jedem homogenen Marktsegment wird ein Vertriebskanal zugeordnet, d.h. für jedes einzelne Kundensegment werden die unterschiedlichen Kommunikationsmittel wie Kundenbesuch, Kundentelefonat und Mailing (auch Kundenzeitschrift) geplant.

Neben der reinen Kundenkommunikation spielt das Dienstleistungsangebot eine zentrale Rolle. Zum einen dient das Dienstleistungsangebot der Erhaltung der Kundenbindung und zum anderen ermöglicht die Dienstleistungserbringung einen direkten, persönlichen Kundenkontakt. Sowohl Kommunikation als auch Dienstleistung bieten dem Kunden einen Nutzen, einen teils rationalen, teils emotionalen Nutzen.

So bietet Mettler Toledo heute schon seinen Kunden zahlreiche Dienstleistungen in Form von verschiedenen Servicepaketen an. Beispiele sind Instandhaltung, Reparatur und Pflege der Produkte. Prüfung, Justierung, Zertifizierung, Kalibrierung, Hotline-Service sowie zahlreiche andere Leistungen runden das Angebot ab. Darüber hinaus gibt Mettler Toledo fachspezifisches Wissen, Erfahrungen, Tips und Tricks über entsprechende Magazine (u.a. eine Kundenzeitschrift), Broschüren und Bücher sowie über ein umfassendes Angebot an Seminaren, Schulungen und Workshops an seine Kunden weiter.

Zielsetzung des Projektes

Um eine persönliche, langfristige und partnerschaftliche Kundenbeziehung aufzubauen und zu pflegen, muß man die Kommunikation und das Dienstleistungsangebot an den Bedürfnisstrukturen der Kunden ausrichten. Ziel des Projektes ist es, ein Modell zu entwickeln, das die Bedürfnisse des Kunden und dessen Veränderlichkeit aufnimmt, beschreibt und abbildet. Dabei soll eine ganzheitliche Betrachtung erfolgen, um umfassend in den Prozessen der Kunden zu denken und dabei den Einfluß des individuellen Umfeldes zu berücksichtigen. Kundenbedürfnisse unterliegen permanenten äußeren Einflüssen und sind damit kontinuierlichen Veränderungen ausgesetzt. Es muß eine Art offene Wahrnehmung aufgebaut werden, um die Entwicklung der Kunden prognostizieren und somit frühzeitig in entsprechenden Leistungen berücksichtigen zu können. In diesem Zusammenhang sind insbesondere folgende Fragestellungen von Interesse:

- Was sind Bedürfnisse und wie können sie modellhaft abgebildet werden?
- Welches sind die Einflüsse, unter denen sich Bedürfnisse verändern?
- Gibt es Methoden, mit denen man die Kundenbedürfnisse ermitteln kann?

Ausgehend von theoretischen Überlegungen wird ein Bedürfnismodell entwickelt, welches pilothaft am Beispiel der Firma Mettler Toledo im Geschäftsbereich Labor diskutiert und umgesetzt wird. Das Modell hat dabei folgende Zielsetzungen:

- Das Modell soll helfen, Wissen über den Kunden zu sammeln und zu strukturieren.

- Dienstleistungen und Ansätze zur Kommunikation können teilweise direkt aus den Ergebnissen des Modells abgeleitet werden.
- Anhand des Modells können Ideen für neue Dienstleistungen entwickelt und bestehende Dienstleistungen überprüft werden.

Das Bedürfnismodell – Grundlegende Überlegungen

Um sein Handeln möglichst umfassend an seinen Kunden ausrichten zu können, ist es für ein Unternehmen wichtig zu wissen, was seine Kunden machen und warum sie es machen. Man muß verstehen, wie die Entscheidungen und Handlungen der Kunden zustande kommen. Um dieses "warum" des menschlichen Handelns beantworten zu können, gilt es zunächst die Ursachen des menschlichen Verhaltens zu erklären und zu verstehen.

Die Bedürfnisse der Menschen, die Emotionen sowie die kognitiven Prozesse sind die Auslöser und der Motor der Motivation. Bedürfnisse und Emotionen bezeichnet man dabei als die für das motivierte Handeln benötigten grundlegenden Antriebskräfte. Weiterhin beinhaltet motiviertes Handeln eine richtungsgebende Tendenz, einen kognitiven Prozeß. Der kognitive Prozeß ist ein oftmals bewußter, willentlicher Prozeß, der zum einen Wahrnehmung und Interpretation und zum anderen Überlegungen zu den Ziel-Mittel-Beziehungen beinhaltet. Das bedeutet beispielsweise, daß bei der Wahl der Alternativen der notwendige Input und der erwartete Output gemeinsam mit den persönlichen Zielvorstellungen und Präferenzen in eine Beziehung gesetzt werden. Die sich dann ergebende günstigste Alternative wird gewählt und führt zur Entscheidung. Derartige Alternativen sind auch das Tun und das Unterlassen bzw. der Kauf und Nichtkauf einer Leistung.

Motivation und somit auch das Verhalten werden durch zahlreiche äußere Faktoren beeinflußt. Deshalb gilt es im Modell das nähere Umfeld des Individuums, d.h. des Kunden, zu berücksichtigen. Innerhalb dieses Umfeldes spielen insbesondere Gruppeneinflüsse, Werte und Kommunikation eine zentrale Rolle.

So üben Gruppeneinflüsse beispielsweise einen Anpassungsdruck auf das Individuum aus. Bezugsgruppen dienen dem Individuum zum Vergleich seiner eigenen Meinungen, Einstellungen und Wahrnehmungen. Die Gruppe liefert dabei nicht nur die Normen, sondern auch entsprechende Sanktionen bei Nichteinhaltung. Von besonderem Interesse bei der Betrachtung des Kunden ist die sogenannte Decision-Making-Unit (DMU). Die DMU umfaßt all diejenigen Personen in einem Unternehmen, die direkt oder indirekt an der Kaufentscheidung einer Leistung beteiligt sind. Dies sind Vorgesetzte, Kollegen, Mitarbeiter und andere Kaufbeeinflusser. Die DMU bzw. das Wissen über die Zusammensetzung einer DMU ist insofern von besonderer Bedeutung, da die Mitglieder der DMU unterschiedliche persönliche Präferenzen besitzen und verschiedene individuelle Ziele verfolgen. Entsprechend gilt es beispielsweise die Kommunikation auszurichten. Jedes Mitglied der DMU verlangt nach anderen Informationen, um zu einer Entscheidung zu gelangen. So benötigt der Vorgesetzte vielleicht eher Informationen über die wirtschaftlichen Vorteile einer Leistung, der Anwender und Nutzer dagegen eher Informationen über Zuverlässigkeit und einfache Anwendbarkeit der Leistung. Zudem sind die Mitglieder der DMU potentielle Empfänger von Dienstleistungen bzw. potentielle Ansatzpunkte, um neue Dienstleistungen abzuleiten.

Werte sind Vorstellungen, die in einer Gesellschaft oder innerhalb einer Gruppe als wünschenswert bzw. erstrebenswert anerkannt sind. Das Wertesystem entscheidet unter anderem darüber, welche Verhaltensweisen verstärkt und welche gelöscht werden.

Kommunikation übt einen Einfluß auf Einstellungen, Gefühle und Verhalten des Individuums aus. Die Intensität und die Richtung dieses Einflusses auf die Verhaltensweise des Individuums hängt von den folgenden Komponenten ab:

- Was ist der Inhalt der Kommunikation– was wird übermittelt?
- Wie sind die Botschaften besetzt– wirken sie eher emotional oder kognitiv?
- Wie wird die Glaubwürdigkeit der Informationsquelle eingeschätzt?

Neben den beschriebenen drei Faktoren des näheren Umfeldes des Individuums existieren weitere grundlegende äußere Einflußfaktoren. Dies sind unter anderem die Bedingungen, denen das Individuum innerhalb der Gesellschaft ausgesetzt ist. Daneben haben wirtschaftliche und politische Entwicklungen einen hohen Einfluß auf persönliche Verhaltensweisen. So verstärken beispielsweise wirtschaftliche und branchenbezogene Entwicklungen – wie Restrukturierungs- und Rationalisierungsmaßnahmen aufgrund einer schlechten allgemeinen wirtschaftlichen Lage – das Streben nach einem sicheren Arbeitsplatz.

Unter Einbezug der genannten Faktoren kommt man zu einem ganzheitlichen Verständnis für die Motivation eines Individuums und somit auch des Kunden. Folgende Abbildung stellt diese Faktoren in ihrem Zusammenwirken dar.

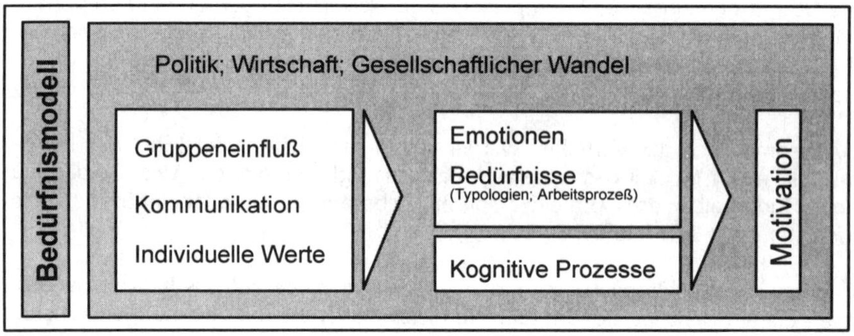

Abb. 1 Bedürfnismodell

Das dargestellte Modell ist geeignet, die Informationen über den Kunden aufzunehmen, die notwendig sind, seine Verhaltensweisen nachzuvollziehen. Am Beispiel Mettler Toledo werden nun einzelne Methoden und Vorgehensweisen beschrieben, das Modell mit Informationen und Wissen zu füllen.

Verfahren und Methoden beim Einsatz des Bedürfnismodells am Beispiel Mettler Toledo

Von zentraler Bedeutung ist zunächst die Analyse der entsprechenden Decision-Making-Unit beim Kunden bzw. die Beantwortung der Frage: wer ist in die Analyse einzubeziehen? Dies definiert den Rahmen der Anwendung des Bedürfnismodells.

Die Untersuchung der Bedürfnisse erfolgt bei allen Mitarbeitern des Pilotbereiches, deren Bedürfnisse im Arbeitsprozeß die Grundlage für neue Dienstleistungen bilden können bzw. die potentielle Empfänger für Dienstleistungen sind. Diese Mitarbeiter haben aufgrund ihrer

Funktion Einfluß auf den Arbeitsprozeß bzw. auf die Arbeitsprozesse der übrigen Mitarbeiter, sind relevant für die Akzeptanz der Dienstleistung und entscheiden über den Einkauf der Dienstleistung oder sind direkt Nutzer der Dienstleistung.

Bei Mettler Toledo heißt das, daß unterschiedliche Funktionen bzw. Positionen im Pilotbereich Labor in der Analyse zu berücksichtigen sind. Dies sind beispielsweise die Unternehmensleitung (sie gibt zentrale Ziele vor und engt dadurch den persönlichen Entscheidungsspielraum ein), der Laborleiter (er ist im Labor verantwortlich für das Ergebnis sowie für den Einsatz der Ressourcen), der Laboringenieur und der Laborant (sie sind die operativen Mitarbeiter im Labor) sowie der zentrale Einkäufer (er bereitet Investitionsentscheidungen vor und beeinflußt sie dadurch).

Nach der Festlegung und Diskussion der zu analysierenden Personengruppen werden die einzelnen Komponenten des Bedürfnismodells mit Informationen gefüllt.

Äußere Einflüsse aus Gesellschaft, Politik und Wirtschaft

Das Modell bezieht in seiner ganzheitlichen Betrachtungsweise äußere Einflüsse aus Politik, Wirtschaft und Gesellschaft mit ein. Diese Faktoren können als besonders dynamisch angesehen werden. Zudem sind sie nicht oder nur indirekt zu beeinflussen und müssen somit als gegeben angesehen werden. Die Informationen über diese äußeren Bedingungen und Voraussetzungen können zum einen aus allgemein zugänglichen Quellen wie beispielsweise von Verbänden gewonnen werden. Zum anderen können auch gezielte Studien herangezogen werden. Um die Informationen nun über einen gewissen Zeitraum vergleichen zu können (Veränderlichkeit der Bedingungen), ist es notwendig, der Informationssammlung eine gewisse Struktur zu geben. Trend- und Entwicklungsanalysen geben dabei einen Überblick über allgemeine, für jede Person bzw. für jedes Unternehmen relevante und gültige Bedingungen. Derartige Trends und Entwicklungen sind beispielsweise

- im Bereich Politik Deregulierungsbestrebungen sowie die Angleichung der gesetzlichen Regelungen innerhalb Europas,
- im Bereich Wirtschaft Tendenzen zur Dienstleistungsgesellschaft oder Sättigungserscheinungen in zahlreichen Märkten auf der einen Seite und das entstehen von neuen Märkten bzw. das Verschieben und das Auflösen von Branchengrenzen auf der anderen Seite
- im Bereich Gesellschaft die Ablösung des „großen Lebensentwurfes“ durch Lebensabschnittskonzepte sowie die Betonung der eigene Selbstentfaltung.

Neben diesen allgemeinen Entwicklungen gilt es insbesondere auch branchenbezogene Veränderungen aufzunehmen und zu analysieren. Aspekte, die es für die einzelnen relevanten Branchen vor allem auch in ihrer Entwicklung zu betrachten gilt, sind Kunden- und Wettbewerbsstruktur, wirtschaftliche Entwicklungen und Ertragslage, Beschäftigung, Investitionen, Technologie und Substitute, Globalisierung, Politik und Gesetzgebung.

Derartige Bedingungen, Vorgaben und Entwicklungen beeinflussen nicht nur den Kunden, sondern auch direkt das Unternehmen selbst. Deshalb ist es wichtig, die Informationssammlung systematisch und kontinuierlich zu betreiben und im Unternehmen zu verankern. Dazu kann man im Unternehmen sogenannte Trendscouts definieren. Diese Trendscouts haben die Aufgabe, laufend Informationen zu einem bestimmten Themengebiet, beispielsweise einer Branche, eines neuen Marktes oder einer Technologie, zu sammeln, aufzubereiten und im Unternehmen zu verbreiten.

Bedürfnisse

Die Betrachtung der Kundenbedürfnisse richtet sich vordergründig an die Bedürfnisse im Rahmen des Arbeitsprozesses. Dabei ergeben sich zwei Ansatzmöglichkeiten. Zum einen werden die Bedürfnisse aus dem Arbeitsprozeß heraus selber analysiert. Zum anderen lassen sich Gestaltungsempfehlungen vor allem der Kommunikation aus der Persönlichkeit heraus identifizieren.

Analyse des Arbeitsprozesses:

Die Untersuchung des Arbeitsprozesses kann sowohl durch Beobachtung als auch durch Befragung erfolgen. Die Ziele, die damit verfolgt werden, sind den Kunden, seine Prozesse und sein Umfeld zu verstehen, dabei Problemfelder beim Kunden aufzudecken und damit auch zu identifizieren, wie man den Kunden bei seiner Arbeit helfen kann. Es lassen sich somit direkt aus der Analyse des Arbeitsprozesses Dienstleistungen ableiten. Zentrale Fragestellungen bei der Arbeitsprozeßanalyse sind:

- Welches sind die Kerntätigkeiten/-aufgaben des Kunden?
- Welche Aufgaben muß der Kunde zusätzlich durchführen?
- Welche Anforderungen muß der Kunde bei seiner Arbeit erfüllen?
- Welches ist das konkrete Ergebnis seiner Arbeit?
- Wie verändert sich das Umfeld des Kunden?
- Welche Informationen benötigt der Kunde zur Erledigung seiner Aufgaben?
- Welche Hilfsmittel setzt er ein?
- An welcher Stelle des Prozesses treten Probleme auf? Wobei hat er die größten Schwierigkeiten?
- Auf welche Art und Weise kann man dem Kunden helfen, seine Kerntätigkeiten besser und effizienter durchzuführen?

Die visuelle Darstellung der einzelnen Prozesse in Form eines Ablaufschemas erleichtert die Analyse des Prozesses und somit auch die Identifikation von Möglichkeiten, den Kunden mit neuen Dienstleistungen zu unterstützen.

Analyse der Persönlichkeit:

Die Analyse von Persönlichkeitstypen ermöglicht die Ableitung von Profilen, die Hinweise auf bedürfnisgerechte Dienstleistungen geben und gleichzeitig Basis für eine entsprechende Kundenkommunikation sein können. Mit Hilfe von Tests aus der Management-Entwicklung ist es möglich, Bedürfnisse und Präferenzen bei der Arbeit zu identifizieren.

Durch die Aufnahme der Arbeitsfunktionen – Welche Tätigkeiten führt die Person (der Kunde) bei seiner täglichen Arbeit aus? – sowie der Arbeitspräferenzen – Welche Tätigkeiten bevorzugt die Person? – lassen sich Kundenprofile erstellen. Aus diesen Profilen heraus lassen sich z.B. direkt Ansatzmöglichkeiten zur Gestaltung der Kommunikation ableiten. So läßt sich die These aufstellen, daß sich entsprechend den Arbeitspräferenzen die Informations- und Kommunikationsbedürfnisse der Kunden verhalten, denn über das, was einer gerne macht, was seine Interessen sind, möchte man informiert werden.

Analyse der Emotionen als Einflußfaktor

Emotionen zählen zum aktivierenden Teil der motivierten Handlung. Emotionen begünstigen oder verhindern den Erwerb und die Aufnahme von Informationen und sind Grundlage zur Bildung von Beziehungen. Sie sind für die Anregung von Entscheidungs- und Problemlösungsprozessen wichtig. Insofern sind Emotionen beim Umgang mit Kunden von zentraler Bedeutung. Es ist weniger die direkte Ableitung einer Dienstleistung, die hieraus hervorgehen kann, als vielmehr die Reaktanz oder die Akzeptanz einer Dienstleistung oder auch einer Kunden-Lieferanten-Beziehung, die von emotionalen Aspekten abhängt.

Im Rahmen der Kommunikation zwischen Kunde und Mettler Toledo spielen diese Aspekte eine große Rolle. Je mehr Mettler Toledo über die persönlichen Vorlieben und Abneigungen seiner Kunden weiß, desto eher kann eine Reaktanzbildung vermieden werden. Statt dessen kann Mettler Toledo versuchen, positive Emotionen, Offenheit, Glaubwürdigkeit und Sicherheit zu schaffen, um damit für das Unternehmen und die angebotenen Leistungen eine hohe Akzeptanz zu generieren. Durch die Ermittlung der Persönlichkeitstypen in einer entsprechenden Befragung kann ein Großteil des Wissens über den Kunden ermittelt werden. So können beispielsweise Rückschlüsse auf die bevorzugte Art des Kommunizierens gezogen werden – was empfindet der Kunde als angenehm, was als unangenehm.

Die Methode, die im Betriebsprojekt Mettler Toledo angewendet wurde, emotionale Wirkungen bei den Kunden greifbar zu machen, stellt die Critical-Incident-Technik dar. Diese Methode beinhaltet die Schilderung und Beschreibung von Situationen – sogenannten kritischen Ereignissen –, die bei den Kunden besondere Zufriedenheit oder besondere Unzufriedenheit hervorgerufen haben. Das Schildern von kritischen, negativen Ereignissen kann zu folgenden Ansatzpunkten führen:

- Welche Situationen und Ereignisse führen beim Kunden zu starken Emotionen?
- Wie äußern sich diese und wie kann man darauf reagieren?
- Wie waren die Umstände bei diesen kritischen Ereignissen (Informationen über Zeit, Ort, Bedingungen)?
- Wie ist es zu diesem Ereignis gekommen?
- Welche Möglichkeiten gibt es, derartige Ereignisse in Zukunft zu vermeiden?
- Die Beschreibung von positiven Ereignissen kann zu folgenden Ansatzpunkten führen:
- Welche Situationen führen beim Kunden zu starken positiven Emotionen?
- Wie äußern sich diese und wie kann man sie verstärken?
- Welche Möglichkeiten gibt es, diese Situationen in Zukunft gezielt herbeizuführen?

Analyse des kognitiven Prozesses

Je höher die Wahrscheinlichkeit ist, mit der eine Person erwartet, daß eine bestimmte Aktion zu einem hoch bewerteten Ergebnis führt, desto eher wird sie diese Aktion ausführen. Bei der Betrachtung des kognitiven Prozesses geht es vorwiegend um die Beurteilung der individuellen Präferenzen:

- Wie entscheidet sich ein Kunde? Was ist ihm besonders wichtig?
- Welchen Input ist er bereit zu leisten, wenn er einen bestimmten Output, ein bestimmtes Ergebnis mit einer bestimmten Wahrscheinlichkeit erwarten kann?

Gerade beim Angebot von Dienstleistungen ist dieser letzte Aspekt von Bedeutung, da das Ergebnis einer Dienstleistung im Vorfeld der Dienstleistungserbringung nur qualitativ bestimmt werden kann. Die Entscheidung, Dienstleistung ja oder nein, bleibt auf einer Erwartung begründet. Insofern spielen hier wieder Emotionen eine zentrale Rolle.

Das Entscheidungsverhalten und somit auch der kognitive Prozeß läßt sich durch die Gegenüberstellung und die Bewertung bestimmter Faktoren und Ausprägungen dieser Faktoren beispielsweise in Form eines Conjoint-Measurements analysieren. Dazu werden dem Kunden unterschiedliche Konzepte (beispielsweise Dienstleistungspakete) vorgelegt, die er miteinander vergleichen und priorisieren muß. Aus dieser Rangfolge heraus und unter der Berücksichtigung der unterschiedlichen Ausprägungen der einzelnen Faktoren läßt sich bestimmen, welcher Faktor für den Kunden von besonderer Bedeutung ist und welcher nicht.

Analyse des Gruppeneinflusses

Zu der Bedeutung der Gruppeneinflüsse (DMU) wurden bereits einige Bemerkungen gemacht. Die Zusammensetzung und die Rolle der Gruppe bzw. einzelner Gruppenmitglieder sowie der Einfluß der Gruppe auf den Mitarbeiter läßt sich in der Arbeitsprozeßanalyse untersuchen. Sie bildet beispielsweise die Zusammensetzung der jeweiligen Abteilungen und Bereiche sowie den aufgabenbezogenen Kontakte zwischen Mitarbeitern ab (welche Personen sind innerhalb des Arbeitsprozesses in welchem Umfang mit welchen Tätigkeiten und Aufgaben beteiligt?). Zusätzlich ermöglicht die Aufstellung eines Kommunikationsflußbildes, die Zusammensetzung und die Wirkungsweise einer DMU darzustellen bzw. zu verstehen. Von zentraler Bedeutung hierbei ist die Frage, wie Entscheidungen innerhalb der Gruppe getroffen werden. Das Wissen hierüber beeinflußt im besonderen Maße die Ausrichtung der Kommunikation. Wer hat zu welchem Zeitpunkt welche Informationen zu erhalten? Zu wem muß man eine persönliche Beziehung aufbauen?

Analyse der Werte als Einflußfaktor

Aus dem Wertesystem oder einer Trendbeschreibung selbst lassen sich keine Dienstleistungen ableiten. Beide können jedoch helfen, das allgemeine Verhalten der Kunden besser zu verstehen und die Kommunikation entsprechend auszurichten. So lassen sich in einer Befragung die Einstellungen der Kunden bezüglich verschiedener Werthaltungen bzw. Trends untersuchen.

Analyse der Kommunikation

Innerhalb der Kundenanalyse/ - befragung können die Annahmen, die zur Kommunikationsgestaltung getroffen wurden, an konkreten Fragestellungen überprüft werden. Dies erfolgt am Beispiel Mettler Toledo anhand der Wichtigkeit verschiedener Kriterien und der Beurteilung dieser Kriterien beim Mettler Toledo Magazin. Derartige Kriterien sind Detailgenauigkeit der Berichte, Vorstellung von Neuheiten, facettenreiche und ideenreiche Darstellung von Inhalten, visuelle Unterstützung, Faktenreichtum der Berichte, Praxisrelevanz sowie Strukturierung der Inhalte.

In Kombination mit den Persönlichkeitstypen zeigt sich, daß sowohl die Kommunikation in Printmedien als auch die persönliche Kommunikation zielgerichtet, individuell und bedürfnisorientiert gestaltet werden muß. Anhand der unterschiedlichen Betrachtungen und Analysen lassen sich direkt Auswirkungen auf die Kommunikationsgestaltung ableiten.

Mit der Kommunikation wurde nun abschließend das letzte Element des Bedürfnismodells beschrieben. Die folgende Abbildung zeigt nochmals die Komponenten des Modells und die jeweiligen eingesetzten Methoden und Verfahren im Überblick:

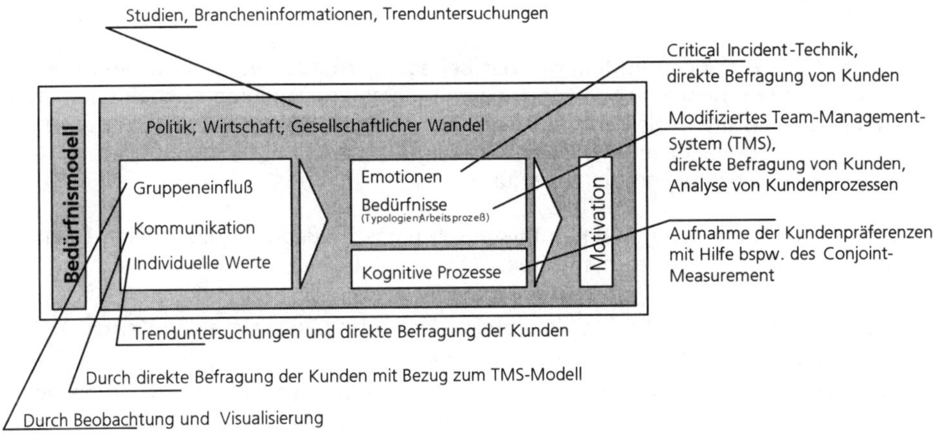

Abb. 2 Bedürfnismodell und eingesetzte Methoden

Ergebnisse und Erfahrungen mit dem Modell bei Mettler Toledo

Ausgehend von den einzelnen Komponenten des Bedürfnismodells und der damit verbundenen Methoden zur Aufnahme der benötigten Informationen wurde ein Fragebogen entworfen und in ausgewählten Labors pilothaft getestet. Dabei wurde jeweils mit verschiedenen Mitarbeitern aus dem Labor gesprochen. Dies waren zum einen der Laborleiter sowie Laboranten bzw. Laboringenieure. Der Fragebogen hat folgenden Aufbau:

- Allgemeine Angaben zum Unternehmen, zum Labor und zur Person
- Fragen zu den Arbeitsfunktionen und den Arbeitspräferenzen
- Fragen zum emotionalen Einfluß (Schilderung kritischer Ereignisse)
- Fragen zum Thema Kommunikation am Beispiel des Mettler Toledo Magazins
- Fragen zu Werten und Trends
- Abschließende Fragen zur Entwicklung der Arbeit im Labor und zu Möglichkeiten, den Labormitarbeiter bei seiner Arbeit mit Dienstleistungen zu unterstützen.

Bezüglich der Kommunikation kann zusammenfassend festgehalten werden, daß die Kommunikation zusätzlich zur Ausrichtung auf die bereits vorhandenen Kundensegmente weiter zu individualisieren ist, und zwar einerseits auf den Laborleiter, (er stand bisher im Mittelpunkt der Kommunikation) und andererseits auf die Labormitarbeiter, sie erhielten bisher weitestgehend die notwendigen Informationen über den Laborleiter. Dies ist zum einen dadurch notwendig, weil die Labormitarbeiter direkt in die Kaufentscheidung einbezogen werden bzw. den Kaufprozeß oftmals selber initiieren, zum anderen, weil den Labormitarbeitern als potentielle Empfänger von Dienstleistungen, beispielsweise von Schulungsmaßnahmen, diese Unterstützungsleistungen seitens Mettler Toledo nicht vollständig bekannt sind.

Am Praxisbeispiel zeigt sich, je wichtiger die Kommunikation mit den Kunden ist und je mehr das Unternehmen mit seinen Kunden kommuniziert, desto mehr muß man über die Kunden wissen, um die Informationen möglichst individuell und bedürfnisorientiert zu gestalten. Man muß sich hier kritisch die Frage stellen: Wissen wir tatsächlich das über unsere Kunden, was wir glauben zu wissen?

Weiterhin haben die Kunden im Rahmen der Befragung angegeben, daß sie sehr viele Informationen erhalten, beispielsweise von anderen Lieferanten, von ihren Kunden und natürlich auch interne Berichte. Viele Informationen, teilweise auch die von Mettler Toledo, gehen in dieser Flut an Informationen unter. Der persönliche Kontakt hat für die Kunden im Rahmen der Kommunikation die größte Bedeutung.

Folgende zentrale Erfahrungen und Kernthesen sollen abschließend die besonderen Erkenntnisse des Betriebsprojektes zusammenfassen:

- Die Sensibilisierung bezüglich des Bedürfnismodells und seiner einzelnen Komponenten ist eine wesentliche Erfahrung für das Unternehmen.
- Bedürfnisse der Kunden dürfen nicht isoliert betrachtet werden. Emotionen, Gruppeneinflüsse, Trends und Entwicklungen haben ebenfalls einen Einfluß auf die Verhaltensweisen des Kunden. Insbesondere ist von Bedeutung, die Gruppeneinflüsse bzw. das Beziehungsgeflecht des Kunden zu beobachten und zu verstehen.
- Der Kunde ist ein Individuum. Entsprechend muß man die Kommunikation und die angebotenen Leistungen ausrichten bzw. gestalten.
- Die Generierung und Entwicklung von neuen Dienstleistungen funktioniert nur unter direkter Einbindung des Kunden

Praxisbeispiel Siemens Medizintechnik – Erhöhung der Kundenperformance durch die Generierung hybrider Produkte

Robert Nemeth, Peter Ohlhausen

Der Bereich der Magnetresonanztomographie ist gekennzeichnet durch: einen begrenzten Markt (weltweit ca. 15.000 Geräte), rasante technologische Veränderungen, hohen Konkurrenzdruck und eine ganz besondere Kundenstruktur. Die Geräte liegen im Vergleich zu anderen bildgebenden Verfahren im oberen Investitionsbereich. Dies ist eine Ursache dafür, daß neue technologische Möglichkeiten nur mit zeitlicher Verzögerung Einzug in die ärztliche Praxis finden. Siemens suchte deshalb nach Wegen, sich mit einer Kombination aus Gütern und Dienstleistungen im Wettbewerb besser zu differenzieren und den "Technologie-Gap" schneller zu überbrücken. Im Verbundprojekt „Wettbewerbsfaktor Kreativität" wurden mehrere Handlungsoptionen entwickelt und untersucht. Eine dieser Optionen konnte prototypisch umgesetzt werden. Hierbei entstand eine generelle Vorgehensweise zur Generierung und Einführung hybrider Produkte. Und, um dies bereits vorwegzunehmen: Auch aus dem Prototyp wurde inzwischen ein Produkt, das sich innerhalb des normalen Vertriebsprozesses befindet.

Der Geschäftsbereich Magnetresonanztomographie bei Siemens

Das Unternehmen Siemens unterteilt sich in achtzehn verschiedene Bereiche. Diese reichen vom Bereich der Automatisierung bis hin zu dem der Medizintechnik. Im Bereich der Medizintechnik (mit Hauptsitz in Erlangen) sind dreizehn Gebiete zusammengefaßt, hier werden ungefähr 7.000 verschiedene Geräte produziert. Im Bereich Magnetresonanztomographie werden medizinische Geräte zur bildgebenden Diagnostik hergestellt. Allein dieser Bereich beschäftigt weltweit annähernd 2.000 Mitarbeitern und setzt ca. 1,5 Mrd. DM pro Jahr um.

Die Produktlinie der Magnetresonanztomographie umfaßt fünf Produkte (Open / Open Viva, Symphony, Harmony, Vision, Impact / Expert). Jedes Produkt wird durch das eigentliche Gerät und eine Vielzahl von zusätzlichen Komponenten, die teilweise in der Grundausstattung enthalten sind, beschrieben. Diese Komponenten (das sind ca. 200 verschiedene Applikationen), liegen preislich zwischen einigen tausend und mehreren zehntausend Mark. Der Preis für ein einzelnes Magnetresonanztomographie- Gerät kann folglich zwischen 1-3 Mio. DM liegen.

Die Vorteile der Magnetresonanztomographie im Vergleich zu den konventionellen (auch invasiven) bildgebenden Verfahren sind:

- Kein invasives Verfahren
- Für den Patienten besteht keine Belastung durch Strahlungen
- Die Bilder liefern einen hohen Weichteilkontrast
- Die unterschiedlichen Schichten sind in beliebiger Richtung darstellbar

Komplexität des Marktes als Herausforderung an die Kreativität

Das Weltmarktvolumen mit ungefähr 15.000 Geräten ist relativ begrenzt; dennoch steigt die Anzahl der Geräte bei einem zunehmend sinkenden Preis. Seit dem Einzug der MR-Technologie in den Bereich der medizinischen Diagnostik, zu Beginn der 80er Jahre, ist dieses bildgebende Verfahren einer enormen Innovationsdynamik unterworfen. Diese spiegelt sich in der Nachfrage an noch hochauflösenden Bildern wider.

Die Kundenstruktur für diese Geräte setzt sich z.B. aus Fachärzten, Krankenhäusern, Universitätskliniken oder aber auch Kooperationen zwischen Ärzten und Kliniken zusammen. Häufig werden Kooperationen favorisiert, da die Geräte zur Magnetresonanztomographie im oberen Investitionsbereich liegen, vergleicht man diese mit anderen Geräten für bildgebende Verfahren. Als problematisch werden auch die sich häufig verändernden Rahmenbedingungen gesehen z.B. bezüglich der Zulassung, oder aber auch der sich verändernden Abrechungsmodi der Krankenkassen.
Unternehmen, die diese MR-Geräte anbieten, können sich dem steigenden Konkurrenzdruck nicht entziehen, denn die Kunden sind in ihrer Kaufentscheidung erheblich durch bestehende Preisunterschiede beeinflußt, auch wenn dadurch Leistungsunterschiede in Kauf genommen werden müssen.

Ein weiteres Kennzeichen dieses Marktes ist die Technologieschere, denn zwischen den bereits vorhandenen technologischen Lösungen und dem letztendlichen Einsatz dieser bei den Ärzten, liegt ein erheblicher Zeitraum.

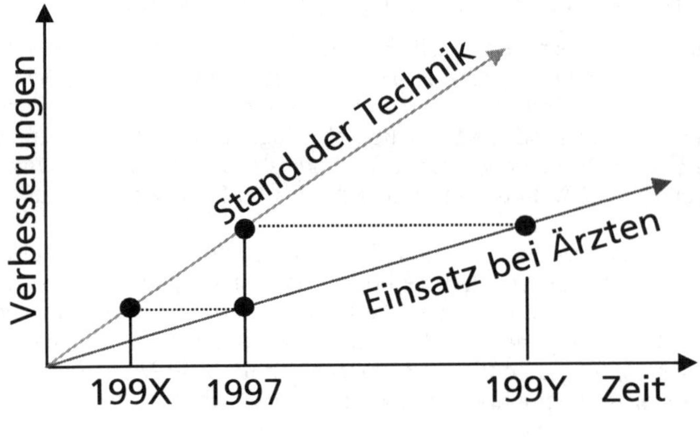

Abb. 1 Technologie-Gap

Diese Faktoren, die ansatzweise die Komplexität des Marktes verdeutlichen, signalisieren eindrücklich die Notwendigkeit, das Dienstleistungsangebot speziell auch in diesem Bereich zu erweitern und zu forcieren, um eine Differenzierung zu anderen Wettbewerbern in diesem Marktsegment zu bieten, als auch das bestehende Technologie-Gap überbrücken zu können.

Bevor wir nun zur Realisierung bzw. Vorgehensweise kommen, ist es notwendig sich ausführlich mit der Grundidee des hybriden Produktes zu beschäftigen.

Grundidee der hybriden Produkte

Unter einem hybriden Produkt wird allgemein die Kombination von Produkt und Dienstleistung verstanden. Die Notwendigkeit sich mit dem Kundennutzen zu beschäftigen, zeigt sich vielfach darin, daß wenn man die Kundenzufriedenheit betrachtet, meist eine Lücke zwischen der eigenen firmeninternen und der fremden, d. h. der Wahrnehmung aus Kundensicht besteht. Genau hier setzt das hybride Produkt an und zeigt sich in einer:

- Konsequentern Orientierung am Kundennutzen
- Kombination aller möglichen Leistungen für die Nutzungsstiftung des Kunden aus dem eigenenLeistungsangebot und evtl. unter Zuhilfenahme der Kompetenz anderer Betriebe.
- Das eigentliche Produkt ist ein Baustein, der den Kundennutzen realisiert.

Wir sprechen auch von einem Puzzle von Leistungen (Hardware und Software), die den Kunden von der Unternehmung angeboten wird. Vielfach muß hier auch ein fundamentaler Wandel in der Kundensicht innerhalb der Unternehmen vonstatten gehen.

Die meisten Unternehmen haben Produkte bzw. Komponenten von Produkten, die nicht direkt einem Endkunden zugute kommen, sondern vielmehr als eine Komponente in einer Kette bzw. Pyramide der Hersteller nur indirekt den Kunden berühren, bzw. von diesem wahrgenommen werden. Hier besteht für viele Unternehmen eine absolute Notwendigkeit, sich mit den Bedürfnissen der Kunden ihrer Kunden zu beschäftigen. Ein erfolgreiches Beispiel läßt sich anhand des Charterway-Konzeptes von Daimler-Benz sehr greifbar veranschaulichen. Hier wurde ausgehend von einer Betrachtung des Einsatzgebietes der Kunden ihrer Kunden, z. B. den Spediteuren, ein Konzept für die umfassende Problemlösung – Transportleistung – entwickelt, daß sich konsequent am Kundennutzen orientiert.

Vorgehensweise zur Einführung bzw. Generierung von ergänzenden Dienstleistungen

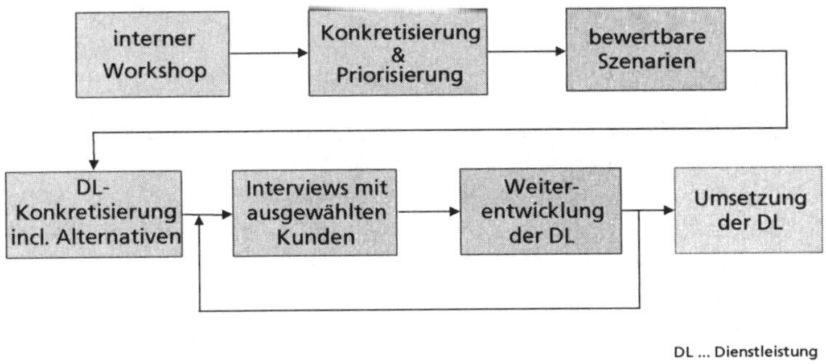

Abb. 2 Vorgehensweise

Bestandsaufnahme

Bevor man sich mit der Generierung von neuen Dienstleistungen bzw. hybriden Produkten beschäftigt, ist vorrangig eine Bestandsaufnahme aller bestehenden Dienstleistungen vorzunehmen. Vielfach – dies zeigt sich bei allen bisher durchgeführten Projekten – ist die Bandbreite der angebotenen Dienstleistungen, aber auch der nicht angebotenen Dienstleistungen, oft größer als man vermutet. Die Erbringer bzw. Beteiligten kommen aus allen Bereichen des Unternehmens. Angefangen vom Vertrieb bis hin zur Logistik bzw. der Entwicklung. Die Kenntnis voneinander ist teilweise nicht vorhanden und löst bei einer integrierten Betrachtungsweise manchmal Überraschung aus. Dies gilt besonders dann, wenn ähnliche Leistungen von verschiedenen Bereichen des Unternehmens den gleichen Kunden bzw. Kundengruppen/ -segmenten angeboten werden. Methodisch hat sich hier die Analyse jeder Abteilung durch narrative Interviews bewährt. Entscheidend ist aber, daß die Kunden wissen, welche Leistungen sie von welchem Bereich im Unternehmen über welchen Vertriebskanal erhalten. Zur Darstellung hat sich ein einfaches Gerüst der Verknüpfung als Diskussionsgrundlage für die nächsten Schritte bewährt.

Interne Ideengenerierung

In einem ersten Schritt wird eine Übersicht über mögliche Dienstleistungen für die Kunden erarbeitet. Als Basis hierfür ist es absolut notwendig, daß alle internen Beteiligten exakt über alle Leistungen des Unternehmens ausführlich informiert sind. Als Ergebnis dieser Phase muß eine Übersicht über

- Anforderungen an den Kunden aus Sicht seiner Umwelt
- mögliche Dienstleistungspakete zur Problemlösung herauskommen.

Diese Vielfalt bzw. Sammlung von möglichen Leistungspaketen ist der Ausgangspunkt zur Generierung von hybriden Produkten. Hierzu gehört natürlich ein umfassendes Verständnis der Kundensituation.

Identifikation von Kundenproblemen

Hierfür sind prinzipiell zwei Vorgehensweisen möglich. Zum einen aus der Marktkenntnis aus den Unternehmen (interner Workshop) heraus neue Leistungskonzepte zu generieren, oder die zweite Möglichkeit, durch den Dialog mit ausgewählten Kunden die möglichen Konzepte zu erarbeiten.

Dialog mit ausgewählten Kunden

Bei der Erarbeitung möglicher zukünftiger Konzepte mit ausgewählten Kunden, ergeben sich mehrere Problemfelder, die durch die interne Bearbeitung nicht so ausgeprägt auftreten. Zum einem liegt die Problematik in der Auswahl der Kunden. Welche Kunden sind repräsentativ bzw. zu welchen Kunden besteht ein Vertrauensverhältnis, so daß eine offene Diskussion ermöglicht wird, bzw. sich durch die Diskussion möglicher Leistungen keine Erwartungshaltung aufbaut. Darüber hinaus ist bei der Zusammenarbeit mit Kunden immer die augenblickliche Situation zu berücksichtigen,. d. h. inwieweit der Kunde losgelöst von der täglichen Arbeit in der Lage ist zukünftige Aktivitäten zu diskutieren.

Diese beiden Punkte sollen beispielhaft veranschaulichen, welche Probleme in der Diskussion mit dem Kunden auftreten können.

Interner Workshop

Diese Vorgehensweise wurde gewählt, um eine schnellere Bearbeitung zu erreichen. Hierzu wurde ein Workshop konzipiert, bei dem mit Marktkennern - aus verschiedenen Bereichen des Unternehmens - denkbare Ideen für Dienstleistungen erarbeitet wurden. Wichtig für die Durchführung ist, daß alle Beteiligten einen gleichen Informationsstand bzgl. der Istsituation der angebotenen Dienstleistungen haben. Ebenso wie ein umfassender Überblick über die Kundensituation von heute gefordert ist, als auch ein Grundverständnis über die zukünftige Produktstrategie des Unternehmens.

Das Ergebnis dieses Workshops kristallisiert sich in den folgenden Punkten:

- Kundenproblematik bzgl. Dienstleistungen
- Verschiedene Dienstleistungsideen
- Cluster von Dienstleistungen (inklusive Ranking)

Konkretisierung und Priorisierung

Für jedes Cluster wurden »Grobszenarien« (inhaltliche Konkretisierung, Machbarkeit, Hemmnisse...) untersucht. Diese Szenarien wurden intern bewertet und an weiteren Informationen (Ideen von Kunden, Ergebnisse aus Kundenzufriedenheitsanalysen) gespiegelt.

Bewertung der Grobszenarien

Die ersten zwei Grobszenarien wurden in der weiteren Vorgehensweise näher beleuchtet und differenziert. Das Resultat dieses Schrittes wurde in einem nachfolgenden internen Meeting diskutiert, mit der Zielsetzung der Reduktion auf ein Szenario. In Abhängigkeit der vorgegebenen Rahmenbedingungen (z. B. der Projektlaufzeit, internes Budget usw.) wurde aus einem Szenario, welches verschiedene einzelne Dienstleistungen beinhaltet, eine Dienstleistung ausgewählt.

Dienstleistungskonkretisierung

Diese exemplarisch ausgesuchte Dienstleistung wurde in ihrer Gesamtheit strukturiert und ausgearbeitet, gleichwie auch nach möglichen Alternativen für die Durchführung gesucht wurde.

Interviews mit ausgewählten Kunden

Um die Akzeptanz und die Richtigkeit zu verifizieren wurde mit den Zielkunden, d.h. mit den Meinungsbildnern im Zielmarkt, strukturierte Interviews durchgeführt. Gegenstand der Interviews ist eine Darstellung der Dienstleistung, inklusive des Ablaufs, gewesen, weiterhin die Aufnahme der Einschätzung als auch Optimierungsvorschläge aus Sicht des Kunden.

Weiterentwicklung der Dienstleistung

Nach Aufbereitung der Ergebnisse der Kundengespräche wurde daraus abgeleitet, die Dienstleistung weiter optimiert, wo besonders das Preismodell ausführlich einer Revision unterzogen wurde.

Erste Erfahrungen

Rückblickend lassen sich die im Betriebsmodell gemachten Erfahrungen in den wichtigsten Punkten wie folgt zusammenfassen:

- die in diesem Prozeß *erarbeite Lösung* ist ein Rapid Prototyping der Dienstleistungsgenerierung. Diese entwickelt sich sukzessive durch einen internen Prozeß der Dienstleistungsgenerierung und nachfolgend in der konkreten Umsetzung.
- Beschreibende *Kriterien* des Prozesses sind zum einen die *schnelle zyklis*che *Bearbeitung*; diese zeigt sich in der Erarbeitung einer ersten groben Lösung, der sich anschließenden Diskussion mit internen Experten, der nachfolgenden Umsetzung mit Bewertung und ggf. einer Verfeinerung der ersten Lösung mit abschließender Diskussion. Zum anderen eine *Einbindung aller Bereiche,* wie z.B. der Entwicklung, des Marketings, des Außendienstes, der strategischen Planung und der Logistik. Sowie des letzten Kriteriums, einer dezidierten *Diskussion* der Dienstleistungsideen mit *ausgewählten Kunden.* Die Auswahl der Kunden erfolgt durch den Vertrieb, welcher sich in der Selektion daran orientiert, ob diese eine Schlüsselrolle im Verständnis für Technik und Meinungsbildner bei Kollegen innehaben, als auch bereits in der Vergangenheit mit Anregungen zu Verbesserungen beigetragen haben und ein Vertrauensverhältnis besteht.

In der Projektarbeit sind, ergänzend zu den oben genannten Kriterien, die folgenden Punkte als solche mit entscheidender Bedeutung eingestuft worden:

- *Begeisterung* bei allen im Projekt beteiligten Personen für das Thema Dienstleitung *wekken*. Dies kann dadurch geschehen, daß alle Mitarbeiter zu diesem Thema die relevanten Informationen erhalten oder aber auch durch Einzelgespräche mit Meinungsbildnern. Als entscheidend wird auch eine kontinuierliche Information aller Beteiligten über erzielte Fortschritte gesehen.
- Die *Integration der beteiligten Mitarbeiter*; ein Lösungsweg ist z.B. die Konstitution eines kleinen Kernteams, das als „Motor" fungiert. Treten unvorhergesehene oder nicht zu lösende Fragen oder Probleme auf, können die Know-how-Träger mit einbezogen werden.
- Die Generierung eines *einheitlichen Dienstleistungsverständnisses* kann sich als relativ schwierig erweisen. Zu Beginn des Vorhabens ist es dringlich erforderlich, das Einverständnis der obersten Leitung einzuholen. Erst dann kann eine Multiplikation des Themas Dienstleistung, unter Zuhilfenahme der Integration der Beteiligten in die Projektarbeit, erfolgen.
- Erfolgsfaktor bei den Kunden: *das Preismodell.* Eine Frage, die die Kunden vorrangig bewegt ist: „was kostet mich die Dienstleistung?" Problematisch in dieser Hinsicht ist eine exakte Bewertung der internen Prozesse zur Erbringung der Dienstleistung, sowie eine Zusammenführung der verschiedenen Preismodelle. Eine Lösung dieses Problems kann dahingehend gesehen werden, daß dem Kunden die Preismodelle transparent veranschaulicht werden und das Bewußtsein geschaffen wird, das „kostenlos" nicht immer mit empfehlenswert oder der besten Lösung gleichgesetzt werden kann.

Ausblick

Der Controllingprozeß muß nach Erlangung der Diskussionsreife mit anderen Bereichen abschließend diskutiert werden.

Durch einen kontinuierlichen Dialog mit den differenzierten Kundengruppen - und deren Untergruppen- soll das Konzept weiterentwickelt und erprobt werden.

Durch unterstützend zum Einsatz kommende Werkzeuge, wie Intranet und Extranet basierte Wissensdatenbanken und deren sequenzorientierter Auswertungsalgorithmen, sowie durch Kommunikation mit den Kunden beeinflussenden Strukturen soll eine umfassende Gestaltung und Weiterentwicklung ermöglicht werden. Hier sind noch einige Arbeitsgebiete unabhängig vom Projekt zu sehen, die teilweise schon angegangen werden.

Praxisbeispiel Universal Maschinenfabrik – Kreative Leistungspakete für weltweit verteilte Handelsvertreter

Markus Korell, Helge Spindler

Das Unternehmen sah sich mit zwei Entwicklungen konfrontiert, die eine neue Ausrichtung des Leistungsangebotes erforderten: Zum einen war dies die wachsende Exportabhängigkeit und die notwendige Internationalität des Unternehmens. Die Exportquote liegt bei 90% des Umsatzes. Zum anderen steigt durch den vermehrten Einsatz von Elektronik die Komplexität der Produkte und somit zugleich die Notwendigkeit zu entsprechender Beratung und Schulung. Zielsetzung des Projektes war es, in dieser Situation nach Möglichkeiten zu suchen, um die bestehenden Dienstleistungen zu erweitern und zu verbessern. Dabei war zu beachten, daß sowohl die Distributionspartner als auch die Endkunden als Kunden des Unternehmens zu betrachten sind. Beide gilt es, mit Hilfe innovativer Dienstleistungsangebote bestmöglich zu unterstützen.

Das Unternehmen

Die Universal Maschinenfabrik Rudolf Schieber GmbH & Co. KG stellt Industrie-Flachstrickmaschinen her. Die Produktion erfolgt ausschließlich im Inland. Bedingt durch die branchenspezifischen Probleme, die die Textilindustrie in Deutschland hat – dies zeigt sich seit Jahren an Rationalisierungsmaßnahmen und in Verlagerungen ins Ausland –, stieg die Bedeutung des Exportes bei Universal kontinuierlich an. Derzeit beträgt die Exportquote ca. 90 % vom Umsatz. Exportschwerpunkte bilden Mittel-, Ost- und Südeuropa, Nord- und Südamerika sowie ausgewählte Länder in Afrika und Asien. Die Kunden von Universal sind Textilstrickereien in allen für die Textilverarbeitung relevanten Industrieregionen.

Der weltweite Vertrieb der Produkte erfolgt über zwei Tochtergesellschaften in England und Italien sowie über rund 50 unternehmerisch selbständige Vertriebspartner. Diese Vertriebspartner erfüllen innerhalb der Vertriebsstrategie von Universal eine zentrale Funktion. Sie sind der „vor- Ort"- Ansprechpartner für die Endkunden. In dieser Funktion vermarkten die Vertriebspartner nicht nur die Produkte, sondern sind auch verantwortlich für die Erbringung von Serviceleistungen wie Beratung, Schulung, Wartung und Reparatur.

Durch den vermehrten Einzug der Elektronik in die Produkte steigt die Komplexität und somit auch zugleich die Notwendigkeit zu entsprechender Beratung und Schulung. Das Leistungsangebot entwickelt sich zunehmend hin zum umfassenden Systemangebot.

Zwei Besonderheiten charakterisieren zusammenfassend die Situation bei Universal. Zum einen ist dies die Exportabhängigkeit und die notwendige Internationalität des Unternehmens verbunden mit der weltweiten Vertriebspartnerorganisation. Zum anderen stellt die zunehmende Komplexität der Produkte und der Wandel zum Systemangebot eine weitere Herausforderung dar.

Zielsetzung des Projektes

Entsprechend BLR-Modell des Managements von hybriden Produkten werden am Beispiel der Universal Maschinenfabrik die Möglichkeiten und die Inhalte des Realisierungsmodells diskutiert. Hierzu wird eine Methodik mit folgenden Schwerpunkten entwickelt:

- Statusanalyse:
  - Durchführung einer Umfeldanalyse
  - Durchführung einer Dienstleistungsanalyse
- Erstellung von Dienstleistungsszenarien
- Festlegung und Priorisierung von Gestaltungsfeldern zur Realisierung

Um Verbesserungspotentiale und Handlungspotentiale identifizieren zu können, muß zunächst eine Statusanalyse durchgeführt werden. Diese hat mit der internen Ausrichtung in Form einer Analyse des bestehenden Dienstleistungsangebotes und der bestehenden Dienstleistungsprozesse sowie der externen Ausrichtung in Form einer Analyse der Kunden und der Wettbewerber zwei Schwerpunkte.

Die Diskussion der Dienstleistungsszenarien – wie kann sich Universal bzw. wie können sich die Vertretungen zu kompetenten Systemanbietern weiterentwickeln? – zeigt, wie das Dienstleistungsangebot kundennutzenorientiert gestaltet werden muß.

Ausgehend von den identifizierten Handlungspotentialen bezüglich Dienstleistungsprozeß und –angebot werden Maßnahmen zur Implementierung und organisatorischen Umsetzung erarbeitet. Die hier diskutierten Gestaltungsfelder umfassen zudem flankierende Maßnahmen wie beispielsweise Informationsmanagement und Maßnahmen zur Steigerung der Motivation im Rahmen eines Human Resource Management.

Für das Betriebsprojekt heißt dies konkret, die bestehenden Dienstleistungen zu erweitern bzw. zu verbessern. Dabei ist zu beachten, daß sowohl der Distributionspartner als auch der Endkunde, die Strickerei, als Kunden von Universal anzusehen sind. Nur wenn die Vertriebspartner entsprechend unterstützt werden und motiviert sind, können und werden sie die Produkte vermarkten. Nur wenn man gemeinsam mit den Vertriebspartnern Serviceleistungen für den Endkunden entwickelt, kann eine Kundenzufriedenheit und Kundenbindung erzielt werden. Deshalb gilt es, die Distributionspartner bei der Erbringung von Dienstleistungen für den Endkunden bestmöglich zu unterstützen. Als Pilotbereich für das Betriebsvorhaben wurde die Region Brasilien gewählt. Diese Region stellt ein hohes Potential dar und dient zugleich auch als Kristallisationskeim für angrenzende Regionen. Weiterhin ist für die Wahl des Pilotbereiches verantwortlich, daß zum dortigen Vertriebspartner eine sehr gute auch persönliche Beziehung besteht und der Vertriebspartner selber eine entsprechende Motivation für das Projekt mit sich bringt.

Analyse des Umfeldes: Kunden und Wettbewerber

Im Rahmen der Analyse der Ist-Situation spielt die Analyse des Marktes – und hier insbesondere der Handelsvertreter – eine zentrale Rolle. Nur in der direkten Zusammenarbeit mit den Kunden können Handlungspotentiale bezüglich Kunden- und Dienstleistungsmanagement identifiziert und Lösungsvorschläge entwickelt werden. Eine besondere Herausforderung im Betriebsvorhaben stellten die kulturellen und sprachlichen Barrieren dar.

Die Analyse der Kunden erfolgte in zwei Stufen. Zunächst einmal wurden die Universal-Mitarbeiter, die direkt und indirekt mit der Region Brasilien beschäftigt sind, über ihre Erfahrungen befragt. Hieraus und aus den Projektanforderungen bzw. den Universal-Zielen heraus wurde ein Fragebogen entwickelt, der direkt von Vertriebsmitarbeitern von Universal in Brasilien mit den dortigen Kunden – Handelsvertretern und Endkunden – in Workshops und in persönlichen Interviews diskutiert wurde.

Die Befragung gliedert sich im wesentlichen in die Themenbereiche Kundeninformationen, Kundengewinnung, Kundenbindung, Dienstleistungen und Produktmix sowie Wettbewerber. Die zentralen Fragestellungen dabei waren:

1) Kundeninformation:

- Welche Kundentypen werden derzeit durch die jeweiligen Fachhändler bedient?
- Sind die (verschiedenen) Kundentypen in ihrem Kaufentscheidungsverhalten preis-, qualitäts- oder technologieorientiert?
- Wie kann das Wiederkaufverhalten der Kunden charakterisiert?
- Können derzeit generelle Aussagen über die Kundenzufriedenheit bzgl. des Leistungs- und Produktspektrums von UNIVERSAL gemacht werden?
- Welche sind aus Sicht der Fachhändler mögliche Ansatzpunkte für eine Verbesserung der Kundenzufriedenheit bei den einzelnen Kundentypen?
- Inwieweit sind die Fachhändler in der Lage bzw. gewillt auf die Problemstellungen der Kunden einzugehen bzw. Lösungen dafür anzubieten?
- Welche Art der Unterstützung könnte UNIVERSAL hierfür aus Sicht der Händler bieten (direkt für den Kunden / direkt für den Händler)?

2) Kundengewinnung:

- Wie kommunizieren die Fachhändler mit ihren potentiellen Kunden im Vorfeld eines Kaufs (verwendete Medien, Kontakthäufigkeit, Kommunikationsinhalte...)?
- Welches sind die beim Kunden überzeugendsten Argumente der Fachhändler, um beim Verkaufsabschluß gegen die Wettbewerber zu bestehen?
- Können aus Sicht der Fachhändler im Rahmen der Kundenakquisition bereits Dienstleistungen durch UNIVERSAL oder die Fachhändler angeboten werden, um beim Kunden verstärkt Einfluß auf dessen Kaufentscheidung zu nehmen?

3) Kundenbindung:

- Wie kommunizieren die Fachhändler mit ihren Kunden nach einem Kauf (verwendete Medien, Kontakthäufigkeit, Kommunikationsinhalte...)?

- Wie sieht die After-Sales-Betreuung für die verschiedenen Kundengruppen durch die Fachhändler aus? Welche Aktivitäten werden konkret durchgeführt?
- Welches sind die Defizite gegenüber Wettbewerbern in bezug auf After-Sales-Betreuung?

4) Dienstleistungen und Produktmix:

- Welche Dienstleistungen werden durch die Fachhändler schon heute angeboten? Sind diese auf die Bedürfnisse und Anforderungen der Kunden abgestimmt?
- Inwiefern tragen sie zur Steigerung oder Stabilisierung des Verkaufserfolgs der Fachhändler bei?
- Kann der Kunde sich sein eigenes Dienstleistungspaket zusammenstellen (auf Basis eines Baukastensystems von Standarddienstleistungen)?
- Wie werden die Dienstleistungen hauptsächlich erbracht; in eigener Regie oder werden für diese Leistungen auch Dritte herangezogen? Was sind die jeweiligen Vor- und Nachteile?

5) Wettbewerber:

- Wer sind in Brasilien die Wettbewerber (produkt- und dienstleistungsbezogen)?
- Kennen die Fachhändler die Leistungsfähigkeit der Wettbewerber, deren Stärken und Schwächen?
- Wissen die Fachhändler, welche Dienstleistungen die Wettbewerber anbieten und wie sie diese entwickeln?
- Konnten die Fachhändler aufgrund der von den Wettbewerbern angebotenen Dienstleistungen Nachteile für sich ausmachen?

Zusammenfassend kann festgehalten werden, daß insbesondere die Betrachtung der kaufentscheidenden Faktoren sowie der Vergleich mit den Wettbewerbern wesentliche Handlungspotentiale aufzeigt. Die individuellen Stärken und Schwächen werden vor allem auch in der Beurteilung des Dienstleistungsangebotes und der kundenbezogenen Prozesse sichtbar.

Durchführung der Dienstleistungsanalyse

Ein zentrales Element im Rahmen der Betrachtung des derzeitigen Dienstleistungsangebotes ist die Bewertung der Leistungen durch den Kunden selber. Dabei sind zwei Fragestellungen zu beantworten: Wie wichtig ist Ihnen die Dienstleistung XY? Wie beurteilen Sie die Dienstleistung XY von Universal (auch im Vergleich zu den Wettbewerbern)?

Neben dieser externen Beurteilung zeigt eine interne Analyse: Welchen Beitrag liefert die Dienstleistung XY zum Verkaufserfolg? Die Ergebnisse aus dieser Betrachtung zeigen die folgenden Abbildungen.

	Derzeitiger Erfüllungsgrad	Dringlichkeit
✗ Beratung bzgl. Fabrikbetrieb (Kundenprozesse)	33%	
✗ Know how über Strick-Technologie	36%	
✗ Produktbezogene Kundenberatung	43%	
✗ Verbesserung der Schulungskonzepte	43%	
✗ Finanzierungsberatung	53%	
✗ Regelung von Import-Formalitäten	55%	

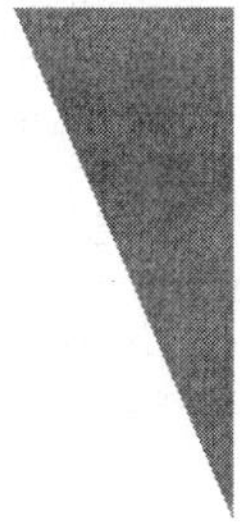

Abb. 1 Unterstützungsbedarf des Distributrionspartners

	Beitrag zum Verkaufserfolg	Dringlichkeit
✗ Technischer Service	50%	
✗ Musterungsservice	30%	
✗ Produktbezogene Schulungen	15%	
✗ Ersatzteilservice	4%	
✗ Finanzierungsberatung & Regelung von Import-Formalitäten	1%	

Abb. 2 Beitrag der Dienstleistung zum Verkaufserfolg

Ein weiterer Schritt der internen Dienstleistungsanalyse ist die Identifikation der zentralen Prozesse zur Dienstleistungsrealisierung. Dies ist eine Vorstufe der Ableitung und Priorisierung von Maßnahmen im Rahmen des Realisierungsmodells. Derartige notwendige Prozesse sind beispielsweise Leistungsentwicklungsprozeß, Leistungserstellungsprozeß, Marketing- und Kommunikationsprozeß, Personalentwicklungs- und –motivationsprozeß sowie Controllingprozeß.

Maßnahmen im Rahmen des Leistungsmodells

Ausgehend von den externen und internen Analysen des Dienstleistungsangebotes bzw. des Dienstleistungsbedarfes ergeben sich die notwendigen Maßnahmen im Rahmen des Leistungsmodells.

Hier werden die Fragen beantwortet:

- Welche Dienstleistungen sollen forciert werden?
- Wie sieht das konkrete Dienstleistungsangebot aus?

Eine bei Universal priorisierte Dienstleistung ist der Musterungsservice. Der Musterungsservice hat einen relativ hohen Einfluß auf den Verkaufserfolg. Zudem sehen die Distributionspartner in dieser Dienstleistung einen hohen Unterstützungsbedarf seitens Universal. Schließlich zeigt auch der Vergleich mit den Wettbewerbern in diesem Feld einen Handlungsbedarf. Das Dienstleistungsangebot bezüglich des Musterungsservice soll ausgebaut werden. Sowohl unter eigener Regie als auch in Kooperation mit externen Partnern soll das erweiterte Angebot den Kunden aktiv angeboten und erbracht werden. Schulungsmaßnahmen und Beratungsleistungen werden konzipiert, um die Vertriebspartner entsprechend zu qualifizieren.

Maßnahmen im Rahmen des Realisierungsmodells

Im folgenden wird eine einfache Methodik beschrieben, die es ermöglicht, die wesentlichen Handlungspotentiale im Bereich Kunden- und Dienstleistungsmanagement zu identifizieren und entsprechende Verbesserungsmaßnahmen abzuleiten. Diese Systematik dient der Bestimmung und der Auswahl der innerhalb des Realisierungsmodells notwendigen Gestaltungsfelder. Schwerpunkte bilden dabei die Dienstleistungsorganisation (Aufbau- und Ablauforganisation, Ressourcen, insbesondere Human Resources) und Marketing bzw. Dienstleistungsvermarktung (Kundensegmentierung, Kommunikation).

Die entwickelte Systematik hat folgenden Aufbau:

Stufe 1:	Unternehmensanalyse (Schwachstellenidentifikation und –analyse)
Stufe 2:	Ableitung von Handlungsfeldern
Stufe 3:	Ableitung von Maßnahmen innerhalb der Handlungsfelder
Stufe 4:	Detaillierung der Maßnahmen
Stufe 5:	Bewertung der Maßnahmenpakete
Stufe 6:	Konkretisierung und Umsetzung der ausgewählten Maßnahmen

Stufe 1: Unternehmensanalyse mit dem Fokus auf eine Schwachstellenidentifikation und –analyse

Ausgehend von den bereits identifizierten notwendigen Dienstleistungsprozessen findet innerhalb des Unternehmens eine Schwachstellenanalyse statt. Betrachtet werden dabei schwerpunktmäßig die beteiligten Unternehmensbereiche und Personen, die notwendigen Aufgaben und Tätigkeiten, die Schnittstellen zwischen den einzelnen Bereichen sowie die benötigten Ressourcen und Informationen.

Zentrale Fragestellungen sind in diesem Zusammenhang:

- Welche Unternehmensbereiche sind an der Erbringung der einzelnen Dienstleistungen beteiligt? Wie erfolgt eine Koordination der einzelnen Bereiche?
- Stehen die Bereiche im direkten Dialog mit den Kunden?
- Wie erfolgt die Kommunikation zwischen Universal, Vertretungen und den Endkunden, vor allem vor dem Hintergrund der sprachlichen Barrieren?
- Wie wird das Wissen über die Kunden dokumentiert und ausgewertet?
- Entspricht die Qualifikation den an den Dienstleistungsprozessen beteiligten Mitarbeitern den Anforderungen?

Stufe 2: Ableitung von Handlungsfeldern

Die sich aus der Schwachstellenbetrachtung ergebenden Handlungsfelder sind zunächst grob zu beschreiben und zu clustern und anschließend (Stufe 3 bis 5 des Realisierungsmodells) im Detail zu spezifizieren. Als Orientierungshilfe und Diskussionsgrundlage für diesen Prozeß bietet es sich an, beispielsweise die von Benölken & Greipel (1994) vorgestellte Matrix zu verwenden. Sie erlaubt es, die im Betrieb identifizierten Handlungsfelder entlang von acht Dimensionen zu beschreiben und zu priorisieren (vgl. Abb. 3):

- Zielgruppenorientierung
- Vertriebswegemix
- Problemlösungskompetenz
- Systemoptimierung
- Informationsmanagement
- Kommunikation
- Human Resources
- Image

Diese Handlungsfelder sind individuell und müssen selbstverständlich bei jedem Unternehmen neu definiert werden. Insbesondere sind auch die Maßnahmen, die sich hinter den Handlungsfeldern verbergen, individuell zu diskutieren und festzulegen.

Stufe 3: Ableitung von Maßnahmen innerhalb der Handlungsfelder

Für jedes der definierten Handlungsfelder sind nun mögliche Maßnahmen zu sammeln. Es ist wichtig, sich an dieser Stelle bewußt von einer möglichen Realisierbarkeit der einzelnen Maßnahmen zu lösen. Eine Beurteilung und dementsprechend eine Priorisierung der einzelnen Maßnahmen erfolgt erst in einem weiteren Schritt. Im Bereich Human Resources ergeben sich beispielsweise folgende Maßnahmen:

- Personal strategisch planen
- Personal kundenorientiert schulen und entwickeln

- Motivationssysteme installieren
- Dienstleistungskultur aufbauen

Stufe 4: Detaillierung der Maßnahmen

Stufe 3 und 4 können beispielsweise gemeinsam in einer Kreativsitzung durchgeführt werden. Dann werden über eine Kartenabfrage einzelne mögliche Maßnahmen gesammelt. Die Clusterung und Zusammenfassung dieser Karten führt dann zum entsprechenden Maßnahmenkatalog. Die Detaillierung des Maßnahmenkataloges faßt nun nochmals Ziele der Maßnahmen, Voraussetzungen, Nutzen, notwendiger Input und gegebenenfalls notwendige Teilschritte zusammen. So bedeutet beispielsweise „Personal strategisch planen", daß man den zukünftigen Personalbedarf plant – dieser ergibt sich aus der strategischen Ausrichtung des Unternehmens – und mit dem derzeitigen Personalstand abgleicht.

Stufe 5: Bewertung der Maßnahmenpakete

Man kann nun sicherlich nicht alle diskutierten Maßnahmenvorschläge im Unternehmen gleichzeitig durchführen. Dies erlaubt alleine schon die nur bedingt freien Kapazitäten nicht. Außerdem ist es wichtig, bei derartigen Veränderungsprozessen im Unternehmen rasch erste Erfolge sichtbar zu machen. Demzufolge werden die einzelnen Maßnahmen je Handlungsfeld bewertet bzw. priorisiert. Im Vorfeld sind selbstverständlich die Art und Weise der Beurteilung sowie die einzelnen Bewertungskriterien festzulegen. Dies können beispielsweise sein: Benötigte Ressourcen, notwendige Investitionen, Erfolgswahrscheinlichkeit, Dauer der Umsetzung und vor allem Dringlichkeit.

Das Ergebnis der Systematik am Beispiel des Betriebsprojektes zeigt die Abbildung 3.

Stufe 6: Konkretisierung der ausgewählten Maßnahmen und Umsetzung der Maßnahmen

Bei der Durchführung der umzusetzenden Maßnahmen gelten die Regeln des klassischen Projektmanagements wie Festlegung der Verantwortlichkeiten und der Projektorganisation, Festlegung eines detaillierten Zielplanes, Aufstellung eines Ablauf- und Zeitplanes, Aufstellung eines detaillierten Kapazitätsplanes, Implementierung entsprechender Controllingmechanismen (Projektkontrolle und Steuerung) und Aufbau einer entsprechenden Unternehmenskommunikation zur regelmäßigen Information über Ziel, Inhalt und Stand des Projektes. Von zentraler Bedeutung sind jedoch, daß die Unternehmensleitung voll und ganz hinter den Maßnahmen steht und daß alle betroffenen Mitarbeiter regelmäßig über Ziele und Stand des Projektes informiert werden sowie aktiv in das Projekt eingebunden werden (Betroffene zu Beteiligten machen!).

Zentrale Erfahrungen innerhalb des Projektes

Neben der Erarbeitung der Vorgehensweise selber stellen die innerhalb des Projektes gewonnenen Erfahrungen bei der Entwicklung und Umsetzung der Methodik wesentliche Ergebnisse des Projektes dar. Diese Erfahrungen werden im folgenden zusammengefaßt.

So stellt beispielsweise die Auswahl des Pilotbereiches einen zentralen Erfolgsfaktor da. Entsprechend muß die Auswahl gezielt erfolgen. Es ist darauf zu achten, daß zum Distributionspartner ein gutes, partnerschaftliches Vertrauensverhältnis besteht. Da der Pilotbereich zugleich auch Beispielcharakter besitzt, sollte er mehrere „Problembereiche" gleichzeitig aufweisen (z.B. geographische Entfernung, heterogene Kundenstruktur, signifikante Mentalitätsunterschiede).

Weiterhin ist von zentraler Bedeutung, daß innerhalb des gesamten Vertriebsnetzes inklusive der Vertriebspartner ein einheitliches Dienstleistungsverständnis aufgebaut wird. Zusätzlich muß in diesem Verbund insbesondere zu den internationalen Partnern ein intensiver persönlicher Kontakt aufgebaut und gepflegt werden. Dies beinhaltet auch die aktive Integration aller Beteiligten (auch repräsentativer Kunden) bereits in der Dienstleistungsplanung sowie einen konsequenten Informationsfluß.

Bei diesem international ausgerichteten Projekt gilt, daß der Erfolg des Projektes eng mit der ausgedehnten Planungs- und Vorbereitungsphase verknüpft ist. Es sind zunächst umfassende Vorarbeiten intern zu leisten, bevor dann in einem zweiten Schritt die Verlagerung in den Pilotbereich erfolgt. Entsprechend erweist sich ein Vorgehen im Sinne eines Rapid Prototyping als schwierig. Zu lange sind vor allem durch die räumliche Distanz die notwendigen Feedbackschleifen durch die Schnittstellen zwischen Unternehmen, Distributionspartner und Kunden.

Trotz aller Schwierigkeiten gelingt eine Sicherstellung der Übertragbarkeit auf andere Vertriebsregionen dadurch, daß zunächst ein Basiskonzept erstellt wird, welches anschließende verfeinert und an die regionalen Gegebenheiten angepaßt wird.

Die Motivation aller am Projekt bzw. an der Entwicklung beteiligten Personen ist ausschlaggebend für den Projekterfolg. Der Abbau von organisatorischen Hemmnissen, der Aufbau umfassender Verantwortlichkeiten sowie aktive Maßnahmen zur Teamentwicklung sind wesentliche Faktoren zur Verbesserung der Motivation und damit auch der Kreativität. Die zentrale Erfahrung des Projektes läßt sich somit in folgender Formel zusammenfassen:

Motivation + organisatorische Freiräume + Teamgeist
= Kreativität für Dienstleistung

Literatur

Benölken, Heinz; Greipel, Peter: Dienstleistungs-Management: Service als strategische Erfolgsposition. 2. Aufl. Wiesbaden: Gabler, 1994.

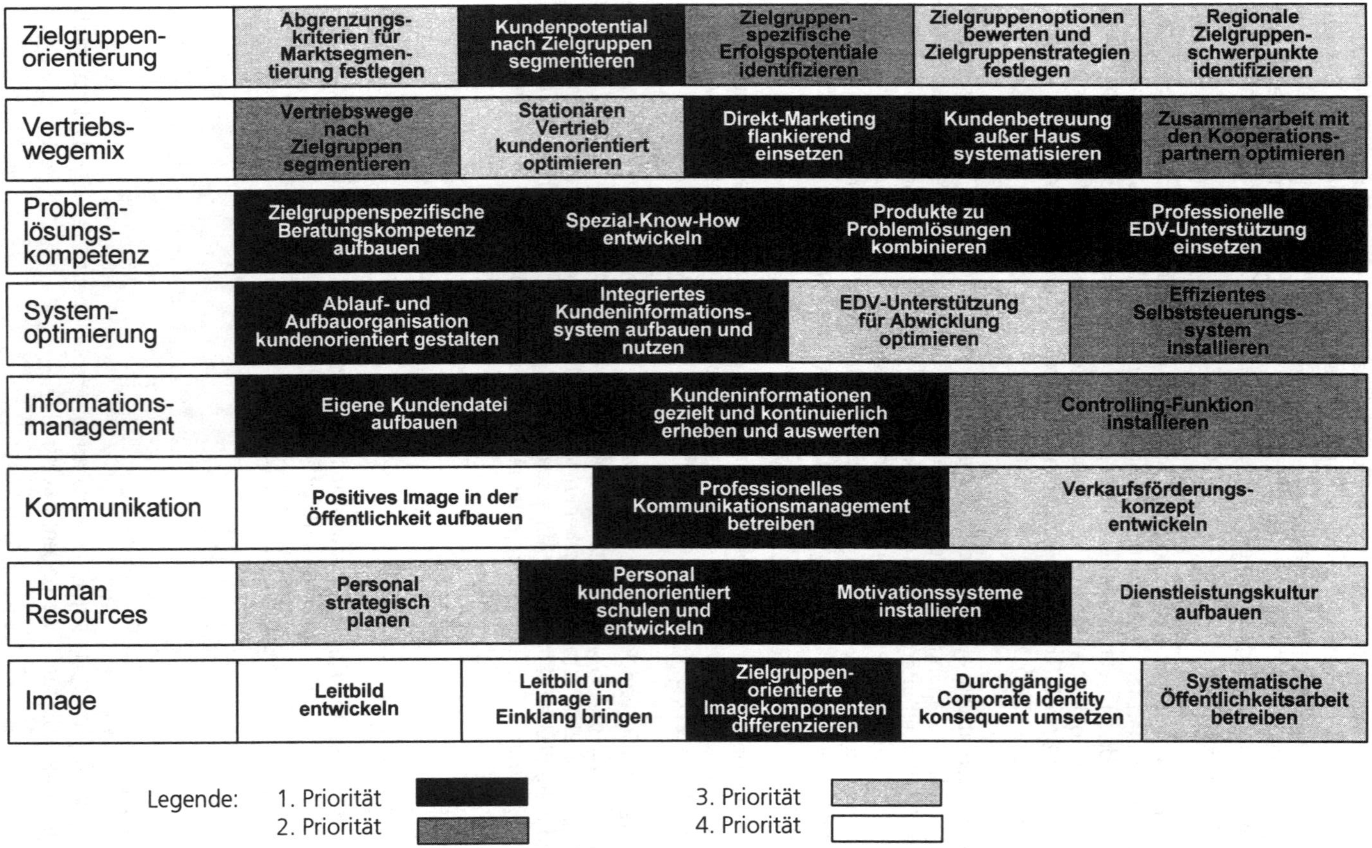

Abb. 3 *Priorisierung der betrieblichen Gestaltungsfelder (in Anlehnung an Benölken & Greipel, 1994)*

VI. Public Private Partnership – Ein Beispiel für kreative Wertschöpfungspartnerschaften

Erfüllung öffentlicher Aufgaben durch Public Private Partnership (PPP) bei gewandeltem Funktions- und Rollenverständnis von Staat und Verwaltungen – Innovative Formen der Kooperation zwischen privatem und öffentlichem Sektor

Dietrich Budäus

Der vorliegende Beitrag beschreibt die Public Private Partnership als Ausdruck eines neuen Funktions- und Rollenverständnis von Staat und Verwaltungen. Entsprechend der Ursache ihrer Entstehung werden vier funktionale Kategorien von PPP unterschieden: die finanzierungsorientierte, bürgergeprägte, managementorientierte und transaktionskostenorientierte Public Private Partnership. Auf der Basis einer integrierten Betrachtung funktioneller und struktureller Merkmale werden Gestaltungsprobleme diskutiert und Handlungsempfehlungen für den Aufbau funktionsfähiger PPP gegeben.

Public Private Partnership als Ausdruck eines neuen Funktions- und Rollenverständnis von Staat und Verwaltungen

In der gesellschaftlichen und ökonomischen Entwicklung der Bundesrepublik Deutschland sind Kooperationen zwischen Verwaltungen und dem privaten Sektor (Unternehmen und Haushalte) seit jeher als ein vielschichtiges Phänomen anzutreffen. Hierfür stehen beispielsweise die klassischen gemischtwirtschaftlichen Unternehmen mit privater und öffentlicher Kapitalbeteiligung ebenso wie etwa die traditionellen Kooperationen in der Stadtentwicklung oder im dualen Ausbildungssystem. Neben der gemeinsamen privaten und öffentlichen Kapitalbeteiligung, insbesondere bei den gemischtwirtschaftlichen Unternehmen, spielen ebenfalls schon immer eine Reihe anderer Faktoren eine wesentliche Rolle. Hierzu gehören u.a.

- die Notwendigkeit, auch für öffentliche Aufgabenwahrnehmung privatwirtschaftliches Managementwissen zu erschließen,
- die Erkenntnis, daß aufgrund der Komplexität und Interdependenzen die Lösung einer Reihe von Problemfeldern nur durch Kooperation möglich ist, da weder der Staat noch der private Sektor als alleiniger Akteur zu einer sinnvollen Problemlösung kommen würde,
- die Erkenntnis und Erfahrung, daß die notwendigen Koordinationen bei nichtkooperativen Lösungen institutionenökonomisch vergleichsweise hohe Transaktionskosten sowohl für den Staat als auch für den privaten Sektor anfallen.

So nennt Kruzewicz bereits 1993 in seiner umfassenden Untersuchung zu den PPP auf kommunaler Ebene in Nordrhein-Westfalen (Kruzewicz, 1993) eine weites Spektrum von Handlungsfeldern und Kooperationszielen.

Handlungsfeld	Kooperationsziele
Beschäftigungs- / Qualifizierungsinitiativen	Beschäftigungsförderung, Kontakte zwischen lokalen Akteuren etc.
Fremdenverkehr	Fremdenverkehrsmarketing, Standortmarketing, CityManagement etc.
Infrastruktur	Verbesserung der Verkehrssituation, Verbesserung der Wirtschaftsförderung etc.
Kultur	Standortmarketing, Verbesserung des kommunalen Dienstleistungsangebots etc.
Technologieförderung / -transfer	Technologieförderung /-transfer, Zugang zu Förderprogrammen etc.
Umweltschutz / -planung	Verbesserung von Ver- und Entsorgungsstrukturen etc.
Wirtschaftsförderung	Verbesserung der Wirtschaftsförderung, Standortmarketing

Abb. 1 Auswahl von Handlungsfeldern und Kooperationszielen von Public Private Partnership

Dieser sich bereits Anfang der neunziger Jahre abzeichnende wachsende Stellenwert von PPP sowohl in der Praxis (Heinz & Scholz, 1996; hierzu insbesondere auch das breite Spektrum der unter PPP subsumierten Beispiele in Späth et al., 1998) als auch in der wissenschaftlichen Fachdiskussion (Budäus, 1998, Budäus, 1999; Budäus & Grüning, 1997; Budäus et al., 1998; Budäus & Eichhorn, 1997; Gerstlberger, 1999; Hartmann, 1994; Ipsen, 1994; Kirsch, 1997; Roggenkamp, 1999; Uhlendorff & Zimmer 1997) hat sich ganz offensichtlich fortgesetzt und verstärkt. So ist, ausgehend von der praktischen Entwicklung, der aktuelle Stand öffentlicher und privater Kooperation im wesentlichen durch folgende empirisch beobachtbare Sachverhalte gekennzeichnet:

- Einen zunehmenden Umfang von Kooperationen zwischen privatem und öffentlichem Sektor und eine entsprechende Vielzahl und Heterogenität informaler und formaler Kooperationsformen,
- Die Vorstellung einer Anwendbarkeit und Nutzbarmachung von PPP praktisch für alle bisherigen Tätigkeits- und Aufgabenfelder der öffentlichen Gebietskörperschaften, so etwa von der klassischen produzierenden Tätigkeit wie etwa der Stadtreinigung oder der Stadtentwässerung bis hin zu hoheitlichen Aufgaben etwa im Sicherheitsbereich,
- PPP als Ausdruck einer wachsenden Abhängigkeit des öffentlichen Sektors von den Aktivitäten und Innovationen privater Unternehmen in neuen Feldern der Bereitstellung und Nutzung von informations- und kommunikationstechnischer Infrastruktur,
- Eine Ausdehnung von PPP auch auf die Einbindung privater Haushalte in bisher rein öffentlich wahrgenommener Aufgabenfelder, etwa in Form des Betreibens eines öffentlichen Schwimmbades oder Museums, die Einbeziehung privater Initiativen und Selbsthilfegruppen in die Handhabung des Drogenproblems, in die Bekämpfung von Armut, Verwahrlosung Jugendlicher u.a.m..

Diese wachsende Bedeutung von PPP liegt ein sich zunehmend neu entwickelndes Funktions- und Rollenverständnis von Staat und Verwaltungen zugrunde. Während das klassische Funktions- und Rollenverständnis eher von einer ordnungspolitisch geprägten klaren Abgrenzung öffentlich und privat wahrzunehmender Aufgaben ausging und entsprechende

Zuständigkeiten definierte, gilt dies heute wohl eher nicht mehr. An die Stelle der Dichotomie zwischen Staat und Verwaltung einerseits und Markt und privatwirtschaftlichem Sektor andererseits sind Kooperationsstrategien getreten, die sich in der wachsenden Bedeutung von PPP niederschlagen. PPP stellen von daher auch ein wesentliches Element im derzeitigen Reformprozeß des öffentlichen Sektors zu dar. Sie sind neben der externen Strukturreform und der Binnenmodernisierung Ausdruck der aktuellen Umstrukturierung und Neuorientierung von Staat und Verwaltungen (Budäus, 1999).

Die sich in PPP niederschlagenden Kooperationsstrategien sind überlagert von dem Wandel vom produzierenden Staat zum gewährleistenden Staat (Reichard, 1997; Schuppert, 1997) mit abgestuften Verantwortungskategorien (Schuppert, 1998). Hierdurch wird zwar formal gesehen nicht die bisherige Zuständigkeitsabgrenzung thematisiert, sondern unter dessen Beibehaltung nur die Organisation der Aufgabenproduktion als variable Größe angesehen. Dafür, daß eine bestimmte öffentliche Aufgabe wahrgenommen wird, bleibt nach wie der öffentliche Sektor zuständig; nur die Frage, von wem und in welcher konkreten Organisationsform die Erfüllung der Aufgabe erfolgt, steht zur Disposition. Zunehmende Kooperationsstrategien und gleichzeitiger Wandel zum Gewährleistungsstaat bergen allerdings faktisch die Gefahr einer wenig transparenten Situation bei der Wahrnehmung öffentlicher Aufgaben in sich.

Erklärung der wachsenden Bedeutung von Public Private Partnership und daraus abgeleitete funktionale Kategorien von PPP

Die wachsende Bedeutung dieser recht unterschiedlichen Arten und Formen einer Kooperation zwischen Staat/öffentlichen Verwaltungen und privaten Unternehmen/Haushalten läßt sich durch unterschiedliche Ursachen erklären. Diese Ursachen stehen gleichzeitig auch für die Erklärung unterschiedlicher Funktionen von PPP. Hieraus lassen sich dann verschiedene Kategorien von PPP ableiten. Dieses Vorgehen unterscheidet sich insofern von den bisherigen Systematisierungsversuchen, da weniger eine inhaltliche Aufzählung von Anwendungsfeldern im Vordergrund steht, sondern eher eine auf einer Funktionsanalyse basierende allgemeine Kategorisierung.

Zunächst liegt eine ganz wesentliche Erklärungsgröße ganz offensichtlich in der Finanzkrise der öffentlichen Gebietskörperschaften. Von daher zielt eine bestimmte Kategorie von PPP primär auf die Erschließung privaten Kapitals für die Finanzierung öffentlicher Aufgabenwahrnehmung. Hierfür stehen inzwischen eine Reihen privatwirtschaftlicher Finanzierungsmodelle, wie etwa kommunales Leasing, Betreibermodell, u.a.m. (Kirchoff & Müller-Godeffreoy, 1994; Matschke & Hering, 1998; Risert, 1999). Diese Formen von PPP können als finanzierungsorientierte PPP bezeichnet werden.

Die Bedeutung finanzierungsorientierter PPP dürfte auf kommunaler Ebene aufgrund der Folgewirkungen des Wettbewerbs auf dem Energiemarkt in absehbarer Zeit ganz erheblich zunehmen. So ist zu erwarten, daß sich aus dem wettbewerbsinduzierten Abbau interner Subventionierungen vor allem des öffentlichen Personennahverkehrs durch den Energiebereich notwendigerweise neue Lösungsansätze in Form von PPP ergeben werden.

Ebenfalls verursacht durch die Finanzkrise sind jene – teilweise auch eng im Zusammenhang mit der durch das Stichwort „Bürgerkommune" erfaßten Entwicklung stehend - Ansätze zu sehen, die sich auf eine freiwillige Übernahme bisher öffentlich wahrgenommener Aufgaben durch private Haushalte beziehen. Dabei können die privaten Haushalte bzw. beteiligten privaten Personen wiederum in spezifischen Organisations- und Rechtsformen formal organisiert sein, etwa als Verein, als BGB-Gesellschaft oder als gemeinnützige GmbH. Hierbei handelt es sich um bürgergeprägte PPP.

Die dritte Kategorie von PPP ist dadurch gekennzeichnet, daß es schwerpunktmäßig um die gemeinsame Nutzung spezifischer Ressourcen geht. Hierbei steht die professionelle Nutzung privatwirtschaftlichen Managementwissens für den öffentlichen Sektor und die Anwendung entsprechender Managementtechniken im Vordergrund. Derartig geprägte PPP können als managementorientierte PPP bezeichnet werden.

Die letzte Kategorie von PPP schließlich scheint bisher noch wenig analysiert zu sein, dürfte aber für die zukünftige Entwicklung der Informations- und Wissensgesellschaft einen ganz entscheidenden Stellenwert einnehmen. Sie bezieht sich insbesondere auf die privatwirtschaftlich dominanten Innovationen und Fachkompetenzen auf dem Gebiet der IuK-Infrastruktur und deren Ausbau. Die öffentliche Hand ist bei der Wahrnehmung ihrer Aufgaben und deren Anpassung an geänderte Umfeldbedingungen ganz entscheidend auf die Inanspruchnahme dieser Innovationen angewiesen. Dabei liegt das Besondere im Vergleich zu anderen Innovationsfeldern darin, daß die Inanspruchnahme und Nutzung derartiger IuK-Innovationen flächendeckende Wirkungen auf den gesamten öffentlichen Sektor und dessen Umfeld hat (vgl. hierzu etwa die Beiträge in Kubicek et al, 1999) und nicht oder nur schwer in die bisherigen Steuerungsprinzipien und Handlungsorientierungen bei öffentlichen Aufgabenwahrnehmungen integrierbar sind. So spielt beispielsweise die digitale Unterschrift und die Organisation zu deren Nutzung und Identifizierung eine ganz entscheidende Rolle, wobei die damit verbundenen Konsequenzen und strukturellen Folgewirkungen bisher noch recht unzulänglich analysiert sind. Die entscheidende Wirkung dürfte jedoch, unabhängig von einer Vielzahl noch offener Fragen darin liegen, daß durch diese Form von PPP die Transaktionskosten von Staat und Verwaltungen auf allen Ebenen, aber auch jene privater Unternehmen und Haushalte, erheblich reduziert werden können, einen bedarfsgerechten Einsatz der IuK-Technik vorausgesetzt. Von daher können diese PPP auch als transaktionskostenorientierte PPP bezeichnet werden. In dieser Kategorie von PPP dürfte dann auch die besondere zukünftige Bedeutung für die Kooperation zwischen öffentlichem und privatem Sektor liegen.

Zu berücksichtigen bleibt, daß die genannten Abgrenzungsmerkmale für die hier entwickelte funktionale Kategorisierung von PPP in der Praxis keineswegs die oben implizit unterstellte Trennschärfe aufweisen. Vielmehr werden praktisch durchweg Mischformen dominieren, etwa eine Kombination aus finanzierungs-, management- und transaktionskostenorientierten PPP. Gleichwohl liefert die Ausdifferenzierung unterschiedlicher Funktions- und Strukturmerkmale der einzelnen PPP einen besseren Zugang zur Erfassung deren Bedeutung und Problemfelder.

Public Private Partnership als spezifische Koordinationsform

PPP stellen mit den unterschiedlichsten Organisationsstrukturen und Formalisierungsgraden spezifische Koordinationsformen von Austauschbeziehungen dar. Ausgehend von den drei Koordinationsformen Markt,

Hierarchie und Netzwerken liegt PPP als spezifische Koordinationsform auf einem „Organisationskorridor" mit den Eckpunkten Hierarchie und Netzwerk. (hierzu und zum folgenden Budäus, 1999 S. 1993 ff.; Budäus & Grüning, 1998 S. 25 ff.; Budäus et al., 1997/II S. 40 ff.)

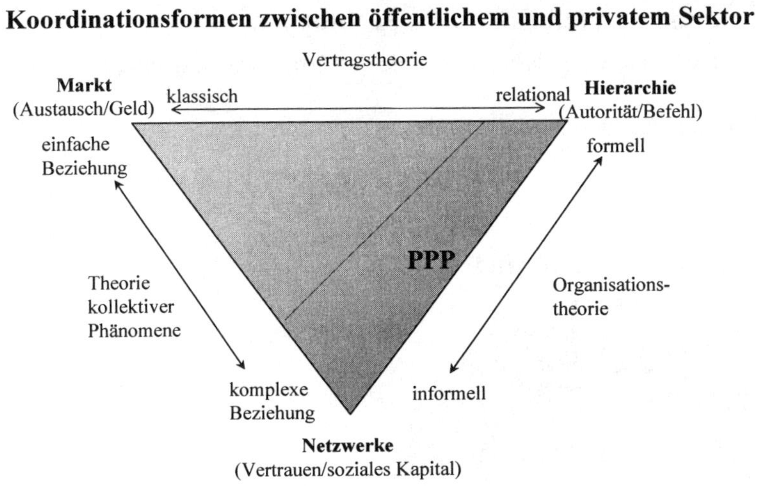

Abb. 2 Merkmale und Abgrenzung von PPP als spezifische Koordinationsform zwischen öffentlichem und privatem Sektor (Quelle: Budäus et al, 1997/II, S.45)

Aus dieser in Abb. 2 zusammengefaßten Kennzeichnung unterschiedlicher Koordinationsformen und der entsprechenden Einordnung von PPP ergibt sich dann auch die Abgrenzung von PPP im engeren und weiteren Sinn. Eine PPP im engeren Sinn weist einen vergleichsweise hohen Formalisierungsgrad auf und ist bei der Kooperationsform der Hierarchie angesiedelt. Wesentliche Merkmale hierbei liegen darin, daß

- das gemeinsame Kooperationsziel durch eine formale Gesellschaft erreicht werden soll,
- die Beziehung zwischen den Partnern durch die formale Gesellschaftsstruktur organisatorisch formalisiert und entsprechend weniger komplex sind und
- die Akteure die Verfügbarkeit und Kontrolle über die von ihnen in die PPP eingebrachten Ressourcen an die Gesellschaft mit institutionell geregelter Autorität übertragen.

Eine PPP im weiteren Sinn bezieht sich auf die Kooperationsform des Netzwerkes. Wesentliche Merkmale dieser Kooperationsform zwischen Verwaltungen und Privaten sind:

- Die Beziehung zwischen den Akteuren sind nicht oder nur wenig formalisiert,
- das Beziehungsgeflecht ist komplex und stark individualisiert,
- das Kooperationsziel ist allgemein und relativ offen, so daß vergleichsweise große Spielräume für individuelle Gestaltungen und Zielbeiträge verbleiben und
- die Kontrolle über die eingebrachten Ressourcen bleibt bei den jeweiligen Akteuren (Partnern) und kann von diesen jederzeit aus der PPP wieder abgezogen werden.

Strukturdimensionen von Public Private Partnership

Die Struktur einer PPP wird im wesentlichen durch die drei Dimensionen geprägt:

- Grad der Ressourcenbündelung,
- Formalisierungsgrad und
- Zeithorizont

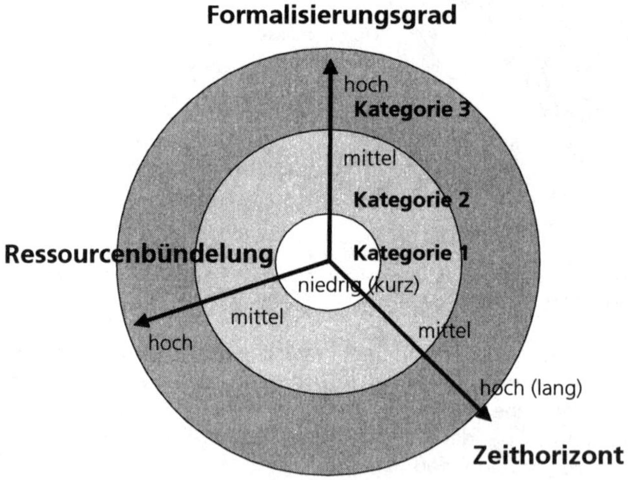

Abb. 3 Strukturdimensionen und deren Ausprägung als Grundlage für die Kategorisierung von PPP

Ordnet man diesen Dimensionen die drei Ausprägungsintensitäten hoch, mittel und niedrig zu, so läßt sich neben der oben beschriebenen funktionalen Kategorisierung eine strukturelle Kategorisierung von PPP vornehmen.

Die Kategorie 1 zeichnet sich durch informale Strukturen, geringe Organisationskosten, einen offenen Zeithorizont, hohe Persönlichkeitseinflüsse und i.d.R. ein das Verhaltensrisiko minimierendes Vertrauen zwischen den Partnern aus. Die Kategorie 3 ist gekennzeichnet durch einen hohen Formalisierungsgrad, hohe Organisationskosten, geringe Persönlichkeitseinflüsse und einen längerfristigen Zeithorizont. Die Kategorie 2 als „mittlere" Kategorie zeichnet sich durch einen vergleichsweise zur Kategorie 3 geringeren Formalisierungsgrad, geringere Bündelung von Ressourcen und einen befristeten Zeithorizont aus. Diese PPP-Kategorie dürfte in der Praxis vor allem in Form zeitlich befristeter Kooperationsprojekte auftreten. Für die einzelne PPP kann möglicherweise durchaus eine Art Lebenszyklus von der Entstehung bis zur Etablierung entlang eines Pfads von Kategorie 1 bis Kategorie 3 durchlaufen werden.

Die Entstehung einer PPP setzt voraus, daß öffentliche und private Partner jeweils von ihnen kontrollierte Ressourcen in einen gemeinsamen Verbund einbringen, um bestimmte Ziele/Interessen zu fördern und zu unterstützen. Dabei gehen die Partner davon aus, daß sich die individuellen Ziele und Interessen durch eine Kooperation besser erreichen lassen, als durch individuelle, isolierte Aktivitäten oder andere Maßnahmen. Von daher erfordern Ansätze zur Erklärung und Gestaltung von PPP neben der Berücksichtigung der aufgezeigten Strukturdimensionen auch die Einbeziehung der Interessen der beteiligten Partner, der Synergieeffekte und der seitens einer stark formalisierten PPP bereitzustellenden Anreizmechanismen in die Analyse. Ein derartiges einfaches PPP-Modell ist in der folgenden Abbildung 4 wiedergegeben.

Bei einer PPP geht es somit um die kooperative Zusammenarbeit von Akteuren aus dem öffentlichen und aus dem privaten Bereich mit jeweils verschiedenen Identitäten, Interessenstrukturen, Bezugsfeldern und Ressourcen. Dabei müssen die angestrebten und erreichten Ergebnisse in gleichem Maße dem öffentlichen und dem privaten Partner Rechnung tragen.

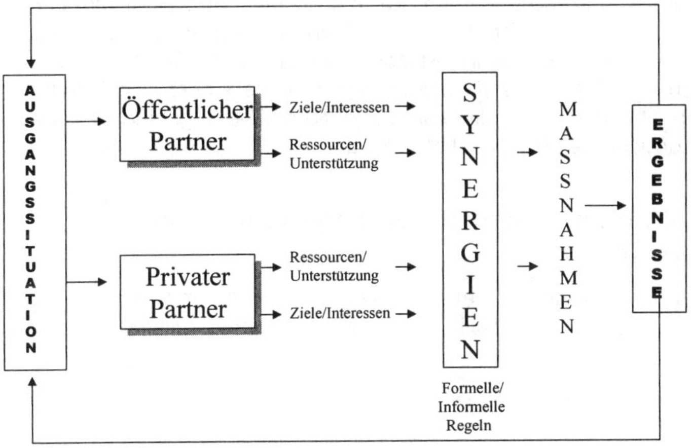

Abb. 4 Interessen, Ressourcen und Synergien von PPP (Quelle: Budäus & Grüning, 1998, S.64)

Die intervenierenden Variablen Ziele/Interessen und Ressourcen/Unterstützung sind in der Kategorie 1 (geringer Formalisierungsgrad, geringe Ressourcenbündelung, offener Zeithorizont) tendenziell am stärksten und unmittelbar für die Funktionsfähigkeit einer PPP von Bedeutung. Im Falle der Kategorie 3 wirken diese Variablen tendenziell eher mittelbar. Die Organisation neigt dazu, neben den Interessen und Ressourcen der Partner auch hiervon abweichende eigenständige Interessen zu verfolgen und möglicherweise eigene organisationsspezifische Ressourcen zu nutzen.

Die in eine PPP einzubringenden und für eine PPP notwendige Ressourcen sind sehr weit zu interpretieren. Sie umfassen generell alle Mittel und Möglichkeiten, die von dem einzelnen Partner kontrolliert werden und an den dieser und/oder mindestens ein anderes Mitglied der PPP Interesse hat. Ressourcen sind beispielsweise Kapital, Sachmittel, Rechte, aber auch Sozialkapital in Form von Vertrauen, Reputation oder im Sinne des Eingebundenseins in soziale Netzwerke und nicht zuletzt spezifisches Know-how.

Maßgebend für das Interesse und die Entscheidung eines potentiellen Partners, in eine PPP Ressourcen einzubringen und diese mit den Ressourcen der übrigen Partner zu bündeln, sind situationsabhängige Einflußgrößen. Eine derartige Einflußgröße ist zunächst die alternative Verwendungsmöglichkeit für die verfügbaren Ressourcen. Zu den Einflußgrößen gehören insbesondere aber auch die Spezifität und die strategische Relevanz der einzubringenden bzw. eingebrachten Ressourcen der einzelnen Partner. Spezifität bezieht sich dabei darauf, ob und in welchem Ausmaß die Ressource substituiert werden kann. Eine Ressource mit hoher Spezifität zeichnet sich durch die mangelnde Möglichkeit aus, diese Ressource relativ problemlos über eine Teilnahme anderer Partner in der PPP zu erschließen. Die strategische

Relevanz einer Ressource bezieht sich auf die Bedeutung dieser Ressource für die PPP. Eine Ressource mit hoher strategischer Relevanz hat tendenziell existenzielle Bedeutung für die PPP. Ohne diese spezifische Ressource ist die Entstehung einer PPP nicht möglich oder dessen Fortführung gefährdet. Je höher Spezifität und strategische Relevanz einer Ressource desto höher auch das Risiko der Partner.

Das Risiko liegt darin, daß einPartner eine Ressource mit hoher Spezifität und hoher strategischer Relevanz aus der PPP zurückzieht. Vor diesem Hintergrund besteht die Tendenz, ein derartiges Risiko durch einen möglichst hohen Formalisierungsgrad zu minimieren. Gleichzeitig macht ein hoher Formalisierungsgrad wiederum nur dann einen Sinn, wenn die PPP für einen längerfristigen Zeitraum angelegt ist. Der Formalisierungsgrad als organisatorische Maßnahme zur Risikominimierung kann zumindest partiell durch soziale Mechanismen wie Vertrauen kompensiert werden. Allerdings sinkt diese Möglichkeit bei einer wachsenden Zahl an Partnern. Bei steigender Zahl an Partnern dient ein hoher Formalisierungsgrad generell zur Absorbtion von Verhaltensunsicherheit der beteiligten Partner.

Verknüpfung der Funktionen und Strukturdimensionen von Public Private Partnership

Versucht man einmal die oben gekennzeichneten Funktionen von PPP mit den Strukturdimensionen zu verknüpfen, so lassen sich die in der folgenden Matrix zusammengefaßten Tendenzaussagen machen.

Strukturen / Funktionen	1	2	3
Finanzierungs PPP		X	XXX
Bürgergeprägte PPP	XXX	X	
Management-orientierte PPP	X	XX	X
Transaktionskosten-orientierte PPP	X	XXX	X

Legende: XXX : stark ausgeprägt/vorhanden
XX : mittelmäßig ausgeprägt/vorhanden
X : wenig ausgeprägt/vorhanden

Abb. 5 Verknüpfung von scherpunktmäßigen Funktionen und Strukturdimensionen von PPP

Auf die Finanzierung ausgerichtete PPP erfordern einen hohen Formalisierungsgrad, starke Ressourcenbündelung und eine längerfristige Orientierung (Kategorie 3). Bei einer bürgerorientierten PPP sind diese Strukturmerkmale eher gering ausgeprägt (Kategorie 1), während transaktionskostenorientierte PPP eher zu einer mittleren Ausprägung dieser Merkmale tendieren dürften (Kategorie 2). Letzteres erklärt sich einerseits aus der notwendigen Flexibilität aufgrund von Dynamik und Innovationsintensität als typische Umfeldmerkmale transaktionskostenorientierter PPP, zum anderen aus einem Mindestbedarf an Verläßlichkeit und formaler Absicherung. Die primär managementorientierte PPP dürfte sowohl bei der Kategorie 3 als auch 2 einzuordnen.sein .

Organisationskosten

In der Praxis finden sich für die konkrete organisatorische Ausgestaltung einer PPP eine Vielzahl von Organisations- und Rechtsformen. Dabei können vereinfachend in Anlehnung an die oben abgeleiteten Kategorien 1 bis 3 folgende Grundformen unterschieden werden:

- Informelles Netzwerk,
- formelles Netzwerk und
- formale Gesellschaft z.B. GmbH.

Die Zweckmäßigkeit einer bestimmten Organisationsform einer PPP hängt ab von den oben aufgezeigten Funktionen und den damit verbundenen Risiken einer Ressourcenbündelung. Die Ressourcenbündelung bei hoher Spezifität und hoher strategischer Relevanz erfordert zum Abbau von Risiko und Verhaltensunsicherheit einen hohen Formalisierungsgrad oder aber diesen substituierend ein hohes Maß an Vertrauen. Letzteres wird aber - wie erwähnt - mit zunehmender Zahl der Partner immer schwieriger.

Mit steigendem Formalisierungsgrad erhöht sich die Verläßlichkeit, da zunehmend im einzelnen Rechte und Pflichten der Partner formal festgelegt werden. So gelten bei einer PPP in Gesellschaftsform einer GmbH die gesetzlichen Vorschriften zur Haftung, Geschäftsführung etc., ergänzt durch Satzungen, Leitbilder u.a.. Gleichzeitig steigen aber auch mit zunehmendem Formalisierungsgrad die Organisationskosten. Diese sind bei informellen Netzwerken am geringsten, bei einer Gesellschaft etwa in Form einer GmbH oder AG am höchsten. Zugleich nimmt mit zunehmendem Formalisierungsgrad der Einfluß und die Rückzugsmöglichkeit bezüglich der partnerspezifischen Ressourcen ab. So ist in einer Gesellschaft die individuelle Verfügbarkeit über die bereitgestellten Ressourcen, wie sie durchaus in einem informellen Netzwerk noch bestehen, faktisch nicht mehr gegeben. Von daher können die Organisationskosten als Kompensation für das Verhaltensrisiko gesehen werden. Theoretisch gibt es damit einen optimalen Formalisierungsgrad, bei dem die Organisationskosten gerade dem Nutzenäquivalent für das hierdurch verminderte Risiko sind. Einzubeziehen bleibt hierbei allerdings neben den praktischen Konsequenzen bzw. Möglichkeiten – der Formalisierungsgrad ist nicht kontinuierlich auszudehnen - zugleich auch der Abbau der Flexibilität und der individuellen situationsbezogenen Gestaltungs- und Motivationsmöglichkeiten. Diese hier angestellten Überlegungen gelten sowohl für die Kooperationsform mit privaten Unternehmen als auch für solche mit privaten

Gestaltungsprobleme und Handlungsempfehlungen

Die Koordination unterschiedlicher Partner mit unterschiedlichen Interessen und unterschiedlichen Ressourcen muß, um von allen Partnern akzeptiert zu werden, vor allem das Problem der asymmetrischen Informationsverteilung zwischen den Partnern lösen (hierzu und zum folgenden auch (Budäus, 1999, S. 198 ff.; Kirsch, 1997, S.213 ff. ; Morath 1999, S.221ff.). Hierzu zählen verdeckte Eigenschaften (hidden characteristics) nicht erkennbare Absichten (hidden intention) und die Gefahr des Handelns zu Lasten der Partner (hidden action). Zur Lösung der aus diesen Informationsasymmetrien resultierenden Konflikten sowie Verhaltenschwierigkeiten und zum Schutz gegen entsprechender Folgen für die PPP bedarf es aus Sicht der Partner, ganz speziell des öffentlichen Partners, eines professionellen Vertrags-, Informations- und Konfliktmanagements.

Weiteres Probleme liegen in der Legitimation des öffentlichen Akteurs, seines Handelns als Partner und der Gefahr einer mangelnden Transparenz der Handlungsfolgen. Eng damit verbunden ist die Gefahr, daß PPP ein Kooperationsergebnis produziert, das zwar die Interessen der Partner zufriedenstellt, aber zu Lasten Dritter, etwa der Bürger als Nutzer, geht. Bezogen auf den öffentlichen Partner stellt sich hier dann das Problem der Kontrolle und Steuerung öffentlicher Aufgaben und Ressourcenverwendung. Von daher bedarf es auch unter diesem Gesichtspunkt geeigneter institutioneller Ausgestaltungen des Informationssystems und einer

Berichtspflicht gegenüber der Öffentlichkeit. Eine PPP, etwa im Bildungs- und Kulturbereich, ist gut beraten, ihre Zielsetzung, Struktur, ihr Leistungsprogramm und die erzielten Ergebnisse nicht nur unter den Partnern, sondern auch gegenüber der Öffentlichkeit transparent zu machen. Dies entspricht bei funktionsfähigen PPP auch grundsätzlich den Interessen der Partner, da in der Regel von der Informationspolitik einer PPP und der damit verbundenen Transparenz auch ganz entscheidend die Akzeptanz in der Öffentlichkeit abhängt.

Nicht selten findet sich in der politischen Diskussion der Hinweis darauf, daß durch die hier skizzierten neuen Kooperationsformen zunehmend bisher öffentlich wahrgenommene Aufgaben vom privatwirtschaftlichen Sektor dominiert und beherrscht werden. Als Schlußfolgerung wird hieraus dann die Notwendigkeit gezogen, derartige Organisationsformen nicht zu akzeptieren. Eine solche Problematik kann durchaus gegeben sein. Dabei vernachlässigt eine derartige Argumentations- und Betrachtungsweise aber möglicherweise die realen ökonomischen Bedingungen, unter denen öffentliches Handeln zur Zeit stattfindet. So würden die finanzierungsorientierten PPP bei frei verfügbaren öffentlichen Ressourcen keine oder nur eine nachgeordnete Rolle spielen.

Hingegen sind in weiten Bereichen bei der aktuellen Verschuldung der öffentlichen Gebietskörperschaften für die zukünftige Entwicklung bisher öffentlich wahrgenommener Aufgaben nicht selten tendenziell nur die beiden folgenden Alternativen gegeben: Die eine besteht im generellen Wegfall der Aufgabe. Die andere besteht in der Kooperation mit Privaten. Bei der Kooperation mit Privaten muß zwangsläufig in Kauf genommen werden, daß auch private Interessen in die Aufgabenwahrnehmung einfließen und zu einem Mindestmaß Berücksichtigung finden müssen. Dies bedeutet beispielsweise konkret im Falle einer realen PPP der Stadt Düsseldorf gemeinsam mit der Veba AG in Form der Kunststiftung Düsseldorf-Ehrendorf entweder auf ein für den Standort attraktives Kulturangebot zu verzichten oder aber dieses Kulturangebot gemeinsam mit der Veba AG zu ermöglichen. Dabei wird die öffentliche Hand in Kauf nehmen müssen, daß das private Unternehmen die Förderung kultureller Aktivitäten durchaus nutzt, um das eigene Image i.S. privatwirtschaftlicher Zielsetzung zu erhöhen. Die Entscheidung für eine derartige kooperative Lösung bedeutet somit immer auch neue Wege zu gehen bei der Balance zwischen privaten Interessen und staatlicher Verantwortung.

Literatur

Budäus, D., Public Private Partnership als innovative Organisationsform, in: Scheer, A.-W. (HRSG), Neue Märkte, neue Medien, neue Methoden – Roadmap zur agilen Organisation, Heidelberg 1998, S.47 – 64.

Budäus, D. , Neue Kooperationsformen von öffentlichen Verwaltungen und privaten Unternehmen, in: Klimecki, R., Müller, W.R., Verwaltung im Aufbruch. Modernisierung als Lernprozess, Zürich 1999, S.191 – 203.

Budäus, D./Grüning, G. Public PrivatePartnership - Konzeption und Probleme eines Instruments zur Verwaltungsreform aus Sicht der Public Choice Theorie, in: Budäus, D./Eichhorn, P. (Hrsg.), Public Private Partnership – Neue Formen öffentlicher Aufgabenerfüllung, Baden-Baden 1997; S. 25 - 66.

Budäus, D./Grüning, G./Steenbock, A., Public Privat Partnership I - State of the Art, Diskussionsbeiträge Public Management, Nr. 32, Hamburg 1997, Public Private Partnership II - Methodische Grundlagen und Elemente einer Theorie der Public Private Partnership, Diskussionsbeiträge Public Management, Nr. 33, Hamburg 1997, Public Private Partnership III – Theorie der Public Private Partnership, Diskussionsbeiträge Public Management, Nr. 34, Hamburg 1998.

Budäus, D./Eichhorn, P. (Hrsg.), Public Private Partnership – Neue Formen öffentlicher Aufgabenerfüllung, Baden-Baden 1997.

Gerstlberger, W. (Hrsg.), Public-Private-Partnership und Stadtentwicklung, München und Mering 1999.

Hartmann, P., Beziehungen zwischen Staat und Wirtschaft, Baden-Baden 1994.

Heinz, W./Scholz, C., Public Private Partnership im Städtebau. Erfahrungen aus der kommunalen Praxis, Berlin1996.

Ipsen, J., (Hrsg.), Privatisierung öffentlicher Aufgaben, Private Finanzierung kommunaler Investitionen, Köln u.a. 1994.

Kirsch, D., Public Private Partnership, Köln 1997.

Kirchhoff, U./Müller-Godeffroy, H., Finanzierungsmodelle für kommunale Investitionen, 5. Aufl., Stuttgart 1994.

Kruzewicz, M.., Lokale Kooperationen in NRW – Public Private Partnership auf kommunaler Ebene, Duisburg 1993.

Kubicek, H. u.a (Hrsg.) Multmedia @ Verwaltung, Jahrbuch Telekommunikation und Gesellschaft 1999, Heidelberg 1999.

Matschke, M.J./Hering, T., Kommunale Finanzierung, München Wien 1998.

Morath, F.A., Neue Kooperationsformen - Auf dem Weg zur vernetzten Verwaltung?, in: Klimecki, R., Müller, W.R., Verwaltung im Aufbruch. Modernisierung als Lernprozess, Zürich 1999, S. 221 - 231.

Reichard, C., Institutionelle Wahlmöglichkeiten bei der öffentlichen Aufgabenwahrnehmung, in: : Budäus, D./Eichhorn, P. (Hrsg.), Public Private Partnership – Neue Formen öffentlicher Aufgabenerfüllung, Baden-Baden 1997, S. 93 – 124.

Ritsert; R., Kapitalmarktorientierte Finanzierung kommunaler Investitionen, Baden-Baden 1999.

Roggencamp, S., Public Private Partnership. Entstehung und Funktionsweise kooperativer Arrangements zwischen öffentlichem Sektor und Privatwirtschaft, Frankfurt 1999.

Späth, L./ Michels G./ Schily, K. (Hrsg.), Das PPP-Prinzip. Public private Partnership. Die privatwirtschaft als Sponsor öffentlicher Interessen., München 1998.

Schuppert, G. F., Die öffentliche Verwaltung im Kooperationsspektrum staatlicher und privater Aufgabenerfüllung: zum Denken in Verwaltungsstufen, in: Die Verwaltung, 31. Band (1998), H. 4, S.415-447.

Schuppert, G. F., Die öffentliche Verwaltung im Kooperationsspektrum staatlicher und privater Aufgabenerfüllung, in: Budäus, D./Eichhorn, P. (Hrsg.), Public Private Partnership – Neue Formen öffentlicher Aufgabenerfüllung, Baden-Baden 1997, S. 93 - 124.

Uhlendorff, U./Zimmer, A. (Hrsg.) Public /Private-Partnership. Die Herstellung öffentlicher Güter im historischen Wandel, Kassel 1997.

Praxisbeispiel EWG – Erfahrungsberichte von erfolgreichen Public Private Partnerships

Martina Schmette, Giuseppe Strina, Peter A. Killmann

Das Institut für Unternehmenskybernetik e. V. hat im Rahmen des Verbundprojekts "Wettbewerbsfaktor Kreativität" das Teilprojekt "Public Private Partnership (PPP) als kreatives Organisationsmodell zur verbesserten Durchführung von Genehmigungsverfahren" bearbeitet und in diesem Zusammenhang zwei Gewerbeansiedlungsvorhaben der Essener Wirtschaftsförderungsgesellschaft näher untersucht. Ziel war es, die jeweiligen Erfolgsfaktoren für das Gelingen der Projekte herauszufinden; im besonderen wurde dabei der Einfluß der Organisationsform PPP berücksichtigt, inwiefern diese zu einer Effizienzsteigerung und Verkürzung der Verfahren beigetragen hat. Zudem wurden die Vorhaben vor allem hinsichtlich kreativer Problemlösungen betrachtet.

Die Essener Wirtschaftsförderungsgesellschaft ist selbst eine Public Private Partnership zwischen der Stadt Essen und der Interessengemeinschaft Essener Wirtschaft e. V. (IEW) und aufgrund dieser Struktur besonders geeignet, derartige Projekte durchzuführen (vgl. Abb. 1).

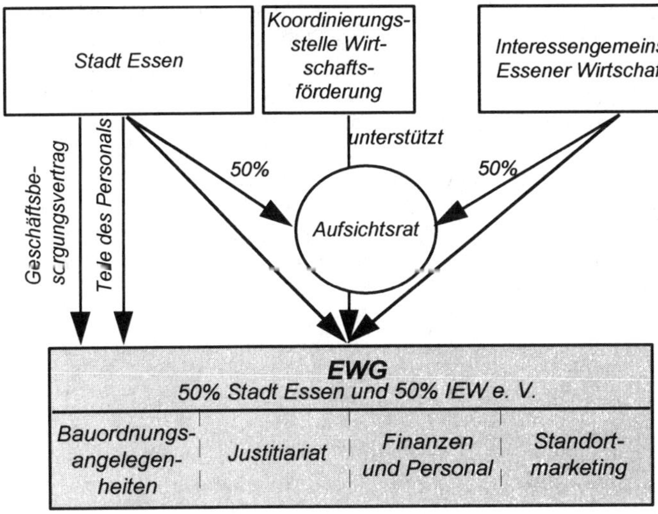

Abb. 1 Strukturen der EWG

Bei den Gewerbeansiedlungsvorhaben handelt es sich um die Errichtung eines Existenzgründerzentrum (Triple Z AG) sowie um die Bereitstellung eines Gewerbeparks (M1). Beide Vorhaben werden nicht in ihrer Gesamtheit dargestellt, vielmehr werden nur wichtige Stationen benannt und zentrale Erfolgsfaktoren bzw. Besonderheiten skizziert. Neben Genehmigungsverfahren wurde auch der Fokus auf Meinungsbildungs- und Entscheidungsprozesse sowie öffentliche Förderungen gelegt.

Existenzgründerzentrum ZukunftsZentrum Zollverein (Triple Z AG)

Bei dem Vorhaben handelt es sich um ein sogenanntes Existenzgründerzentrum für Jungunternehmen, das sich auf dem Gelände einer alten, stillgelegten Zeche befindet. Es soll sowohl Handwerksbetrieben als auch Dienstleistungsunternehmen die Existenzgründung erleichtern, indem es günstige, individuell auf den Mieter zugeschnittene Räumlichkeiten und eine großzügige Infrastruktur (Beratung, Konferenzräume, Sekretariatsdienst, Cafeteria etc.) zur Verfügung stellt. Bei der Realisierung dieses Projektes (zwischen Idee und Gründung der Aktiengesellschaft lagen nur 2 Jahre) wurden recht ungewöhnliche und kreative Wege beschritten.

Die Idee für solch ein Zentrum wurde im Februar 1994 innerhalb des sogenannten Essener Konsens geboren, einem informellen Netzwerk engagierter Persönlichkeiten des öffentlichen Lebens der Stadt Essen, wozu auch Mitarbeiter der EWG gehören. Zwei Mitglieder dieses informellen Netzwerkes hatten bei Reisen ähnliche Existenzgründerzentren in London (Londoner Docklands) und in Israel gesehen. Aus ihren Erzählungen entwickelte sich innerhalb dieses informellen Netzwerkes die Überzeugung, so ein Zentrum auch in Essen zu gründen. Nachdem hierzu erste Überlegungen auf fruchtbaren Boden fielen und große Zustimmung und Unterstützungsleistungen im Netzwerk vorhanden waren, konkretisierte sich die Idee sehr schnell und erste Konzeptionierungen wurden erarbeitet.

Die extra hierfür durch die Initiatoren des Essener Konsens einberufene Interessengemeinschaft Katernberg bildete zu diesem Zeitpunkt den ersten institutionellen Rahmen für weitere Planungen. In acht Arbeitsgruppen wurden Überlegungen über die Finanzierung, die Nutzerstruktur / Begleitung, die Beratung der Unternehmen, die Qualifizierung, das Management und Betreiberkonzept sowie die örtliche und regionale Einbindung ausgearbeitet. Parallel hierzu wurde die Grundstücksfrage geklärt. Direkt nach der Einigung mit dem Grundstückseigner wurde das Gelände der ehemaligen Zeche Zollverein 4-11 mit Hilfe von ABM-Kräften durch erste Maßnahmen zur Wahrung der Bausubstanz aufbereitet, obwohl zu diesem Zeitpunkt noch keineswegs klar war, ob das Projekt als Ganzes überhaupt durchführbar wäre. Daß dies möglich war, lag nicht zuletzt an den über das Netzwerk bestehenden guten Beziehungen zum örtlichen Arbeitsamt. Noch innerhalb dieser Interessengemeinschaft wurde der Name Triple Z gefunden (leitet sich ab von "ZukunftsZentrumZollverein"), erste Workshops mit potentiellen Nutzern durchgeführt, das Management zog ein und die ersten Zuwendungsbescheide von Fördergeldern trafen ein.

Als das Projekt soweit vorangeschritten war, wurde eine weitergehende Institutionalisierung nötig. Die Idee, aus dem Gründungszentrum eine Aktiengesellschaft zu machen, kam ebenfalls aus dem Netzwerk. Ein Anlaß hierfür war die Novellierung des Aktienrechts, die die Schaffung sog. kleiner Aktiengesellschaften erleichtert. Obwohl sich herausstellte, daß die Form der AG aufwendiger als jede andere privatrechtliche Form war, entschied man sich für diese Lösung. Die Beteiligten erhofften sich zu recht nicht zu unterschätzende Publicity- und Marketingeffekte, was gerade bei Bewilligung von Fördergeldern, bei denen Politiker von dem Konzept überzeugt werden müssen, von großem Nutzen ist. Zudem wurde durch den Verkauf von Aktien an die Anwohner eine bessere Akzeptanz im Stadtteil erreicht. Darüber hinaus wollten die Beteiligten auch mehr Aufmerksamkeit bei Verbänden, Unternehmen und Personen des öffentlichen Lebens erzielen. So konnten auch mögliche Widerstände in der Wirtschaft mit dieser Konstruktion minimiert werden. Eine kompetente Unterstützung bei der Realisierung der AG (z. B. hinsichtlich Gründungsformalitäten) war auch hierbei durch die Netzwerkkontakte gegeben.

Durch die bereits angesprochene Publicity wurde und wird das Projekt weiterhin besonders beobachtet, dessen zweite Bauabschnittsrealisierung Ende 1997 gesichert war. Ein erheblicher öffentlicher und politischer Druck liegt somit auf dem Projekt sowie auf allen unmittelbar Beteiligten, was einen entsprechenden Erfolgsdruck hervorruft.

Mit Gründung der Triple Z AG wurde am 22. November 1996 die Interessengemeinschaft Katernberg aufgelöst. Damit einher ging auch eine Reduzierung der beteiligten Partner; die Gründungsaktionäre, die drei Viertel des Grundkapitals der AG halten, waren:

- die Stadtwerke Essen AG,
- das Essener Technologie- und Entwicklungs-Centrum GmbH (ETEC),
- die Essener Wirtschaftsförderungsgesellschaft mbH (EWG),
- die s-Beteiligungsgesellschaft Essen mbH & Co. KG (Sparkasse Essen),
- sowie das Berufsförderungszentrum Essen e. V. (Bfz).

Der Rest der Aktien befindet sich im Streubesitz. Zu weiteren engeren Kooperationspartnern der Triple Z AG zählen die Stadt Essen, das Arbeitsamt Essen, die Arbeitgeber- und Arbeitnehmerorganisationen, die Industrie- und Handelskammer für Essen, Mülheim an der Ruhr und Oberhausen zu Essen sowie die Kreishandwerkerschaft Essen (vgl. Abb. 2). Auf die anderen Partner im Netzwerk wurde nur noch bei Bedarf informell "zurückgegriffen", sie waren nicht mehr aktiv bzw. nur noch mittelbar beteiligt.

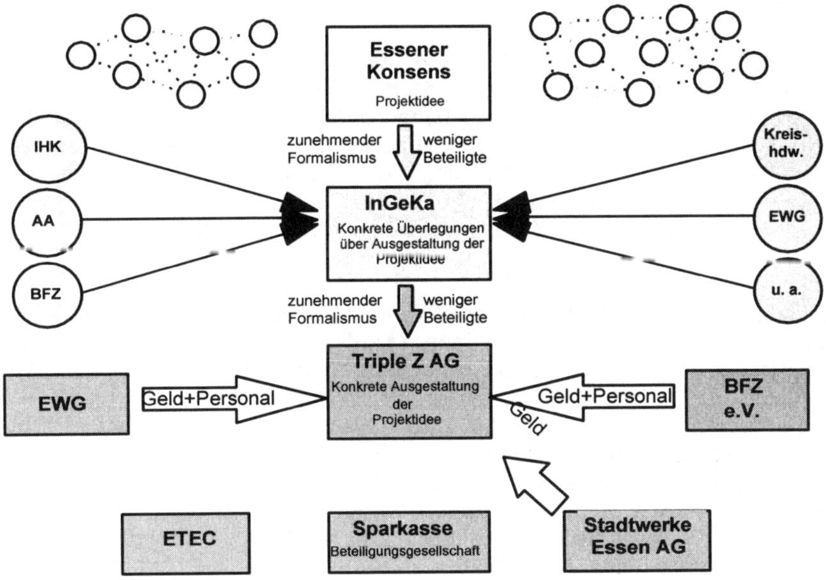

Abb. 2 Netzwerk der Triple Z-AG

Die Triple Z AG verfügt selbst über keine Angestellten; die Mitarbeiter sind entweder von ihren Dienststellen bzw. Arbeitgebern freigestellt, wie z.B. die drei Vorstandsvorsitzenden oder arbeiten gänzlich ehrenamtlich, wie die Mitglieder des Aufsichtsrates. Mit Mitteln aus der "Go-Initiative", einer Existenzgründeroffensive des Landes NRW, werden zwei Coacher bezahlt, die die Existenzgründer im Zentrum bei ihrer Unternehmensgründung beraten. Die Coacher sind - mit Abstimmung des Projektleiters - zudem zuständig für die Auswahl der Personen bzw. Firmen, die sich im Zentrum niederlassen dürfen. Ziel ist eine Mischstruktur, wobei sich zwischen den Existenzgründern Synergieeffekte einstellen können, also sich die Firmen gegenseitig ergänzen und ggf. gemeinsam am Markt agieren oder sich gegenseitig Aufträge zukommen lassen.

Ein erstes Interessententreffen fand im Februar 1997 statt. Im März 1997 konnte bereits der erste Mieter einziehen.Das Gründerzentrum basiert auf zwei besonderen Ansätzen; zum einen die für solch ein Zentrum sehr ungewöhnliche Form als AG, zum anderen ein low-cost-low-level Ansatz, wie er auch dem Vorbild in London zugrunde lag. Das dies trotz der im Vergleich zu England viel zahlreicheren Vorschriften und Auflagen möglich war, lag nicht zuletzt daran, daß das Projekt Triple Z AG im Rahmen einer Public Private Partnership realisiert wurde. Dadurch war bei den Verantwortlichen die Bereitschaft gegeben, "neue" und unkonventionelle Wege zu beschreiten

So wurde z. B. das bei öffentlich geförderten Projekten vorgeschriebene Controlling nach Genehmigung des Ministeriums von den Beteiligten der Triple Z AG selbst durchgeführt. Vorteile sind neben der Einsparung von Kosten vor allem ein effektiveres und schnelleres Arbeiten durch die eigene Projekteinbindung. Die erforderlichen Sachkenntnisse lagen somit direkt vor. Daß das zuständige Ministerium dem zustimmte, lag zu einem Großteil auch daran, daß die öffentliche Hand am Projekt beteiligt war und über das Netzwerk positiv auf die Entscheidungsträger in der Politik einwirken konnte. Durch die Beteiligung der verschiedenen Interessengruppen konnte ebenfalls davon ausgegangen werden, daß eine gegenseitige Kontrolle stattfand.

Durch die frühzeitige Konstituierung einer Bauplanungsausschußgruppe, die sich u. a. mit entsprechenden Fachvertretern und Know-how-Trägern aus der Stadt (Bauordnungsamt), der EWG, dem BfZ sowie einem vom Initiativkreis betrauten Senior-Consulting, der aufgrund seiner früheren Tätigkeit mit dieser Immobilie vertraut war, zusammensetzt, konnten wichtige, zeitsparende Vorarbeiten für den Genehmigungsprozeß geleistet werden. Hilfreich waren hierbei die Abstimmungsgespräche mit den zuständigen und am Genehmigungsverfahren beteiligten Behörden, die durch den Mitarbeiter des Bauordnungsamtes relativ informell verliefen.

Ebenfalls sehr ungewöhnlich war die Mischförderung durch drei Ministerien des Landes NRW (Ministerium für Stadtentwicklung, Kultur und Sport, Ministerium für Wirtschaft und Mittelstand, Technologie und Verkehr und Ministerium für Arbeit, Gesundheit und Soziales), wodurch insgesamt eine Förderquote von 90% erreicht werden konnte. In allen drei Politikbereichen wurden Effekte durch die Triple Z AG erwartet. Aus arbeitsmarktpolitischer Sicht versprachen sich die Initiatoren die Schaffung neuer Arbeitsplätze durch die Gründungsförderung in Vernetzung mit Maßnahmen auf Basis des Arbeitsförderungsgesetzes. Einen verbesserten Branchenmix, eine effizientere Nutzung des Kreativpotentials von Existenzgründern sowie eine Innovationsförderung könnten zudem positive Effekte aus strukturpolitischer Perspektive sein. Schließlich wurden auch Effekte stadtplanerischer Art gesehen, da für Katernberg als Stadtteil mit besonderem Erneuerungsbedarf sowie dem Essener Norden insgesamt entsprechende Aufwertungs- und Ausstrahlungseffekte erwartet wurden. Zusätzlich wurde das Projekt mit Geldern der Europäischen Union und vom Arbeitsamt gefördert. Das Zentrum ist eines der ersten Projekte in NRW, das mit Hilfe einer solchen Mischförderung finanziert wurde. Es spielte dadurch auch eine Art Vorreiterrolle für ähnliche Projekte auch über die Grenzen Nordrhein-Westfalens hinaus. Langfristig aber soll sich das Zentrum selbst tragen und dann auch ein Management und die Coacher finanzieren können.

Aber nicht nur wegen der besseren Fördermöglichkeiten war die Konstruktion als PPP von Vorteil. Die Beteiligung der privaten Partner brachte nicht nur zusätzliche Gelder, die sich flexibler einsetzen lassen als Fördergelder, sondern auch die Einbindung und vor allem Identifizierung von Teilnehmern des Netzwerkes mit dem Projekt. Das Engagement der an diesem Projekt involvierten Personen ist dementsprechend sehr groß. Dadurch war bzw. ist die Bereitschaft relativ ausgeprägt, ungewöhnliche Maßnahmen und Verfahrensweisen einzuschlagen, die u. a. durch optimales Ausschöpfen des Ermessensspielraumes von Vorschriften und gesetzlichen Bestimmungen unter Einbeziehung aller Hierarchieebenen gekennzeichnet sind. Zusätzlich konnte durch diese Verbindungen relativ problemlos das Know-how unterschiedlichster Fachleute abgefragt und genutzt werden. Die Realisierung des Projektes Triple Z AG wäre aus derzeitiger Sicht ohne die enge Verknüpfung mit dem Essener Konsens - ungeachtet dessen, daß aus diesem Netzwerk erst der Anstoß für dieses Projekt kam - nicht so erfolgreich verlaufen.

Der Gewerbepark M1

Im zweiten Projektbeispiel geht es um die Ausweisung eines Gewerbegebietes, dem Gewerbepark M1, im Norden der Stadt. Das hierzu notwendige Gelände hatte die Stadt Essen 1991 von der Firma Krupp für 23 Mio. DM gekauft, um Fehlentwicklungen bei der Verwendung dieser Fläche verhindern und eine aktive Stadtentwicklung betreiben zu können. Bei dem Gelände handelte es sich um ein brachgefallenes Industrieareal, auf dem bis 1995 eine der größten Maschinenhallen Europas stand. Das Gelände umfaßt knapp 200.000 m² (20 ha), von denen letztlich 132.000 m² (13,2 ha) als Nettobaufläche zur Verfügung stehen werden. Eine wirtschaftliche Wiedernutzbarmachung der auf dem erworbenen Gelände vorhandenen Halle war trotz intensiver Bemühungen der Essener Wirtschaftsförderungsgesellschaft nicht mehr gegeben. Die grundlegende Veränderung dieser überkommenen Industriefläche wurde somit erforderlich, wobei die Erschließungskosten mit ca. 17 Mio. DM beziffert wurden, allerdings nur ca. 14 Mio. DM davon förderungswürdig waren. Hierzu bewilligte das Land Nordrhein-Westfalen der Stadt Essen 1993 anteilige Fördermittel für Abbruch, Baureifmachung und Neuerschließung des Geländes in Höhe von 11,7 Mio. DM, was eine 80%ige Förderquote ausmachte. Es entstand somit eine Finanzierungslücke von ca. 5 Mio. DM, welche die Stadt aufgrund ihrer Finanzlage nicht aufbringen konnte. Um die bereits bewilligten Fördergelder nicht verfallen zu lassen, wurde nach Lösungswegen gesucht, den erforderlichen Eigenanteil aufbringen zu können. Mit Gründung der Projektentwicklungs-Gesellschaft Essen mbH (ProEss), einer 200.000 DM GmbH, konnte das Problem des fehlenden Eigenanteils gelöst werden. Die ProEss, die am 29.06.1994 gegründet wurde, ist eine PPP zwischen der EWG und der Stadtsparkasse Essen. Beide sind mit je 50% an der Gesellschaft beteiligt. Es wurde ein Geschäftsbesorgungsvertrag geschlossen, der beinhaltet, daß die Sparkasse den kaufmännischen Teil inklusive der Finanzierung und die EWG die Abwicklung des Projekts übernimmt. Etwaige Gewinne teilen sich Sparkasse und EWG je zur Hälfte. Die Entwicklung und Vermarktung dieses Geländes wird somit von der ProEss durchgeführt.

Auch bei diesem Projekt kam es im Vorfeld, d. h. vor der Institutionalisierung, zu informellen Absprachen zwischen der Stadt und der EWG, etwa über mögliche Partner für das Projekt. Wie und mit wem solche Absprachen erfolgten, läßt sich im nachhinein schwer nachvollziehen, da sie eben informell waren und deshalb keinerlei Aufzeichnungen über Absprachen und ähnliches existieren. Es zeigt sich auch in diesem Fall, daß sich bei diesem Projekt die Zahl der beteiligten Personen mit zunehmender Institutionalisierung verringerte, bis am Ende nur noch die Partner EWG, von der die Initiative für eine PPP-Konstruktion ausging, und die Sparkasse Essen übrig waren. Doch das Zustandekommen und Gelingen des Projektes können nicht allein auf das Netzwerk zurückgeführt werden. Der vorliegende Leidensdruck, hervorgerufen durch die damalige, schwierige finanzielle Lage der Stadt Essen, sowie durch eine

Käuferkonkurrenz für dieses Gelände, förderte die Notwendigkeit, etwas zu unternehmen, denn die Stadt wollte diesen Standort "retten" und nach ihren Vorstellungen städteplanerisch entwickeln.

Entsprechend der Beteiligung sind alle Stellen paritätisch besetzt. Die ProEss hat keine eigenen Mitarbeiter, Sparkasse und EWG haben jeweils drei Mitarbeiter ausgewählt, die auch in der ProEss arbeiten (vgl. Abb. 3).

Abb. 3 Struktur der Projektentwicklungsgesellschaft Essen (ProEss)

Nach der Gründung der ProEss, die das Gelände Ende 1994 von der Stadt erwarb, wurde eine Architekturarbeitsgemeinschaft aus Essen und Mülheim beauftragt, ein städtebauliches Entwicklungskonzept zu erarbeiten. Dieses bildete die Grundlage für die Erschließungsplanungen des Areals. Weil dieses Grundstück schon einmal bebaut war und wieder einer gewerblichen Nutzung zurückgeführt werden sollte, konnte die Stadt darauf verzichten, einen Bebauungsplan nach §30 Baugesetzbuch zu erstellen. Sie konnte so auf den §34 Baugesetzbuch zurückgreifen und ein städtebauliches Leitkonzeptes erarbeiten lassen, womit die Projektplanung innerhalb kürzester Zeit abgewickelt werden konnte.

Die Idee, ein dazugehöriges Gestaltungshandbuch zu entwickeln, das Vorschriften über Art und Umfang der Bebauung enthält und somit als Leitfaden für die Gebäudeplanung dient, ist ein innovativer Aspekt hierbei. Es übernimmt damit eine ähnliche Funktion, wie es ein Bebauungsplan tun würde, aber mehr im Sinne eines Qualitätssicherungsinstruments. Allerdings hat dieses Gestaltungshandbuch nur privatrechtliche Konsequenzen, da die Erfüllung seiner Auflagen lediglich innerhalb des Kaufvertrages zur Vorschrift gemacht wird und somit nur privatrechtlich eingeklagt werden könnte. Die Bauanträge werden von dem Architekten, der das städtebauliche Leitkonzept entwickelt hat, auf ihre Übereinstimmung mit denen im Gestaltungshandbuch formulierten Vorschriften testiert und dann vom Bauordnungsamt noch bauordentlich, aber nicht mehr bauplanerisch geprüft. Die Stadt hat also nur noch bauplanerischen Einfluß über die ProEss, die ja als Verkäufer fungiert. Dieser Einfluß aber dürfte entscheidend für die Zustimmung der Stadt gewesen sein, solch eine Verfahrensweise einzuschlagen. Aufgrund dieser für solche Projekte ungewöhnlichen Verfahrensweise konnte viel Zeit gespart werden. Die Entwicklung eines Bebauungsplans für ein derartiges Projekt dauert in der Regel ca. 2-3 Jahre; das städtebauliche Leitkonzept konnte aber innerhalb von drei Monaten ausgearbeitet werden. Auch bei der Entwicklung und Erstellung des Leitkonzeptes erwies sich der gute Kontakt der ProEss über die EWG zur Stadt als äußerst hilfreich, da die Anforderungen und Wünsche der Stadt an das Leitkonzept im vornherein geklärt werden konnten. Dies blieb auch so, als es während der Realisierungsphase zu Problemen mit der Verwaltung kam (z. B. bei einer Straßenverlaufsänderung), die sich aber wegen der guten Kontakte zur Stadt weitgehend problemlos lösen ließen. Der Abschluß der Erdarbeiten wurde im Mai 1997 erreicht; die offizielle Eröffnung fand am 28.08.1997 statt und die Fertigstellung, Baureifmachung und Erschließung einen Monat später im September.

Durch dieses Projekt verspricht sich die ProEss die Neuansiedlung des gewerblichen Mittelstandes und damit die Schaffung von Arbeitsplätzen. Zudem fördert es die Attraktivität des Standortes Essen, insbesondere da die ProEss ansiedlungsinteressierten Investoren bedarfsgerechte Service- und Managementleistungen anbietet, wozu beispielsweise die Entwurfsberatung als Planungshilfe, die Finanzierungsberatung wie auch die Vermittlung eines Facility Managements gehören. Unterstützt wird dieses Angebot durch das Vorhandensein eines Gründungshandbuchs, das Informationen über den Baugrund enthält (so wird beispielsweise ein altlastenfreier Baugrund bestätigt). Die Erstellung eines Gründungshandbuches stellt ebenfalls einen innovativen Ansatz dar. Damit beinhalten die gemeinsamen Zielebenen neben der Beschäftigungssicherung ebenso die Standort- wie auch Strukturentwicklung von Essen.

Einige Vorteile der Organisationsform PPP sind bereits herausgestellt worden. So konnten in diesem Projekt über den Investor Sparkasse Gelder gewonnen werden, ohne die das Projekt aufgrund der Finanzlage der Stadt nicht hätte realisiert werden können. Andererseits konnte das Projekt in der Form aber auch nur mit Hilfe der bewilligten Fördergelder realisiert werden, insbesondere da sich die Kosten durch die Beseitigung von Kampfmitteln, die auf dem Gelände gefunden wurden, unvorhersehbar erhöht hatten und dies zugleich zu zeitlichen Verzögerungen führte. Der Investitionsaufwand für das Projekt wäre u. U. für einen privaten Investor zu hoch gewesen. Der hohe Investitionsaufwand war somit entscheidend für die Konstruktion als PPP.

Für beide Partner ergaben sich durch dieses Projekt M1 verschiedene Vorteile, so u. a. für die Sparkasse die Möglichkeit, Erfahrungen in einem neuen Betätigungsfeld (Vermarktung von Gewerbeflächen) zu sammeln. Neben dem Verkauf der Grundstücke zeigte sich für die Sparkasse auch ein lohnendes Geschäft durch den Hinzugewinn von Neukunden, die sich z. T. aus der Vielzahl von Kontakten potentieller Investoren für diesen Gewerbepark M1 ergaben. Zudem können beide Partner dieses imageförderliche Projekt entsprechend für ihre Publicity nutzen. Gleichfalls bedeutsam ist auch in diesem Beispiel der synergetische und ergänzende Austausch von Know-how. So profitierte die EWG insbesondere durch das betriebswirtschaftliche Know-how der Sparkasse, die ihrerseits einen entsprechenden Einblick über den Ablauf und das Handling von Gewerbeflächenerschließungen erhalten hat.

Nach Verkauf der Nettoflächen wird die restliche Fläche (Grünanlagen, Infrastruktur, etc.) von ca. 54.000 m² (5,4 ha) dann wieder an die Stadt zurückfallen. Die PPP, so war ursprünglich geplant, würde sich auflösen und die bis dahin von ihr übernommenen Aufgaben (Parkmanagement, Facility Management, Entwurfs- und Finanzierungsberatung etc.) einem privaten "Kümmerer" übertragen. Doch aufgrund des Projekterfolges und der guten Zusammenarbeit beider Partner gibt es dahingehende Überlegungen, diese Projektentwicklungsgesellschaft bestehen zu lassen und für neue Projekte zu nutzen.

Der Einfluß von Public Private Partnership

In beiden Projekten konnten spezifische positive Aspekte durch die PPP-Konstruktion dargelegt werden, wobei hier aber der Hinweis wichtig ist, daß beide Projekte nicht bewußt als PPP - mit dem Hintergedanken der entsprechenden Vorteile - angelegt wurden. Die Beteiligten der Projekte sind sich allerdings aus heutiger Sicht einig, daß die Projektrealisation über PPP der richtige Weg war, und sie würden bei ähnlichen Aufgaben wieder auf diese Konstruktion zurückgreifen. Im einzelnen werden nun zusammenfassend einige PPP-relevante Einflußbereiche dargestellt (vgl. hierzu die Übersicht in Abb. 4).

- positive Effekte bei Meinungsbildungs- und Entscheidungsprozessen
- förderliche Effekte auf Genehmigungsverfahren
- erhöhte Akzeptanz bei den verschiedenen Interessengruppen
- Erfahrungs- und Know-how-Austausch
- Einbindung in bestehende Netzwerke
- neue Betätigungsfelder für Privatwirtschaft
- positive Imagewirkung für die Beteiligten
- höhere Aufnahmebereitsschaft für neue Ansätze

Abb. 4 Vorteile und positive Auswirkungen der PPP-Form

Positive Effekte bei Meinungsbildungs- u. Entscheidungsprozessen

Insbesondere für die Anbahnungsphase gilt, daß die PPP-Konstruktion positive Effekte auf Meinungsbildungs- und Entscheidungsprozesse hat. Durch die Organisationsform PPP ist es einfacher, die unterschiedlichen Interessengruppen in ein Projekt einzubinden, insbesondere dann, wenn die verschiedenen Gruppen in den Organen der PPP integriert werden. So konnten z. B. Widerstände gegen das Existenzgründerzentrum Triple Z AG, die sich in der Wirtschaft regten, beigelegt werden, da u. a. Vertreter der Kreishandwerkerschaft oder auch der IHK mit in den Gremien des Projektes saßen und sitzen.

In diesem Zusammenhang ist es wichtig, daß die beteiligten Interessengruppen zugleich auch eigene institutionenbezogene Ziele mit der PPP verbinden lassen, denn nur so wird gewährleistet sein, daß ihr Engagement - auch hinsichtlich der Bereitstellung von Ressourcen - größer ausfallen wird.

Förderliche Effekte auf Genehmigungsverfahren

In beiden Projekten gab es mittelbar förderliche Effekte auf die Realisierung von Genehmigungsverfahren durch PPP-interne Kontrolle und Einflußnahme zu den entsprechenden Behörden ("kurze Wege"). Durch enge Absprachen mit den Genehmigungsbehörden konnten bereits im Vorfeld, d. h. bevor der Bauantrag gestellt wurde, geklärt werden, welche Anforderungen und Vorschriften zu erfüllen waren. Dadurch konnte nicht nur Zeit (zielorientiertes Arbeiten), sondern auch Geld gespart werden. In beiden Fällen war der gute Kontakt der EWG zu den Behörden ausschlaggebend (Beispiel Triple Z AG: Bauausschußgruppe).

Erhöhte Akzeptanz bei den verschiedenen Interessengruppen

Auch nach außen hin bringt die Zusammenarbeit Vorteile. Es ist vor allem die Kombination von folgenden Eigenschaften, die die Akzeptanz bei unterschiedlichen Interessengruppen stärkt:

- öffentliche Verwaltung schafft Vertrauen,
- Privatwirtschaft sichert Professionalität besonders in ökonomischer Hinsicht.

Bei beiden Projekten war festzustellen, daß Dritte, die mit der PPP zu tun hatten, ihre Vorurteile einem der Partner gegenüber häufig aufgaben, da der andere Partner mit involviert war. So wurden die PPPs z. B. von der Privatwirtschaft eher akzeptiert, da sie keine alleinigen öffentlichen Projekte waren. Dies gilt für den Gewerbepark, aber vor allem auch für das Gründerzentrum, dessen Akzeptanz in der Wirtschaft nicht so groß wäre, wenn es allein von der öffentlichen Hand initiiert und betrieben worden wäre. Die Organisationsform als Aktiengesellschaft (mit privater Beteiligung), die sich langfristig selber tragen soll, sorgt darüber hinaus für mehr Anerkennung, als das bei einem öffentlichen Zentrum der Fall wäre. Viel Skepsis, nicht nur bei der Wirtschaft, sondern auch bei Ministerien, die die Fördergelder vergeben haben, wurde so ausgeräumt.

Andererseits schafft die Beteiligung der öffentlichen Hand auch Vertrauen, was sich vor allem bei dem Gewerbepark bemerkbar machte. Dort sorgte das Vertrauen in die öffentliche Hand dafür, daß Investoren nicht aufgrund der ehemaligen Belastung mit Kampfmitteln vor dem Kauf zurückschreckten, sondern dem Gutachten, das die ProEss in Auftrag gegeben hatte, vertrauten. Die zumindest indirekte Beteiligung der Stadt verschaffte der PPP eine Seriosität, die einem reinen privatwirtschaftlichem Unternehmen u. U. in diesem Kontext nicht zugesprochen würde. Es scheint, daß sich die Vorteile dieser Organisationsformen sowohl für die öffentliche Hand als auch für die Privatwirtschaft in einer PPP vereinigen können.

Erfahrungs- und Know-how-Austausch

Durch die personelle Zusammensetzung der PPPs kommt es außerdem zu Zusammenarbeiten, die sich sonst nicht ergeben würden. Die Chance voneinander zu lernen sowie die sich daraus ergebenen Synergien, sollten nicht unterschätzt werden.

Einbindung in ein bestehendes Netzwerk

In PPP werden häufig die Partner, vor allem die privatwirtschaftlichen Investoren, in ein bereits bestehendes, informelles Netzwerk eingebunden. Vor allem bei dem Gründerzentrum wird deutlich, daß private Investoren (hier vor allem die Existenzgründer) von dem PPP-Netzwerk profitieren können, indem sie über die Triple Z AG Kontakt zu wichtigen Firmen und Verbänden erhalten. Über diese Kontakte können u. U. potentielle Aufträge akquiriert werden.

Neue Betätigungsfelder für Privatwirtschaft

Aber PPP schaffen z. T. auch neue Betätigungsfelder für die Privatwirtschaft, da Projekte, die für private Investoren aus finanzieller Sicht nicht interessant wären, durch die Beteiligung der öffentlichen Hand und der dadurch möglichen öffentlichen Förderung, doch noch finanzielle Anreize bieten. Auf diese Weise kann privates Know-how und private Gelder in Bereiche gezogen werden, die sonst mangels Rentabilität der öffentlichen Hand vorbehalten waren.

Positive Imagewirkung für die Beteiligten

Die Beteiligung an derartigen PPPs bringt für die Partner auch positive Imagewirkungen mit sich, da es sich oft um prestigeträchtige, innovative Projekte handelt, denen ein großer Teil der öffentliche Aufmerksamkeit geschenkt wird. Das Gründerzentrum, das bundesweit viel Aufmerksamkeit erhalten hat, ist ein herausragendes Beispiel dafür. Diese positiven Imageeffekte könnten ggf. für private Firmen ein Argument sein, sich an ungewöhnlichen und nicht unbedingt viel Gewinn versprechenden Projekten zu beteiligen.

Höhere Aufnahmebereitschaft für neue Ansätze

Nicht selten sind bei einer PPP für die Beteiligten ungewohnte Freiräume mit noch nicht genau festgelegten Rahmenbedingungen gegeben, die einen entsprechenden Spielraum bei der Ausgestaltung der Strukturen zulassen, wodurch Kreativitätspotential freigesetzt werden kann. Die Bereitschaft bei den Beteiligten etwas neues auszuprobieren, ist daher ausgeprägter und bietet die Chance für kreative wie auch innovative Wege bzw. Ansätze.

Kreative Kooperationsmodelle zwischen Verwaltung, Wirtschaftsunternehmen und Privathaushalten

Karl-Josef Erres, Michael Klefges

In diesem Beitrag wird ein Referenzmodell und Anwendungskonzept für Kooperationen zwischen öffentlichen und privaten Institutionen vorgestellt. Das Modell verknüpft die Elemente „Kooperationsziele", „Kooperationsprodukte" und „Kooperationsformen" und leitet hieraus Kriterien ab, an denen der Erfolg einer Public Private Partnership gemessen werden kann.

Die Projektpartner

Das Projekt "Kreative Kooperationsmodelle zwischen Verwaltung, Wirtschaftsunternehmen und Privathaushalten" stellt im Rahmen des Verbundprojekts „Wettbewerbsfaktor Kreativität" insofern eine Besonderheit dar, als daß keine speziellen Betriebspartner untersucht werden. Vielmehr wird der Untersuchungsgegenstand aus dem jeweiligen Blickwinkel der beteiligten Projektpartner beleuchtet, deren Arbeitsumfeld thematisch im Bereich kreativer Kooperationsmodelle zwischen Verwaltung, Wirtschaft und Privathaushalten angesiedelt ist. Aus diesem Grund werden die Projektpartner im folgenden kurz vorgestellt.

Informationsverarbeitung Leverkusen GmbH

Die IVL ist für die gesamte Informationsverarbeitung der Stadt Leverkusen sowie für die städtischen Beteiligungsgesellschaften wie die Energieversorgung Leverkusen GmbH, die Abfallwirtschaft Leverkusen GmbH das Klinikum Leverkusen GmbH etc. verantwortlich. Diese Dienstleistung wird nicht nur den Anteilseignern angeboten: Das Dienstleistungsangebot reicht von der Software-Entwicklung, -Einführung und Organisations- und DV-Beratung bis zur Planung und Übernahme von IV-Systemen (Outsourcing) für Energieversorgungsunternehmen und die öffentliche Verwaltung. Erklärtes Ziel der IVL und der Anteilseigner ist die vollständige Ablösung und Neuausrichtung der Informationssysteme auf Basis der SAP-Standardsoftware im kommunalen Umfeld. In Zusammenarbeit mit der Stadt Leverkusen und der SAP AG ist die IVL federführend an der Entwicklung und Pilot-einführung der Haushaltsmanagement-Branchenlösung für die öffentliche Verwaltung (Industry Solutions Public Sector) der SAP AG beteiligt. Diese Ergebnisse werden auf andere Kommunen in Nordrhein-Westfalen übertragen (Stadt Köln, Stadt Dortmund etc.) und haben bundesweit große Beachtung gefunden. Die kommunalen Anwendungen im hoheitlichen Bereich außerhalb des Haushaltsmanagements (z.B. Einwohnerwesen, Führerschein, Kfz-Zulassung, Steuern, Gebühren, Abgaben) werden von der IVL mit Städtepartnerschaften konzipiert (Fachkonzept-Lieferanten) und von einer Tochtergesellschaft der IVL in Indien (IVL India Pvt.) entwickelt. Diese Produktreihe ist unter dem Namen KA-Toolset zusammengefaßt.
Eine weitere Entwicklung der IVL ist das System GISConnect zwischen den Basissystemen R/2 bzw. R/3 (insbesondere dem jeweiligen Instandhaltungsmodul) und einem Geographischen Informationssystem. GISConnect dient dazu, raumbezogene Daten, wie sie im Geographischen Informationssystem abgelegt sind, redundanzfrei mit den Daten des SAP-Systems zu verknüpfen.

Darüber hinaus wird mit der Einführung der SAP-Standardmodule das Neue Steuerungsmodell in der Stadt Leverkusen umgesetzt. Hierzu liegen erste Erfahrungen mit den optimierten Regiebetrieben Tiefbauamt, Hochbauamt und Sportpark Leverkusen auf Basis der kaufmännischen Buchführung vor.

Die IVL ist Hauptantragsteller dieses Teilprojektes.

Institut für Wirtschaftsinformatik an der Universität des Saarlandes

Im IWi-Kompetenzzentrum für innovative Dienstleistungen werden seit 1994 Forschungsprojekte gemeinsam mit privaten und öffentlichen Dienstleistern bearbeitet:

- Beteiligung am Projekt der Landeshauptstadt Saarbrücken zum Thema "Kommunales TQM - Dienstleistungsorientierung bei der Stadt Saarbrücken",
- Referenzmodell für den Bauantrag bei der Gemeinde Marpingen/Saarland,
- Klinikorganisation CIH - Computer Integrated Hospital (Universitätsklinik Homburg/Saar),
- Modellierung der zentralen Universitätsverwaltung bei der Universität des Saarlandes,
- Modellierung der Haushaltsmanagementprozesse der EU-Kommission.
- Begleitforschung der Einführung einer Kosten- und Leistungsrechnung im Kultusministerium des Saarlandes
- Begleitforschung der Initiative "Schulen ans Netz" in Zusammenarbeit mit dem Kultusministerium
- Entwicklung eines Referenzmodells für Finanzämter in Zusammenarbeit mit dem Wirtschafts- und Finanzministerium des Saarlandes.
- Vorstudie Televerwaltung Saar in Zusammenarbeit mit dem Innenministerium und Wirtschafts- und Finanzministerium des Saarlandes.

Die von Prof. Dr. Dr. h.c. A.-W. Scheer jährlich veranstaltete Saarbrücker Arbeitstagung "Rechnungswesen und EDV" wurde 1994 zum ersten Mal mit einem Zusatzprogramm "Öffentliche Verwaltungen" durchgeführt. Dabei wurden vielfältige Lösungsansätze für Kommunen aufgezeigt.

Arbeitsbereich Public Management

Im Arbeitsbereich Public Management werden seit 1990 intensiv Forschungsprojekte gemeinsam mit öffentlichen Dienstleistern durchgeführt:

- Beteiligung am Projekt der Bertelsmann Stiftung über Kommunale Verwaltungsreform
- Beteiligung an verschiedenen Projekten der KGST.
- Gemeinsames Projekt mit dem Wissenschaftlichen Beirat der Gesellschaft für öffentliche Unternehmen über neue Organisationsformen öffentlicher Aufgabenwahrnehmung.
- Mitarbeit in zahlreichen Arbeitsgruppen und Beiräten zur Verwaltungsreform.

Der Bereich Public Private Partnership stellt einen Schwerpunkt der Forschungsarbeit von Arbeitsbereichsleiter Prof. Dr. D. Budäus und seinen Mitarbeitern dar.

debis Systemhaus GmbH

Um die öffentliche Verwaltung bei den notwendigen Veränderungsprozessen ganzheitlich zu unterstützen, hat die debis Systemhaus GmbH gemeinsam mit ihrem Tochterunternehmen Diebold die in der Wirtschaft gemachten Erfahrungen für die spezifischen Anforderungen bei Bund, Ländern und Gemeinden adaptiert. Die ganzheitliche Methode zur Leistungs- und Qualitätssteigerung in der öffentlichen Verwaltung wird Business Transformation Service (BTS) genannt. Sie unterstützt den Wandel im öffentlichen Bereich durch die Verknüpfung der drei wichtigsten Erfolgsfaktoren Organisation, Informationssysteme und Verhalten der Bediensteten. Die Methode der ganzheitlichen und simultanen Optimierung von Organisation, Informationssystemen und menschlichen Verhalten konnte mittlerweile erfolgreich bei Projekten in der Verwaltung eingesetzt werden. Dabei hat sich gezeigt, daß mit BTS ohne Veränderung gesetzlicher Rahmenbedingungen signifikante Leistungssteigerungen möglich sind.
Die Arbeiten werden vom Branchenkompetenzzentrum Öffentliche Verwaltung in Aachen durchgeführt.

Informations- und Kommunikationsinstitut der Stadt Saarbrücken

Der Eigenbetrieb ist für das gesamte Informationsmanagement der Landeshauptstadt zuständig. Hierzu werden IV-Systeme geplant, koordiniert, gesteuert und gewartet. In innovativen Bereichen werden neben Konzeptionen auch Eigenentwicklungen durchgeführt. Die IKS ist aktives Mitglied im Partner-Verbund mit Städten wie Stockholm, Tilburg, Mailand, Tiblissi usw. und in diesem Rahmen in einen internationalen Verbund innovativer kommunaler Dienstleister eingebunden. Die LH Saarbrücken ist mit der IKS in mehreren Eigenprojekten zur Verwaltungsmodernisierung involviert. Beispielsweise wurden in den letzten Jahren zahlreiche Entkommunalisierungsfragen gelöst, die auch zu Funktionsverlagerungen in privatwirtschaftliche Institutionen und Auflösungen von Stadtämtern geführt haben. Die Einführung modernster Informationssysteme war hier für bestimmte Teilbereiche Voraussetzung. Die IKS sieht ihre künftigen Aufgabenschwerpunkte und eine künftige zentrale Rolle darin, den Wandel kommunaler Dienstleistungen durch die Informationsgesellschaft aktiv voranzutreiben und in der Stadt Saarbrücken umzusetzen. Zunächst geht es ihr darum, zu identifizieren, welche Leistungsarten im kommunalen Bereich von diesen Entwicklungen vorrangig betroffen sind und wie sie entsprechend zu gestalten sind. Im Anschluß sollen in Kooperation mit Wirtschaftspartnern neue Modelle der Leistungserbringung umgesetzt werden.

Problemstellung und Zielsetzung

Die traditionelle Arbeitsteilung von Verwaltung und Unternehmen ist für die Lösung zahlreicher zukünftiger Probleme nicht mehr leistungsfähig genug. Durch eine kooperative Leistungserbringung privater und öffentlicher Institutionen bei sinnvoller Nutzung der Informations- und Telekommunikationsmöglichkeiten werden erhebliche Effizienz- und Effektivitätssteigerungen erwartet. Bei frühzeitiger konzeptioneller Ausrichtung werden sich zudem neue Märkte für sogenannte "vernetzte Dienstleistungen" mit entsprechenden Beschäftigungseffekten und Standortvorteilen ergeben.

Ziel des Teilprojekts "Kreative Kooperationsmodelle zwischen Verwaltung, Wirtschaft und Privathaushalten" ist es, ein Rahmengerüst für ein kooperatives Anwendungskonzept für öffentliche Dienstleistungen zu entwickeln, welches dann in der weiteren Forschungsarbeit detailliert und evaluiert werden muß. Wie Abbildung 1 zeigt, ist es hierzu erforderlich, den Kooperationsbedarf zu kennen und die daraus resultierenden Kooperationsprodukte und Kooperationsformen zu definieren.

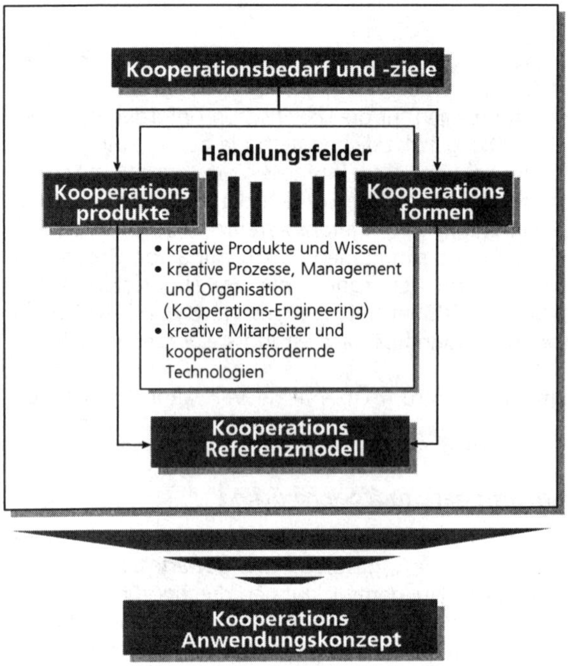

Abb. 1 Ziel des Arbeitsvorhabens

Aus kontinuierlich aktualisierten Erkenntnissen kann dann eine Systematisierung von Kooperationsmodellen mit dem Ziel der Erstellung und Pflege eines Kooperations-Referenzmodells abgeleitet werden. Dabei müssen je nach Kooperationsfall die spezifischen Handlungsoptionen, Reorganisationsszenarien, Restriktionen und Realisierungs- und Umsetzungschancen für die öffentliche Verwaltung dargestellt werden. Im wesentlichen soll die Forderung für ein "Public-Private-Partnership" operationalisiert und eine Konkretisierung in Form eines Kooperations-Anwendungskonzeptes vorgenommen werden, so daß eine effiziente Übertragbarkeit auf kooperationswillige Akteure möglich ist.

Kooperationsreferenzmodell und -anwendungskonzept

Ein Kooperations-Referenzmodell darf Kooperationsbedarf, Kooperationsprodukte und die Kooperationsformen nicht nur additiv verknüpfen, sondern muß eine systematische Verbindung zwischen diesen Arbeitspaketen und Inhalten herstellen.

Gleichzeitig muß das Kooperations-Referenzmodell ein Prozeßmodell für eine schrittweise Analyse der einzelnen Elemente (Kooperationsziele, Kooperationsprodukte und Kooperationsformen) und Anhaltspunkte für deren Gestaltungsmöglichkeiten (beispielsweise Soll-Ist-Vergleiche) bieten.

Das Kooperations-Referenzmodell muß auch so praktikabel sein, daß aus ihm auch nicht in die Projektarbeit eingebundene Akteure (beispielsweise Vertreter von Verwaltungen Wirtschaftsunternehmen und Privatpersonen) Handlungsempfehlungen im Sinne eines Kooperations-Anwendungskonzepts ableiten können.

Das Kooperations-Referenzmodell muß schließlich Anhaltspunkte für zukünftigen Forschungsbedarf liefern.

Die Anforderungen an ein Kooperations-Referenzmodell (systematische Integration von Kooperationsbedarf, Kooperationsprodukten und Kooperationsformen bei gleichzeitiger Möglichkeit der schrittweisen Analyse und Praktikabilität) werden von dem sogenannten 3-E-Konzept erfüllt, wie es in Abbildung 2 dargestellt ist. Das 3-E-Konzept stammt ursprünglich aus der Controlling Diskussion in der öffentlichen Verwaltung. Es stellt einen Bezugsrahmen dar, der geeignet ist, nicht nur die Informations- und Steuerungsfunktion des Controlling zu erfüllen, sondern darüber hinaus in der Lage ist, Anhaltspunkte für die Analyse von PPP im Sinne eines Kooperations-Referenzmodells zu liefern. Das 3-E-Konzept (Effectiveness, Efficiency, Economy) läßt sich folgendermaßen darstellen:

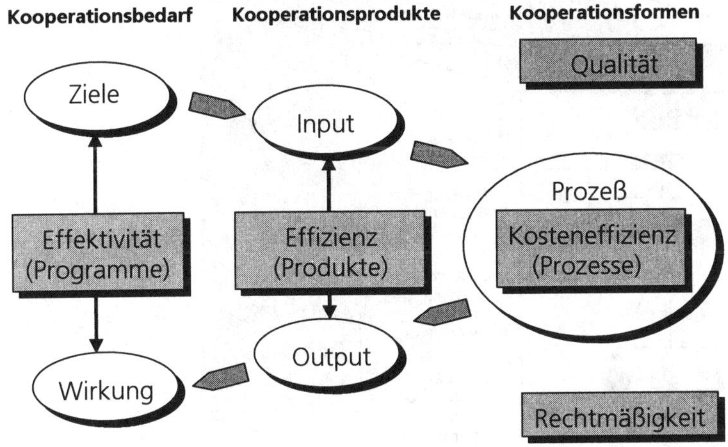

Abb. 2 Das 3-E-Konzept als Kooperationsreferenzmodell

Auf der ersten Ebene geht es um die Festlegung der Ziele von innovativen Kooperationen auf der Basis der festgestellten Kooperationsbedarfe. Die Ziele der Kooperationen sollten in Programmen festgeschrieben werden. Diese Programme sollten eine Evaluation, mit anderen Worten eine Wirkungs- oder Outcome-Analyse erlauben. Auf dieser Ebene kann der Gesamterfolg einer Kooperation anhand des Kriteriums der Effektivität (Zielerreichung/Sollziel) festgestellt werden.

Auf der zweiten Ebene geht es um die Festlegung der Produkte/Leistungen/Maßnahmen auf der Basis der Kooperationsziele. Hier werden Kooperationsproduktkataloge entworfen, die eine Verbindung zwischen Input und Output, jeweils bezogen auf die einzelnen Kooperationspartner oder die Kooperationsgesellschaft, herstellen. Auf dieser Ebene wird der Erfolg der Kooperation gemessen anhand des Kriteriums Effizienz (Leistung/Kosten).

Auf der dritten Ebene geht es um Fragen der konkreten Umsetzung der Leistungserstellung bzw. der Kooperationsproduktkataloge auf der Basis von Kooperationszielen. Bei der konkreten Ausgestaltung der Leistungsprozesse sollen die Kosten durch Wahl der geeigneten Kooperationsform, insbesondere also durch die Frage nach einer informellen Partnerschaft oder nach einer Kooperationsgesellschaft, minimiert werden. Der Erfolg der Prozeßorganisation wird gemessen anhand der Prozeß-/Kostenwirtschaftlichkeit (Ist-Kosten/Soll-(minimale) Kosten).

Ergänzt werden diese drei Ebenen durch die Forderung nach Qualität und Rechtmäßigkeit. Die Forderung nach Qualität (Qualitätsstandarts) ist insofern von Bedeutung, als das von dieser wesentlich die Wirkung von ergriffenen Maßnahmen bzw. der erstellten Outputs abhängt. Zusätzlich ist bei einer klassischen Leistungsrechnung zur Steuerung von Kooperationen eine scheinbare Steigerung der Effizienz/Kosteneffizienz dadurch zu erreichen, daß die Kosten bei gleichbleibender Leistung gesenkt werden, indem die Qualität vermindert wird. Die Forderung nach Rechtmäßigkeit ist für Kooperationen unumgänglich. Da auch öffentliche Partner an den untersuchten Kooperationen beteiligt sind, sind die besonderen rechtlichen Restriktionen, denen die öffentliche Partner unterliegen, von besonderer Bedeutung.

Aus den Komponenten dieses Referenzmodells wird ein Kooperationsanwendungskonzept hergeleitet, wie es in Abbildung 3 dargestellt ist.

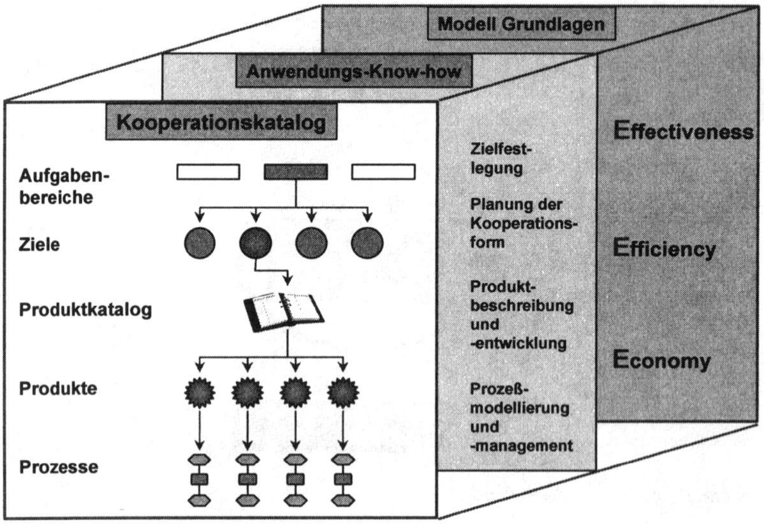

Abb. 3 Kooperationsanwendungskonzept

Die drei Kriterien Effectiveness, Efficieny und Economy stellen dabei die Modellgrundlagen für das Anwendungskonzept dar. Dieses besteht zum einen aus der dynamischen Komponente Anwendungs-Knowhow mit den Phasen Zielfestlegung, Planung der Organisationsform, Produktentwicklung und –beschreibung sowie der Prozeßmodellierung und dem Prozeßmanagement. Zum anderen beinhaltet es die statische Komponente des Kooperationskataloges, in dem für Standard-Aufgabenbereiche entsprechende Ziele mit dem jeweiligen Produktkatalog und der Prozeßbeschreibung hinterlegt sind.

Praxisbeispiel

Die verschiedenen Aspekte von Kooperationsreferenzmodell und – anwendungskonzept sollen an einem Praxisbeispiel kurz erläutert werden.

In einer Kooperation zwischen der Stadt Hoyerswerda, den örtlichen Schulen, der städtischen Bibliothek und der Bertelsmann-Stiftung wurde im öffentlichen Aufgabenbereich Schule und Jugend das Ziel verfolgt, mehr Kinder und Jugendliche zu häufigerem Lesen zu bewegen (Effektivität/Zielebene). Im Hinblick auf die Effizienz zeigte eine Istanalyse der Produkte der Leistungserbringer Schule und Bibliothek auf der Inputseite Lehrmaterial und Buchbestand und auf der Outputseite Unterichtsstunden und Ausleihe. Auf der Prozeßebene waren die Organisationsformen durch die Leistungsprozesse von Schule und Bibliothek gekennzeichnet. Aus dem oben genannten Ziel wurden dann in der Sollphase verschiedene Unterziee formuliert. So sollten bspw. innovative Konzepte zur langfristigen Partnerschaft zwischen öffentlichen Bibliotheken und Schulen sowie neue Methoden der Lehrstoffvermittlung und Leseförderung entwickelt und erprobt werden. Darüber hinaus sollte die Bibliothek als ständiger Partner in den Schulalltag in allen Fächern eingebunden werden. Konkret wurde eine Erhöhung des Anteils der Ausleihen von Kindern und Jugendlichen auf mind. 60% der Kinder und Jugendlichen angestrebt sowie eine Steigerung der Zahl der Ausleihen von Kindern und Jugendlichen um 25%. In einer Kooperationsprozeßanalyse wurden sodann Informationen über Leseverhalten und Lehrinhalte untersucht, um die Leistungsprozesse von Schulen und Bibliotheken zielführend miteinander zu verknüpfen.

Insgesamt ließ sich hier anhand des Kooperationsreferenzmodells und –anwendungskonzepts nachvollziehen, wie die Ermittlung des Kooperationsbedarfes für die Bereiche Schule, Jugend, Gesundheit, Wirtschaft in Abhängigkeit von den Interessen der Partner erfolgte und in einem geeigneten Entscheidungsgremium der PPP umgesetzt wurde. Auch wurde in Abhängigkeit von den Zielen und unter Berücksichtigung vorhandener Produkte ein Kooperationsproduktkatalog erstellt, dessen Produkte im Rahmen der Kooperation auf der Basis vorhandener und neugestalteter Prozesse umgesetzt wurden.

Ausblick

Die öffentliche Verwaltung bewegt sich in einem dynamischen Umfeld auf dem Weg in das nächste Jahrhundert. Der zunehmende Haushaltsdruck sowie die steigende Aufgabenkomplexität machen eine Neuorientierung der öffentlichen Verwaltung unumgänglich. Die zunehmende Konzentration auf strategisch-konzeptionelle Aufgaben erscheint unausweichlich. Eine kooperative Nutzung von Kernkompetenzen verschiedener Leistungsanbieter bei der operativen Aufgabenerfüllung kann Flexibilitätspotentiale als Fähigkeit zur ständigen Anpassung an veränderte rechtliche, soziale, gesellschaftliche oder wirtschaftliche Umfeldbedingungen bewahren bzw. aufbauen.

Voraussetzung ist allerdings, daß innovative Kooperationsformen gestaltet, abgebildet und dokumentiert sowie analysiert werden. Neben einer theoretischen Fundierung leisten das vorgestellte Kooperationenrefernzmodell und das –anwendungskonzept einen wichtigen Beitrag, daß durch Kooperationen zwischen Verwaltung, Wirtschaft und Bürgern zum einen bestehende Aufgaben effektiver erfüllt, zum anderen aber auch kreative Ansätze zur Förderung neuer Tätigkeitsfelder unterstützt werden.

Die sich aus den Konzepten innovativer Kooperationsformen ergebenden Möglichkeiten müssen in der Praxis zur Ausschöpfung von Beschäftigungspotentialen sowie zur effektiven und effizienten Aufgabenerfüllung genutzt werden. Zu diesem Zweck werden die wissenschaftlichen Grundlagen bzw. die auf ihnen basierenden Anwendungskonzepte in Betriebsprojekten evaluiert. Besonders geeignet erscheint das Beispiel einer vernetzten Gemeinde:

Die professionelle Nutzung neuer Informations- und Kommunikationstechnologie ist heute der Hauptmotor innovativer Entwicklungen in allen Bereichen: Der Privathaushalt fordert via Internet mehr Kundenorientierung, Unternehmen investieren in betriebswirtschaftliche Standardsoftware und vernetzen sich über die Telekommunikation mit Kunden und Partnern und auch die öffentliche Verwaltung erarbeitet sich Standortvorteile über den Information Highway.

Damit das öffentliche Leben überhaupt im elektronischen Netzwerk stattfinden kann, bedarf es bereits vielfältiger Kooperationen. Ist eine solche Plattform erst etabliert, können über sie aufgrund geringerer Transaktionskosten, -zeiten und -wege die verschiedensten Kooperationen zustande kommen und abgewickelt werden.

Das Internet bietet hier vielfältige Möglichkeiten, die Interaktion zwischen Verwaltung, Wirtschaft und Bürger effektiver und effizienter zu gestalten. Zentraler Punkt ist dabei die telebasierte Abwicklung von Verwaltungsdienstleistungen. Anträge können unabhängig von Ort und Öffnungszeiten gestellt werden. Eine eventuelle Bezahlung erfolgt per Bürger-Karte. Behördengänge werden erleichtert oder entfallen ganz. Digitale Daten werden elektronisch übermittelt und ohne Medienbrüche direkt verarbeitet und weitergeleitet. Der Bürger agiert also primär von Zuhause aus oder von öffentlichen Terminals, die per Bürger-Chip-Karte zu nutzen sind. Im Sinne einer kooperativen Aufgabenverteilung verlagert sich die Leistungserstellung teilweise auf den Bürger zurück. Wertschöpfungsketten erstrecken sich über Netzwerke mit unterschiedlichen Kooperationspartnern.

Die Komplexität des Szenarios ermöglicht es, von der Planung und Gestaltung über die Initiierung bis hin zur Abwicklung im Rahmen weiterführender Forschungsarbeiten der BMBF-Forschungsinitiative „Dienstleistungen für das 21. Jahrhundert" nahezu alle Aspekte der oben angesprochenen Grundlagen und der darauf basierenden Anwendungskonzepte praktisch umzusetzen.

VII. Erfolg in neuen Feldern

Mit kreativen Konzepten zu neuen Geschäftsfeldern – Erfolgsstrategien für KMU

Wolfram Risch, Thorsten Merkel

Die Autoren verdeutlichen an Hand von verschiedenen Praxisbeispielen, daß veränderte Markt- und Kundenanforderungen sich auch als eine Chance für Unternehmen anbieten können, wenn diese darauf mit innovativen Konzepten und Dienstleistungen regieren können. Die ausgewählten Beispiele zeigen erfolgsversprechende Entwicklungstendenzen kleinerer Dienstleister, welche durch den Einsatz von Veränderungskompetenz und Dienstleistungsperformanz, neue Geschäftsfelder aufbauen konnten. Die individuelle Reaktion auf Kundenwünsche mit Zusatz- oder Komplettangeboten zeigt sich nun in Umsatzsteigerungen und einer Positionsstärkung gegenüber größeren Dienstleistungsunternehmen.

Veränderte Markt- und Kundenanforderungen haben zu einer veränderten Situation für alle Unternehmen geführt. Vor allem etablierten Unternehmen fällt es schwer, durch die Entwicklung neuer Geschäftsfelder ihre Position in die neu entstehenden Märkte und Kundenbedarfe zu transferieren. Am Beispiel eines Produzenten soll ein solcher Wertewandel verdeutlicht werden.

War es ursprünglich die konstruktive und technologische Leistung, eine Werkzeugmaschine entsprechend der vorherrschenden qualitativen Standards zu fertigen und mit einer Standard CNC-Steuerung zu versehen, so hat es, ohne daß diese klassischen Anforderungen geringer geworden sind, eine deutliche Erweiterung des Anforderungsprofils hin zur Integration von Wissen und Dienstleistungen gegeben (Abb. 1).

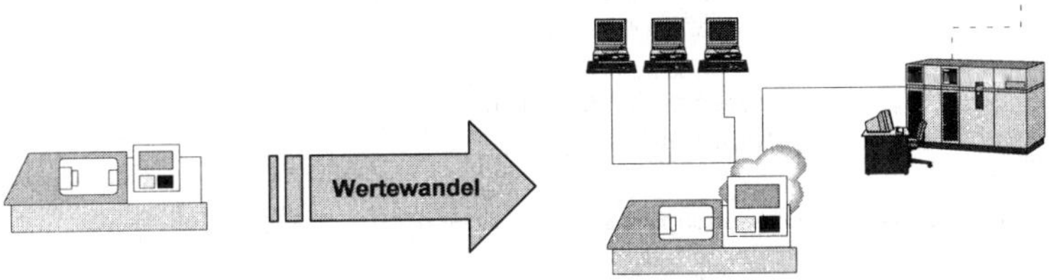

Ausgangssituation:

- Präzision und Leistung in „Stahl und Eisen"
- CNC-Steuerung in Standard-Ausführung des Herstellers

Überproportionale Integration von Wissen:

- Präzision und Leistung in „Stahl, Eisen" und kundenspezifischen DV-Lösungen
- spezifische CNC-Steuerung nach Anforderung des Kunden, Programmieranpassung, Entwicklung von Post-Prozessoren
- CAD/PPS - Anbindung
- Tele-Service/ Online-Wartung
- DNC-Betrieb

Abb. 1 Wertewandel bei der klassischen Produktion

Mittlerweile fordern die Kunden von den Herstellern die Ausstattung der Maschinen mit Steuerungen ihrer Wahl, was im Bereich der Schnittstellenbeherrschung, der Programmierung, der Portierung auf verschiedene Betriebssysteme etc., ein überdurchschnittliches Anforderungswachstum erfordert. Ergänzend zur Entwicklung spezifischer Postprozessoren, der Einbindung der Maschinen in betriebliche Netzwerke und Steuerungssysteme sind neue Dienstleistungen, wie Ferndiagnose, Online-Support etc. aufzubauen. Damit stehen klassische Unternehmen vor völlig neuen Herausforderungen, die sowohl als Aufgabe als auch als Chance zu begreifen sind.

Aber nicht nur klassische Fertiger müssen auf veränderte Anforderungen reagieren. Selbst in der vergleichsweise jungen Branche des Computerhandels entstehen angesichts des Preisverfalls, insbesondere bei Hardware, Notwendigkeiten zu Veränderungen der Geschäftsstrategie. Am Beispiel eines Unternehmens, welches sich ursprünglich ausschließlich mit dem Vertrieb der Standard-Baureihen von Marken-PC und Workstation beschäftigte, läßt sich demonstrieren, wie durch die Reaktion auf konkrete Kundenbedürfnisse ein völlig neues Geschäftsfeld entstanden ist. In dem konkreten Fall machte sich das Unternehmen seine speziellen Kenntnisse bezüglich der Konfiguration von Computersysteme und deren Komplettierung mit Zusatzkomponenten zu Nutze und erzielt seine höchsten Umsatzanteile mittlerweile durch spezifische auf die Kundenprobleme zugeschnittene Gesamtsysteme (Abb. 2).

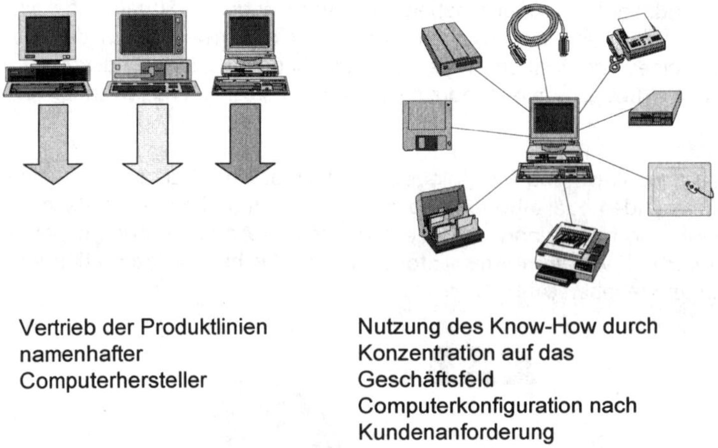

Abb. 2 Nutzung spezifischen Wissens zur Entwicklung neuer Geschäftsfelder

Während viele Unternehmen mittlerweile in der Lage sind, neue Geschäftsfelder zu erkennen und zu erschließen, werden im Bereich der Erstellung von Dienstleistungen deutliche Mängel bei der Prozeßbeherrschung sichtbar. Dies beginnt bei den klassischen Fertigungsunternehmen, die mittlerweile unter dem Druck der Kundenanforderungen additive Dienstleistungen erbringen, teilweise aber nicht in der Lage sind, für diese auch notwendige Deckungsbeiträge zu erwirtschaften. Häufig werden solche Dienstleistungen als Gratispaket zum Kernprodukt angeboten, was aber im Rahmen der zu erwartenden Leistungsverschiebung zwischen Kernprodukt und Dienstleistung zu Akzeptanzproblemen bei einer später angepaßter Preisbildung führen dürfte.

Fortführen läßt sich diese Betrachtung hinsichtlich der Qualität und der Produktivität von Dienstleistungsprozessen. Insbesondere kleine Dienstleister geraten durch mangelnde Planung, Arbeitsvorbereitung und damit geringerer Produktivität im Vergleich zu komplett designten Dienstleistungspakten, wie sie von den großen Ketten ob im Fast-Food-Bereich, dem Transport oder Reinigungsbetrieb angeboten werden, schnell ins Hintertreffen. Am Beispiel einer Studie der Stärken und Schwächen sächsischer Dienstleister soll dies im folgenden besser veranschaulicht werden (Abb. 3).

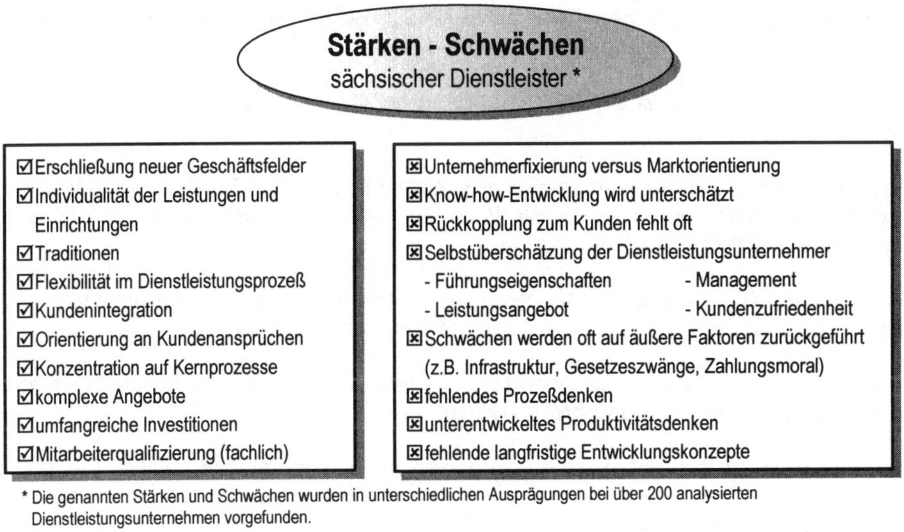

Abb. 3 Stärken und Schwächen sächsischer Dienstleister

In einigen ausgewählten, durch die ATB mitbetreuten, Pilotvorhaben konnte die Fähigkeit zur Kreativität und Kooperation als wichtigster Ausgangspunkt für ein erfolgreiches Dienstleistungsdesign ermittelt werden. Alle betrachteten Unternehmen ließen sich einem entsprechenden Portfolio verorten (Abb. 4).

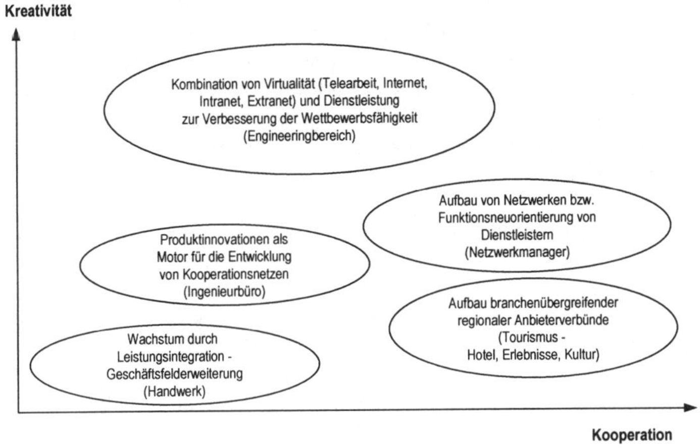

Abb. 4 Verortung ausgewählter Pilotvorhaben zur Entwicklung von Dienstleistungen zwischen Kreativität und Kooperation

Dabei zeigte sich, daß bei entsprechender Unterstützung bezüglich der Gestaltung unternehmens-, arbeitsorganisatorischer- und informationstechnischer Rahmenbedingungen, welche im Falle der Pilotvorhaben durch die ATB erfolgte, in kürzester Zeit ein effektives Dienstleistungsdesign sichergestellt werden konnte.

Für die Entwicklung neuer Geschäftsfelder, bezogen auf den Dienstleistungsbereich, läßt sich feststellen:

- Haupttriebkräfte Dienstleistung zur Entwicklung neuer Dienstleistungen sind Kreativität und Kooperationsfähigkeit.

- Dienstleistungen bedürfen eines ebenso planerisch durchdachten Engineering-, wie auch Optimierungs-Prozesses, wie materielle Produkte, mit den Schwerpunkten Zielorientierung, Produktivität und Qualität.

- Der Erfolg von Dienstleistungen hängt von der Betrachtung des Leistungsprozesses aus Kundensicht und des Angebotes relevanter Lösungen ab.

- Unternehmensorganisation und Arbeitsorganisation müssen die Rahmenbedingungen für einen erfolgreichen Leistungsprozeß sichern.

Es folgt eine beispielhafte Untersetzung ausgewählter Erfolgsstrategien kleiner Dienstleistungsunternehmen. Damit werden zugleich Wachstumsfelder und die Basis für Arbeitserzeugung (vgl. Volkholz & Lauenstein, in diesem Band) dokumentiert.

Beispiele erfolgversprechender Entwicklungstendenzen kleiner Dienstleister

Die hier vorgestellten Beispiele beziehen sich vorrangig auf Sachsen. Dies liegt nicht etwa daran, daß dieses Bundesland das einzige Beispiel für erfolgreiche Dienstleistungsentwicklung ist, sondern daß hier quasi im Zeitraffer die Entwicklung einer Dienstleistungslandschaft stattgefunden hat, welche alle Nuancen des zu analysierenden Entwicklungsraumes bietet. Betrachtet werden deshalb ausschließlich Entwicklungsphasen nach dem Aufbau einer zu den alten Bundesländern vergleichsweisen Infrastruktur an Dienstleistungsangeboten. Dabei läßt sich 1998 feststellen, daß vor allem im Bereich der Ansiedlung hochwertiger Dienstleistungen, wie z.B. Unternehmensberatungen und Werbe- und Marktingagenturen, in den neuen Bundesländern nach wie vor ein Mißverhältnis gegenüber der alten Bundesrepublik besteht. Hier zeigt sich die starke Wirkung von Rahmenbedingungen, wie z.B. die finanzielle Situation potentieller Auftraggeber, bzw. die Möglichkeit von Marktführern, erfolgreich global von ihrem Stammsitz aus zu agieren.

Betrachtet man die in der Dienstleistungsstudie der ATB analysierten Unternehmen, so bestätigt sich die Feststellung, daß es vor allem die etablierten und wachsenden Unternehmen sind, welche einen dauerhaften Beschäftigungsanstieg sichern können. Für die Dienstleistungsbranche sind dies vor allem klassische Dienstleister, wie beispielsweise Banken, Tourismus-, Freizeit-, Gesundheits- Handels- und Versorgungseinrichtungen, Ingenieurbüros, Handwerksunternehmen sowie die Vielzahl etablierter Fachbetriebe der Branche. Im Vergleich dazu führt die Entwicklung gänzlich neuer Dienstleister oder sich kurzfristig sehr rasant entwickelnder Dienstleistungsbranchen, wie z.B. durch das Entstehen fördernder Rahmenbedingungen im Pflegesektor, nur kurzfristig zu Beschäftigungseffekten. Sollen Wachstums- und Beschäftigungseffekte der Dienstleistungsbranche aber von etablierten Dienstleistern ausgehen, so ist bei diesen Unternehmen ein wesentlich stärkerer Drang zu Innovation und Leistungsoptimierung, als es bisher die Regel ist, notwendig. So hat sich beispielsweise für Kleingewerbetreibende, Handelseinrichtungen und Handwerk der Markt, bedingt durch verändertes Konsumentenverhalten, Produktlebenszyklen, Konzentrationsprozesse und Preisentwicklungen, die Situation in den letzten Jahren so verschärft, daß für diese Unternehmen ein unbedingter Handlungsbedarf zur Weiterentwicklung ihres Leistungsspektrums besteht. Mit den gewählten Beispielen sollen deshalb Akzente in Richtung des Wachstums und der Stabilisierung von etablierten Dienstleistungsunternehmen gesetzt werden.

Für diese Gruppe von Unternehmen lassen sich einige Haupttendenzen zur Sicherung des Wachstums auf der Grundlage von Dienstleistungskreativität feststellen (Abb. 5.).

Abb. 5 Wachstumsfelder für Dienstleistung

Beispiel 1: Koordination der Leistungen von Einzelanbietern zu einem Komplexangebot durch Entwicklung von Kooperationen

Stoßen Dienstleister an ihre Leistungsgrenzen, das heißt sie sind nicht mehr in der Lage Kundenwünsche in ihrer gesamten Komplexität selbst zu bedienen oder Projekte einer bestimmten Größenordnung zu entwickeln und zu handhaben, entscheiden die Fähigkeiten zur Kooperation, zum Kooperations- und Projektmanagement über den künftigen Erfolg des Unternehmens.

In dem Beispiel eines medizintechnischen Ausrüsters von Praxen ergab sich bedingt durch veränderte gesetzliche Rahmenbedingungen, die Notwendigkeit neue Produkte zu entwikkeln. Durch eigene Kreativität gelang dem Unternehmen eine Verschiebung der Aufträge von der Praxenausstattung zur Entwicklung, Planung und Realisierung von kompletten medizinischen Versorgungseinrichtungen (Abb. 6).

Für diesen Zweck entwickelte das Unternehmen im eigenen Haus vor allem Know-How bei der Planung bzw. im Projektmanagement und baute sich parallel dazu im regionalen Umfeld ein Netzwerk auf der Basis fester und loser Kooperationsbeziehungen auf.

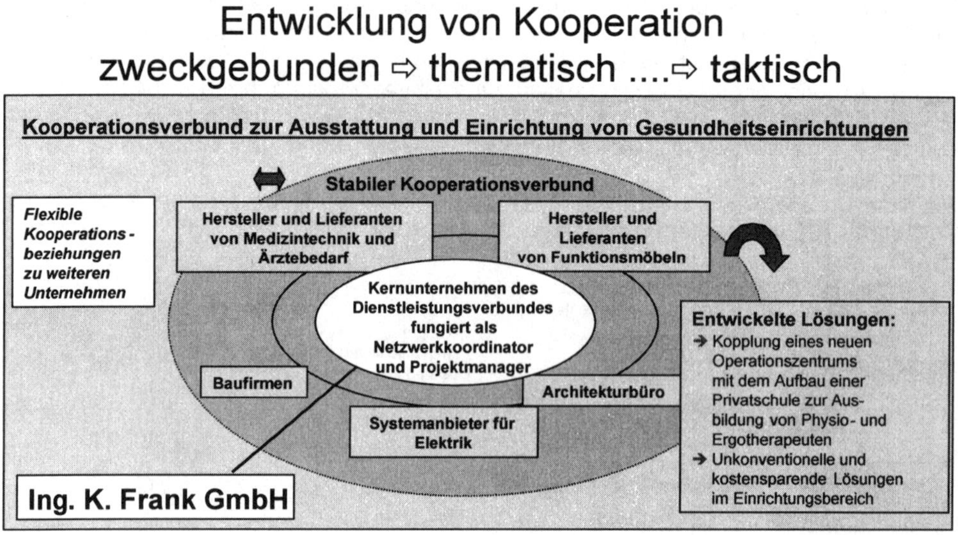

Abb. 6 Entwicklung eines Kooperationsverbundes zur Realisierung von Großprojekten

Durch den Ansatz einer Verschiebung des Geschäftsschwerpunktes vom Handel hin zum Projekt- und Produktentwickler bzw. Projektmanager konnte sich das Unternehmen in einer Phase der Rezession seinen Fortbestand und den der Kooperationspartner sichern.

Beispiel 2: Produktentwicklung

Die eigenständige Produktentwickung und die Erweiterung des Leistungsspektrums stellen eine weitere Chance für kleine Dienstleistungsunternehmen dar. Nach der Stagnation des Marktes bedurfte es Konzepten, um den Bestand und die weitere Entwicklung des Unternehmens zu sichern. In dem Beispiel entwickelte ein Unternehmen, rund um seine Kernkompetenz, dem Vertrieb und der Reparatur von Gabelstaplern eine ganze Palette von Zusatzleistungen, ohne den eigentlichen Geschäftsschwerpunkt zu verlassen.

Kern dieser erfolgreichen Entwicklung war das Umdenken vom Vertrieb der Gabelstapler als Geschäftsinhalt zur Lösung des Kundenproblems Lasten heben, stapeln und transportieren. Mittlerweile steht ein entsprechendes Angebotsspektrum, das von der Vermietung von Gabelstaplern mit Fahrer bis hin zu, auf den Kunden zugeschnittenen Finanzierungslösungen reicht, zur Verfügung (Abb. 7). Ergänzend startete das Unternehmen eine mit einem Reparaturbonus honorierte Kundenbefragung, durch deren Auswertung weitere Maßnahmen zur Anpassung des Leistungsspektrums an die Kundenwünsche vorgenommen werden konnten.

Durch diese Maßnahmen gelang dem Unternehmen nicht nur eine Stabilisierung der Situation, sondern auch ein Dank der erfolgreichen Realisierung aller neu gesteckten Aufgaben, ständigen Zuwachs des Unternehmens.

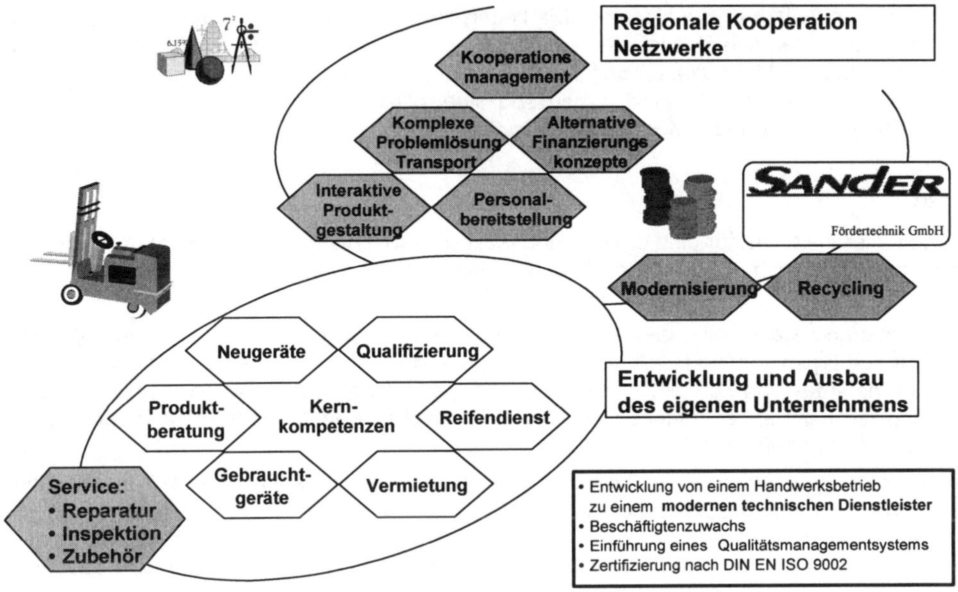

Abb. 7 Leistungsintegration- thematische Kooperation

Beispiel 3: Spezialisierung

Eine weitere Chance für kleine Dienstleister besteht in der Spezialisierung. Durch die Spezialisierung ist es auch kleinen Unternehmen in einem von Ketten und Discountanbietern dominierten Markt möglich, ein den verfügbaren Kapazitäten entsprechendes Know-how zu entwickeln, welches den weiteren Erfolg des Unternehmens begründet.

Ein typisches Beispiel dafür ist die Entwicklung im Optikermarkt. Durch die Präsenz eines bundesweit agierenden Anbieters mit zahlreichen Filialen und einer aggressiven Marketingstrategie, sind zahlreiche regionalen Handwerks- und Handelsbetriebe dieser Innung in starke Bedrängnis geraten. Ein Lösungsansatz zeigte sich in der Entwicklung von Spezialwissen und –leistungen, die durch den Discountanbieter nicht abgedeckt werden.

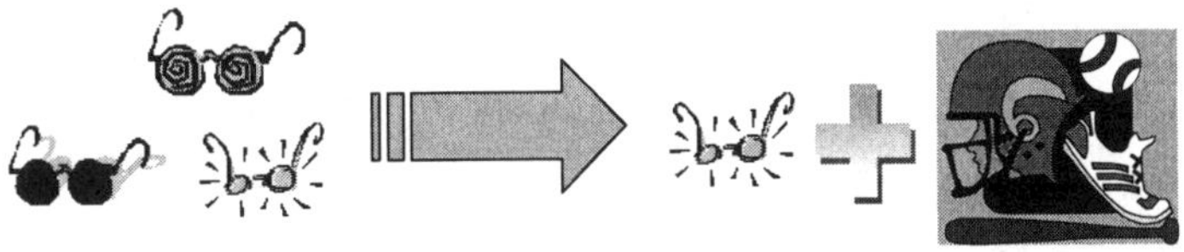

Abb. 8 Entwicklung von Know-how als Optiker durch Spezialisierung auf Sportbrillen verbunden mit einer Verbesserung der Kundenakzeptanz

Ein Beispiel dafür ist die Besetzung der Nische spezielle Brillen für sportliche Aktivitäten anzubieten, dies sind z.B. Rad- und Schwimmbrillen mit optischen Gläsern oder Sonnenbrillen aus dem Sport- und Fun-Bereich (Abb. 8). Durch diesen Schritt ist eine wesentliche Verbesserung der Akzeptanz bei einer bestimmten Klientel von Kunden möglich, welche vom "normalen" Optiker derzeit kaum oder gar nicht angesprochen werden.

Verbunden mit dem entsprechenden Marketing zeigt das Beispiel, wie in einem quasi von wenigen Unternehmen dominierten Markt Dienstleistungen entstehen können, die durch ihren besonderen Mehrwert selbst für Kunden eines größeren als dem unmittelbar regionalen Einzugsgebiet attraktiv sind. Ergänzend sind Allianzen mit Kooperationspartnern im Sportartikelgeschäft und den Herstellern von Sportbrillen denkbar.

Fazit

Diese realen Beispiele für eine erfolgs- und wachstumsorientierte Entwicklung von Dienstleistern zeigen deutlich den Handlungsbedarf in dieser Branche auf. Dies sind:

- Kooperationsfähigkeit - dies bedeutet, Unternehmer müssen die Chancen einer gegenseitigen Ergänzung von Leistung erkennen, die Möglichkeiten zu einem für den Kunden kompetentes und komplettes Leistungsprofil zu gelangen, zu eruieren und zu nutzen und die Rahmenbedingungen eines vertrauensvollen und transparenten Kooperationsprozesses entwickeln
- Wissensmanagement - dies bedeutet, Dienstleistungen basieren auf einem spezifischen Know-how, welches zu bestimmen und systematisch zu erweitern ist. Es müssen Formen gefunden werden, notwendiges Wissen in das Unternehmen zu holen, vorhandenes Wissen zu stabilisieren und dauerhaft im Unternehmen zu halten, um so die notwendigen Elemente von Attraktivität durch Einzigartigkeit zu erreichen.
- Kundenorientierung - dies bedeutet, Dienstleister müssen sich von einem Produkt lösen, sich auf ihre Kompetenzen zur Lösung von Kundenproblemen konzentrieren und dies auch nach außen dokumentieren. Dabei können und sollten durchaus etablierte und eingelaufenen Geschäftsprozesse verlassen werden.
- Signale erkennen und handeln - dies bedeutet, Dienstleister müssen verändernde Rahmenbedingungen (Chancen und Risiken), quasi in einem Frühwarnsystem, erkennen können um Visionen für eine mögliche Weiterentwicklung ihrer Kernkompetenzen und Dienstleistungsangebote zu entwickeln und zu erproben.
- Investitionen in Wissen und Personen - Für das Wachstum von Dienstleistern spielen Investitionen in Personen und Wissen eine besondere Rolle, es müssen deshalb erweitere Finanzierungs- und Bewertungsmodelle für derartige immateriellen Ressourcen entwikkelt werden.

Literatur

Risch, W.; Schrick, G. (Hrsg.): Dienstleistungsinnovationen - Chancen und Trends für Unternehmen; RKW, Eschborn 1998

Risch, W.; Rößler, St.; Israel, D.: Situation und Entwicklungschancen von Dienstleistern. Studie ATB-Eigenverlag, Chemnitz 1997

Praxisbeispiel Spodeck Verwaltungsholding – Qualitative Erweiterung der Leistungspalette um neue Dienstleistungen

Michael Spodeck, Karin Bockelmann

Durch die anwachsenden und überaus raschen Entwicklungen auf dem Anbietermarkt der Servicedienstleistungen, sah sich das Unternehmen mit der Entscheidung konfrontiert, den traditionell gewachsenen Bereich der Gebäudedienstleistungen um innovative, personenbezogene Dienstleistungen zu erweitern. Diese strategische Entscheidung verlangte innerhalb des Unternehmens nach einer Vielzahl von Aktivitäten, um diese neue Schwerpunktsetzung realisieren zu können.

Das Unternehmen

Die Spodeck GmbH & Co. KG Dienstleistungen umfaßte zu Projektbeginn zwölf mittlere und kleinere Unternehmen im Ruhrgebiet mit ca. 3.500 Mitarbeitern, die drei Dienstleistungsbereiche abdecken, die sich aus dem ursprünglichen Kernbereich Gebäudereinigung heraus entwickelt haben, und zwar Gebäudereinigung einschließlich Industrieanlagen-Reinigung, Bau mit Schwerpunkt Restaurierung und Umbau von Altbauten und Service einschließlich Sicherheit/Bewachung und Wäscherei.

Das Unternehmen sah sich angesichts der Entwicklungen im Anbietermarkt von Serviceleistungen unterschiedlicher Art herausgefordert, strategische Entscheidungen zur eigenen zukünftigen Entwicklung vorzubereiten. Als eine der strategischen Optionen wurde aufgrund der erwarteten Wachstumschancen in einem differenzierter werdenden Servicemarkt diskutiert, innerhalb des Geschäftsfeldes Service weitere Schwerpunkte aufzubauen, und zwar als personenbezogene Servicepalette, die temporär oder dauerhaft in Anspruch genommen werden könnte. Entsprechend war es die Arbeitsplattform des Teilprojektes, die Ansätze für die Realisierung dieser strategischen Option zu entwickeln. So wurden auch die Aktivitäten im Projektverlauf orientiert, darüber wird im einzelnen in den folgenden Abschnitten zu berichten sein.

Die Unternehmensführung hat sich dafür entschieden, im Juni 1998 das Geschäftsfeld Gebäudereinigung an einen der Branchenführer in Nordrhein-Westfalen zu veräußern; damit wird die durch die Projektaktivitäten vorbereitete Geschäftsfeldentwicklung jetzt entsprechend in die Gesamtstrategie des neu auf den Servicebereich fokussierten Unternehmens einzubringen sein.

Qualitative Erweiterung des Servicebereichs – was nun?

Bedingt durch die Setzung des neuen, unternehmenspolitischen Schwerpunktes i … -alb des Servicedienstleistungsbereichs, sahen sich die Entscheidungsträger des Unte mit gleichermaßen zentralen, und für den weiteren Verlauf der Geschäftsfelder grundlegenden Fragestellungen konfrontiert:

- Welche Aktivitäten können, in einem sich heterogen entwickelnden Markt der personenbezogenen Dienstleistungen, erfolgsversprechend innerhalb einer umgrenzten Region angewendet werden?
- Welche Schritte und Aktionen müssen folglich intern, zur Vorbereitung dieser Aktivitäten eingeleitet werden?

Der nach außen gerichtete Teil der Fragestellung beanspruchte insofern ein erhebliches Kreativitätspotential, als in diesem Bereich des Übergangs von klassischen auf neue Serviceaktivitäten nicht vorhersehbar sein konnte, welche Schwerpunktsetzungen der Markt in der Region westliches Westfalen, mit dem Ausgangspunkt Dortmund, annehmen würde.

Nach innen richtete sich die Fragestellung - in ihrer weiteren Differenzierung - auch als eine Herausforderung an die Kompetenz des Unternehmens, in neuartiger und kreativer Weise mit den geplanten unternehmerischen Neuerungen umzugehen. Gleichwie der (Um)- Verteilung der zur Verfügung stehenden Ressourcen, zwischen dem traditionell gewachsenen und dem sich neu etablierenden Servicebereich.

Zusammengefaßt stellte sich dem Unternehmen die Frage, wie es unternehmenspolitisch auf einen Markt reagieren könne, dessen Aufnahmebereitschaft für neue Dienstleistungen noch weiterer Entwicklung bedarf?, und wie die internen Ressourcen, welche noch überwiegend auf die klassischen Felder ausgerichtet sind, genutzt werden könnten, zur Erschließung der neuen Geschäftsfelder?

Die Umsetzung einer Geschäftsidee

Einer der ersten Schritte, um von der Entscheidung der qualitativen Serivceerweiterung zu deren Umsetzung zu gelangen, bestand in der Formierung einer Projektgruppe. Diese setzte sich aus den geschäftsführenden Gesellschaftern und je einem Geschäftsbereichsleiter zusammen. Fester Bestandteil des kommunikativen Austauschs zwischen den Mitwirkenden des Teams war die regelmäßig stattfindende Konferenz der Geschäftsführung und der Geschäftsbereichsleiter (die Leitung der einzelnen Töchter der Unternehmensgruppe ist Geschäftsführern und Geschäftsbereichsleitern übertragen; die unternehmerische Gesamtverantwortung liegt bei dem geschäftsführenden Gesellschafter der Gruppe).

Ein internes Arbeitspapier – das schriftliche Resultat einer Pilotarbeitsgruppe – stand dem Team zu Beginn des Projektes zur Verfügung. In sehr offener und kreativer Art und Weise hatten sich die Mitwirkenden dieser Pilotarbeitsgruppe mit der Fragestellung auseinandergesetzt, welche Formen der personenbezogenen Dienstleistungen denkbar seien, und welche Form sich u.a. dazu eignen würde, in Verbindung mit bereits bestehenden Serviceangeboten, entwickelt und etabliert zu werden. Ausgangsbasis der Projektgruppe waren die vorläufig erarbeiteten inhaltlichen Ansätze, welche aber – so die Vorgabe – keinen Ausschließlichkeitsanspruch haben sollten.

Eine erste konkrete Aufgabe des Projektteams ist die Ermittlung von Konkretisierungsfeldern für personenbezogene Dienstleistungen gewesen. Dies sollte nicht mehr rein hypothetisch wie in der Vorphase, sondern mit einem deutlichen Bezug zu den regionalen Märkten ablaufen. Von Vorteil schien eben auch die Verbindung zu denjenigen Märkten, in welchen die Unternehmensgruppe seit längerer Zeit mit klassisch objektorientierten Dienstleistungen vertreten war. Konsens im Projektteam bestand dahingehend, daß man sich mit seinen Aktivitäten auf überschaubare Wohn- und/oder Mischgebiete mit Gewerbe orientieren wollte. Dort sollten eventuell auch schon „Anker" in Form der bekannten Dienstleistungen vorhanden sein: Also bekannte *und* gekonnte Dienstleistungen als Plattform für weitere Entwicklungsschritte genutzt werden.

Nachdem diese grundlegenden Entscheidungen getroffen waren, wurde ein erstes Pilotgebiet ausgewählt, und zwar unter folgenden Aspekten: In diesem Gebiet war das Unternehmen bereits mit klassischen Serviceleistungen vertreten, und von Seiten der Kunden war ein deutliches Signal erfolgt, daß eine Erweiterung der Servicepalette erwünscht sei.

Das Konzept, das das Projektteam dann federführend entwickelte, bot eben den Mix aus bekannten objektorientierten und neuartigen personenorientierten Serviceleistungen, von dessen Umsetzbarkeit in diesem Markt man ausging.

Dieses Konzept wurde einem interessierten Kundenkreis im Rahmen einer Präsentation vorgestellt und hinsichtlich seiner Einsatz– und Entwicklungsmöglichkeiten dargelegt. Da der Neuigkeitsgehalt des Konzeptes sehr hoch gewesen war, fand in gewünschten Einzelgesprächen eine detailliertere Darstellung des Konzeptes statt. Diese Gespräche dienten aber auch den Mitgliedern des Projektteams zur eigenen Qualifizierung, indem sich die Chance bot, sich tiefer in den noch wenig konturierten Markt hineinzudenken.

Erste Arbeitsergebnisse der Projektarbeit

Zwei wichtige Arbeitsergebnisse dieses ersten, wie gesagt noch ausgesprochen pilothaften Schritts in Richtung auf neue Service- Aktivitäten sind:

- Das Unternehmen hat sich mit dem Angebot von klassischen Dienstleistungen einen Namen gemacht und kann dabei auf eine lange Tradition zurückblicken; auch wenn die Servicepalette im Laufe der Zeit systematisch verbreitert wurde, blieb man im Prinzip doch im bekannten Feld der Objektorientierung, d.h. des Gebäudes und seiner Umgebung. Das in diesem Bereich aufgebaute Vertrauen ist vor allem als wichtiger „Türöffner" für die Akquisition neuer Serviceaktivitäten bei den bisherigen Kunden zu verstehen; gleichwohl ist eine direkte Übertragung dieses Vertrauens, das sich aufgrund der bisherigen Bandbreite von Aktivitäten entwickelte, nicht selbstverständlich. Der eigene Erfolg im angestammten Bereich ist nicht sozusagen per se die Brücke in das anvisierte Feld hinein, vielmehr ist erkennbar, daß hier noch sehr viel Aus- und Aufbauarbeit zu leisten sein wird.
- Hinsichtlich der Nutzung interner Ressourcen stellte es sich als erforderlich heraus, parallel zur inhaltlichen Konzeption auch bereits dessen personelle Aspekte zu bearbeiten. Konkret: hier mit Personalentwicklung einzusetzen, um diese neuen Aufgaben angemessen wahrnehmen zu können. Neben dem Gedanken, vorhandenes Personal für diese Aufgabe zu trainieren, wurde vor allem diskutiert, ob nicht für neue Ideen auch neue Leute mit anderen, als den bisher im Unternehmen typischen Qualifikationsmerkmalen benötigt würden. Mit anderen Worten, für die kundennahe Entwicklung des neuartigen Servicebereichs wurden spezifisch abgestimmte Wege der Personalrekrutierung und -qualifizierung überlegt, weil deutlich wurde, daß entsprechend ausgebildete Mitarbeiter hier eine wichtige Schrittmacherrolle zu übernehmen haben würden. Diesbezüglich käme es darauf an, diese Mitarbeiter:
  1. In die Gesamtkonzeption einzuführen und einzubinden
  2. für die neuen Aufgaben zu sensibilisieren
  3. für das neue operative Geschäft zu trainieren.

Das Pilotprojekt stellte insofern auch wesentliche Erkenntnisse bereit in bezug auf die Erschließungsarbeit der neuartigen Serviceleistungen. Letztendlich resultierte aber dennoch der Entschluß daraus, das Pilotprojekt nicht weiter zu verfolgen. Ausschlaggebend für diesen Beschluß war u.a. auch die Feststellung, daß in diesem Projektzuschnitt wesentliche erfolgsbestimmende Merkmale – vor allem das zu geringe Potential an Mitarbeiten „vor Ort" – auf absehbare Zeit nicht gegeben sein würde. Dieses Ergebnis wurde aber auch als ein Anzeichen dafür gewertet - und damit wird dem nachfolgenden Abschnitt bezüglich der *Erkenntnisse* schon etwas vorgegriffen – daß die Bereitschaft des Marktes, sich für den full service Gedanken zu öffnen, noch der weiteren Entwicklung bedarf.

Als sich dann ein weiteres Gebiet an einem anderen Standort anbot, konnten dort die inzwischen gewonnenen Erfahrungen und Erkenntnisse in das Vorgehenskonzept bereits eingebaut werden. So wurde hier beispielsweise darauf verzichtet, eine Präsentation eines möglichen Gesamtkonzeptes anzubieten, vielmehr setzte man jetzt viel stärker auf direkte Kundengespräche, dies möglichst mit denjenigen Personen, die den potentiellen Kunden für neuartige Serviceleistungen schon aus dem bisherigen Angebots- und Leistungsbereich bekannt waren.

Den potentiellen Kunden als Co- Produzenten zu gewinnen, war eine der Vorgaben, weil deutlich geworden war, daß die Schnittstellen zwischen der Entwicklungsarbeit im eigenen Haus und der Bedarfserfassung der Kunden tatsächlich ganz kundennah gewählt werden mußte, hier also nicht sozusagen „am grünen Tisch" über das verhandelt werden konnte, was ein Kunde an neuen Dienstleistungen benötigen könnte. Vielmehr wurde erkannt, daß sich dieser Entwicklungsprozeß für die inhaltliche Bandbreite neuer Dienstleistungen, aber auch für die organisatorischen Aspekte der Leistungserbringung ganz nahe an deren potentielle Adressaten abspielen sollte.

Dieser zweite Pilotansatz ist derzeit so weit gediehen, daß eine Entscheidung hinsichtlich einer ersten Realisierung vorbereitet werden kann; das jetzige Vorgehen ist dabei vor allem gekennzeichnet durch die notwendige Kleinteiligkeit der beschriebenen Kommunikationsschritte. Natürlich ist ein solcher Schritt jetzt auch strategisch nochmals neu einzuordnen, in die oben angesprochene Veränderung, in der gesamten Unternehmensgruppe.

Erkenntnisse

Die Aufgabenstellung, so wie sie sich im Laufe eines iterativ gestalteten Entwicklungsprozesses herausgebildet hat, ist nur im engen Zusammenwirken von Produktion und Vertrieb sinnvoll zu bearbeiten. Dabei ist für beide Bereiche viel Neuland zu beschreiten; deshalb kann auf die bekannten Zuarbeitsverfahren mit den Vorgaben aus dem Vertrieb, die die Produktion dann operationalisiert, nur in begrenztem Maße zurückgegriffen werden.

Art und Gegenstände der Binnenkommunikation für neuartige Geschäftsfelder verlangen weit mehr als den üblichen Gestaltungsaufwand; auch dieser fordert die Kreativität der verschiedenen Akteure heraus, wollen sie nicht ein wichtiges, innovativ packendes verpassen, nämlich dasjenige, das auf die eigene Organisation zielt.

Damit im Zusammenhang steht auch die Erkenntnis, daß die Aufbereitung unterschiedlicher Wissens- und Erfahrungsbestände im Unternehmen in dem hier geforderten Maße ungewohnt ist, und das Schauen und Gehen "über den Tellerrand" des eigenen Bereichs hinaus auch stärker eingeübt werden muß.

Der Stufe der Professionalisierung der neuen Serviceleistungen – einer Stufe, die natürlich im Bereich des Gewohnten längst erreicht ist – muß und soll eine Phase des Suchens und Erprobens von Neuem, der Organisation und den Mitarbeitern noch Fremden vorgeschaltet werden. Die Vorgehensweise, aber auch die Erfolgsmuster sind hier anders als gewohnt. Unternehmensleitung und Entwickler aus den verschiedenen Bereichen müssen dies zulassen und selber aktiv beeinflussen und deshalb auch Ergebnisse zunächst mit einem anderen als dem üblichen Maßstab bewerten.

Wenn das Unternehmen seine Chance für die Entwicklung neuer Dienstleistungen im Markt suchen will, wird es auch seine potentiellen Kunden mit entwickeln müssen. Der Dienstleistunsmarkt ist in vielen Feldern mit ausgereiften Produkten ein ausgesprochener Käufermark; das gilt aber keineswegs gleichermaßen für Märkte mit innovativen Dienstleistungen. Hier handelt es sich jedenfalls in Teilen eher um Verkäufermärkte, die eben eine ganz andere Entwicklungsleistung und –intensität verlangen.

Erfahrungen

Insbesondere für das Management des Unternehmens, das in der hier vor allem beschriebenen Entwicklungsphase neuartiger Dienstleistungen die intensivsten Kundenkontakte zu bearbeiten hatte, war es wichtig, im Zuge dieses Prozesses erneut mit einer sehr herausfordernden Situation zurechtzukommen. Die Aufgabe, die neuen Serviceprodukte sehr sensibel kundennah zu konzipieren und dabei weder die Leistungsfähigkeit der eigenen Ressourcen noch die innovativen Pfade im Markt aus den Augen zu verlieren, geht durchaus über die alltäglichen Managementanforderungen hinaus.

Das Einbeziehen von Akteuren aus verschiedenen Geschäftsfeldern und mehreren Hierarchiestufen wird als notwendig erachtet, ist gleichwohl aber auch ein Lernfeld. Auch hier gilt, daß das Bild der zwei Geschwindigkeiten erst noch akzeptiert werden muß: Also die gewohnt hohe, wenn man sich im Bereich der klassischen objektorientierten Aufgabenlösungen bewegt, und die bewußt langsamere, um im Bereich des Neuen nicht vorschnell zu (Schein)- Lösungen zu kommen und statt dessen die eigenen Lernschleifen als notwendig für den angestrebten Erfolg zu akzeptieren.

Bei der Entwicklung eines solchen Marktes, konkret der Arbeit mit ausgewählten Pilotkunden als einer wichtigen Grundlage für die breitere praktische Einführung, wird unter zeitlichen Aspekten eher in Jahren als in Monaten gedacht werden müssen.

Viele Kunden verhalten sich, wenn es um Innovationen im Dienstleistungsbereich geht, eher vorsichtig. Damit ist unter anderem auch die Frage der Methodik von Beschaffungsentscheidungen im Bereich neuartiger Dienstleistungen angesprochen. Gerade für solche Dienstleistungen, die hier der Anbieter entwickelt, bestehen häufig keine hinreichend hinterlegten Vorstellungen bei potentiellen Kunden, was ihnen die Nutzung einer solchen Dienstleistung bringen könnte. Hier sind deshalb nicht zuletzt eher qualitative, nutzertorientierte Verfahren gefordert, die über die stark monetär ausgerichtete Betrachtung, primär den direkten Preisvergleich, deutlich hinausgehen.

Speziell personenorientierte Dienstleistungen müssen zudem – so die Erfahrung im Unternehmen – auch noch den notwendigen Imagefaktor gewinnen, um so mehr Attraktivität für Anbieter und Kunden zu entwickeln.

Ausblick

Der Erfolg des Angebots neuartiger Dienstleistungen, so wie sie das Unternehmen versteht, wird vor allem auf folgenden drei Komponenten aufbauen:

- Einer ausgefeilten Logistik für die Erbringung der Dienstleistungen (der Kunde benötigt diese Dienstleistungen für sich zum richtigen Zeitpunkt, also „just in time").
- Einer Personalführung und – einsatzgestaltung, die win- win- Systeme zwischen Kunden und Anbietern zumindest unterstützt, besser herausfordert (Entwicklung neuer Dienstleistungen alos nicht nur als eine auf den Markt gerichtete Aktivität verstehen, sondern auch als zusätzlichen Impuls für die interne Entwicklung des Unternehmens...).
- Dem full service Gedanken in der personenorientierten Dienstleistung. (Marketing und Akquisition- hier aber „one face to the customer", auf den full service Aspekt ausrichten, so daß der Kunde dann, wenn er über eine Veränderung, Vergrößerung oder auch Vertiefung der von ihm in Anspruch genommenen Dienstleistungen nachdenkt, von uns kontaktiert wird, weil er unsere Dienstleistungspalette und unsere Kreativität kennt und auf uns als Dienstleister orientiert ist).

Die jetzt erreichte Erkenntnissituation unterstützt uns dabei, ein weiteres Vorgehen in den Bereich der personenorientierten Dienstleistungen, vor dem Hintergrund der hier dargestellten Erfahrungen, nicht nur unternehmensstrategisch sondern auch im Hinblick auf die praktische Umsetzung, mit einer breiteren Absicherung reflektieren können.

Praxisbeispiel Gebr. Steffens – Wachstumschancen nutzen!

Hans-Günter Thielen, Karin Bockelmann

In der Übernahme von neuen Koordinationsfunktionen für Kunden der Bau- und Stahlbranche bot sich der Unternehmen ein Geschäftsbereich mit erfolgsversprechenden Entwicklungschancen. Das Praxisbeispiel vermittelt dem Leser, anhand welcher Maßnahmen es dem Unternehmen gelungen ist, einen synergetischen Ansatz der Dienstleistungserzeugung in das Unternehmensprofil zu integrieren und Akteur in einer Prozeßkette zu werden.

Das Unternehmen

Die Gebr. Steffens GmbH wurde in den 30er Jahren als Transportbetrieb gegründet und dann zunächst zum klassischen Allround-Spediteur weiterentwickelt. Inzwischen hat sie sich zu einem modernen Logistikdienstleister mit einer spezifischen Leistungsbandbreite und -tiefe für Kunden in der Bau- und Stahlbranche gewandelt. Diese beiden unterschiedlichen Geschäftsfelder werden von mehreren Standorten in der Bundesrepublik und in dem Hauptsitz der Firma unmittelbar benachbarten Luxemburg bearbeitet.
Das Unternehmen hat derzeit 32 Mitarbeiter und ist von seinem Selbstverständnis her eine mittelständische inhabergeführte Firma, die sich vor allem durch die Fähigkeit zur stark kundenorientierten Entwicklung kennzeichnen läßt.

Die Fragestellung

Das Unternehmen hat sich mit einer Tochtergesellschaft an einem Stahlstandort in einem in dieser Form neuen Zuschnitt als Logistikdienstleister entwickelt. Dabei ist es eines seiner Ziele, mehr und mehr vom reagierenden Partner zum Akteur in einer Prozeßkette zu werden, die von einem großen Produzenten über eine differenzierte Händlerorganisation bis zu einer Vielzahl von KMU-Kunden aufzuspannen ist. Es gilt dabei, Elemente klassischer Transportorganisation einzubringen in eine integrierte Dienstleistung; dabei geht es vor allem darum, sich mit dem Hersteller und seinen Kunden in einer für den Logistikdienstleister neuen Form auf der Informationflußebene zu vernetzen und dementsprechend auch den Materialfluß und darin inbegriffen das Lager- und Umschlagsgeschehen zu gestalten.

Die Fragestellung i.e.S. ergab sich dabei aus der folgenden besonderen Konstellation: Hier erhielt ein inhabergeführtes mittelständisches Unternehmen nicht zuletzt dadurch, daß es mit seinen Kunden im Handelsbereich kreativ neue Aufgaben angegangen war, die Möglichkeit, einen weiteren, aus seiner Sicht durchaus innovativen Entwicklungsschritt anzugehen. Die „Lösung von der Stange" war dafür weder gewollt noch zu haben. Es war deshalb zu fragen, mit welcher Strategie das Unternehmen den weiteren Schritt zum synergetischen Dienstleister angehen konnte und auch, welche Ressourcen dafür verfügbar gemacht werden konnten resp. noch können, die Aufgaben in der erforderlichen Zeit und Qualität zu lösen. Dabei kam es auch darauf an, die Interessen der Akteure in der Wertschöpfungskette gut, d.h. funktional in den eigenen Lernprozeß einzubinden.

Als Bestandteil der Fragestellung war ebenfalls zu verstehen, wie es gelingen könne, daß der operative Teil der neuen Dienstleistung in erheblicher Entfernung von dem Hauptsitz des Unternehmens zu erbringen ist. Auch dies war in die Organisationsentwicklung ebenso einzubeziehen wie in die informationstechnische Gestaltung. Zusammengefaßt lautete die Fragestellung also:

- wie neue Dienstleistungen im Kontext der Veränderungsdynamik vom Hersteller- und Abnehmerkunden zielführend zu organisieren seien
- wie eigene Management- und Wissensressourcen für die neue Aufgabenstellung strategisch geschickt zu nutzen seien
- wie die kritischen Faktoren der bestehenden und der mittelfristig ins Auge gefaßten Leistungserbringung an der Nahtstelle von eigener und Kundenorganisation richtig zu screenen und zu interpretieren seien.

Der 'rote Faden', der sich durch die Fragestellung zieht, ist hier inhaltlich gekennzeichnet durch die Ausprägung der verschiedenen Kompetenzbereiche (vgl. Steckbrief kreativer Organisationen: Kreationskompetenz, Orientierungskompetenz, Veränderungskompetenz, Durchsetzungskompetenz/Dienstleistungsperformanz) und ihr Verhältnis zueinander.

Die Vorgehensweise

Das Kernteam des Projektes setzt sich zusammen aus insgesamt drei Mitarbeiter, wovon zwei ständig vor Ort sind und primär das operative Geschäft steuern und realisieren und ein weiterer für den strategischen Mantel und insbesondere die Weiterentwicklung der Kundenbeziehung auf der strategischen Ebene verantwortlich ist; letzterer ist bedarfsweise jetzt durchaus häufig, aber eben nicht ständig vor Ort. Das Kernteam wird von Fall zu Fall ergänzt um interne und / oder externe Kompetenz bzw. Ressourcen.

Das Kernteam mußte und muß sich permanent damit auseinandersetzen, daß die zeitliche Gestaltung des Projektverlaufs in sehr hohem Maße durch den Stahlhersteller resp. die Rahmenbedingungen, in denen dieser agiert, bestimmt werden. Das hat zur Folge gehabt, daß für die Projektverlaufphase und die Implementierungsphase des neuen Systems hoher Zeitdruck kennzeichnend war, während in der jetzigen Situation, der Vorbereitung der Ausbau- und Erweiterungsphase, Entscheidungen nur im Kontext anderer, unternehmensübergreifender Entwicklungen getroffen werden können und sich damit tendenziell verlangsamen. In der Vorlauf- und Implementierungsphase mußte deshalb das Kernteam verstärkt werden einerseits um interne Organisationsentwicklungsressourcen, andererseits um externe Software-Entwicklungskompetenz. Die Tatsache als solche erscheint weniger bemerkenswert als die Art und Weise des Vorgehens.

Gespeist aus der strategischen Kreativität des Inhabers und anderer Mitglieder der Geschäftsleitung wurde die Aufgabenstellung für die Entwicklung der Software konfiguriert; ausgestaltet wurde diese Zielvorstellung dann im unmittelbaren Arbeitskontakt zwischen dem Entwickler und dem Hallenmeister vor Ort, der aufgrund seiner Vorstellung von der Leistungsfähigkeit und Gestaltung des Umschlaglagers zusammen mit dem Software-Entwickler in einem iterativen Prozeß die Software-Lösung vorantrieb.

Die operative Kreativität des Hallenmeisters richtete sich damit auch auf die Gestaltung der Arbeitsbeziehungen zu dem Hersteller und den Händlerkunden, wobei er als einen wesentlichen Aspekt deren Anspruch auf Flexibilität des Systems zu realisieren hat. Eine seiner wichtigsten Aufgaben ist es auch jetzt in der Phase der Abwicklung der Implementierungserfahrung, die 'Atmungsfähigkeit' des Systems zu sichern und vor allem darauf jetzt seine Kreativitätsleistung auszurichten.

Ohnehin ist eine Aufgabe wie das Herstellerlager, das jetzt von der Tochtergesellschaft betrieben wird, nicht 'am grünen Tisch' erfolgreich durchzuplanen bis in alle Details; vielmehr kommt es darauf an, daß das Betreiberteam, also der operative Kern vor Ort, das Lagerhaltungs- und Umschlagssystem dynamisch mit- und weiterentwickeln muß.

In der jetzt laufenden Phase der Weiterentwicklung des Systems geht es darum, für den Hersteller und in dem eben möglichen Maße auch mit ihm gemeinsam daran zu arbeiten, wie ein erheblicher 'Mengensprung' - unter den gleichen qualitativen Vorgaben wie bereits jetzt bestehend - realisiert werden kann. Auch in dieser Phase ist es wieder Bestandteil des Vorgehens, sich gezielt und auf Zeit durch Kompetenz von außen zu verstärken.

Die Software-Konfiguration reicht auch für die jetzt geplanten Veränderungen der Leistungserbringung ohne weiteres aus, da sie von vornherein auf eine solche Systemausweitung hin gedacht war und auch jetzt noch bedarfsweise zusammen mit dem kleinen, aber auch hochflexiblen Software-Büro angepaßt und weiter optimiert wird.
Dagegen ist jetzt die Verstärkung der eigenen Planungskompetenz erforderlich geworden, um den Kommunikationsumfang mit dem Hersteller angemessen bearbeiten zu können. Die Basis für diese Kommunikation, die mit der klassischen Angebotsabgabe nur noch dem Namen, aber nicht mehr dem Inhalt nach übereinstimmt, ist für den Dienstleister sein Erfahrungswissen aus dem laufenden, bereits systemunterlegten Geschäftsumfang und dessen Reflexion im Hinblick auf die Marktsignale und die Kundenbedürfnisse.

Hier kommt auch die 'besondere' Situation des „Kleinen" zum Tragen, der sich neben großen Anbietern behaupten und deshalb geschickt temporär verstärken muß, um sich durch das 'besondere' Vorgehen, das 'besondere' Konzept auszuzeichnen. Dies ist für das Unternehmen das Feld der strategischen Kreativität; nicht das Kopieren anderer, sondern das 'Erfinden' originären Kundennutzens ist der Hauptgegenstand der derzeitigen Entwicklungsphase, die noch nicht abgeschlossen ist, weil unternehmensübergreifende Entscheidungen hinsichtlich des Kunden das Offenhalten der Situation erfordern.

Bringt man die Vorgehensweise der Fa. Steffens auf den Punkt, so wiederholt sich wenn auch z.T. mit ganz unterschiedlicher personeller Besetzung - folgendes:

- Unternehmensintern wird ein Kernteam gebildet, in dem sowohl Akteure vertreten sind, die schwerpunktmäßig die Aspekte der strategischen Kreativität einbringen, als auch solche, die gleiches im Feld der operativen Kreativität leisten.
- Temporär wird dieses Kernteam verstärkt durch externe, dem spezifischen Bedarf entsprechend zugekaufte Ressourcen. Die Bindung der Externen an die Mitglieder des Kernteams erfolgt nach funktionalen, nicht nach hierarchischen Aspekten.
- Kernteam und Externe analysieren gemeinsam für den Hauptkunden und auch mit ihm zusammen dessen Situation und daraus resultierende Erfordernisse. Auch und vor allem damit realisiert der Dienstleister seine Weiterentwicklung vom reagierenden Partner in der Kette zum Akteur mit Gestaltungsraum.

Erfahrungen

Das Unternehmen sieht sich von seinem gesamten Zuschnitt her, aber auch von den Hauptakteuren aus betrachtet als zu klein für eine ausgesprochen formalisierte Organisationsstruktur, in der vor allem die Kommunikation einem klaren Reglement unterworfen wäre. Die kreative Kraft des Unternehmens, also die Kreationskompetenz i.e.S., kann und soll sich vor allem gründen auf den direkten Austausch zwischen den verschiedenen Akteuren. Aus der Analyse des bisherigen Problemverlaufs heraus stellen sich aus der Binnensicht des Unternehmens vier Kreativitätsquellen als die zentralen heraus:

- die Unternehmenskultur und die darin inbegriffene Führungskultur
- das Engagement der Mitarbeiter und deren Einstellung zum Unternehmen und ihrer Aufgabe
- die spezifische, bewußt wenig formalisierte Organisationsstruktur
- der tatsächliche Geschäftsverlauf als Impulsgeber für die Reflexion des Systems und seine Optimierung.

Die Quellen der strategischen Kreativität (...Was soll geschehen? Mit wem?...) und der operativen Kreativität (...wie am besten?...) können u.a. genutzt werden für 'proaktives' Verhalten, das vor allem initiiert, für den Kunden schon im Vorfeld der direkten Anforderung dessen Geschäfte und auch Ziele mitzudenken und entsprechend agieren zu können.

Die operative Kreativität lebt vor allem vom Prozeßverständnis: „Man muß das Geschehen als Prozeß mit verschiedenen Akteuren verstehen...". Die strategische Kreativität wird dagegen vor allem durch den Druck des Marktes ausgelöst bzw. verstärkt, der im Bereich der speditionellen und Logistikdienstleistungen in erster Linie gekennzeichnet ist durch scharfen Qualitäts- und Preisdruck.

Das Zusammenspiel von strategischer und operativer Kreativität muß *nach innen* in bezug auf seine Voraussetzungen, *nach außen* in bezug auf seine Wirksamkeit gestaltet werden. Das gelingt nur unter der Voraussetzung, daß das Personalentwicklungs- und Führungskonzept des Unternehmens stimmig ist und u.a. dem Grundsatz folgt, „jeden Mitarbeiter in *seiner* Verantwortung arbeiten zu lassen", diese Verantwortungsübertragung also nicht permanent zu konterkarieren durch unangemessenes Führungsverhalten.

Zum Personalkonzept des Unternehmens gehört auch, daß sich Mitarbeiter aus verschiedenen Standorten, obwohl sie keineswegs gleiche Aufgaben haben, austauschen, insbesondere zum DV-Einsatz.

Der Kunde wird zum einen und sicherlich in erster Linie durch die Erbringung des Tagesgeschäftes überzeugt; aber er sucht den Dienstleister auch als Entwickler und Lieferanten eigener Ideen, erwartet, daß dieser seine Kreationskompetenz gestaltend einbringt. Dieser Teil des 'Kunden-Lieferanten-Verhältnisses' zählt zu den vertrauensbildenden Maßnahmen, die die Voraussetzung für das Dienstleistungsgeschäft bilden, ohne daß damit dessen erfolgreicher vertraglicher Abschluß schon gesichert wäre. D.h. gerade in der risikoreichsten Phase, was den direkten Geschäftserfolg betrifft, erwartet der (zukünftige) Kunde den höchsten Einsatz der Kreationskompetenz seines Dienstleistungslieferanten.

Erkenntnisse

Das Unternehmen hat bzgl. der Nutzung und Ausgestaltung der verschiedenen Kompetenzbereiche einen eigenen Weg gefunden, der zu charakterisieren ist durch hohe Effektivität und Effizienz bei niedrigem formalem Planungs- und Dokumentationsaufwand. Das setzt voraus, daß alle Akteure sich häufig im direkten Kontakt austauschen; die Kommunikationsdichte im Unternehmen und auch im Austausch mit dem Umfeld ist also sehr hoch. Die daraus resultierende Fähigkeit, eine eher situative Vorgehensweise praktizieren zu können, erhöht die Flexibilität des Unternehmens in seinen Außenbeziehungen, setzt aber nach innen ein durchdachtes Personalentwicklungs- und -führungskonzept voraus. Die Mitarbeiter benötigen die notwendigen Freiräume, um ihre operative Kreativität komplementär zur strategischen Kreativität der Leitungsebene zu entfalten und dieser damit zugleich den Rücken freizuhalten von Routineaspekten.

Die zeitliche Strukturierung der Dienstleistungsvorbereitung und -erbringung ist hier ganz klar kundendeterminiert. Etwas anders stellt sich das hinsichtlich der inhaltlichen Strukturierung dar: Hier ist eine starke Kundenorientierung selbstverständlich, aber was den eigentlichen Gestaltungsaspekt angeht, erwartet der Kunde von seinem Dienstleister eindeutig, daß dieser seine Kreationskompetenz selbstverständlich voll einbringt.

Das Unternehmen benötigt keine spezifischen kreativitätsfördernden Maßnahmen, diese wären eher hinderlich bzw. würden auf Unverständnis stoßen bei den internen Akteuren. Unverzichtbar ist aber eine Unternehmens- und Führungskultur, die das Zusammenspiel der verschiedenen Kreativitätsbereiche sensibel aufnimmt und als eine Quelle des möglichen Erfolgs reflektieren hilft. Das Unternehmen sieht auch aus dieser Sicht heraus seine Stärken - auch zukünftig - eher im Change Management als im Outsourcing, verstärkt sich aber von Fall zu Fall durch gezielten Zukauf von externer Kapazität.

Die Rolle des „Kleinen" unter den Großen wird bewußt angenommen mit der Maßgabe, so die spezifischen Stärken eines mittelständischen inhabergeführten Unternehmens ausspielen zu können. Die dafür erforderlichen Fähigkeiten sind 'gelebtes Wissen' im Unternehmen und damit stark an die Akteure gebunden.

Ein Ausblick

Die Entwicklungschancen, die das Unternehmen für sich erarbeitet hat, gründen sich vor allem darauf, daß es gelungen ist, den synergetischen Ansatz der Dienstleistungserzeugung in das Unternehmensprofil zu integrieren. Das Muster, nach dem das jetzt laufende Projekt angelegt wurde - ein gut ausgeprägtes Kommunikationsraster im Unternehmen selber und mit seinem Umfeld, hohe Bereitschaft und Fähigkeit, der Dynamik der Kunden nicht nur zu folgen, sondern selber Akteur der Gestaltung zu sein, gezielte temporäre Verstärkung von außen in den eigentlichen Innovationsprozessen resp. -phasen - kann, wenn es beibehalten und ausgebaut wird, dem Unternehmen den notwendigen Handlungsspielraum verschaffen, um sowohl erhebliche quantitative Erweiterungen der Dienstleistungsaufgaben zu bewältigen als auch weitere synergetische Projekte anzugehen.

Die quantitative Erweiterung bedeutet auch eine deutliche Erhöhung der Personalstärke bei der Tochtergesellschaft; es ist den Mitarbeitern wichtig, daß sie als Team geführt werden und sich selber auch so verstehen, daß insbesondere auch der wenig formalisierte Führungs- und Kooperationsstil erhalten bleibt, eher noch verstärkt wird. Das sieht man als Basis für die gerade für ein solches Unternehmens- und Leistungsprofil notwendige enge Verknüpfung von strategischer und operativer Kreativität.

Praxisbeispiel IDB – Wie man Erfahrungen zum Produkt macht

Wolfgang Golasowski, Karin Bockelmann

Wie kann aus eigenen Erfahrungen ein Produkt entwickelt werden? Eine Antwort auf diese Frage bietet das Praxisbeispiel der Informations - und Datentechnik Bremen. Der Konversionsprozeß von einem Bestandteil der Verwaltungsorganisation zu einem Eigenbetrieb der Stadt Bremen wurde im Rahmen des Projektes reflektiert und nicht nur zur unternehmensinternen Kommunikation verwendet, sondern auch in ein prototypisches Dienstleistungsprodukt transformiert.

Das Unternehmen

Die ID Bremen ist seit Beginn des Jahres 1994 ein Eigenbetrieb der Stadtgemeinde Bremen, nachdem sie vorher seit ihrer Gründung den Status eines Landesamtes gehabt hatte und damit unmittelbarer Bestandteil der Verwaltungsorganisation gewesen war. Das Unternehmen beschäftigt rund 200 Mitarbeiter, welche DV-Dienstleistungen für öffentliche Einrichtungen im Land und in der Stadtgemeinde Bremen, aber zunehmend auch für andere Auftraggeber erbringen und schwerpunktmäßig Softwareentwicklung und -anpassung durchführen, verknüpft mit entsprechenden, vielfältigen Beratungs- und Schulungsleistungen.

Im Zuge der Konversion vom Amt zum Eigenbetrieb hat die ID Bremen einen umfangreichen und tiefgreifenden Reorganisationsprozeß durchlaufen, dessen Dynamik und Gestaltungsmodus auch jetzt noch fortwirkt, so daß dieser Prozeß zwar bereits durchgreifende Veränderungen in der gesamten Organisation mit allen ihren Akteuren ausgelöst hat, aber dennoch keineswegs als schon abgeschlossen betrachtet wird.

Das Unternehmen hat derzeit noch den Status eines Eigenbetriebes, soll aber in absehbarer Zeit privatisiert werden. Die Vorbereitungen dafür sind inzwischen sehr weit fortgeschritten.

Die Fragestellung

Aus der Erkenntnis heraus, daß der im eigenen Haus bereits praktizierte Konversionsprozeß auch hinsichtlich anderer Verwaltungsorganisationen vielfach zumindest bereits als notwendig erkannt, z.T. auch schon eingeleitet ist, stellte sich der ID Bremen die Frage, ob und vor allem wie aus den eigenen Konversionserfahrungen ein neues Geschäftsfeld zu entwickeln sei. Der entsprechende Leitgedanke, „Dienstleister der Dienstleister" zu werden, orientierte für das weitere Vorgehen im Rahmen des Teilprojekts.

Qualitativ sollte der damit angesprochene Enabling-Prozeß an der Erkenntnis ausgerichtet werden, daß der Kern des eigenen Vorgehens - nämlich Partizipation als Quelle der Veränderungskompetenz zu nutzen - auch in der Beratung der Kunden im Mittelpunkt stehen sollte.

Die projektleitende Fragestellung wurde deshalb einerseits als eine *nach außen* - also auf die potentielle Klientel - gerichtete formuliert: Welchen Bedarf an Enabling-Dienstleistung haben unsere potentiellen Kunden? Welche Erwartung haben diese Kunden an die Gestaltung einer solchen Dienstleistung? Wie wollen bzw. können sie von unseren Konversionserfahrungen profitieren?

Als mindestens ebenso wichtig stellte sich die Fragestellung als eine *nach innen* - also auf die eigenen Mitarbeiter und auf die eigene Organisation - gerichtete heraus: Wie können wir unsere eigenen Erfahrungen aus dem Konversionsprozeß so komprimieren, daß auch tatsächlich dessen wesentliche Elemente Dritten vermittelt werden? Wie stellt sich diese Dienstleistung im Kontext unseres sonstigen Geschäftsbetriebes dar?

Sozusagen als 'geborene' Klientel für die Adressierung der Enabling-Dienstleistung boten sich zunächst andere Rechenzentren in den verschiedenen Bundesländern an. Zwischen diesen Rechenzentren, die sich zu einem wesentlichen Teil noch im alten Status des Amtes (s.o.), zum anderen Teil auf einem der ID Bremen vergleichbaren Weg befinden, besteht eine Kooperation, die üblicherweise im Wege der klassischen Amtshilfe praktisch umgesetzt wird.

Die Vorgehensweise

Zur Bearbeitung der Projektaufgaben wurde eine interne Projektgruppe gebildet (Kern: 2 Mitarbeiter, dazu weitere Mitarbeiter nach Arbeitsschwerpunkt), deren Aufgabenstellung im Unternehmen kommuniziert und in dessen organisatorische Rahmenvorgaben eingebunden wurde. Damit war auch gewährleistet, daß die spezifische Projektaufgabenstellung adäquat in den Unternehmenskontext eingebunden war und entsprechend dem in der Konversionsphase entwickelten Selbst- und Aufgabenverständnis gehandhabt werden konnte. Als erster Schritt *nach innen* wurde die explizite Sicherung der eigenen Erfahrungsbasis vorgenommen, dies vor allem in Form einer Befragung von Mitarbeiterinnen und Mitarbeitern, wie sie die Entwicklung der kritischen Erfolgsfaktoren des eigenen Veränderungsprozesses wahrgenommen hatten.

Als Ergebnis dieser Befragung zeigten sich eine Reihe von Trends, die sich zusammenfassend wie folgt akzentuieren lassen:

Die Kreativität in bezug auf das Erkennen neuer Aufgaben wird bereits positiv unterstützt durch

- ein professionelles Projektmanagement
- die zunehmende Realisierung des formulierten Partizipationsanspruchs
- wachsende Loyalität gegenüber den gemeinsam erzielten Ergebnissen.

Die Kreativität bezüglich des Lösens neuer Aufgaben wird positiv unterstützt durch

- die Projektfähigkeit in der Organisation
- die Teamfähigkeit der Akteure.

Servicedenken und Kundennähe wurden als wichtiger werdende, aber durchaus schon gut verstandene und zunehmend praktizierte Aspekte erkannt.

In einem zweiten, z.T. parallel laufenden Schritt, wurde ein intensiviertes Wissens- und Erfahrungs-Screening mit Akteuren aus bereits laufenden Projekten „neuer Art", d.h. solchen mit ausgeprägten Projektmanagement-Aufgaben bei Kunden, vorgenommen. Dies geschah im Hinblick auf die bereits antizipierte Bedarfs- und Erwartungssituation potentieller Kunden für das neu zu entwickelnde Geschäftsfeld „Konversions-Beratung", aber auch, um erste Erfahrungsmuster in bezug auf die Umsetzung kreativer Veränderungsprozesse im eigenen Unternehmen noch deutlicher sichtbar zu machen.

Auf dieser Basis ließ sich ein weiterer, jetzt schon stärker *nach außen*, also auf potentielle Kunden gerichteter Schritt anbahnen, der darauf zielte, die anzubietende Leistung auch tatsächlich als Produkt mit Angebotscharakter fassen zu können. Hier muß erwähnt werden, daß die Vorgehensweise jetzt nicht mehr rein sequentiell sein konnte, sondern im Kontext der Leitfragen des Projekts immer auch auf Signale der potentiellen Klientel reagiert werden mußte.

Diese Signale stellten sich natürlich keineswegs als einheitlich, ebensowenig aber auch als bereits entscheidungsfähige Anfragen nach einem dem Konversionsprozeß angemessenen umfangreichen Dienstleistungspaket dar; sie zielten vielmehr - sozusagen im sich erst entwickelnden Verständnis der zu erwartenden Aufgabenstellung - auf solche Teilaspekte, die sich aus der Sicht der potentiellen Kunden bereits als konkrete und vor allem unmittelbar anstehende Einzelaufgaben identifizieren ließen.

Um dies besser einordnen zu können, folgendes zur Erläuterung: Eine der zentralen Bedingungen des Konversionsprozesses vom Amt zum Eigenbetrieb oder auch im Rahmen von Verwaltungsreformen bei den öffentlichen Händen ist, daß sich die Organisation den neuen Anforderungen und Aufgaben im wesentlichen mit dem bestehenden Personalbestand zu stellen hat. Daraus resultiert ein starkes Interesse der potentiellen Kunden an Personalmanagement-Instrumenten. Die ID Bremen hat ein solches Instrument für sich entwickelt und im Zuge der eigenen Konversion erprobt und etabliert, das unter dem Titel „Stellenbeschreibungen mit Funktionsbildern und Anforderungsprofilen" erscheint. Der Schwerpunkt liegt dabei auf den beiden letzten Punkten.

Funktionsbilder und Anforderungsprofile sind vom Prinzip her natürlich Ergebnis einer projektförmig strukturierten längeren Phase der Organisationsentwicklung. Es zeigte sich aber, daß die potentiellen Kunden, hier konkret das Management anderer Rechenzentren mit Konversionsnotwendigkeiten, den Einstieg in die Enabling-Dienstleistung der ID Bremen zunächst vor allem über das Ergebnis und damit weniger über den anstehenden Paradigmenwechsel in ihrer Organisation suchten bzw. fanden.

Das jetzt prototypisch formulierte Dienstleistungsprodukt der ID Bremen übersetzt damit die eigenen Erkenntnisse aus dem Feld Personalentwicklung - als Teilbereich des Konversionsprozesses - in ein Leistungsangebot, das sowohl die grundlegende fachliche Beratung zur Gestaltung der Aufgabe als auch die Unterstützung bei konkreten Einzelschritten des Prozesses umfaßt. Auf der Ebene der Einzelschritte wird dann auch im Angebot das als notwendig und erfolgreich erkannte partizipative Vorgehen sichtbar gemacht. Der Prozeß wird in allen Schritten bis hin zur Begleitung der Erfolgskontrolle unterstützt, und zwar differenziert für Mitarbeiter und Management. Der Enabling-Ansatz umfaßt im Verständnis der ID Bremen den Gesamtzusammenhang von Personalentwicklung, Teamentwicklung und Organisationsentwicklung, eingebettet in eine Unternehmenskultur, die als Verständigungskultur operationalisiert wird.

Die interne Arbeitsgruppe hat entsprechend ihrem Gesamtauftrag auf der einen Seite das Anliegen des Projekts in die eigene Organisation hineingetragen und damit eine in sich keineswegs widerspruchsfreie, aber doch konstruktive Diskussion darüber ausgelöst, ob und vor allem wie eine solche Entwicklung, die ein neues Geschäftsfeld begründen helfen könnte, in die derzeitige Entwicklungsphase des Hauses paßt. Denn es ist zu berücksichtigen, daß ja der eigene Privatisierungsvorgang derzeit noch nicht als abgeschlossen gelten kann; die Anforderungen, die durch den Schritt zum Abschluß dieses Vorgangs ausgelöst werden, haben im Hause nicht unerhebliche direkte und indirekte Effekte auf die Mitarbeiter und werden das auch noch weiterhin haben. Es muß also gefragt werden (dürfen), ob die eigenen Turbulenzen, die in dieser Phase unvermeidlich sind, eben wiederum als Lernfeld konstruktiv genutzt werden können.

Auf der anderen Seite wurden parallel dazu die Außenbeziehungen in Richtung auf Partner für die Umsetzung des Leistungspakets 'Enabling für Konversionsprozesse' vorangetrieben. Dabei sind jedoch die sehr spezifischen Bedingungen der verschiedenen Rechenzentren zu berücksichtigen gewesen, die sich in unterschiedlichen Entwicklungsstadien befinden, was den Weg in Richtung Privatisierung betrifft, und von daher nicht als eine mehr oder weniger homogene Kundengruppe betrachtet werden können. Deshalb muß hier mit großer Sensibilität für die Belange der jeweiligen Zentren agiert werden; zugleich ist aber auch die Kommunikations- und Kooperationskultur zwischen den Zentren zu beachten, die - wie schon ausgeführt - in loser Form, aber durchaus vertrauensvoll und intensiv, kooperieren. Daraus ergab sich, daß klassische Marketingmethoden nicht so ohne weiteres auf die Akquisition und Anbahnung von bilateralen fakturierbaren Leistungen anzuwenden waren.

Für das Vorgehen im Rahmen des Projekts wurde deshalb als wichtiger Arbeitsschritt die Erstellung eines idealtypischen 'Drehbuchs' für die Gestaltung des Enabling-Prozesses realisiert, und zwar zunächst prototypisch für den Schwerpunkt Personalentwicklung. Mit dieser Vorgehensweise trifft die ID Bremen auch den Bereich, der von der potentiellen Klientel als der vordringlichste herausgestellt wird.

Damit ist jetzt als ein Modul des Konversionsprozesses ein Dienstleistungsprodukt abrufbar; dieses ist *nach innen* im jetzt geltenden Modus der eigenen Organisation abgestimmt. Zugleich hat es aber auch mit Wirkung *nach außen* den erforderlichen Produktstatus und damit Angebotscharakter. Der nächste Schritt kann demzufolge jetzt die praktische Erprobung des Moduls im Zuge der Konversionsprozesse von Klienten sein.

Parallel zu dieser Entwicklung hat sich durch weitere Anfragen gezeigt, daß auch andere Gestaltungsfelder der eigenen Konversion für eine spezifische Klientel von großem Interesse und Wert sind. Dies wird intern so gewertet, daß man mit unterschiedlichen Einstiegssituationen in den konversionsbezogenen Enabling-Prozeß rechnen und damit entsprechend umgehen können muß. Mittlerweile ist es in diesem Rahmen auch schon zu einer konkreten Auftragserteilung gekommen. Die Beratung des Kunden, der aus dem Kulturbereich stammt, umfaßt vor allem rechtliche, finanzielle und organisatorische Aspekte der Konversion.

Die Erkenntnisse

Die ID Bremen verfügt mit dem Projektmanagement, wie es im Zuge des eigenen Konversionsprozesses implementiert und optimiert wurde, über ein Instrumentarium und eine Methodenkompetenz, deren sie sich immer stärker bewußt werden muß und mit der sie aktiv Enabling-Prozesse gestalten kann. Dies kann und muß auch in den als sehr gut zu bezeichnenden Kontakten zu Kunden, Entscheidungsträgern, Partnern und zur Forschung weiter erhärtet werden.

Gerade weil aber der partizipative Gedanke im Mittelpunkt der eigenen Erfahrungen steht, verbietet es sich, von quasi stromlinienförmig planbaren und realisierbaren Schrittfolgen eines Konversionsprozesses auszugehen. Das bedeutet, die Erfahrungen hinsichtlich der Rolle der eigenen Kreativität des potentiellen Enablers in der Methode, nicht aber im Ergebnis übertragbar zu machen.

Das Enabling muß weiter auch die Sensibilisierung für Hürden und deren Bewältigung in diesem Prozeß einschließen, die dem neuen Paradigma der umfassenden Mit- und Einwirkung der Mitarbeiter folgt.

Was die Gegenstände des Enablings betrifft, reicht also der Spannungsbogen vom konkret als Angebot faßbaren einzelnen Modul bis zum übergreifenden Gestaltungswissen, das in dem hier diskutierten Kontext aber eher öffnen als festlegen soll. Es zeichnet sich aber ab, daß die Klientel, die am Enabling für Konversionsprozesse Interesse hat, dazu eher über einzelne Module als über den Gesamtprozeß Zugang findet.

Für die Akteure im eigenen Haus, also diejenigen, die den Enabling-Prozß in seinen unterschiedlichen Facetten in Ansätzen jetzt schon betreiben und dies noch intensivieren werden, wenn das neue Geschäftsfeld weiter etabliert wird, bedarf es ebenfalls der Fortsetzung des auf die eigene Organisation bezogenen Reflexionsprozesses; der wird darauf zielen, worin die jeweils zentralen Erfolgsfaktoren im eigenen Hause lagen resp. sind und wie diese für andere Situationen „übersetzbar" sind. Hier ist strategische Kreativität gefragt, deren Einbringung von den Mitarbeitern aber auch erwartet wird.

Es ist inzwischen deutlich geworden, daß in diesem Kontext vor allem ein *nach innen* gerichtetes Marketing für die Enabling-Aktivitäten erforderlich erscheint. Die Kreationskompetenz, die die ID Bremen für den eigenen Prozeß der Konversion entwickelt hat, ist inzwischen unverzichtbarer Bestandteil des eigenen Angebots- und Leistungsprofils und wird auch gegenüber den unterschiedlichen Kundengruppen sichtbar gemacht, z.B. im Rahmen der jährlich stattfindenden Hausmesse, die vor allem als Forum für die Kommunikation mit diesen Gruppen verstanden und gestaltet wird. Nicht zuletzt damit ist eine Möglichkeit gefunden worden, auch das Thema „Paradigmenwechsel" vor allem bezüglich seiner Voraussetzungen und seiner Praxis in öffentlichen Verwaltungen zunehmend diskussionsfähig zu machen. Die gute Resonanz auf diese Hausmesse wird auch durchaus so verstanden, daß neben dem Interesse an den klassischen Produkten, also der Software, auch die Chance gesehen und genutzt wird, neue Themen aufzugreifen, die die eigene Entwicklung betreffen.

Erfahrungen

Im Zuge des eigenen Konversionsprozesses sind Führungsinstrumente entwickelt und einsatzfähig gemacht worden, die dem Unternehmen Spielraum für Kreativität schaffen; zu nennen sind insbesondere

- die Vergabe von Führungspositionen auf Zeit
- gezielte und konsequente Führungskräfte-Entwicklung
- Führen durch Information als durchgängiges Führungsprinzip.

Das jetzt entwickelte Produkt (vgl. S. 3), das ein zentrales Modul für die Enabling-Aktivitäten darstellt, bezieht sich auf die o.a. Führungsinstrumente, die in ihrer inhaltlichen Ausgestaltung wiederum nur zu verstehen sind vor dem Hintergrund der 'Stellenbeschreibungen mit Funktionsbildern und Anforderungsprofilen'. Hier entwickelt sich eine neue Führungskultur im eigenen Unternehmen, die durchaus als Herausforderung, als 'Ding mit Ecken und Kanten' empfunden wird.

Ein wesentlicher Effekt der jetzigen Führungskultur ist, daß sie den Mitarbeitern auf eine neue Art Sicherheit (an)bieten will und soll, die jetzt aus der Art und Weise resultiert, wie die Tätigkeit inhaltlich gestaltet wird, d.h. wie geführt wird und nicht mehr primär aus dem Beschäftigungsverhältnis als solchem.

Es darf allerdings nicht außer acht gelassen werden, daß sich - *innen und außen* - in dem Gesamtprozeß die verschiedenen Stränge weder zeitlich noch inhaltlich mit der jeweils gleichen Dynamik entwickeln (lassen); die unvermeidbar entstehende Spannung wirkt fast direkt auf die Herausbildung des neuen Geschäftsfeldes „Enabling". Praktisch heißt das derzeit, daß von den Akteuren intern als unverzichtbar angesehene grundlegende strukturelle Veränderungen bei den potentiellen Kunden noch durch das Nadelöhr derer subjektiv empfundener Bedarfssituation gebracht werden müssen. Der Konversionsprozeß, für den und auf den hin befähigt werden kann und soll, muß damit u.U. in einer neuen Logik aufgebaut werden, die der im eigenen Haus praktizierten nicht unbedingt entsprechen muß. Dies wird als eine ganz besondere Herausforderung hinsichtlich der Kreationskompetenz der Akteure angesehen.

Es zeigt sich auch, daß erst in dem damit implizierten Suchprozeß die Verknüpfung von strategischer und operativer Kreativität Gestalt gewinnt, für den Prozeß also auch so viel Zeit zur Verfügung stehen sollte, daß das für den Erfolg notwendige 'Lernen aus dem eigenen Potential' den Akteuren auch möglich ist.

Ein Ausblick

Was bereits den gesamten Projektverlauf begleitete, steht nun vor einem voraussichtlich baldigen Abschluß: Die ID Bremen wird in ihrem eigenen Veränderungsprozeß den nächsten Schritt gehen, den zur Privatisierung des Unternehmens. Es ist noch nicht hinreichend genau abzusehen, wie diese Entscheidung sich auf die Dynamik der Binnenentwicklung, aber auch der verschiedenen Märkte auswirken wird, auf denen das Unternehmen jetzt tätig ist. Gleichwohl gehen wir davon aus, daß die Enabling-Kompetenz schon aufgrund der Marktsignale eine wachsende Rolle spielen wird. Das wird sich vermutlich, folgt man auch hier weiter dem bisher eingeschlagenen Kurs, nicht in erster Linie in „mehr Köpfen" ausdrücken, sondern vielmehr in einem breiteren Einsatzspektrum der Akteure.

Quantifizieren lassen sich die erwarteten Effekte in diesem Entwicklungsstadium noch nicht, wohl aber qualitativ fassen: Die ID Bremen ist dabei, ihr Dienstleistungsprofil so auszuweiten, daß *Binnenaspekte* der 'lernenden Organisation' zum Dienstleistungsangebot *nach außen* werden.

Arbeitserzeugung – Entwicklungstendenzen und Anstöße

Volker Volkholz, Thomas Lauenstein

In Kenntnis von Entwicklungstendenzen und Herausforderungen werden in diesem Beitrag einige eher neue Lösungswege zur Arbeitserzeugung diskutiert. Das Phänomen der Arbeitserzeugung wird aus einer mikroökonomischen Perspektive betrachtet, eine Sichtweise, die gegenüber der üblichen makroökonomischen und politischen Perspektive bislang nur wenig Beachtung fand.

Hinweise

Der erste Abschnitt dieses Beitrags beschreibt einige relevante Entwicklungstendenzen: aus der Vergangenheit bis in die Zukunft. Sie sind - obwohl eher allgemein bekannt - hier wiedergegeben worden, da sie den Ausgangspunkt einer langen Gedankenreise markieren. Über viele Jahre hinweg gab es nur die Trends. Über ihre Dynamik, also ihre Entstehung durch das Wachsen und Sterben von Unternehmen, über wachsende und schrumpfende Betriebe, mehren sich die Kenntnisse erst seit den 80er Jahren - ohne in ihren Konsequenzen durchdacht worden zu sein.

Der zweite Abschnitt beschreibt einige Herausforderungen, die zukünftig zu bestehen sind. Im Vordergrund stehen Produktivität und Innovativität von Dienstleistungen. Sie sind in Deutschland der zu sprengende Engpaß der Zukunft.

Im dritten Abschnitt werden in Kenntnis von Entwicklungstendenzen und Herausforderungen einige eher neue Lösungswege zur Arbeitserzeugung diskutiert. Der Schwerpunkt liegt nicht auf der Wiederholung bekannter Vorschläge - versucht wird statt dessen zu zeigen, wie aus der Entwicklung in und zwischen den Unternehmen neue Chancen der Arbeitserzeugung entstehen. Solche Ansätze sind selten und demnach risikoreich.

Der Abschnitt vier befaßt sich mit der Einzigartigkeit von Unternehmen, ihrer Entstehung durch Unternehmensstrategien und deren Erzeugung. Es benennt die maßgeblichen Voraussetzungen, die gegeben sein müssen, damit die Chancen zukünftiger Herausforderungen (zweite Abschnitt) und die Möglichkeiten neuer Tätigkeiten (dritter Abschnitt) genutzt werden können. Es ist wahrscheinlich ein fremdes Kapitel: die meisten Leser werden nie die Chance haben, an der Erarbeitung einer Unternehmensstrategie mitzuwirken; vielen wird also die Rede von der unternehmerischen Einzigartigkeit nur schwer verständlich sein. Und doch dieses Kapitel - so unvollkommen es auch sein mag - eigentlich entscheidend. Ohne Wiederentdeckung der unternehmerischen Einzigartigkeit wird es keine hinreichende Arbeitserzeugung, also die Schaffung zusätzlicher Arbeitsplätze, geben. Stellt man sich - was inzwischen allgemein üblich ist - die Unternehmen im nächsten Jahrhundert als noch viel stärker wissensbasierte Unternehmen vor, so läßt sich aus der Kombinatorik der Wissensgebiete ableiten, daß es theoretisch mehr Möglichkeiten an Einzigartigkeit als Unternehmen gibt. Das Problem ist also nicht die Theorie, sondern die Praxis. Diese Praxis verdeutlicht exemplarisch der Beitrag von Risch und Merkel (in diesem Band), in dem Beispiele erfolgversprechender Entwicklungstendenzen kleiner Dienstleister referiert und reflektiert werden.

Mit diesen Hinweisen dürfte deutlich geworden sein, daß wir vorrangig die mikroökonomische Perspektive einnehmen. Gegenüber der makroökonomischen und politischen Perspektive, ist diese Sichtweise leider noch recht unterbelichtet. Unter anderem deshalb sind die bekannten Rahmenbedingungen für job creation nicht Gegenstand dieses Beitrages.

Wertschöpfende Tätigkeiten

Entwicklungstendenzen

Werden zu den Erwerbstätigen im tertiären Sektor diejenigen Erwerbstätigen des produzierenden Sektors hinzugezählt, die Dienstleistungstätigkeiten ausüben, so verrichten bereits heute mehr als 70% der Erwerbstätigen Dienstleistungsarbeiten: Tendenz steigend (Abb. 1).

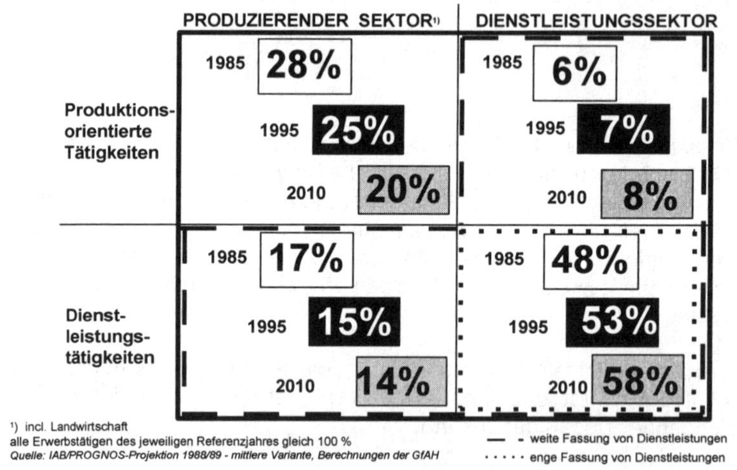

Abb. 1 Größenordnungen der Erwerbstätigen - 1985, 1995 und 2010 (in %) (© GfAH, f-vo-182)

In der unmittelbaren Produktion sind in den USA weniger als 20% der Erwerbstätigen und in Deutschland weniger als 30% beschäftigt: Tendenz sinkend.

Am Final-Preis eines Industriegutes gemessen gilt: Nahezu jedes Industrieprodukt besteht kostenmäßig zu deutlich mehr als 60% aus Dienstleistungsarbeit: Tendenz steigend.

Die 4-Felder-Matrix der Übersicht 1 kombiniert wirtschaftliche Sektoren und Tätigkeiten. Sie belegt überaus deutlich den Rückgang der produzierenden Tätigkeiten im produzierenden Sektor. Wird der Dienstleistungsbereich weit gefaßt - werden also zu dem Dienstleistungssektor die Dienstleistungstätigkeiten im produzierenden Sektor hinzugerechnet - so arbeiten in 10 Jahren 80% der Erwerbstätigen Deutschlands im Dienstleistungsbereich.

Eine andere Fassung dieser Strukturverschiebung ergibt sich aus der Analyse der langfristigen Entwicklung der Tätigkeiten von 1882 bis 2010. Hierzu wurden aus dem bekannten Drei-Sektoren-Modell die informationsverarbeitenden Tätigkeiten herausgefiltert und in einem eigenen informationsverarbeitenden Sektor zusammengefaßt (vgl. Abb. 2).

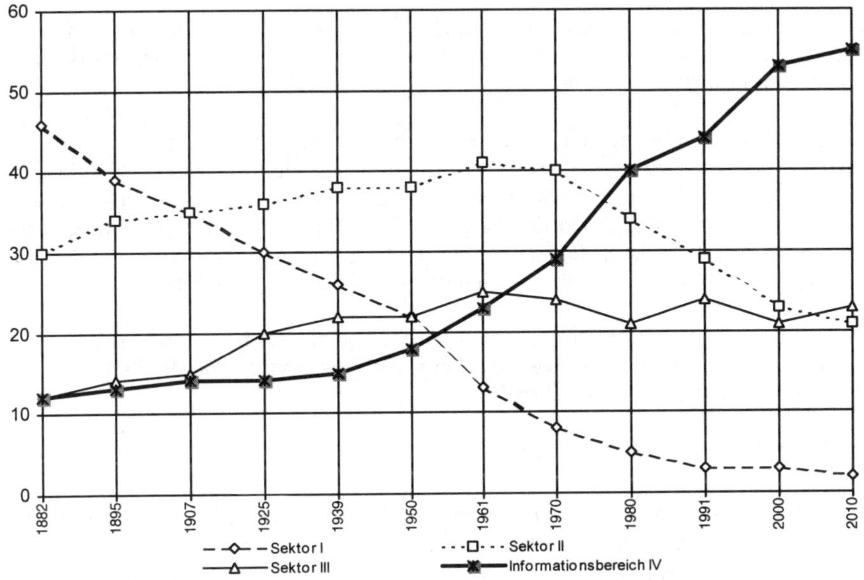

Erläuterungen:

Ein Beruf ist als Informationsberuf definiert, wenn zumindest 75% aller Tätigkeiten, die bei ihm anfallen, informationsverarbeitenden Charakter haben. Die Herausfilterung der so definierten Informationsberufe aus den drei Sektoren erfolgt mittels Berufs-/Wirtschaftszweig-Matrizen. Die so aus den primären, sekundären und tertiären abgezogenen Berufe werden sodann in dem Informationssektor (IV) zusammengefaßt. Quelle: W. Dostal: Die Informatisierung der Arbeitswelt, MittAB 4/95, S.528f.

Bis 1970 wurde der Strukturwandel insbesondere durch die Abnahme des landwirtschaftlichen Sektors charakterisiert. Seit 1970 ist der hauptsächlich schrumpfende Bereich die Produktion - eine historisch neue Erfahrung.

Die Projektionsdaten signalisieren, daß ab 2000 eine Verlangsamung des Strukturwandels denkbar ist. In die beschriebenen Basismuster der Veränderungen lassen sich viele beobachtbare Einzeltrends einordnen.

Abb. 2 Erwerbstätige nach Tätigkeitssektoren 1882-2010 (© GfAH, PR353-II)

Aus beiden Übersichten folgt:

- Das wirtschaftliche Wachstum im 21. Jahrhundert ist entscheidend von der Entwicklung und Entfaltung der Dienstleistungsarbeit abhängig.
- Da es ein Wachstum ohne Produktivitätsfortschritte nicht gibt, hängt also vieles von der Produktivitätsentwicklung der Dienstleistungstätigkeiten ab.

Für die zukünftige Entwicklung Deutschlands, für die Sicherung und Schaffung einer ausreichenden Zahl von Arbeitsplätzen ist die Diskussion um produzierende oder dienstleistende Tätigkeiten einfach unerheblich. Wichtig ist, ob es sich um wertschöpfende Tätigkeiten handelt, die also dazu beitragen, daß Unternehmen Gewinne machen.

Überschuß und Mangel an Dienstleistungsarbeitsplätzen

Die globale Diskussion um eine Dienstleistungslücke - und hiermit verbunden die Hoffnung auf naturwüchsig entstehende Arbeitsplätze - führt nicht weiter. Wir kommen um das Nadelöhr der Differenzierung nicht herum.

Quantitativ gesehen besteht in der BRD gleichermaßen ein Überschuß an Dienstleistungstätigkeiten und ein Mangel an denselben: Die internen Proportionen stimmen nicht. Deutliche Belege hierfür sind die Beschäftigungsumschichtungen (Abbau, Neustrukturierung und neu entstehende Arbeitsplätze) in den Sektoren Bahn und Post. Würden vergleichbare Modernisierungsschübe in anderen Bereichen (Gesundheit, Bildung, öffentliche Verwaltung samt Eigenbetriebe etc.) zugelassen, würden sich wohl ähnliche Effekte einstellen.

Es kann kein Zweifel bestehen: in vielen Dienstleistungsbereichen wird Arbeit verschwenderisch eingesetzt. Also ist mit wachsenden rationalisierungsbedingten Freisetzungen zu rechnen. Diese werden auch zu Arbeitsplatzverlusten führen.

Andererseits besteht ein Mangel an Dienstleistungen. Hinweise hierfür sind:

- Qualitativ gesehen gibt es wohl immer weniger Dienstleistungsbereiche, in denen die BRD ein unbestrittenes Spitzenniveau hat.
- Wird der Exportanteil von Dienstleistungen als Qualitätsindikator genommen, so liegt Deutschland hinter den USA, Großbritannien und Frankreich zurück.
- Werden neue Dienstleistungen (die es so vor 10 oder 20 Jahren noch nicht gab) als Wachstumsindikator genommen, so liegen wir ebenfalls zurück.
- Wir leisten uns ganze Branchen (z.B. Energie und Wasserwirtschaft, Bildung, Gesundheit, öffentliche Verwaltung), die zwar über exportfähige Dienstleistungen verfügen, dieses Potential aber herzlich wenig nutzen.
- Es besteht ein Bedarf an Kooperationsdienstleistungen.
- Ungedeckt ist auch der Bedarf an proaktiven und präventiven Dienstleistungen.
- Nicht gesättigt sind die sozialen Dienstleistungen, deren Entfaltung allerdings durch das ungelöste Problem ihrer Finanzierung behindert wird.

Gemessen am 21. Jahrhundert haben wir zu wenig attraktive Dienstleistungen; gemessen am 20. Jahrhundert haben wir reichlich Dienstleistungen - aber nicht selten die verkehrten.

Unbeachtete Signale

- Zur Kenntnis genommen werden muß, daß in den zurückliegenden 15 Jahren im Dienstleistungssektor mehr Arbeitsplätze verlorengegangen sind als im produzierenden Gewerbe (vgl. Übers. 3).
- Zur Kenntnis genommen werden muß auch, daß im sekundären Sektor im gleichen Zeitraum ca. 8 Mill. Arbeitsplätze neu entstanden sind.

Gewöhnt an die Saldenrechnung wird die dahinterliegende Dynamik unterschätzt, besonders

- die Neuentstehung von Industriearbeitsplätzen und
- der Wegfall von Dienstleistungsarbeitsplätzen.

Zwar werden diese Bewegungen durch gegenläufige Veränderungen (wegfallende Industriearbeitsplätze, neue Dienstleistungsarbeitsplätze) bislang im Saldo mehr als ausgeglichen (vgl. Übers. 3) - insofern stimmt die Saldenbetrachtung. Die dynamische Globalanalyse zeigt aber, daß es weder einen Trend gibt, den Industriesektor abzuschreiben noch daß Anlaß besteht, die sehr wahrscheinlich wachsenden Turbulenzen im Dienstleistungssektor zu ignorieren.

Die Übersichten 2 und 3 sind ihrem Kern nach so zu lesen: die Entwicklungsreise geht zur wissensbasierten Informationsgesellschaft. Und auf dieser Reise ist nur interessant, ob es genügend Gewinn erwirtschaftende Unternehmen mit genügend Arbeitsplätzen gibt. Alles andere ist in einer globaler werdenden Welt unerheblich.

Wachsende und schrumpfende Industrieunternehmen

So wie es derzeit einen historisch gewachsenen Mangel und zugleich einen Überschuß an Dienstleistungen in Deutschland gibt, existieren im verarbeitenden Gewerbe wachsende und schrumpfende Unternehmen - mit der Tendenz zu einer so bislang nicht bekannten Polarisierung zwischen Gewinnern und Verlierern. Die vorgelegten Zahlen (vgl. Übers. 3) weisen darauf hin, daß nicht einfach von Opfern der Globalisierung zu reden ist. Diese ist vielmehr eine Art Strafgericht für unterlassene unternehmerische Leistungen, zumindest gilt dies für Unternehmen in den alten Bundesländern.

In der Abbildung 3 wird eine Unternehmenstypologie des verarbeitenden Gewerbes vorgestellt, die durch die clusteranalytische Kombination folgender Merkmale entstanden ist:

- Umsatzentwicklung 1992-1995
- Renditeentwicklung 1992-1995
- Finanzierungsprobleme 1995
- Zahlungsprobleme 1995
- Eigenkapitalausstattung 1995

Entstehungsort	Entstehungsart						
	Gründungen	Schließungen	1. Saldo 1-2	wachsende Betriebe	schrumpfende Betriebe	2. Saldo 4-5	3. Saldo 3+6
	1	2	3	4	5	6	7
Primärer Sektor	**140**	**161**	**-21**	**273**	**255**	**18**	**-3**
Sekundärer Sektor	**1.766**	**1.411**	**355**	**6.342**	**7.358**	**-1.016**	**-661**
Verarbeit. Gewerbe	1.204	889	315	4.649	5.581	-932	-617
• Grundstoffindustrie	179	105	74	677	936	-259	-185
• Investitionsgüterind.	596	348	248	2.387	2.825	-438	-190
• Konsumgüterind.	306	299	7	1.052	1.279	-227	-220
• Nahrungsmittelind.	123	137	-14	533	541	-8	-22
Baugewerbe	562	522	40	1.693	1.777	-84	-44
Tertiärer Sektor	**3.451**	**2.376**	**1.075**	**9.486**	**7.628**	**1.858**	**2.933**
Distributive Dienstl.	1.423	1.080	343	3.610	3.310	300	643
Wirtschaftsbezog. DL	729	427	302	2.037	1.395	642	944
Haushaltsbezog. DL	727	595	132	989	960	29	161
Nichtkommerzielle DL	572	274	298	2.850	1.963	887	1.185
Insgesamt	**5.357**	**3.948**	**1.409**	**16.101**	**15.241**	**860**	**2.269**

*) definiert durch sozialversicherungspflichtige Beschäftigungsverhältnisse / Quelle: GfAH nach IAB/BeitrAB 200, S. 109

1994 gab es in den aBL 22,8 Mill. sozialversicherungspflichtig beschäftigte Arbeitnehmer (© GfAH, f-vo-175.doc)

Abb. 3 Arbeitsplatzgewinne und -verluste nach Entstehungsort und -art, 1982-1994, ABL (in 1.000)

In Abbildung 4 wird zunächst die hieraus gebildete Unternehmenstypologie vorgestellt, sie gilt für kleine und mittlere Unternehmen bis 500 Beschäftigte. Dargestellt ist, wieviel % der Beschäftigten im jeweiligen Unternehmenstyp tätig sind. Schließlich werden Aufgabenschwerpunkte notiert, die in jedem der Typen vordringlich sind.

Unternehmenstypologie des verarbeitenden Gewerbes

Unternehmenstyp	Verteilung der Beschäftigten auf Unternehmenstypen in % aBL	nBL	Aufgabenschwerpunkte
Typ 1: Unternehmen mit hoher Eigenkapitalquote, weit überdurchschnittlicher Umsatzrendite und ohne nennenswerte Finanzierungsprobleme	17	4	**Typ 1:** a) **Zukunftsfähigkeit** bisheriger Erfolgsstrategien prüfen; Aufgaben: a)
Typ 2: Kapitalschwache Unternehmen, kontinuierlich wachsend, Wachstum wird aus hoher Umsatzrendite finanziert	19	8	**Typ 2:** b) **Absicherung** gegen Absturz; Aufgaben: a)+b)
Typ 3: Unternehmen mit überdurchschnittlicher Eigenkapitalquote, geringer Rendite, dieser stand in den letzten Jahren immer mehr unter Druck, aber (bisher) kaum Probleme im Finanzierungsbereich	27	25	**Typ 3:** c) **Revitalisierung** erforderlich. Analysieren, ob bei Ertrag- und/oder Kostenseite ansetzen; Aufgaben: a)+b)+c)
Typ 4: Ausgesprochen kapitalschwach, kaum Rendite in den letzten Jahren, Unternehmen haben Probleme im Finanzierungsbereich	22	23	**Typ 4:** d) Neukonzeptionierung, Neu-Positionierung erforderlich plus e) Abwehr von Zahlungsschwierigkeiten; Aufgaben: a)+b)+c)+d)+e)
Typ 5: Ebenfalls wenig Eigenkapital, deutlich fallende Erträge in den letzten Jahren, zuletzt rote Zahlen, erhebliche Zahlungsschwierigkeiten	3	10	**Typ 5:** f) **Sanierung** erforderlich; kurzfristige Primat der Kosten wegen Sicherung der Zahlungsfährigkeit; Aufgaben: a)+b)+c)+d)+e)+f)+g)
Typ 6: Eigenkapitalquote deutlich unter 10%, Verluste in den lezten Jahren, permanente Zahlungsschwierigkeiten, teilweise hart an der Zahlungsunfähigkeit	11	29	**Typ 6:** g) **Insolvenzabwehr;** Aufgaben: a)+b)+c)+d)+e)+f) +g)

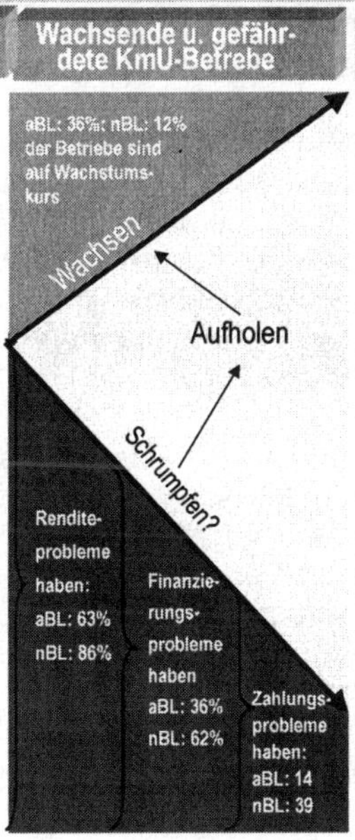

aBL = alte Bundesländer; nBL = neue Bundesländer

Abb. 4 Unternehmenstypologie des verarbeitenden Gewerbes (nach: W. Driedrich: Eigenkapitalentwicklung, Eigenkapitalausstattung und Insolvenzen im Bereich des industriellen Mittelstandes; in: 2. Potsdamer Gespräche des ERP-Unterausschusses "Insolvenzen vermeiden, Unternehmen konsolidieren, innovative Unternehmen fördern", unveröff. Manuskript, o.O. 1997 ((© GfAH, f-vo-196.ppt)

Zu beachten ist, daß zwischen 1993 und 1995 keine sonderlich belebte Konjunktur bestanden hat. Zu Hochkonjunkturzeiten würde wahrscheinlich ein besserer "Zahlenspiegel" entstanden sein.

Die Unterschiede zwischen west- und ostdeutschen Betrieben sind erheblich, aber nicht überraschend. Vorsicht ist bei der Wertung nur insofern zu beachten, als in den neuen Bundesländern durch erhöhte Abschreibungen enorme Kostenbelastungen besehen. Wer also dort den Typ Nr. 4 erreicht, ist nicht unbedingt als ausreichend einzustufen. Von der unternehmerischen Leistung her gesehen, kann auch das Prädikat befriedigend vertretbar sein.

Vor allem aber zeigen die Zahlenwerte, wie verschieden die betrieblichen Situationen sind: Wachsenden Betrieben sehen stark gefährdete Unternehmen gegenüber. Es lohnt aber der paarweise Vergleich der einzelnen Unternehmenstypen.

- Die Typen 1 und 2 haben eine Umsatzrendite gemeinsam, Typ 1 verfügt über viel Eigenkapital während Typ 2 ausgesprochen eigenkapitalschwach ist.

- Typ 3 hingegen teilt mit Typ 1 den hohen Eigenkapitalanteil, ist aber arm an Rendite. Er stellt den Übergang zu den Problemtypen 4-6 dar.
- Für die Unternehmenstypen 4-6 gilt ein aufsteigender Problemdruck. Von der mangelnden Rendite über Finanzierungsprobleme bis zur drohenden Zahlungsunfähigkeit.

Wird die Aufgabenliste in der Abbildung 4 herangezogen, so zeigt sich von Typ 1 bis Typ 6 eine aufsteigende, wachsende Menge unerledigter unternehmerischer Kernaufgaben.

Werden die vergleichenden Hinweise und Unterschiede - insbesondere zwischen den Typen 1 und 2 sowie 1 und 3 zusammenfassend gewürdigt, so ergibt sich ein gemeinsamer übergreifender Faktor: die unternehmerische Strategie. Ihr Vorhandensein überspielt die Eigenkapitalschwäche; ihr Fehler schützt auch wohl treibende Unternehmen (Typ 3) nicht vor der Gefahr des Niedergangs. Günstig ist es natürlich, wenn Kapital und Strategie zusammentreffen - wobei bei dem Unternehmenstyp 1 auch zu vermuten ist, daß nicht wenige Unternehmen von den Erfolgen strategischer Entscheidungen der Vergangenheit leben.

In dieser Abbildung sind betriebswirtschaftliche Erfolgsfaktoren verwandt worden; die Ingenieure tendieren zur Bevorzugung technischer Informationen (Lay und Mies, 1997), die Sozialwissenschaftler bevorzugen organisationelle Indikatoren. Abgesehen von einer sicherlich verbesserungsbedürftigen interdisziplinären Kooperation kommt aber immer dasselbe heraus: Sogenannte Erfolgsfaktoren können, sie müssen aber nicht, treffen; es sind notwendige Bedingungen eines erfolgreichen Unternehmens aber keine hinreichenden. Entscheidend ist, daß sie durch eine ernstzunehmende Strategie organisiert werden. Die enorme Bedeutung derselben ist auch daran ablesbar, daß eine brauchbare Strategie sehr wohl auch Defizite - vgl. den Eigenkapitalmangel bei Typ 2 - überkompensieren kann.

Einige Herausforderungen der Zukunft

Produktivitätssteigerung

Drucker (1992) schlägt als ad hoc-Programm zur Steigerung der Produktivität von Dienstleistungen die Beantwortung folgender Fragen vor:

- Was ist bei meiner Arbeit wichtig (Beseitigung des Verschwendungsfaktors, d.h. überflüssiger Tätigkeiten)?
- Wie konzentriere ich mich auf meine jeweilige Arbeit (Reduktion des Störfaktors Unterbrechung)?
- Wie definiere ich meine Leistung (sehr unterschiedliche Anteile von qualitativen und quantitativen Aspekten)?
- Wie erreiche ich kontinuierliche Verbesserungen?

Vielfach reicht aber diese Konzentration auf die Kerntätigkeit nicht, sie ist noch zu sehr industrieorientiert. Häufig hängt das Ergebnis einer Dienstleistung maßgeblich von der Mitwirkung des Empfängers ab; der Empfänger als Co-Produzent entscheidet nicht selten über die Produktivität der Dienstleistung.

Aber auch die situative Sender-Empfänger-Kooperation hat häufig nur begrenzte Effekte. Vielfach sind Verbundleistungen erforderlich; also sowohl arbeitsteilige als auch mengenteilige Kooperationen. Beide Kooperationsformen nehmen enorm an Bedeutung zu. Viele (anstehende) Umbruchsituationen sind geradezu durch Neumischungen der Kooperationsformen charakterisiert. Zunehmend entstehen reflexive Dienstleistungssysteme: das Lernen lernen; das Planen planen - also Dienstleister der Dienstleister für Dienstleister.

Die Produktivitätssteigerung von Dienstleistungen hat also entgegen dem ersten und unmittelbaren Anschein einen ausgesprochen systemischen Charakter. Und das ist auch der eigentliche Grund, warum die Blockierung der Effektivitäts-Frage (hier definiert als "das Richtige tun") so verhängnisvoll wirken kann.

Dienstleistungen in Deutschland sind in einem privatwirtschaftlichen und öffentlichen Mischsystem plaziert. Und hier ist die Frage zu beantworten, warum der öffentliche Dienst - trotz vorhandener Konzepte (z.B. bürgernahe Verwaltung), Ressourcen und zahlreicher Beteiligungsmöglichkeiten der Beschäftigten - in den letzten 25 Jahren ein solcher Modernisierungsversager gewesen ist.

Empirisch zu beobachten ist die wachsende Umwandlung öffentlicher in private Dienstleistungen als Vorbedingung der Modernisierung (historisch gesehen hat es auch entgegengesetzte Umwandlungsprozesse gegeben). Die Produktivitätssteigerung von Dienstleistungen ist jedenfalls extrem kontextabhängig. Wird Dienstleistungen der Nährboden des Kundenkontaktes entzogen, werden ihnen Lernanforderungen - etwa durch den Markt - verweigert, so verkümmern sie. Aber warum haben Bürgeranforderungen so wenig genutzt?

Dienstleistungsinnovationen

Was ist eine Dienstleistungsinnovation? Ist ein neuer Film, eine neue Frisur eine Dienstleistungsinnovation? Wann kann von pädagogischen, medizinischen, verwaltungsmäßigen Innovationen gesprochen werden? Was ist eine Architekten-, eine Steuerberater-, eine gastronomische Innovation?

Bei technischen und wissenschaftlichen Innovationen gibt es so etwas wie einen kumulativen Prozeß, der - unter den Augen einer kritischen Fachöffentlichkeit - es erlaubt, alt und neu zu unterscheiden. Mangelt es bei Dienstleistungsinnovationen an *vergleichbaren kumulativen Prozessen* oder mangelt es an entsprechenden Fach-Öffentlichkeiten? Oder ist der Vergleich unzulässig? Aber welcher Beurteilungsmaßstab gilt dann? Fest steht jedenfalls, daß es eine der technischen Innovationsdiskussion vergleichbare Erörterung von Deinstleistungsinnovationen nicht gibt. *Würde eine Zeitschrift "Dienstleistungsinnovationen" ihren Markt finden?*

Möglicherweise ist es am klügsten, sehr bescheiden zu beginnen, also Feld für Feld durchzufragen: Worin unterscheidet sich eine heutige Dienstleistung nach Ergebnis und Modalität (was und wie?) von früheren? Tastweise Versuche in diese Richtung führten sehr schnell zu überraschenden Ergebnissen:

- Es gibt zahlreiche Dienstleistungen, die noch vor 20 Jahren unbekannt waren.
- Es gibt nicht wenige Dienstleistungen, die die Verfasser, aber auch andere Diskussionsteilnehmer, bislang überhaupt noch nicht zur Kenntnis genommen hatte.
- Es gibt beschäftigungsstarke junge Dienstleistungsunternehmen, die nahezu unbekannt sind.
- Und es gibt ein Rätsel "Dienstleistungsorganisation", deren Elemente zwar analysierbar sind, deren Code aber nur sehr schwer zu dechiffrieren ist.

Wenn aber Dienstleistungsinnovationen wissenschaftlich gesehen ein noch weitgehend leeres Feld sind, sie aber dennoch wachsen und gedeihen, wenn also die Praxis der Forschung tatsächlich hier überlegen ist, was leistet dann eine Dienstleistungsforschung?

Innovation und Solidarität

Sollen Innovativität und Produktivität von Dienstleistungen die zentrale Aufmerksamkeit erhalten, die sie verdienen, so sind Komplementär-Anstrengungen zur Ausbalancierung von Innovation und Solidarität erforderlich. Die Wortspiele "innovative Solidarität" und "solidarische Innovation" sind mit Inhalt zu füllen.

Eine langanhaltende Massenarbeitslosigkeit hat zumindest dreierlei Wirkungen:

a) sie schädigt die unmittelbar Betroffenen,

b) sie schädigt die Konkurrenzfähigkeit der Unternehmen (über die Lohnnebenkosten) und die Finanzierbarkeit des Systems der sozialen Sicherheit und

c) sie schädigt die Kreativität und Innovationsfreude der Arbeitnehmer.

Es ist dauerhaft nicht möglich, entweder Solidarität oder Innovation zu Lasten des jeweils anderen Gesichtspunktes zu forcieren, ohne daß die bevorzugte Position selber Schaden nimmt. Zur Zeit besteht keine Einigung darüber, ob es in Deutschland zuviel Ökonomie oder Sozialstaat gibt. Diese Frage wird politisch-ökonomisch entscheiden. Empirisch beantwortbar aber ist die Frage, ob die Angst vor der Arbeitslosigkeit bereits in nennenswertem Umfang Kreativität und Innovation beeinträchtigen.

Die geforderte Solidarität besteht freilich nicht in der Tolerierung unproduktiver Arbeit, sondern in der Mitübernahme von Verantwortung für Arbeitserzeugung. Einige Schlüsselthemen werden sein:

- Die Reintegration Älterer (bis 65jähriger Arbeitnehmer) in die Erwerbstätigkeit.
- Die Entwicklung von Kooperationsformen und -inhalten, die es auch Klein(st)betrieben ermöglichen, sich in globalisierenden, turbulenten Märkten zu behaupten.
- Die Förderung von Firmen-Gemeinschaften, in der jedes Unternehmen einen Platz hat ohne zwangsweise einen bestimmten Rang zu behaupten.
- Die wechselseitige Hilfe von Unternehmen auf den Exportmärkten der Zukunft.

Die aktuelle Diskussion stellt allerdings zu sehr das isolierte Unternehmen in den Mittelpunkt und beachtet zu wenig unternehmerische Gemeinschaftsleistungen. Die aktuelle Diskussion betont darüber hinaus zu sehr die kostenorientierte Restrukturierung und zu wenig die Erzeugung von Arbeit bzw. Arbeitsplätzen. Die Übernahme dieser Industrieerfahrung auf den Dienstleistungsbereich deutet sich an.

Eine Gesellschaft besteht nun einmal nicht nur aus leistungsfähigen Individuen. Soll der weiteren Ausgrenzung der leistungsschwachen Mitglieder ein Riegel vorgeschoben werden, so ist vor allem ein Kreativitätsschub bezüglich der Finanzierung von solidarischen Aufgaben erforderlich.

Werden sozialstaatliche Aufwendungen (z.B. AFG-Förderung, Gesundheitsversorgung) personenbezogen für einen Zeitraum von 5-10 Jahren analysiert, so entsteht immer wieder dasselbe Bild: auf relativ wenige Personen entfällt ein weit überdurchschnittlicher Anteil der kumulierten Mittel, ohne daß den Menschen wirklich geholfen wird. Ist dieses unvermeidbar oder ein Indikator für Mittelverschwendung?

In den ersten beiden Abschnitten dieses Beitrags haben wir die Notwendigkeit gewinnbringender Unternehmen betont, um jetzt für die ebenfalls erforderliche Solidarität zu plädieren. Ein Widerspruch? Nein. Dargelegt worden ist, daß Innovation und Solidarität notwendigerweise Zwillinge sind; die eine gedeíht nicht ohne die andere.

Einige Lösungswege zur Arbeitserzeugung

Ausgehend von den beschriebenen Entwicklungstendenzen werden im folgenden einige Lösungswege zur Arbeitserzeugung umrissen. Es erfolgt keine Auflistung denkbarer Maßnahmen, sondern eine Konzentration auf neue, bislang weniger erörterte Möglichkeiten. Vollständigkeit und Hinlänglichkeit wird dabei nicht beansprucht

Neue Kooperationsformen

Etliche der aktuellen Entwicklungslinien lassen sich so zusammenfassen:

Die innerbetriebliche Arbeitsteilung sinkt,
die zwischenbetriebliche Arbeitsteilung steigt,
was zu einem Bedarf an neuen Kooperationen führt.

Es besteht also ein Gestaltungsbedarf der gestiegenen zwischenbetrieblichen Arbeitsteilung durch neue Kooperationen. Verbunden hiermit sind Groß- → Klein-Verschiebungen von Betrieben, eine wachsende Spezialisierung und zunehmende Zirkulationstätigkeiten; auch neue Marktnischen (vgl. Abb. 5).

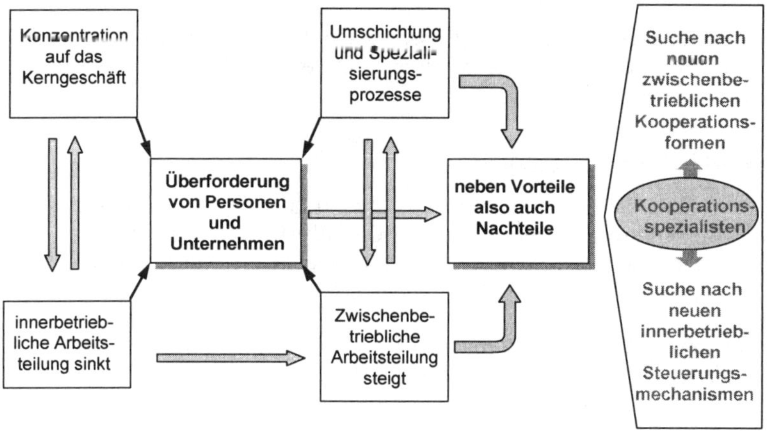

Abb. 5 Neue Variationen von Arbeitsteilung und Kooperation (©GfAH, f-vo-198)

Zugleich sind mit diesen Entwicklungen auch schwerwiegende Nachteile verbunden. Sie lassen sich als Überforderung von kleinen und mittleren Unternehmen und dort tätigen Personen zusammenfassen. Zunehmend zeigt sich, daß die Entwicklung neuer zwischenbetrieblicher Kooperationsformen eine der adäquaten Problemlösungsstrategien ist. Es entstehen u.a. Unternehmen, die auf Kooperation spezialisiert sind. Folgende Entwicklungen zeichnen sich ab:

Für viele kleine und mittlere Unternehmen ist das Suchen und Finden geeigneter Kooperationspartner eine Überlebensfrage.

Zwischenbetriebliche Kooperation ist - insbesondere im Dienstleistungsbereich - eine arbeitsplatzerzeugende und -erhaltende Innovationsquelle. (Kurz-beispiel: Ein Krankenhaus versorgt einen Teil seiner Patienten in umliegenden Hotels, die freien Betten werden für ein Pflegeheim genutzt.)

Zu beobachten sind Prozesse der kooperativen Selbstorganisation von Unternehmen. Unglücklicherweise sind auch Fehlentwicklungen zu beobachten - etwa Akquisitionsgemeinschaften zur Erlangung öffentlicher Gelder.

Eine Systematisierung beobachtbarer zwischenbetrieblicher Kooperationsprozesse fehlt. Demzufolge besteht auch nur ein diffuses Wissen über geeignete Kristallisationskerne von Kooperationen. Fest steht nur, daß die (selbst)ernannten Kooperationsexperten (Verbandsvertreter, Forschungsinstitute) diese Funktion häufig nicht mehr ausfüllen.

Nicht weniger ernst ist der innerbetriebliche Bedarf an Wissensintegrateuren und auch Wissenskoordinatoren. Viele Betriebe sind schlank geworden und haben sich auf eine stärkere horizontale Koordination ihrer Geschäftsprozesse eingelassen. Sie werden erleben, wie wenig vorbereitet sie auf diese Lösung sind. Ein Weg zurück schadet den gewonnenen Zeit- und Flexibilitätsvorteilen, der Weg nach vorn ist aber infolge des Mangels an horizontalen Steuerungsmechanismen schlecht vorbereitet - wie schlecht wird spätestens dann bemerkt werden, wenn die derzeitigen Pioniere der Verschlankung in den Ruhestand treten: sie haben in der Mehrzahl übersehen, wie lange es braucht, bis geeignete Nachfolger bereit stehen; sie haben unterschätzt, wie groß der Bedarf an Kooperationskoordinatoren und Wissensintegrateuren ist.

Beschäftigungsmäßig ist es falsch, nur die Zahl dieser Stellen/Personen zu zählen. Von der Entwicklung angemessener horizontaler Steuerungsmechanismen hängt schlicht das Überleben mancher Betriebe ab.

Proaktive und präventive Dienstleistungen

Im nächsten Jahrhundert sind weitere, erhebliche Umschichtungen innerhalb der Dienstleistungen zu erwarten. Die informationsverarbeitenden Dienstleistungen werden weiter an Gewicht gewinnen und innerhalb dieser vor allem die wissensbasierten Dienstleistungen (vgl. Abb. 6).

Mit dieser Entwicklung verschärft sich ein bereits heute bestehendes Problem: immer mehr Spezialisten steht ein dringender aber ungedeckter Bedarf an Wissensintegration gegenüber. Diese Aufgabe werden wahrscheinlich wissensbasierte und proaktive Dienstleister übernehmen.

Proaktive Dienstleister beteiligen den Kunden (Patient, Schüler, Kunde, Mitarbeiter) als Co-Produzenten der Dienstleistungserzeugung, in dem sie ihr Wissen in den Handlungshorizont des Kunden übersetzen und ihn hierdurch befähigen, sich aktiv am Erzeugungs- und Verbrauchsprozeß der Dienstleistung zu beteiligen. Also werden z.T. neue Wissenssystematiken etc. entstehen. Diese Wissensintegration erfolgt also nicht vorrangig auf der Ebene der Produzenten von spezialisiertem Wissen, sondern auf der Ebene der Nutzer von Wissen.

Beispiel 1: *In hierarchiearmen, die horizontale Kommunikation betonenden Unternehmen steigt der Bedarf einer gemeinsamen alltagstauglichen Sprache, die erlaubt, verschiedene Aktionen, Interpretationen und Interessen abzustimmen. Eine Möglichkeit hierzu besteht in der Entwicklung von Betriebswirtschaft zu einer gemeinsamen Sprache verschiedener Akteursgruppen (Betriebswirtschaft als Medium der Kommunikation).*

Beispiel 2: *Arbeitsschutzwissen ist sehr stark sachlich-juristisch codifiziert. Erforderlich ist eine Neufiguration dieses Wissens aus dem Handlungskonzept z.B. eines Bildschirmarbeiters.*

Erst wenn solche Wissenstransformationen gelungen sind, kommt der Klient, Kunde als Co-Produzent voll zum Zuge.

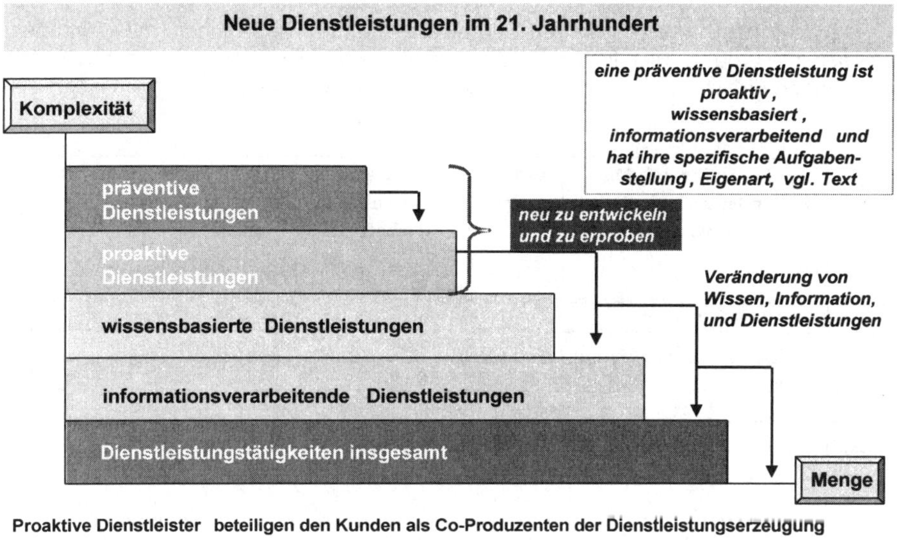

Abb. 6 Alte und neue Dienstleistungen (© GfAH f-vo-193,S.3)

Grundsätzlich ist davon auszugehen, daß nicht nur die Produzenten, sondern auch die Kunden dazulernen. Die Weichen sind also gestellt. Eine Teilmenge der proaktiven Dienstleister wird als Präventionsdienstleister tätig sein; wobei der Bedeutungsgehalt von Prävention zukünftig weit über seinen medizinischen Herkunftsgehalt hinausgehen wird. Prävention als Früherkennung und Vorbeugung wird in vielen Bereichen der Gesundheit und Bildung, der Verwaltung und der Unternehmen von wachsender Bedeutung werden.

Proaktive und präventive Dienstleistungen liegen quer zu den bekannten Berufen. Es handelt sich größtenteils um neue Tätigkeitsakzentuierungen, die Produktivität und Innovativität in dieser Gesellschaft voranbringen werden. Ein Fortschritt wäre schon, wenn nicht nur neue Technologien beobachtet und unterstützt würden, sondern auch neuartige bis neue Tätigkeiten. *Es besteht ein Experimentierbedarf zur Entfaltung neuer Tätigkeiten.*

Unternehmer-Renaissance

Die Massenarbeitslosigkeit läßt sich auch als Indikator für den Mangel an Unternehmern lesen. Dies gilt um so mehr, als von den Großbetrieben und dem Staat kaum arbeitsplatzerzeugende Impulse zu erwarten sind.

Aus den Erfahrungen mit der AFG-Arbeitsmarktpolitik läßt sich lernen: sie fördert den Austausch zwischen Beschäftigten und Arbeitslosen, schafft aber kaum neue Arbeitsplätze.

Die verfügbaren statistischen Zahlen (vgl. Abb. 7) deuten auf eine Unternehmer-Renaissance hin. Nach einem Rückgang der Selbständigen außerhalb der Landwirtschaft bis in die 80er Jahre hinein, ist seitdem ein deutlicher Wiederanstieg zu verzeichnen. Werden jedoch die Schein-Selbständigen mit bedacht, so sieht die Entwicklung weniger positiv aus. Außerdem gilt die Erfahrung: *In Krisenzeiten nimmt die Zahl der Selbständigen zu.* Vor einer gesicherten Unternehmer-Renaissance kann also keine Rede sein, wohl aber von Chancen hierzu.

Unstrittig ist jedoch der starke Anstieg von Selbständigen und Erwerbstätigen im Bereich der sonstigen Dienstleistungen. Hier liegen Wachstumsraten vor, die keine der anderen Wirtschaftsabteilungen erreicht. Es ist also möglich, selbst am Standort Deutschland Arbeitsplätze zu schaffen.

	Selbständige mit Mithelfenden außerhalb der Landwirtschaft **1** (in 1.000)	**Anteil Dienstleistungsselbständiger außerhalb der Landwirtschaft** **2** (in %)	**Erwerbstätige in Dienstleistungen (wie 1)** **3** (in 1.000)
1970	**2.455**	**30**	**3.485**
1975	2.146	33	4.157
1980	**2.013**	34	5.018
1985	2.056	38	5.591
1990	2.261	41	6.585
1994	**2.449**	**43**	**7.461**

Abb. 7 Selbständige und Erwerbstätige nach: Statistisches Jahrbuch 1995, Tab. 6.3, S.104 (© GfAH)

Es besteht in mehrfacher Hinsicht Handlungsbedarf:

- Altersbedingt besteht in den nächsten 10 Jahren vielfach eine Nachfolgerlücke (insbesondere auch in den neuen Bundesländern). Ohne Gegensteuerung besteht die Gefahr des Verlustes von vielen Betrieben (Arbeitsplätzen) allein wegen des Mangels an geeigneten Nachfolgern.
- Die Sterberaten neu gegründeter Unternehmen sind durch entsprechende Betreuungskonzepte zu verkleinern. Viele Stillegungen sind vermeidbar.
- Kleine, insbesondere Dienstleistungsunternehmen unterliegen nicht wenigen rechtlichen und faktischen Diskriminierungen. Unser Unternehmensrecht ist am Leitbild des produzierenden Betriebes orientiert.
- Prozesse der Selbstorganisation, der Netzwerketablierung, der Förderung von Kooperationsbeziehungen werden immer noch zu wenig unterstützt. Kleine Unternehmen in turbulenten Märkten halten sich dann besser, wenn sie *Mitglieder eine firm-community* sind.

Zusätzlich zu einer makroskopischen Politik, die Rahmenbedingungen setzt, brauchen wir eine mikroskopische Politik, die einzelnen Mut macht.

Dienstleistungs-Nutzen-Diskussion

Es gilt, die Dienstleistungs-Nutzen-Diskussion *als Impulsgeber für Innovationen* zu entwickeln. Beispiele dazu:

a) Telekommunikation und -kooperation wären weiterentwickelt, würde es mehr überzeugende *Anwenderkonzepte* geben bzw. wären vorhandene bekannter.
b) Die Debatte um den 'Schlanken Staat' wäre glaubwürdiger, wenn *die Ergebnisverbesserungen* deutlicher wären (z.B. weltweit kürzeste Genehmigungsverfahren bei höchster Qualität).
c) Die Erweiterung der Technologie-Förderung um die der *Dienstleistungsinnovationen* ist überfällig.
d) Insgesamt würde die Dienstleistungsdebatte davon profitieren, wenn sie zusätzlich zu dem wirtschaftlichen auch den gesellschaftlichen und individuellen Nutzen erörtern würde, also die Frage nach den *Grenzen der Ökonomisierung* zulassen würde.

Unser Innovationsverständnis ist technologie- und produktlastig. Seine Öffnung für *Dienstleistungsinnovationen* würde nicht nur mehr Menschen in dieser Gesellschaft an der Zukunftsgestaltung beteiligen, sondern auch die ohnehin sich vollziehende Verschmelzung von *Pro*dukten und *Die*nstleistungen zu Prodies und Diepros beschleunigen.

Ergebnisverbesserung hat nicht nur die Komponente etwas billiger zu bewerkstelligen, sondern auch die der Verbesserung. Welche Leistungsverbesserungen wollen wir? Wie sehen sie aus? Was kosten sie? Hier bestehen erhebliche Defizite - nicht nur im staatlichen Bereich.

Telearbeit, Telekommunikation und *Telekooperation* sind Werkzeuge für Wertschöpfung und Mehrnutzen - aber keine eigenständigen Werte und Ziele. Die angebotsseitige Entwicklung dieser Werkzeuge läuft mit und ohne staatliche Förderung. Diskussionsbedarf hingegen besteht in den *Nutzungsmöglichkeiten* dieser Werkzeuge. Ein anwenderorientiertes Dokumentationszentrum hierzu ist sinnvoll - sofern es herstellerunabhängig ist. Übrigens gilt dies auch für andere neue Technologien - etwa die Biotechnologien.

Der Zug zur (Re)Ökonomisierung der deutschen Gesellschaft ist abgefahren. Er wird aber entgleisen, wenn nicht die Grenzen der Ökonomisierung erörtert werden. Oder: *Was ist das Lächeln einer alleinstehenden Pflegeheimpatientin wert?*

Die derzeitige kostenorientierte Standortdiskussion ist kein Ersatz für die Suche nach der Wertschöpfung in der Zukunft.

Einzigartigkeit von Unternehmen

Die beschriebenen Ansätze zur Arbeitserzeugung zeigen, daß es möglich ist, über sinnvolle, da bitter notwendige neue und zusätzliche Tätigkeiten nachzudenken.

Aber mit diesen Tätigkeiten verhält es sich so, wie mit den bereits erörterten unternehmerischen Erfolgsfaktoren: sie sind notwendig aber nicht hinreichend. Die skizzierten Tätigkeiten werden zu Erfolgsfaktoren einer unternehmerischen Entwicklung, wenn sie eingebettet sind in einer Unternehmensstrategie.

Am Beispiel des verarbeiteten Gewerbes ist empirisch gezeigt worden, daß es hieran empfindlich mangelt. Für den Dienstleistungsbereich gilt vergleichbares. Hier wie dort gibt es positive, zählbare Ansätze - aber eben zu wenige.

Mit der Betonung der überragenden Bedeutung der Unternehmensstrategie entsteht freilich ein Dilemma. Die allermeisten Wissenschaftler und auch die Mehrzahl der leitenden Angestellten sind zwar mit den (Er-)Folgen unternehmerischer Strategien konfrontiert, aber sie waren nie an der konkreten Erarbeitung einer solchen beteiligt. Sie haben bestenfalls ein literarisches aber kein praktisch-sinnliches Verhältnis zu diesem Thema. Entsprechend schwierig ist es zu vermitteln, worauf es bei der Erarbeitung einer Strategie ankommt: auf Einzigartigkeit, d.h. auf die Erarbeitung eines Angebots für bestimmte Kundengruppen, das dieses von allen anderen Wettbewerbern unterscheidet. Individuelle Unternehmen überleben, sind erfolgreich durch ihr Potential an Andersartigkeit - im Vergleich zu aktuellen und potentiellen Wettbewerbern.

Dies wiederum ist eine Denkweise, die Wissenschaftlern, Politikern, Verbandsfunktionären und auch vielen Beratern denkbar fremd ist: Sie alle wollen Regeln und Rezepturen. Beides aber fördert, erzwingt Ähnlichkeit; und Ähnlichkeit ist die Einladung zum Tode eines Unternehmens.

Nun ist es aber so, daß Andersartigkeit keineswegs nur etwas Positives und Ähnlichkeit nur etwas Schlechtes ist. Insofern sind die vorherigen Aussagen überpointiert. Tatsächlich besteht ein kompliziertes Wechselspiel zwischen beiden Sachverhalten, das - schematisch formuliert - so ausgedrückt werden kann:

Unternehmensstrategie	=	Erarbeitung und Sicherung der Einzigartigkeit des Unternehmens aus Kundensicht.
Einzigartigkeit aus Kundensicht	=	Ähnlich dem besten anderen Unternehmen <u>und</u> anders als jeder Wettbewerber.

Worum geht es?

Jedes Produkt, jede Dienstleistung hat eine Nutzen- und eine Wertseite im Sinne des Marxschen Gebrauchs- und Tauschwertes; jeder Kunde wiegt demnach Preis (Wert) und Nutzen (Leistung).

Die Wertseite reflektiert eine bestimmte Kombination von Produktionsfaktoren. In einer Welt, in der Kapital, Maschinerie und Informationen ubiquitär zu haben sind, besteht notwendigerweise ein beständiger Wettlauf etwas effizienter herzustellen. Unter diesem Gesichtspunkt werden Produkte und Dienstleistungen in der Tat immer ähnlicher und damit die Konkurrenz schärfer; es sei denn, neue Produkte und Dienstleistungen entstehen, d.h. es wird neuer Nutzen geschaffen.

Die Leistungsseite, also der Nutzen für den Kunden, hat sich bislang als vergleichsweise variabel gestaltet - da differenzierbar - erwiesen. Ein Auto ist eben nicht ein Auto. Während es unter Kostengesichtspunkten darauf ankommt, ähnlich dem Besten zu sein/werden, ist es unter Leistungsgesichtspunkten entscheidend anders als jeder Wettbewerber zu sein. Leistung aus Kundensicht heißt: Nutzen stiften, und zwar Mehr-Nutzen als vergleichbare Produkte zu vergleichbaren Preisen (Kosten).

Strategie heißt also, eine Lösung zu schaffen, zu verteidigen und zu erneuern, die dem Kunden einen Nutzenmehrwert (Preis-/Leistungsvergleich mit andern) bringt. Effizienz beschreibt, wie etwas erreicht wird (etwas richtig tun), Effektivität beschreibt, was erreicht wird bzw. den Grad der Zielerreichung (das Richtige tun). Beides zusammen ergibt eine Unternehmensstrategie.

Die Abbildung 8 'Konstruktion eines robusten Unternehmens' beschreibt den aktuellen Kenntnisstand zum Verhältnis von Effizienz und Effektivität. Die 'Hidden Champions', die Simon beschrieben hat, betonen das Richtige tun; sie sind Weltmarktführer auf einem Spezialgebiet. Allerdings schützt eine solche Position vor Verderben nicht: wird die Effizienz vernachlässigt, steigen die Chancen für Angreifer. Es gibt inzwischen Beispiele für solche - vermeidbaren - Abstürze.

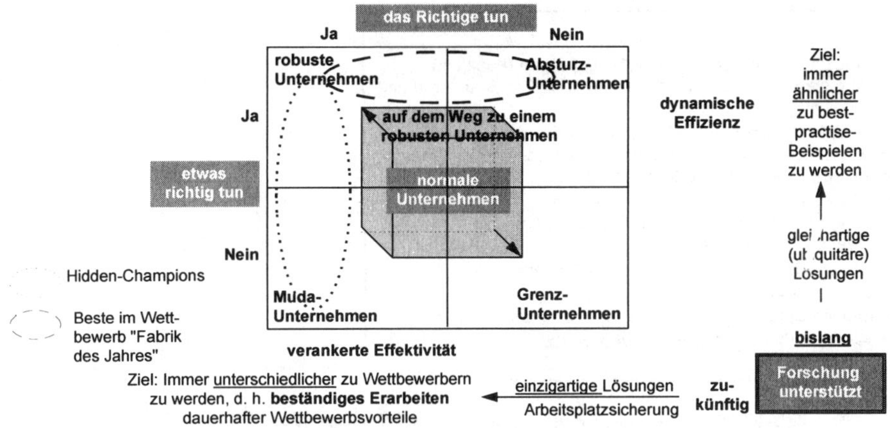

Ein robustes Unternehmen ist durch die Fähigkeit charakterisiert, beständig für den Kunden wahrnehmbare, dauerhafte Wettbewerbsvorteile zu erarbeiten, d. h. es verfügt über einzigartige Lösungen. Soweit es über mit den Wettbewerbern vergleichbare Tätigkeiten, Anlagen etc. verfügt, sind diese in Anlehnung an best-practise-Beispielen gestaltet.

Abb. 8 Konstruktion eines robusten Unternehmens (© GfAH, f-vo-144)

Die 'Hidden Champions' von Simon (1966) betonen die Andersartigkeit, ohne mehrheitlich das Streben nach Effizienz (Ähnlichkeit) zu vernachlässigen.

Die Teilnehmer des Wettbewerbs 'Fabrik des Jahres'[1] betonen die Effizienz; sie ist Gegenstand des Wettbewerbs, ohne die Effektivität zu vergessen. Auch hier sind Absturzbeispiele bekannt geworden. Effizient das falsche Produkt zu produzieren ist wenig vergnüglich.

Wichtig ist der Hinweis auf die Forschung: nach Ansicht der Verfasser hat sie in den vergangenen Jahrzehnten zu sehr die Ähnlichtkeit betont und zu wenig die Andersartigkeit der Unternehmen beachtet. Sie ist aber die Vorbedingung für eine Einzigartigkeit ermöglichende Strategie.

Zu verweisen ist noch auf die Abbildung 9 'Dynamische Konzeption eines robusten Unternehmens'. Sie beantwortet die Frage, was die Leitgesichtspunkte einer Strategie Effizienz und Effektivität zusammenhält.

1 Der Wettbewerb wird seit einigen Jahren von der Unternehmensberatung AT Kearny und der Zeitschrift "Produktion" veranstaltet.

Erläuterung:

1. Das robuste Unternehmen ist durch Leistungen (Funktion) charakterisiert. Es sucht sich seine ihm gemäßen Strukturen und ändern sie im Bedarfsfall.
2. Das robuste Unternehmen ist endogen (von innen heraus) und exogen (von außen her) innovativ; die Schlüsselfunktion haben sämlich eine Innen- und Außenorientierung.
3. Das robuste Unternehmen ist traditionsreflexiv (Pflege reflexiver Erfahrungen) zukunftsneugierig (Effektivität) und gegenwartstüchtig (Effizienz).
4. Das robuste Unternehmen verändert sich durch Wissenserzeugung.
5. Das robuste Unternehmen ist - neudeutsch aber in einem definierten Sinne - **prooaktiv für sich selbst**.

Abb. 9 Dynamische Konzeption eines robusten Unternehmens (© GfAH, f-vo-158)

Die Antwort stammt von Nonaka und Takeuchi (1997) und sie ist etwas verblüffend: durch Wissenserzeugung.

Unternehmen sind Erzeuger einer spezifischen Art von Wissen, das als komplexintegratives Wissen bezeichnet werden kann. Die Forschungsdisziplinen, die in einem einzelnen Produkt berücksichtigt werden, beherrscht kein Hochschullehrer.

Gerade weil die unternehmensspezifische Leistung in der Erzeugung eines komplexintegrativen Wissens besteht, konstituiert dieses Wissen sich notwendigerweise aus einem gerichteten Wechselprozeß von Erfahrungs- und intersubjektivem Wissen vieler Mitarbeiter, wie Nonaka und Takeuchi überzeugend gezeigt haben. Wissenserzeugung ist also der Schöpfungsprozeß, der Effizienz und Effektivität vorantreibt. Und es ist genau auch diese Wissenserzeugung der Unternehmen, die den Bezug wieder zur Arbeitserzeugung freigibt.

Wissenserzeugung wie sie hier beschrieben worden ist, begünstigt differenzierende Unternehmensstrategien. Solche differenzierenden Strategien zivilisieren den Wettbewerb und schaffen Wachstum und somit Arbeitsplätze. Wissenserzeugung im Unternehmen führt zu Arbeitserzeugung.

Wenn also tatsächlich mehr Beschäftigung in Deutschland gewollt wird, ist eine intensivere Befassung mit den einzelnen Unternehmen, statt nur mit den Rahmenbedingungen, erforderlich. Es gilt, die Wissenserzeugung in den Unternehmen und damit deren Strategiefähigkeit zu fördern.

Wenn so viel von Turbulenzbewältigung die Rede ist, dann muß auch gefragt werden, wer und was die Turbulenz erzeugt hat. Hierauf gibt es zwei Antworten:

- Turbulenz wird erzeugt, wenn in einem weltweiten Wettbewerb Ähnlichkeit dominiert. Es bleiben dann nur die Möglichkeiten eines zerstörerischen Wettbewerbs, der wahrscheinlich in monopolähnlichen Lösungen enden wird. Das ist das momentan allgemein erwartete und befürchtete Zukunftsmodell.
- Turbulenz wird auch über die Betonung der Andersartigkeit erzeugt. Märkte und Kunden werden so aufgefächert und demzufolge neu verteilt. Eine solche Strategie der Differenzierung, die bestimmt nicht frei von Überraschungen ist, stellt aber eine bessere Koexistenzchance für viele Unternehmen, insbesondere für KmU'en dar. Je vielfältiger, da verschiedenartiger, um so bessere Überlebenschancen. Arbeitserzeugend ist also eine Politik, die der unvermeidbaren Globalisierung der Wirtschaft eine bestimmte auf Differenzierung ausgerichtete Richtung gibt. Eine solche Politik fördert die Individualität der Unternehmen und unterstützt deren Wissenserzeugung. Sie ist etwas anderes als das beständige Manipulieren an Rahmenbedingungen.

Literatur

Drucker, P.F.: Dienstleistungen müssen produktiver werden, Harvard manager, 2/1992, S.64ff

Lay, G.; Mies, C. (Hrsg.): Erfolgreich reorganisieren, Berlin, Heidelberg 1997

Nonaka, I., Takeuchi, H.: Die Organisation des Wissens. Wie japanische Unternehmen eine brachliegende Ressource nutzbar machen, Frankfurt/New York 1997

Simon, H.: Die heimlichen Gewinner, Berlin, Heidelberg 1996

Risch, W.; Merkel, T.: Mit kreativen Konzepten zu neuen Geschäftsfeldern: Erfolgsstrategien für KMU. In: Wettbewerbsfaktor Kreativität – Strategien, Konzepte und Werkzeuge zur Steigerung der Dienstleistungsperformance / H.-J. Bullinger, S. Hermann (Hrsg.). Wiesbaden: Gabler, 2000.

Autorenverzeichnis

Dr. Karin Bockelmann
Logistik Plus GmbH Gesellschaft für interdisziplinäre Logistikentwicklung, Dortmund

Werner Brettreich-Teichmann
Fraunhofer-Institut für Arbeitswissenschaft und Organisation (IAO), Stuttgart

Prof. Dr. Dietrich Budäus
Hochschule für Wirtschaft und Politik Hamburg, Lehrstuhl Public Management, Hamburg

Prof. Dr. Hans-Jörg Bullinger
Fraunhofer-Institut Arbeitswissenschaft und Organisation (IAO), Stuttgart
Institut für Arbeitswirtschaft und Organisation (IAT), der Universität Stuttgart

Lutz Doblaski
Württembergische Versicherung AG, Stuttgart

Karl-Josef Erres
IVL Informationsverarbeitung Leverkusen GmbH, Leverkusen

Walter Ganz, M.A.
Fraunhofer-Institut für Arbeitswissenschaft und Organisation (IAO), Stuttgart

Ernst-Otto Georg
ISD Software und Systeme GmbH, Dortmund

Wolfgang, Golasowski
IDB Informations- und Datentechnik Bremen

Sibylle Hermann
Fraunhofer-Institut für Arbeitswissenschaft und Organisation (IAO), Stuttgart

Peter A. Killmann
Essener Wirtschaftsförderungsgesellschaft mbH (EWG), Essen

Michael Klefges
IVL Informationsverarbeitung Leverkusen GmbH, Leverkusen

Markus Korell
Fraunhofer-Institut für Arbeitswissenschaft und Organisation (IAO), Stuttgart

Dr. Thomas Lauenstein
Gesellschaft für Arbeitsschutz und Humanisierungsforschung (GfAH), Dortmund

Dr. Torsten Merkel
Arbeit, Technik, Bildung GmbH (ATB), Chemnitz

Robert Nemeth
Siemens AG, Medizinische Technik Magnetresonanz, Erlangen

Dr. Joachim Niemeier
Multimedia Software GmbH Dresden (MMS)

Peter Ohlhausen
Fraunhofer-Institut für Arbeitswissenschaft und Organisation (IAO), Stuttgart

Walter Reith
Filiadlirektor Schweizer-National Versicherungs AG, Freiburg

PD Dr. Wolfram Risch
Arbeit, Technik, Bildung GmbH (ATB), Chemnitz

Eckhard Salowsky
Bildungszentrum Turmgasse der Winkler Ausbildungs GmbH, Villingen-Schwenningen

Martina Schmette
Institut für Unternehmenskybernetik e.V. (IfU), Mülheim a.d. Ruhr

Dr. Michael Schreiber
Mettler Toledo GmbH, Gießen

Kathrin Sippach
Multimedia Software GmbH Dresden (MMS)

Helge Spindler
Fraunhofer-Institut für Arbeitswissenschaft und Organisation (IAO), Stuttgart

Michael Spodeck
Spodeck Verwaltungsholding GmbH & Co. KG, Dortmund

Dr. Guiseppe Strina
Institut für Unternehmenskybernetik e.V. (IfU), Mülheim a.d. Ruhr

Hans-Günter Thielen
Gebr. Steffens GmbH & Co. KG, Dortmund

Dr. Volker Volkholz
Gesellschaft für Arbeitsschutz- und Humanisierungsforschung mbH (GfAH), Dortmund

Gudrun Wiedmann
Fraunhofer-Institut für Arbeitswissenschaft und Organisation (IAO), Stuttgart